€22.-
€2.50

Identité(s) multiple(s)

Presses Sorbonne Nouvelle
8 rue de la Sorbonne - 75005 Paris
Tel : 00 33 (0)1 40 46 48 02 - Fax : 00 33 (0)1 40 46 48 04
Courriel : psn@univ-paris3.fr

http://psn.univ-paris3.fr

Mise en pages : Benoît Fleurance

© Presses Sorbonne nouvelle, 2008
Droits de reproduction réservés pour tous pays
ISBN 978-2-87854-448-0

Identité(s) multiple(s)

Kerstin Hausbei et Alain Lattard (éds)

Presses Sorbonne Nouvelle

Les Presses Sorbonne nouvelle remercient les éditions Agone et tout particulièrement Catherine Meurisse pour l'utilisation gracieuse de son illustration *Portrait de Karl Kraus*.

Sommaire

KERSTIN HAUSBEI, ALAIN LATTARD
Avant-propos 9

CHAPITRE I
L'individu entre égotisme et destruction/réinvention du moi

CÉCILE LEBLANC
Sissi, impératrice de la solitude ou de la modernité ? 17

ANNE LARRORY
Les exclamatives dans le théâtre de Thomas Bernhard 29

GILBERT GUILLARD
Un blues est-allemand 39

ANNE SAINT-SAUVEUR
Lenka Reinerova : exil et retour d'exil entre traumatisme et résilience 49

KERSTIN HAUSBEI
Vers un nouveau théâtre politique allemand ? 61

CHAPITRE II
Identités collectives en émergence

HENRI MÉNUDIER
Simone Veil, la déportation et la Shoah 73

MONIQUE TRAVERS
Il était une fois l'Orchestre des Étudiants de Paris (1943-1950) 81

GILBERT KREBS
Les débutants : *Der Anfang* (1908-1911) 95

ALAIN LATTARD
Aux origines de la sacralisation du *Beruf* 109

CHAPITRE III
Identité collective et exclusion

VALÉRIE ROBERT
Du silence comme coup de pied dans la fourmilière :
Karl Kraus face au champ intellectuel en exil (1933-1934) **123**

GUNHILD SAMSON
Omniprésence et impuissance de la *Stasi* **133**

CATHERINE FABRE-RENAULT
Le populisme autrichien et son bleuet **145**

ELISA GOUDIN-STEINMANN
L'exposition « *Deutschlandbilder* » et l'héritage artistique de la division **155**

CHAPITRE IV
Le « choc des cultures » ?

IRMTRAUD BEHR
Silentium ! : un déictique passé sous silence **169**

MICHEL KAUFFMANN
Malaise dans le « Parc humain » : Freud avec Sloterdijk ? **185**

DIETER HENTSCHEL
Le temps des managers : stéréotypes et réalités franco-allemands **199**

CÉLINE TRAUTMANN-WALLER
Étudier les tapis orientaux à Vienne en 1891 : les débuts d'Alois Riegl **211**

MARC THURET
Le charme discret de la mondialisation. Actualité du *Stechlin* **221**

ISABELLE VODOZ
Petit récit du temps où l'Allemagne – l'Europe –
accueillait avec émerveillement le frère noir de Parzival **231**

HANSGERD SCHULTE, EVA CARSTANJEN
Un Français issu de l'immigration **239**

MARC LACHENY
Travaux et publications de Gerald Stieg **249**

Résumés des articles et notices biographiques des auteurs **265**

Avant-propos

Kerstin Hausbei, Alain Lattard

« Allez dans un bistrot populaire, par exemple le célèbre O.K., mettez-vous à n'importe quelle table et faites la connaissance d'un homme qui vous est totalement inconnu. […] À condition de l'avoir bien écouté, vous pouvez le reconnaître la prochaine fois à son langage, sans même le voir. Par sa façon de parler, il a pris corps, un corps langagier clairement délimité de tous les côtés, différent de celui de tous les autres hommes, comme sa physionomie, elle aussi unique. Ce corps langagier d'un homme, ce qui reste constant dans sa façon de parler, ce langage qui a vu le jour avec lui, qu'il possède à lui tout seul et qui disparaîtra avec lui, je l'appelle son masque acoustique. »

Elias Canetti [1]

Prises séparément, les contributions offertes à Gerald Stieg dans cet ouvrage représentent, par leurs thématiques et leurs approches, les masques acoustiques de ses collègues et ami(e)s de l'UFR d'allemand de la Sorbonne nouvelle. Mais considéré dans son ensemble, le volume, par la pluralité de sa composition, livre aussi le masque acoustique de notre institut, lui-même reflet de la mutation et de la diversification croissante qu'ont connu les Études germaniques françaises dans la période couverte par la carrière de Gerald Stieg. Non seulement aucun des trois pôles classiquement distingués dans notre discipline n'est négligé – langue, littérature et civilisation, mais certains des textes ici rassemblés abordent les terrains plus rarement fréquentés du cinéma, de l'économie d'entreprise ou encore de l'analyse des médias. Notre

---

[1] « Über das heutige Theater. Leergegessene Bonbonnieren. Das Reich der Schatten. Die Akustische Maske » [1re publication in *Der Sonntag*, Beilage des Wiener Tag, 18 avril 1937], in Elias Canetti, *Aufsätze, Reden, Gespräche, München*, Wien, Carl Hanser Verlag, 2005, p. 137-138.

premier hommage à Gerald Stieg consiste donc à faire apparaître toutes les facettes d'un institut où il a joué un rôle éminent, comme enseignant bien sûr, mais aussi comme directeur d'UFR et comme animateur de l'équipe de recherche (Équipe d'accueil 182 – Centre de recherches sur les sociétés et cultures des pays de langue allemande aux XIXe, XXe et XXIe siècles).

Tout en illustrant un pluralisme disciplinaire que Gerald Stieg a toujours défendu, le volume trouve une unité dès lors que l'on décale la perspective pour regarder thèmes et approches divers au prisme de l'identité : en effet toutes les contributions se rapportent plus ou moins explicitement à cette notion, que l'identité soit individuelle ou collective, qu'il s'agisse de sa cristallisation dans la dimension historique, de sa construction ou de sa défense dans l'espace culturel, médiatique ou politique, ou encore de l'enjeu des différences culturelles ou civilisationnelles. Cette sensibilité identitaire est certes une préoccupation contemporaine, mais elle est sans doute aussi renforcée par le statut des auteurs, presque tous « germanistes de l'étranger » (« *Auslandsgermanisten* »), donc géographiquement et culturellement extérieurs à l'aire qu'ils explorent. Elle nous permet en tout cas de proposer un parcours de lecture original, rapprochant les textes par un autre biais que celui du pôle sous-disciplinaire auquel ils pourraient être rattachés.

Le premier chapitre focalise l'attention sur l'identité individuelle : Cécile Leblanc et Anne Larrory montrent d'abord son affirmation exacerbée, l'une sur le plan littéraire, à travers la figure de Sissi impératrice, icône de l'esthétique fin de siècle, l'autre du point de vue linguistique, par l'étude des exclamatives comme instrument du discours narcissique dans le théâtre de Thomas Bernhard. Chez ce dernier, elles sont pourtant également le signe d'une identité précaire qui cherche à se stabiliser dans la logorrhée. C'est cet aspect du moi en danger que thématisent les trois textes suivants, en mettant l'accent sur la perte d'identité par l'effacement des repères. Ainsi, celui d'Anne Saint-Sauveur retrace le parcours de l'écrivaine pragoise Lenka Reinerova, qui, entre national-socialisme et stalinisme, doit faire face aux traumatismes de l'exil, puis du retour d'exil. De même, le héros du film de Michael Schorr *Schultze gets the Blues*, analysé par Gilbert Guillard, incarne le délitement économique et la dépression morale induits en Allemagne de l'Est par la réunification et la mondialisation. Quant à Kerstin Hausbei, elle montre comment le thème de la mondialisation, saisi à travers la destruction de l'identité individuelle, mène à une repolitisation du théâtre allemand dans les années 2000. Ceci dit, ces trois contributions traitent aussi de la renaissance du moi : c'est, dans le cas de Lenka Reinerova, ce qu'Anne Saint-Sauveur appelle « résilience », une faculté de résistance qui puise largement ses forces dans la création artistique ; dans le film de Schorr, c'est la capacité de Schultze à reprendre son destin en main en changeant radicalement d'horizon, tant géographique que musical ; enfin, Kerstin Hausbei souligne aussi la dimension reconstructive dans la création théâtrale, qui passe en particulier par l'élaboration d'un nouveau langage esthétique.

Le deuxième chapitre est centré sur l'émergence d'identités collectives, considérée à la fois comme produit de l'ascendant d'une personnalité sur un groupe et comme phénomène inscrit dans l'histoire. Il s'ouvre sur une évocation de la vie de Simone Veil, qui, traitant d'un destin individuel aurait certes pu s'insérer dans le chapitre précédent. Mais Henri Ménudier n'insiste pas sur les facteurs de « résilience » qui ont permis à une rescapée des camps de la mort de mener une carrière politique exemplaire sous la Ve République. Il s'attache bien plus à faire ressortir ce que l'expérience de Simone Veil a de représentatif pour l'identité des déportés dans les années d'après-guerre, et l'impact de ses réflexions et prises de position au sujet des « années noires » sur la mémoire française de cette même période. C'est donc bien pour sa portée collective que ce parcours individuel est évoqué. La contribution de Monique Travers se situe également à l'interface de l'individuel et du collectif. Sa « petite histoire » de l'orchestre des étudiants de Paris est d'abord un hommage à Jean Mac Nab, jeune chef au talent et à l'énergie peu communs. Mais, en même temps qu'elle complète notre connaissance d'une époque mal connue de la vie musicale française, elle retrace aussi les étapes de constitution d'une identité de groupe, identité assez forte pour retenir l'attention des grands critiques musicaux du moment. Le texte de Gilbert Krebs présente les premières années (1908-1911), jusqu'ici ignorées, de la revue *Der Anfang*, notoirement connue par la suite pour s'être faite l'expression de certaines idées scandaleuses de la *Jugendbewegung*. Grâce à ses trouvailles d'archive, Gilbert Krebs nous révèle les premiers balbutiements artistiques de quelques fortes individualités, dont la plus connue est Walter Benjamin. Ce faisant, il nous éclaire sur l'horizon intellectuel de ces adolescents qui rêvent d'une société et d'une Allemagne nouvelles, esquissant en quelque sorte les contours d'une identité générationnelle. Alain Lattard s'inscrit quant à lui dans une perspective historique de long terme en s'intéressant à l'émergence de l'identité professionnelle allemande. Pour expliquer cette sacralisation du *Beruf* qui est encore explicitement revendiquée par certains pédagogues dans les années 1960, il ne suffit pas seulement, à ses yeux, d'invoquer l'héritage du fonds culturel luthérien. Les représentations du métier/vocation n'auraient probablement pas connu cette pérennité sans leur captation par le mouvement artisanal au cours du XIXe siècle et leur institutionnalisation dans les formes d'organisation corporatives de ce mouvement, qui (re)deviennent depuis cette époque le cadre à la fois légal et légitime de l'apprentissage d'un métier. C'est donc l'incorporation de traditions à des institutions qui permet la cristallisation de l'identité professionnelle et lui confère sa longévité.

Le troisième chapitre décline différentes modalités d'affirmation et de défense de l'identité collective. À travers le face-à-face entre Karl Kraus et les artistes allemands exclus de la sphère publique dans les années 1933-1934, Valérie Robert analyse la structuration du champ intellectuel en exil. Par son silence ou sa parole, Kraus y est à la fois révélateur et provocateur. Il révèle d'une part le conformisme et l'intransigeance que secrète chez les exilés la recherche d'une identité collective : les exclus eux-mêmes en viennent à pratiquer l'exclusion. Mais en attaquant de front le discours convenu sur la « défense de la culture », il provoque d'autre part aussi l'éclatement d'un consensus trompeur et donne le « coup de pied dans la fourmilière ». Si Kraus polarise, Jörg Haider, leader du FPÖ, parti populiste autrichien auquel Catherine Fabre-Renault consacre sa contribution, mise pour sa part sur l'esquive et l'ambiguïté. En pratiquant une transgression savamment dosée des tabous politiques, il cherche à capitaliser les frustrations d'une partie de l'électorat face aux impasses du système politique, et surtout à profiter des paradoxes de la mémoire historique autrichienne, imprégnée de l'idéologie des « bourreaux vaincus ». Une telle flexibilité n'est en revanche pas précisément la caractéristique de la police politique de RDA, dont Gunhild Samson illustre les méthodes à l'exemple d'un dossier consacré à la surveillance d'un « candidat au départ » entre 1975 et 1986. Le sort de ce « citoyen ordinaire », certes désireux de quitter la RDA, mais n'étant pas engagé dans un groupe oppositionnel, est doublement instructif. Il révèle une fois de plus l'omniprésence de la surveillance policière, mais en manifeste aussi la relative inefficacité. Car, non contente d'échouer à empêcher la fuite d'un individu sans importance particulière, la *Stasi* continue ensuite dix ans durant d'observer les activités à l'Ouest de l'expatrié et la vie de ses parents ou anciennes relations, dans le but d'éviter d'autres fuites. Cet acharnement à tracer une frontière imperméable entre la RDA et le reste du monde non seulement se solde par un échec, mais fragilise aussi le système qu'il veut protéger. La dernière contribution, qu'Elisa Goudin-Steinmann consacre à l'exposition de 1997 « Images d'Allemagne, art d'un pays divisé », s'inscrit évidemment dans la thématique de ce chapitre, puisqu'elle porte sur une manifestation dont le point de départ est la reconnaissance et la mise en regard des traditions artistiques distinctes propres à chacun des deux États allemands. En même temps, elle fait la transition avec le chapitre suivant, dans la mesure où si l'on reconnaît ici les différences, c'est non seulement pour les assumer, mais si possible pour les dépasser, dans une perspective d'unification culturelle à long terme. D'ailleurs, en identifiant dans l'exposition des thèmes en partie transversaux aux deux paysages artistiques, Elisa Goudin-Steinmann met en évidence le substrat commun sur lequel cette unification pourra se fonder, substrat que, paradoxe de la démarcation identitaire, l'existence du Mur a lui même contribué à enrichir du motif de la désorientation.

Aussi bien, le quatrième chapitre propose une série de textes qui relativisent l'ampleur des oppositions identitaires. Ainsi, Michel Kauffmann revient sur le scandale déclenché par les thèses du philosophe Peter Sloderdijk sur le « Parc humain » pour montrer que l'exposé qui lui avait valu l'accusation d'antihumanisme eugéniste, s'avère présenter des concordances étonnantes avec certains textes de Freud. Dieter Hentschel réexamine à l'exemple de la gestion du temps le stéréotype d'une différence tranchée des cultures managériales française et allemande. L'inventaire de toutes les études menées sur ce terrain et l'exploitation de données empiriques lui permettent de conclure que, contrairement à ce qui a été longtemps affirmé, la perception du temps ne varie guère des deux côtés du Rhin. Si différences il y a, elles viennent davantage des contraintes spécifiques qui s'imposent à la gestion des emplois du temps, notamment des structures hiérarchiques et du style de communication au sein des entreprises. Irmtraud Behr, dans une étude portant sur la traduction en français d'un roman policier de Wolf Haas, s'interroge sur les enjeux du rendu des déictiques. Elle parvient à la conclusion que les options de traduction de *jetzt*, en particulier le choix de non-traduction, modifient au passage la perception des différents plans narratifs. Il se vérifie donc, une fois de plus, que traduire, c'est trahir. Irmtraud Behr relativise néanmoins le postulat d'irréductibilité d'une langue à l'autre en observant que la « perte » ne sera ressentie que par un groupe tout à fait restreint de lecteurs, ceux qui liront l'original et la traduction, et que ceux-là pourront éventuellement profiter de certaines trouvailles créatrices de la traductrice. Céline Trautmann-Waller revient sur un des premiers travaux de recherche de l'historien d'art autrichien Alois Riegl, consacré aux tapis orientaux anciens. Pour élucider notamment la question du style décoratif, Riegl dépasse les stéréotypes de l'époque opposant Orient et Occident. Il récuse la référence à un trésor de formes artistiques communes remontant à un âge aryen mythique et, plus généralement, la croyance à des origines spontanées et autochtones des divers arts nationaux. À une explication par la référence identitaire, Riegl oppose une démarche rigoureuse, qui préfigure déjà son projet de fonder une véritable science de la culture. Marc Thuret propose quant à lui une relecture du *Stechlin* de Fontane pour y analyser la perception du progrès. La mondialisation, qui est déjà à l'œuvre dans cette fin de XIXe siècle, est constamment à l'arrière-plan de la société provinciale que décrit le roman. Le contraste entre les bouleversements de la modernité et un milieu rural qui voudrait pouvoir éviter les révisions qu'elle impose, permet à Fontane d'instiller dans son œuvre une critique lucide, et par moments prophétique, de bien des problèmes de notre temps. Mais il le fait sans crispation ni nostalgie. *Le Stechlin* est un adieu sans regrets au monde d'hier, une invitation à déposer le ballast de traditions obsolètes et à se tourner vers l'avenir. Enfin, Isabelle Vodoz attire notre attention sur un personnage secondaire du *Parzival* (XIIIᵉ siècle) de Wolfram von Eschenbach, Feirefitz, fils que le père de *Parzival* a eu avec une reine noire. L'histoire de ce demi-frère métis et païen, qui est accueilli comme un égal par la chevalerie européenne, clôt le volume sur un message de tolérance.

Ces quatre chapitres qui varient le thème de l'identité nous paraissent bien entrer en résonance avec l'esquisse biographique conclusive due à Hansgerd Schulte et Eva Carstanjen. Celle-ci fait en effet pleinement ressortir les rôles multiples que Gerald Stieg a assumés en tant qu'universitaire, mais elle souligne aussi toute l'importance de sa double identité d'Autrichien et de Français. S'il y a donc quelque correspondance entre cette brassée de contributions et notre collègue et ami Gerald Stieg, c'est bien, comme le souligne notre titre, celle d'« identité(s) multiple(s) ».

Chapitre I

L'individu entre égotisme et destruction/réinvention du moi

Sissi, impératrice de la solitude ou de la modernité ?

Cécile Leblanc

Pour Emil Cioran, les « bizarreries d'une Sissi ne pouvaient prendre un surcroît de sens qu'à une époque qui allait culminer dans une catastrophe modèle. C'est pourquoi la figure de l'Impératrice est tellement significative, c'est pourquoi nous la comprenons mieux que ne la comprenaient ses contemporains »[1]. Ce texte ouvre la grande rétrospective consacrée à *Vienne, l'apocalypse joyeuse,* en 1986. Pourtant, il n'est nul besoin de voir la figure de l'impératrice dans une lumière rétrospective pour lui donner son importance. Le sens de cette figure est déjà saturé à l'époque, comme en témoigne le texte rédigé, en 1900, par Maurice Barrès, pour servir de préface au livre de souvenirs publié par son lecteur de grec, Constantin Christomanos[2] et intitulé *Élisabeth de Bavière, impératrice d'Autriche*[3]. Nul besoin d'un « surcroît » de sens à un personnage perçu, dès son époque, comme éminemment moderne. Son association à Louis II et à Wagner, ces deux figures crépusculaires de la décadence européenne, ne doit rien au hasard. L'impératrice est une personnalité oxymorique, qui a été très bien comprise de ses contemporains, dans la mesure où elle semble elle-même une illustration des courants de pensée les plus modernes de l'époque, une allégorie et un prétexte aux audaces stylistiques de la décadence. À travers Barrès, Élisabeth peut être lue comme l'emblème d'un crépuscule, compris à rebours du sens commun : un crépuscule qui ne prend pas son sens par rapport à la nuit qui le suit, mais en résistance

---

[1] Emil Michel Cioran, « Sissi ou la vulnérabilité », propos recueillis en langue allemande par Verena von der Heyden-Rysch en janvier 1983, version française de Bernard Lortholary, in *Vienne, 1880-1938, l'apocalypse joyeuse,* éd. du Centre Pompidou, avril 1986, p. 19.

[2] Constantin Christomanos (1867-1911). Intellectuel grec, auteur d'une thèse sur Schopenhauer, il publia différents ouvrages sur le théâtre néohellénique.

[3] Constantin Christomanos, *Élisabeth de Bavière, impératrice d'Autriche,* Paris, Mercure de France, 1900, trad. franç. de Gabriel Syveton.

à cet assombrissement [4], en témoignage de ce qu'a été le jour : en un sens, il témoigne d'un futur antérieur, se fait prophète de la lecture qu'il faudra faire de ce qui est, et non une annonce de ce qui suivra. L'impératrice ne doit pas être perçue en perspective du cataclysme à venir, mais comme une exacerbation du présent ; elle ne marque pas la chute d'un monde, mais la plénitude de celui-ci. En parachevant l'esthétique des années 1880-1900, le portrait de l'impératrice par Barrès est une contribution aux tentatives artistiques destinées à promouvoir une certaine idée de la modernité.

Philippe Barrès, dans ses souvenirs, décrit, dans le bureau de son père, une série de photographies où figure Élisabeth, entre Renan, Stanislas de Gaïta, Déroulède et la Princesse Mathilde [5]. Pourquoi Barrès s'est-il intéressé à l'impératrice ? Elle apparaît d'emblée comme une figure-clé de son œuvre, « la plus abondante et la plus rare contribution au culte du moi » [6]. Elle serait donc une illustration des propres thèses de Barrès développées dans *Sous l'œil des Barbares* en 1888, *Un homme libre* en 1889 et *Le Jardin de Bérénice*, 1891. Elle lui donne l'occasion d'une nouvelle synthèse des problèmes du moi, étudiés sous ses composantes intellectuelles et physiologiques. Le programme de Barrès, dans sa préface, s'énonce en effet d'emblée par rapport au narrateur : « Nous prendrons ici Élisabeth d'Autriche comme une excitatrice de notre imagination, comme une nourriture poétique et une hostie de beauté » [7].

Il s'agit de trouver en Élisabeth une incitation, un truchement qui permette à l'écrivain « un retour aux sources de l'être décelable par la poésie » [8]. L'impératrice est un emblème, un miroir. Elle n'est pas un « maître », un alter ego comme Stendhal, « l'intercesseur archétypal » ou comme Benjamin Constant, mais une possible incarnation esthétique du culte du moi, proposée à la contemplation et aux innovations stylistiques. Offerte indirectement ou plutôt réverbérée, « traduite » par son lecteur de grec puisque le texte de Barrès est une réflexion sur le témoignage de Christomanos. Comme Antigone – guide de son père aveugle – à laquelle elle s'assimile dès le début, l'impératrice de ce texte-palimpseste est une incitation pour le narrateur, une muse fin de siècle : elle « possède de naissance le goût des plus rares fantaisies esthétiques » [9] vers lesquelles elle

---

[4] François Nicolas, « Schoenberg, avenir de Wagner ? », conférence à l'Alliance française, New York, mai 2006.
[5] Philippe Barrès, *Maurice Barrès, mon père, documents*, Paris, Robert Laffont, « Bouquins », p. 906.
[6] Maurice Barrès, *Amori et dolori sacrum*, éd. déf., Paris, Plon, 1921, p. 154.
[7] *Ibid.*, p. 156.
[8] Daniel Moutote, « À la recherche du moi perdu », in Moutote, *Égotisme français moderne*, Paris, SEDES-CDU, 1980, p. 117.
[9] Maurice Barrès, *op. cit.*, p. 161.

entraîne le narrateur et son répétiteur. L'art est une source de jouissance et un motif d'élévation pour celui qui sait en apprécier les manifestations contradictoires et toutes baudelairiennes. Le titre du chapitre II, « un spectacle somptueux et bizarre », ainsi que la réflexion du narrateur le montrent bien :

> Tout artiste, dans toute création, place naturellement un peu d'énigmatique, une note bizarre ou cruelle qui semble étrangère à la nature, qui nous donne une commotion et qui, d'une manière irrésistible, ouvre dans notre âme de profondes avenues [10].

On songe à la première audition de la sonate de Vinteuil dont Swann s'émeut qu'elle lui ait « ouvert plus largement l'âme » [11]. L'œuvre d'art procure à la souveraine comme au narrateur un ferment d'émotion et un miroir qui exalte le Moi et l'incite à se dépasser. La figure de l'impératrice est bien alors semblable aux dandys esthètes chers à la fin du siècle, dont des Esseintes et Swann sont les modèles fictifs, et Robert de Montesquiou, le modèle réel. L'art procure à l'amateur éclairé la jouissance de l'analyse et celle du sentiment de sorte que le culte du Moi et le culte de l'art « loin de se nuire et de s'opposer, constituent donc simultanément et solidairement les fondements d'une même culture » [12].

Élisabeth correspond à toutes les composantes du culte du Moi et synthétise les thèmes de la décadence. Comme le héros de Huysmans, l'impératrice, selon Barrès et Christomanos, décline tout le répertoire thématique à la mode en 1884 : spleen, dandysme, névrose, synesthésie, femme fatale. Elle est même en proie à la « névrose des tout-puissants » [13] comme le duc d'Este, héros du *Crépuscule des dieux* d'Élémir Bourges. Mais le plus commenté est sans nul doute son droit de retrait vis-à-vis de son temps, son refus de la société, sa volonté de mise à l'écart, attitude caractéristique qui a retenu l'attention des écrivains qui l'ont évoquée, de Gourmont à Barrès. Toutes les pages insistent sur ce point. Depuis l'écran apposé entre elle et le monde par l'éventail ou par l'ombrelle, au voyage perpétuellement recommencé, l'impératrice, toujours masquée, toujours refusée, est une « fugitive » [14]. « Fugitive parce que reine, c'est ainsi » [15] comme l'avait noté le narrateur d'*À la recherche du temps perdu*, elle déclare à

---

10 Maurice Barrès, *op. cit.*, p. 168.
11 Marcel Proust, *Un amour de Swann*, Paris, Gallimard, « Bibliothèque de la Pléiade », t. I, 1987, p. 206.
12 Michel Lioure, « Entre le culte de l'art et le culte du moi », in *Barrès, une tradition dans la modernité*, Paris, Honoré Champion, 1991, p. 71.
13 Maurice Barrès, *op. cit.*, p. 225.
14 Maurice Barrès, *op. cit.*, p. 192.
15 Marcel Proust, *Albertine disparue, À la recherche du temps perdu,* Paris, Gallimard, « Bibliothèque de la Pléiade », t. IV, 1989, p. 9.

son confident : « Je reconnais que la lourdeur de l'existence, on la sent surtout par le contact avec les hommes » [16].

Elle est une illustration du dandy blasé : « la satiété et le mépris, voilà d'abord les deux caractères qui frappent » [17] et pour insister, Barrès cite Gourmont : « L'homme qui assassina l'impératrice d'Autriche obéit peut-être à un instinct plus haut que son intelligence ; croyant tuer la force, il poignarda le dédain ». Et Gourmont ajoutait, dans ses *Promenades littéraires* :

> Mais si elle n'a pas dit sa vie, il lui a plu de dire un peu de sa pensée. M. Christomanos lui a donné un tour lyrique, mais avec assez de vérité dans la transcription pour qu'on y trouve bien ce qui décidément fait la trame du caractère de l'impératrice, le dédain [18].

Le Moi ne juge pas digne (de-dignari) de sa présence et de son attention le monde extérieur. Cette attitude ne peut que séduire des écrivains pour lesquels, en réaction au naturalisme, seul le monde intérieur doit retenir l'attention. La génération de Barrès, de Gide, précédée par celle des wagnériens Wyzewa et Dujardin, a instauré une littérature du Moi, émanée en partie de l'étude de Wagner : après avoir constaté que l'apport majeur de Wagner à la modernité est l'étude d'un fondamentalement humain, de l'être sensuel et sentimental :

> Le romancier futur dressera une seule âme, qu'il animera pleinement ; par elle seront perçues les images, raisonnés les arguments, senties les émotions. Le lecteur, comme l'auteur verra tout, les choses et les âmes, à travers cette âme unique et précise dont il vivra la vie [19].

Du monologue intérieur de Dujardin (*Les Lauriers sont coupés*, 1887) à la trilogie de Barrès (*Le Culte du Moi*, 1888-1891) l'égotisme est autant une doctrine qu'un trait de modernité. Le moi, est, en effet, une création au jour le jour, sans cesse affinée et confirmée à la face du monde, une construction élaborée sous le regard d'autrui, en même temps qu'une plongée aux racines de l'être. Le culte du moi n'est donc pas complaisance à soi mais maîtrise de soi et composition : c'est une culture qui doit se faire par élaguements et par accroissements. Un travail que voudrait tenter Élisabeth qui regrette : « Nous n'avons pas le temps d'aller jusqu'à nous, tout occupés que nous sommes à des choses étrangères » [20]. Le nous « de majesté » est encore un masque du « je » qui s'efforce à

---

16 Maurice Barrès, *op. cit.*, p. 171.
17 Maurice Barrès, *op. cit.*, p. 171.
18 Remy de Gourmont, *Promenades littéraires*, 1re série, Paris, Mercure de France, 1929, p. 146.
19 Teodor de Wyzewa, *Nos Maîtres études et portraits littéraires,* Paris, Perrin et Cie, 1895, p. 52.
20 Maurice Barrès, *op. cit.*, p. 177.

la solitude pour se (re)connaître soi-même et qui ne se veut pas *spectator mundi* mais *spectator sui*.

Le moi est, avant tout, ce qu'on défend contre « les barbares », ce qu'on impose aux autres contre toutes raisons, qu'elles fussent politiques ou sociales. La souveraine marque sans cesse son mépris pour l'exercice du pouvoir et pour la politique : « Les politiciens croient conduire les événements et sont toujours surpris par eux »[21].

Ainsi, qui veut être soi doit être lucide, savoir que les idéologies sont vaines et le pouvoir un leurre qui corrompt. Selon son fils, Barrès aurait répondu lorsqu'on lui demandait qui il aurait pu être s'il n'avait été écrivain : « Moi ? Anarchiste ! »[22].

Cette exclamation témoigne de la vogue de la publicité faite à la doctrine dans les années 1892-1894, qui sont celles des grands attentats anarchistes dont l'impératrice sera d'ailleurs elle-même victime. Beaucoup d'écrivains symbolistes, en effet, s'intéressent, sinon cautionnent, l'anarchisme, dans l'entourage de Mallarmé, au nom d'une conception du langage où la seule vérité possible réside dans l'absence de toute représentation. Des écrivains et des poètes comme Félix Fénéon, Gustave Kahn, Camille Mauclair, Stuart Merill, Saint-Pol Roux soutiennent plus ou moins les mouvements anarchistes et libertaires. Il n'est pas jusqu'à Mallarmé lui-même qui témoigne en faveur de Fénéon lors d'un entretien au *Soir* le 27 mai 1894 et au procès des Trente en août 1894. L'anarchisme, en invitant à la suppression, au vide radical répond aux désillusions du moi et à son rejet d'une société qu'il veut abolir ou, au mieux, nier.

Pour Barrès, en effet, l'homme intelligent doit affirmer sa solitude, son retrait. Pour cela, il doit affirmer la césure d'avec le monde, le refus d'être mis dans la posture où les ancêtres l'ont convoqué, attitude caractéristique d'Élisabeth qui se dérobe sans cesse à ce que l'on attend d'elle. Lucide et sceptique, l'égotiste doit soumettre tout discours à la question et refuser de s'accommoder du monde ; il doit refuser de composer et s'efforcer de ne pas s'adapter en dédoublant moi social conciliant et moi intérieur révolté. Il s'agit « d'élargir l'abyme »[23] entre les exigences d'une intense vie de l'esprit et les « médiocres contingences » de la réalité au lieu de tenter de les rapprocher dans une existence commune. Barrès constate : « Isolée dans cette conscience douloureuse, l'impératrice Élisabeth s'appliquait à ne se laisser posséder ni par les choses ni par les êtres »[24]. Cette attitude procède d'un nihilisme que Barrès se plaît à célébrer :

---

21 *Ibid.*, p. 182.
22 Philippe Barrès, *Maurice Barrès, mon père*, p. 928.
23 Teodor de Wyzewa, introduction au *Disciple*, Paris, Nelson éditeurs, s. d., p. 9.
24 Barrès, *op. cit.*, p. 176.

> L'audace et l'ironie amère, l'accent sceptique et fataliste, l'invincible dégoût de toutes choses, la présence perpétuelle de l'idéal et de la mort, et même ces enfantillages esthétiques d'une mélancolie qui cherche à se délivrer, me font tenir l'existence d'Élisabeth d'Autriche comme le poème nihiliste le plus puissant de parfum qu'on ait jamais respiré dans nos climats [25].

Pour Cioran, il ne s'agit pas de nihilisme puisque Élisabeth ne s'est nullement souciée des courants de la pensée politique de son époque ; sans doute, mais le mot-clé est celui de « poème » dans son sens grec, de création : la vie de l'impératrice est exactement celle d'un personnage de fiction barrèsienne, une réalité s'élaborant comme fiction nihiliste. Or, le nihilisme est la maladie de la fin du siècle qui affecte la volonté et le sentiment d'un sujet qui se construit en haine du monde. Barrès avait formé un projet d'études sur le « nihilisme contemporain » [26] dans la lignée des *Essais de psychologie contemporaine* de Bourget, mais destiné à pousser plus avant l'étude du système de dévalorisation des valeurs et la remise en question de la validité du discours fondé sur la raison et l'appréhension de la vérité. Paul Bourget avait dénoncé la perversité du scepticisme [27] nihiliste dès 1889. Ainsi, dans sa préface au *Disciple*, Teodor de Wyzewa montre ce que Bourget a apporté à sa génération :

> L'attrait plus intime d'une philosophie toute désenchantée et mélancolique, appropriant aux exigences secrètes de nos jeunes cœurs le « pessimisme » un peu gros de Schopenhauer et de son école [28].

Mais, avec *Le Disciple* [29], Bourget dénonce « notre vaniteuse conscience d'habiter un monde distinct de celui du « bourgeois », et supérieur à lui ». Cette influence est visible dans la distance critique que le narrateur impose à son personnage. Celui qui passe son temps à « adorer son moi, à le parer de sensations nouvelles » [30] et dont il fustige « la sécheresse affreuse » est un danger pour les autres et pour la société. Barrès semble partager cette analyse : « Ainsi empêchée dans son attrait vers des réalités finies, où s'orientera cette âme en détresse ? » [31].

En effet, avec ses « enfantillages », le personnage de l'Impératrice est décevant et Barrès ne cache pas sa réticence lorsqu'il évoque ce thème majeur de

---

25 Maurice Barrès, p. 225.
26 Marie-Agnès Kirscher, *Relire Barrès*, Valenciennes, Presses Universitaires du Septentrion, 1998, p. 109.
27 *Ibid.* p. 105.
28 Teodor de Wyzewa, introduction au *Disciple*, Nelson éditeurs, s. d., p. 6.
29 *Ibid.*, p. 10.
30 Paul Bourget, *Le Disciple, À un jeune homme*, Paris, Nelson éditeurs, s. d., p. 8.
31 Maurice Barrès, p. 215.

la décadence qu'est le voyage. De la simple suggestion abrégée de *L'Éducation sentimentale* évoquant « l'étourdissement des paysages et des ruines » au *anywhere out of the world* de Baudelaire, la notion de voyage à l'époque de la décadence n'apparaît acceptable qu'à condition que sa destination reste idéale et imprécisée. Aucun pays ne peut satisfaire le Moi inquiet à moins d'être oxymorique et synthétique, « l'Orient de l'Occident, la Chine de l'Europe »[32]. Au Moi qui veut se construire, le voyage n'apporte ni dérivatif ni savoir ni échappatoire. « Où donc eussent été satisfaits les désirs intimes de cette impératrice méprisante et rassasiée ? »[33].

Si le monde est faux, entaché d'illusions, le voyage et les pays traversés ne le seront pas moins. C'est ainsi que des Esseintes se décide à n'être à jamais qu'un « homme d'intérieur » (ce que Claudel disait aussi de Mallarmé), un habitant de la banlieue[34] – non-lieu par excellence, ni ville ni campagne. Or, Barrès qualifie de « tournoiement d'un esprit perdu qui bat les airs » les voyages d'Élisabeth et dénonce ironiquement leur aspect aussi « productif » et bâtisseur que son cousin Louis II, avec le même kitsch pitoyable. Il faut les mots de la fugitive décrivant sa villa l'Achilleion, construite dans la baie de Benizze à Corfou, comme un « rêve pétrifié » pour compenser la laideur et le caractère rétrograde de « ce palais où notre imagination peut-être insuffisante serait tentée de se dégoûter sur des réalisations artistiques médiocres »[35]. L'intention prime sur la réalisation, la création est dérisoire, Élisabeth n'est pas une artiste, juste une névrosée perçue par ses contemporains comme une incarnation du pessimisme et de l'idéalisme fin de siècle qui déclare : « Nos rêves sont toujours plus beaux quand nous ne les réalisons pas »[36].

Barrès accuse clairement Christomanos, auteur d'une thèse sur Schopenhauer d'avoir interprété « l'impératrice à l'allemande »[37], d'en avoir fait une illustration dévoyée des thèses du philosophe allemand. Et le narrateur de citer le jeune lecteur de la souveraine : « De notre point de vue, sa vie est vraiment un non-vivre ; l'on pourrait dire qu'elle se trouve, en tant même que créature vivante, dans un état qui exclut la vie »[38].

Or, Barrès préfère interpréter l'impératrice « à la française », la récupérer en quelque sorte, pour en faire une figure exemplaire de la littérature de la décadence

---

32 Charles Baudelaire, *Le Spleen de Paris, L'invitation au voyage*, XVIII.
33 Maurice Barrès, *op. cit.*, p. 188.
34 Jean Borie, « Voyage, bricolage », in *À Rebours, une goutte succulente*, Paris, SEDES, 1990, p. 145-158.
35 Maurice Barrès, *op. cit.*, p. 199.
36 *Ibid.*, p. 200.
37 *Ibid.*, p. 204.
38 Maurice Barrès, *op. cit.*, p. 205.

française en montrant à quel échec parvient l'esthète non créateur qui tourne le dos à la modernité [39]. Il est alors très proche, sinon héritier direct des thèses de Wyzewa développées, avec un grand retentissement à l'époque, dans un article de la *Revue Wagnérienne* : « Le pessimisme de Richard Wagner » [40]. Pour Wyzewa, en effet, le pessimisme présent dans la littérature française de son temps est essentiellement dû à la lecture de Schopenhauer « donnée aux Français en des recueils bizarres de morceaux choisis » [41], à la faillite des aspirations romanesques qui doivent se régénérer dans la structure tragique qui est celle d'un texte mettant en scène une impératrice et son confident et au « spectacle désolant de la démocratie, accélérant encore l'évolution fatale vers l'hétérogène ». Le culte du Moi de Barrès est bien une tentative pour construire l'homogène, pour éviter la dissolution et la dispersion de l'être dans des aspirations contradictoires. Semblablement, Huysmans (*À Rebours*), Dujardin (*Les Lauriers sont coupés*) ou Gide (*Paludes*), ont centré l'intérêt sur la vie psychique d'un seul héros, inadapté, ne sachant pas composer avec le monde ou s'y refusant et incarnant le programme wagnérien tel que l'analyse ironiquement Wyzewa :

> Nous avons tous éprouvé à souffrir une joie plus aiguë, parce qu'il a plu à Wagner suivre la voie pessimiste de Schopenhauer, et dresser le gigantesque autel de ses œuvres à l'Idole du Cesser-Vivre [42].

Renoncer à la volonté de vivre était la conclusion de Schopenhauer. Mais, pour Wyzewa, Wagner, et à sa suite, toute la décadence française, l'a interprété en réalité de façon différente. Le pessimisme de Wagner n'est pas l'exaltation de l'anéantissement, mais au contraire la fusion du Moi avec l'unité universelle, le retour au sein de la nature d'un être immanent qui s'en trouvera « profondément bienheureux ». Wyzewa montre que l'œuvre de Wagner n'est pessimiste que superficiellement parce que la figure du moi créateur parvient à une félicité suprême, au-delà des apparences, à la recréation d'un monde radieux et, surtout, à la recréation de soi-même : « Seul vit le Moi, et seule est sa tâche éternelle : créer » [43].

C'est le programme auquel adhère Barrès à ses débuts, comme beaucoup d'écrivains de sa génération. L'important n'est pas la ridicule volonté mesquine

---

[39] Alexandra Beilharz, « Élémir Bourges, Carlos Reyles et Robert Musil : la décadence entre refus et adaptation de la modernité », in Jean Bessières, Stéphane Michaud (dir.), *La Main hâtive des révolutions. Esthétique et désenchantement en Europe de Leopardi à Heiner Müller*, Paris, Presses Sorbonne Nouvelle, 2001, p. 55-76.
[40] Teodor de Wyzewa, « Le pessimisme de Richard Wagner », *Revue Wagnérienne*, 8 juillet 1885, p. 167-170.
[41] *Ibid.*, p. 167.
[42] *Ibid.*, p. 168.
[43] Wyzewa, *Revue Wagnérienne*, p. 169.

de Schopenhauer, mais l'homme, la volonté individuelle fusionnant avec le monde pour atteindre une création pourvoyeuse de bonheur. Ainsi Barrès tente d'exalter l'adéquation à la nature d'une impératrice qui n'exalte pas la nuit chère aux romantiques, mais le petit-jour et son désir de « voir comme tout s'éveille » [44]. Il insiste sur son aspiration à se perdre dans une fusion avec les forces de la nature en rédigeant, en quelque sorte, un Contre-Schopenhauer :

> La solitude, les arbres, la mer, les sommets, l'ouragan, le réveil profond de ses vies antérieures, nous avons bien vu que c'étaient la vie véritable et le refuge constant de l'impératrice [45].

Mais cette fusion à laquelle aspire le modèle est inaboutie car pour combler le vide « de la race de René », pour s'offrir aux « orages désirés », il ne faut pas jouer à l'artiste. Barrès dénonce la confusion du dandysme entre « être artiste » et « être un artiste » :

> Cette merveilleuse impératrice, quand elle promène sur la grève de Corfou son jeune page romanesque, s'accorde avec le vieux philosophe, disons le mot, pour forcer le pittoresque, avec le vieux cuistre Taine [46].

Figure fragile, emblème si commode à récupérer, l'impératrice est finalement perçue comme dérisoire et exposée à l'ironie : le modèle fonctionne, mais ne résistera pas à l'utilisation que l'on appellerait médiatique. « Voyez ce qu'on a fait de son cousin Louis II » s'écrie Barrès pour clore son essai. Les commentaires « déshonorent et déforment très vite des figures un peu flottantes, capables de susciter nos méditations, mais qui négligèrent de se réaliser dans une forme d'art et d'échanger leur mobilité séduisante contre la fixité de la perfection » [47].

Seul l'artiste, le créateur, pourra donner une conclusion à ce pessimisme de surface et trouver l'issue créatrice pour survivre, non pas en refusant le monde, mais en inventant sa modernité.

C'est ainsi que le texte rédigé par Barrès témoigne de cette recherche d'une modernité textuelle qui s'apparente à celles d'un Gide ou d'un Dujardin à la même époque. Paradoxalement, cette évocation d'un personnage historique se fait dans un refus de l'histoire qui doit beaucoup à Wagner et à Nietzsche, l'histoire étant le lieu de l'hétérogène, du diffus et de la multiplication, ainsi que de la démocratie. Pour dépeindre une âme, une personnalité aussi aristocratique que l'impératrice, seuls sont opérants le mythe et le tragique. Barrès

---

44 Maurice Barrès, *Amori et dolori sacrum*, éd. déf., Plon, 1921, p. 224.
45 Maurice Barrès, *op. cit.*, p. 216.
46 *Ibid.*, p. 219.
47 *Ibid.*, p. 232-233.

s'affronte alors au problème du roman tel qu'il est posé dans les vingt dernières années du siècle : prendre pour sujet une « quête intellectuelle où un individu approfondit sa différence »[48] suppose un profond renouvellement du genre, une interrogation et un mélange. Dujardin, on s'en souvient, a dédié son roman *Les Lauriers sont coupés* « au suprême romancier d'âme, Racine » inaugurant par là même l'interrogation sur le genre que reprend Gide en intitulant ses premières créations « soties ». Théâtre, poème ou roman ? Le texte de Barrès est une préface de 80 pages structurée comme un roman en neuf chapitres pourvus de titres et d'épigraphes mais composé presque uniquement de monologues avec discours attributifs et didascalies. Il entre dans la liste de ces textes expérimentaux, en général très courts et destinés à remettre en cause la narration de type romanesque, tels qu'il s'en produit beaucoup après *À rebours*. On pourrait citer, entre autres, Paul Adam, *Soi* (1886), Jean Lorrain, *Très russe* (1886), Gourmont, *Sixtine, Roman de la vie cérébrale* (1889), Rodenbach, *Bruges-la-Morte* (1892), Wyzewa, *Valbert ou les récits d'un jeune homme* (1893), Gide, *Paludes* (1895), Schwob, *Le Livre de Monelle* (1895). Ces récits du moi sont caractérisés par un refus de l'histoire, cantonnée souvent à une généalogie, une hérédité – Zola oblige – relatée en quelques pages. Barrès évacue le contexte historico-éducatif d'Élisabeth en deux pages. La volonté de rupture qui nourrit la poésie avec le symbolisme et Mallarmé, atteint le roman et fait suivre le roman social et matériel de ces récits hybrides exclusivement centrés sur le moi[49]. Or comment rendre le moi lisible dans sa complexité, sinon par une écriture polyphonique et dialogique qui s'affranchit des conventions romanesques ? Quatre ans avant *L'Impératrice de la solitude*, en 1896, Barrès commence à rédiger *Mes Cahiers* pour prolonger une écriture de soi inaugurée avec *Le Culte du moi*. On peut voir, dans le personnage de la souveraine, un truchement, une perpétuation de cette écriture de soi, signe de contestation et de modernité. Le texte est un récit de paroles, un palimpseste de citations depuis les épigraphes, « citation par excellence » selon le mot d'Antoine Compagnon[50] jusqu'au témoignage de Christomanos, commenté par un narrateur qui s'exprime par un « nous » (de majesté ?) symbole de l'élargissement du « je » à la personne d'Élisabeth :

> Elle trouvait enfin cette magnifique image, lourde et sombre et qui fait miroir à nos plus secrètes pensées : j'ai vu une fois à Talz une paysanne en train de distribuer la soupe aux valets. Elle n'arriva pas à remplir sa propre assiette[51].

---

48 *Cf.* Pierre-Louis Rey, *Le Roman*, Paris, Hachette-Supérieur, 1992, p. 137.
49 *Cf.* Jean-Pierre Bertrand, Michel Biron, Jacques Dubois, Jeannine Pâque, *Le Roman célibataire d'À Rebours à Paludes,* Paris, José Corti, 1996, 241 p.
50 *La Seconde main*, Paris, Seuil, 1979, p. 30. Cité par Genette.
51 Barrès, *op. cit.*, p. 177-178.

Les épigraphés [52] (Théophile Gautier, Hippolyte Taine [53]) font sens par rapport à Barrès lui-même. Le texte est un récit de paroles, une succession de séquences brèves, citations, didascalies, verbes attributifs, qui laissent une impression de mosaïque renforcée par la parataxe, écriture fragmentaire et individuelle qui est vraiment contemporaine [54]. Comme le dit Henri Godard à propos de *Paludes*, il s'agit « une œuvre de langage » [55] qui multiplie les plans et les voix, esquissant des dispositifs de narration très en vogue au XXe siècle. Si le mot est, plus que le fait, un puissant révélateur du moi, dans le cas de l'impératrice, il l'est moins dans la traduction d'une pensée que dans la production d'images, d'hypotyposes et de diatyposes, très nombreuses dans le texte, et qui marquent la trajectoire intime de l'ego impérial. Dans la mesure où elles traduisent un état psychique, ces images se font symboles [56] et, en passant du descriptif au symbolique, érigent le discours en doctrine de l'égotisme. On retrouve ainsi, dans le texte de Barrès, une image-clé de la littérature fin de siècle : la tour et le jardin, qui coïncident ici dans les « hautes terrasses » de l'Achilleion. Comme Tityre, le héros de *Paludes*, ou Mélisande (*Pelléas et Mélisande*, 1893) dans leur tour, « cette fée entrevue dans le brouillard allemand » [57] jouit de son castrum isolé qui permet à l'égotiste d'échapper, selon le mot de Huysmans, à tout « regain de société ». Ce *suavi mare magno* est presque un leitmotiv chez Barrès où l'on retrouve la tour, le « haut château » de façon constante de *Sous l'œil des barbares* au *Jardin de Bérénice*. De même, la référence à l'Antiquité, latine ou grecque est une démarcation, un isolement linguistique qui rejoint la posture mallarméenne de refus des « mots de la tribu ». Chez Huysmans, Gourmont, Gide, Péladan, le latin permet, par l'intertextualité, le recours au fonds linguistico-mythique qui est une opposition à l'histoire naturelle et sociale. De même, Élisabeth apprend le grec pour échapper à la communication et à la conversation : « Quand les Hellènes parlent leur langue, c'est comme une musique » [58]. On se souvient que Mallarmé reconnaît cet avantage à la partition que, cryptée, elle se défend mieux « contre les curiosités hypocrites » [59].

---

52 Nous reprenons la terminologie de Gérard Genette, *Seuils*, Seuil, 1987, p. 140-142.
53 Sur le rôle de Taine, voir le court « Essai sur les origines de l'égotisme français » de Pierre Moreau, Archives des lettres modernes, n° 7, 1957, p. 7.
54 Nous ne partageons pas l'opinion de Thomas Clerc qui parle d'une « modernité sans doute involontaire », « L'écriture des Cahiers », in *Ego scriptor, Maurice Barrès et l'écriture de soi*, Paris, Édition Kimé, 1997, p. 76.
55 Henri Godard, *Le roman modes d'emploi*, Paris, Gallimard, « Folio Essais », 2006, p. 38.
56 Jean Foyard, « Petite rhétorique barrèsienne », in *Ego scriptor*…, p. 16-17.
57 Barrès, *op. cit.*, p. 230.
58 Barrès, *op. cit.*, p. 160.
59 Mallarmé, in *L'Artiste*, 15 septembre 1862.

À la culture grecque, elle emprunte ses références, Antigone et surtout Achille, son miroir et son modèle qui donne son nom au palais de Corfou : « Il n'a tenu pour sacré que sa propre volonté, il n'a vécu que pour ses rêves, et sa tristesse lui était plus précieuse que la vie entière » [60]. Barrès écrit, dans le *Voyage de Sparte* [61] : « Antigone est une sœur d'Achille. Elle porte en elle un démon qui l'isole et la rend sublime, en même temps que douloureuse et mal agréable ».

Identifiée à ces héros du retrait, l'impératrice de la solitude est une figure textuelle dont le narcissisme nourrit et illustre les paradoxes d'un « je » en représentation qui constitue l'apport essentiel de Barrès à la modernité. Et si « le lecteur fasciné s'arrête devant cette âme de désirs qui ne sait où se porter » [62] et dont Barrès évoque la « névrose » et la « conscience », c'est aussi en écho à la « science spéciale » qui naît, à la même époque, à Vienne.

---

60 Barrès, *op. cit.*, p. 198-199.
61 Maurice Barrès, *Le Voyage de Sparte*, Paris, F. Juven, 1906, 303 p.
62 *Ibid.*, p. 180.

Les exclamatives
dans le théâtre de Thomas Bernhard

Anne Larrory

Le théâtre fait un grand usage des phrases exclamatives. Alors qu'ils sont dépourvus de tout signe de ponctuation, les textes dramatiques de Thomas Bernhard présentent un certain nombre de séquences énonciatives que nous pouvons identifier comme exclamatives et sur lesquelles je voudrais me pencher dans la suite de ce texte.

Définition de l'exclamation

J'appelle « exclamatifs » des énoncés formellement marqués et reconnaissables, spécialisés dans l'expression d'un commentaire affectif. En allemand, comme dans d'autres langues (toutes peut-être ?), une des caractéristiques de l'exclamation est qu'elle peut revêtir un assez grand nombre de formes, avec des marquages formels de nature diverse : syntaxique, lexicale, intonatoire. Nous aurons ainsi des énoncés en W- : *Was für ein Kind!, Welch ein Kind!, Wie schön!*, des énoncés à verbe initial : *Ist das aber schön!*, des énoncés dont le principal marquage est une particule énonciative : *Das ist vielleicht schön!*, ou encore d'autres configurations formelles : *Das war so schön!, Wenn das keine Meisterleistung ist!, Die schöne Frau!, Dass du immer noch da bist!*, etc., un « foisonnement »[1] de formes, en apparence incohérent, mais qui ont en commun de servir à exprimer une réaction affective du locuteur face à un événement ou un objet du monde en présence. Cette fonction particulière a été bien cernée par O. Ducrot[2] : alors qu'avec un énoncé déclaratif, « on peut présenter l'énonciation comme résultant totalement d'un choix, c'est-à-dire de la décision prise

---

[1] C'est un des termes favoris qu'emploie Antoine Culioli pour décrire le phénomène (*Pour une linguistique de l'énonciation*, Paris, Ophrys, 1999).
[2] Oswald Ducrot, *Le dire et le dit*, Paris, Minuit, 1984, p. 186.

d'apporter une certaine information à propos d'un certain objet », avec un énoncé exclamatif, « on la donne au contraire comme déclenchée par la représentation de cet objet », c'est-à-dire d'une certaine façon comme incontrôlée.

Si l'on adopte cette définition, tout énoncé marqué d'un point d'exclamation ne sera pas considéré comme exclamatif : les énoncés injonctifs par exemple (*Nicht betreten !*) sont souvent ponctués d'un point d'exclamation en allemand, mais ils ne remplissent pas la fonction définie ci-dessus. Inversement, on pourra ranger dans l'exclamation des séquences qui, bien qu'elles ne soient pas terminées par un point d'exclamation, présentent d'autres marquages formels typiques et remplissent la fonction discursive définie ci-dessus. Il faut donc dissocier les marques de ponctuation de la fonction discursive de « commentaire affectif ». S'il est vrai que le point d'exclamation est le marquage le plus typique des énoncés exclamatifs, il reste avant tout une indication, vague, de la manière dont le scripteur se représente la production orale de l'énoncé en question (hausse de l'intensité, accentuation particulière). Or, tout énoncé de type exclamatif n'est pas forcément « exclamé » ; il arrive que des énoncés qui sont suffisamment marqués par ailleurs comme exclamatifs soient produits au contraire avec une intensité plus faible que les énoncés du co-texte, comme de petits commentaires glissés « en passant », ce que traduirait alors à l'écrit l'absence de point d'exclamation. D'autre part, on constate que les textes dépourvus de ponctuation comportent des énoncés exclamatifs. C'est ainsi que nous identifions comme exclamatives les séquences en gras dans les citations suivantes de textes dramatiques de Thomas Bernhard [3] :

> VERA
> […]
> blättert um
> **Wie gut die Fotos sind**
> *findest du nicht*
> *wenn man sie nur einmal im Jahr anschaut*
> *und nicht dem Licht aussetzt* (Vor dem Ruhestand, p. 108) [4]
>
> *Da warst du schon zweiundzwanzig*
> **mein Gott** *habe ich gedacht*
> **was ist das für ein Kind**
> *unansehnlich etwas zurückgeblieben*

---

[3] Les numéros de pages renvoient à l'édition Suhrkamp Taschenbuch (Francfort-sur-le-Main, 1988).

[4] VERA […] *elle tourne la page* / **Quelles bonnes photos** / tu ne trouves pas / quand on ne les regarde qu'une fois par an et qu'on ne les expose pas à la lumière (*Avant la retraite. Une comédie de l'âme allemande*, trad. Claude Porcell, Paris, L'Arche, 1987, p. 130).

> *aber liebenswert*
> *Du warst mehr ein Vaterkind (Am Ziel, p. 293)* [5]
>
> HERR MEISTER
> [...]
> *Ich hatte eine Freundin in früher Jugend*
> *die Pianistin werden wollte*
> *und von der ich zuerst Rachmaninov gehört habe*
> *überhaupt alle bedeutenderen russischen Komponisten*
> *eine hochmusikalische Person*
> *die mir die Musik aufgemacht hat wie eine Schatulle*
> **was danke ich nicht alles diesem Mädchen**
> *plötzlich verstarb es keiner wußte woran (Über allen Gipfeln ist Ruh, p. 213)* [6]

Dans d'autres cas, les marquages formels sont plus ténus, puisque les séquences que nous considérons pourraient être interprétées comme de simples syntagmes. Mais dans la mesure où, précisément, elles ne sont pas intégrées syntaxiquement à une phrase, il est possible de les rattacher à un type exclamatif, comme suit le type déterminatif défini + adjectif qualifiant + substantif ou *dies* + substantif :

> *Sie fährt zu ihrer Großmutter*
> *und bleibt bis morgen*
> **Das arme Kind**
> **Mit seinem Hustenreiz**
> *Wenn wir sie in eine Anstalt geben*
> *verkommt sie*
> *hier hat sie es gut*
> *hier ist sie gut aufgehoben (Vor dem Ruhestand, p. 11)* [7]
>
> **Ach immer diese Untertreibungen**
> *gib doch zu daß du dich freust (Über allen Gipfeln ist Ruh, p. 222)* [8]

---

5 Tu avais déjà vingt-deux ans / **mon Dieu** me suis-je dit / **qu'est-ce que c'est que cette enfant** / insignifiante un peu retardée / mais qu'on peut aimer / Tu étais plutôt la fille de ton père (*Au but*, trad. Claude Porcell, Paris, L'Arche, p. 14).

6 Monsieur Meister / [...] J'avais une amie dans ma prime jeunesse / qui voulait être pianiste / et qui a été la première à me faire entendre Rachmaninov / tous les grands compositeurs russes d'ailleurs / une personne hautement musicale / qui m'a ouvert la musique comme un coffre-fort / **que ne dois-je pas à cette jeune fille** / soudain elle est morte personne n'a su de quoi (*Maître*, trad. Claude Porcell, Paris, L'Arche, 1994, p. 39).

7 Elle va chez sa grand-mère / et y reste jusqu'à demain / **La pauvre enfant** / **avec sa toux** / Si nous la mettons dans un établissement / elle va dépérir / ici elle est bien / ici elle est soignée (*Avant la retraite*, p. 9).

8 MADAME MEISTER / **Ah toujours cette fausse modestie** / avoue-le donc que tu es content (*Maître*, p. 54).

D'autres « signaux » peuvent intervenir, comme les variations autour de *sich vorstellen* (*Stellen Sie sich vor, das muss man sich mal vorstellen…*), que l'on trouve souvent à proximité d'énoncés exclamatifs [9]. Dans l'extrait suivant, on peut interpréter le deuxième *Falstaff*, précédé de l'injonction *Stellen Sie sich vor*, comme un commentaire par rapport au précédent :

> SCHAUSPIELERIN UND PIANISTIN
> *Kopfüber*
> BASSIST
> *Und ausgerechnet*
> *Falstaff*
> *Stellen Sie sich vor*
> **Falstaff**
> Alle lachen laut auf
> *Falstaff*
> *kopfüber in den Orchestergraben* (*Die Berühmten*, p. 121) [10]

Les énoncés exclamatifs au théâtre

Pour le linguiste qui s'intéresse à l'exclamation, les textes de théâtre sont une mine. D'un auteur à l'autre, il y a, certes, des particularités idiosyncrasiques et stylistiques, mais la surreprésentation des exclamatives au théâtre par rapport à d'autres types de textes est un phénomène suffisamment saillant pour qu'on puisse l'analyser en tant que tel. Comment expliquer cette affinité ?

On a pu dire que le théâtre, davantage que la prose, imitait le langage oral ; l'emploi de l'exclamative au théâtre serait à rattacher à ce fait-là. Mais on observe qu'en réalité, on a plus de chances de recueillir des exclamatives en lisant une pièce de théâtre qu'en écoutant deux heures d'un discours oral pris au hasard.

À mon avis, l'emploi privilégié que le théâtre fait de l'exclamative s'explique surtout par le fait que l'exclamative permet une représentation linguistique d'états internes du personnage (sentiments, émotions, sensations…) qui sans elle sont plus difficilement représentables. C'est ainsi que classiquement, les énoncés exclamatifs sont particulièrement présents dans les monologues, où

---

9 Claude Gaubert (*Les énoncés exclamatifs en allemand moderne*, thèse de doctorat, Université de Rennes II - Haute Bretagne, 2001) a montré le rôle à la fois déclencheur et révélateur joué par ces expressions.
10 L'ACTRICE ET LA PIANISTE / La tête la première / LA BASSE / Et Falstaff / précisément / **Imaginez-vous** / **Falstaff** / *Tous éclatent de rire* / Falstaff / la tête la première dans la fosse d'orchestre / C'a été la fin de sa carrière / naturellement (*Les célèbres*, trad. Claude Porcell, Paris, L'Arche, 1999, p. 11-12).

ils sont un ressort fréquent pour faire avancer l'intrigue, en permettant au spectateur d'assister à une évolution de « l'univers de croyance » [11] du personnage.

Ensuite, l'exclamative est une possibilité parmi d'autres que le texte de théâtre peut mettre en œuvre pour créer les réalités de son univers propre et les munir d'une histoire. Nous l'avons dit plus haut : l'exclamative est un commentaire. Or, il n'y a pas de commentaire sans objet du commentaire. En tant que commentaire, l'exclamative présuppose donc l'existence des objets qu'elle commente. Lorsque Vera dans *Avant la retraite* feuillette l'album de photos de famille, le dialogue est structuré par ses interventions, qui servent soit à interpréter les photos avec la participation de Rudolf (sous forme de questions, de constatations) :

> *Siehst du der glückliche Rudolf*
> […]
> *Sind das Polen dahinter*
> […]
> *Brügge nicht wahr*
> […]
> *Der Kurfürstendamm* [12]

soit à les commenter, sur un mode affectif, comme par exemple :

> *Schrecklich*
> *diese Gesichter*
> *ganz verwahrlost*
> […]
> *Eine lustige Runde*
> […]
> *da siehst du aber schlecht aus*
> […]
> *Die arme Gräfin*
> *die sich erschossen hat*
> *wie die Amerikaner gekommen sind*
> […]
> *So schöne Menschen* [13]

---

11 Ce terme est repris de Robert Martin (*Langage et croyance. Les univers de croyance dans la théorie sémantique*, Bruxelles, Mardaga, 1987). Il désigne l'ensemble des propositions auxquelles le locuteur est en mesure d'attribuer une valeur de vérité, c'est-à-dire qui sont décidables pour lui. Cet univers de croyance s'organise en monde réel et mondes contrefactuels.

12 Tu vois le Rudolf heureux / […] Ce sont des Polonais derrière / […] Bruges n'est-ce pas / […] Le Kurfürstendamm (*Avant la retraite*, p. 120-124).

13 Effroyable / ces visages / ravagés / […] Un joyeux groupe / […] là tu n'as vraiment pas bonne

Spécificité de l'emploi des exclamatives dans les pièces de Thomas Bernhard

Tous les textes dramatiques de Thomas Bernhard ne sont pas riches en exclamatives. En revanche, il me semble que les exclamatives ont chez Thomas Bernhard un rôle propre et servent les pièces de manière toute particulière.

L'exclamative, d'abord, est une des figures possibles de la répétition monologique, avec variation minimale autour d'un même matériau prédicatif, qui est, sous différentes formes, omniprésente dans les textes de Thomas Bernhard. Je ne cite que deux exemples, mais on pourrait les multiplier :

> *Hörst du den Sturm*
> *Die ganze Küste tobt*
> **wie die Küste tobt**
> *sie tobt die Küste*
> *Oostende im Schneesturm mein Kind* (Minetti, p. 247) [14]

> DIE GUTE
> […]
> *Sie wissen natürlich*
> *was ich besitze*
> *Sie kennen meinen Besitz*
> *wie ich hier sitze*
> *in meinem Sessel*
> *alles*
> *Sie kennen alles*
> **Wenn Sie wüßten was es alles gibt**
> *das Sie nicht kennen* (Ein Fest für Boris, p. 17) [15]

Par la liberté plus grande qu'elles offrent pour l'apparition des constituants de la phrase, les formes exclamatives permettent en outre de rythmer un discours qui sur le plan du contenu tourne sur lui-même :

---

mine / […] La pauvre comtesse / qui s'est tiré une balle dans la tête / quand les Américains sont arrivés / […] De si beaux hommes (*Avant la retraite*, p. 121-127).

14 Tu entends la tempête / Toute la côte hurle / **comme la côte hurle** / elle hurle la côte / Ostende sous la tempête de neige mon enfant (*Minetti*, trad. Claude Porcell, Paris, L'Arche, 1983, p. 58).

15 LA BONNE DAME / Vous savez naturellement / ce que je possède / vous connaissez mes possessions / mes assises / assise ici dans mon fauteuil / tout / vous connaissez tout / **Si vous saviez Tout ce qu'il y a / que vous ne connaissez pas** (*Une fête pour Boris*, trad. Claude Porcell, L'Arche, 1986).

> Regisseur
> *Schifahren ist der Feind der Bühnenkünstler*
> Kapellmeister
> *Wem sagen Sie das*
> *wem sagen Sie das*
> *Wo es doch nichts Stumpfsinnigeres gibt als Schifahren*
> **ein Massenwahnsinn das Schifahren**
> *ein Massenwahnsinn* (Die Berühmten, p. 189) [16]

Mais la répétition peut aussi être reprise des propos d'un autre personnage ; elle concerne souvent alors un seul terme ou expression et ne comporte pas de marquage explicite de l'exclamation. Ces séquences peuvent être jouées comme exclamatives (avec une courbe intonatoire particulière, qui monte puis retombe brutalement), comme interrogatives ou encore avec une intonation « plate », par laquelle le locuteur signale simplement qu'il « accuse réception ». L'absence de ponctuation laisse donc une assez grande latitude pour l'interprétation :

> Erster Diener
> *Eis Herr Baron*
> Bassist
> **Eis**
> *für mich kein Eis*
> *Eis wo wir fast lauter Stimmbandkünstler sind*
> *Simmbandkünstler* (Die Berühmten, p. 188) [17]
>
> Generalin
> *Mein Mann wäre*
> *beinahe verblutet*
> Schriftsteller *zur Generalin*
> **Beinahe verblutet** (Die Jagdgesellschaft, p. 225) [18]

À la manière de la reprise d'un thème dans une partition musicale, qui pourra être interprétée avec une variation de l'intensité ou du timbre, la répétition

---

16. Le Chef d'orchestre / À qui le dites-vous / à qui le dites-vous / Alors qu'il n'y a rien de plus stupide que le ski / **une folie collective le ski** / une folie collective / mais tout le monde part en pèlerinage les skis sur l'épaule / dans les montagnes / pour se casser les jambes (*Les célèbres*, p. 86).
17. Premier Serviteur / De la glace Monsieur le baron / La Basse / **De la glace** / pour moi pas de glace / De la glace alors qu'il n'y a pratiquement ici que des artistes des cordes vocales / Des artistes des cordes vocales (*Les célèbres*, p. 84).
18. La Générale / Mon mari s'est / presque vidé de son sang / L'Écrivain *à la Générale* / Presque vidé de son sang (*La société de chasse*, trad. Claude Porcell, Paris, L'Arche, 1998, p. 78).

d'une portion de texte à l'identique pourra conduire à diverses modalités d'interprétation, parmi lesquelles figure l'intonation exclamative :

> BASSIST
> *Und stellen Sie sich vor*
> *hat er damals zu mir gesagt*
> *der Unglücksrabe*
> *ich habe mir **vor dem Nietzschehaus** in Sils Maria*
> *das linke Bein gebrochen*
> ***vor dem Nietzschehaus***
> VERLEGER
> ***Vor dem Nietzschehaus***
> ***vor dem Nietzschehaus*** (*Die Berühmten*, p. 155) [19]

Outre cette constatation générale, on peut repérer des textes dans lesquels les énoncés exclamatifs sont particulièrement représentés. Dans beaucoup de ces textes, c'est le discours de certains personnages seulement qui se caractérise par l'emploi constant d'énoncés exclamatifs : certains passages du discours de la présidente dans *Le Président*, Vera dans *Avant la retraite*, le réformateur dans la pièce du même nom, Madame Meister dans *Maître*, Bruscon dans la première scène du *Faiseur de théâtre*. Ce sont des personnages qui, à la fois, dominent le texte par leur soliloque-logorrhée, mais en même temps se trouvent en position de faiblesse et exposés au ridicule. Or, les énoncés exclamatifs mis dans la bouche des personnages contribuent à créer cet effet.

D'une part, ils se présentent comme une extériorisation spontanée de l'émotion qui échappe au contrôle par le locuteur. Ils servent alors souvent la cruauté du texte. Dans *Le Président* ou *Avant la retraite*, le contraste entre ce qui émeut le personnage (la photo d'un animal de compagnie, la beauté de paysages) et le contexte politique immédiat (dictature, génocide des juifs) évoque un mélange de naïveté et de cynisme et crée un effet de distance chez le lecteur :

> Frau Fröhlich stellt das Hundebildnis auf den Toilettentisch
> Präsidentin schaut in den leeren Hundekorb, nimmt das Hundebilnis
> ***Das schöne Tier***
> ***Diese Augen***
> Frau Fröhlich […] (*Der Präsident*, p. 24) [20]

---

19 LA BASSE / Et imaginez-vous / m'a-t-il dit cette fois-là / l'oiseau de malheur / que c'est devant la maison de Nietzsche à Sils-Maria / que je me suis cassé la jambe gauche / devant la maison de Nietzsche / L'ÉDITEUR / Devant la maison de Nietzsche / Devant la maison de Nietzsche (*Les célèbres*, p. 48).
20 *Madame Gai met le portrait du chien sur la coiffeuse / la Présidente regarde le panier vide, prend*

> VERA
> […]
> blättert um
> *Das Lager*
> **wie hübsch die Bäume da wie hübsch**
> *Und dort hinten hast du logiert nicht wahr*
> **Was für eine reizvolle Landschaft**
> *Und da bist du geschwommen in der Weichsel* (Vor dem Ruhestand, p. 101) [21]

Dans *Le faiseur de théâtre*, les exclamatives (concentrées essentiellement dans la première scène) servent la surenchère du discours du personnage de Bruscon et participent au comique :

> BRUSCON
> […]
> **Wirt in Utzbach**
> **wenn das nicht eine Verrücktheit ist**
> *eine totale Verrücktheit*
> *ruft in den Saal hinein*
> *Die totalste Verrücktheit*
> *aller Zeiten* (Der Theatermacher, p. 35-36) [22]

D'autre part, en contexte de dialogue, l'énoncé exclamatif place le personnage lui-même dans une situation de dépendance vis-à-vis de l'interlocuteur, dont il cherche à gagner l'empathie. L'énoncé exclamatif est à la fois foncièrement monologique : il ne peut servir de réponse à une question, il ne sert pas non plus le fil d'une narration, ou d'une argumentation ; sur le plan textuel, c'est un « îlot » qui, d'une certaine manière, rompt toujours avec l'enchaînement des énoncés. En même temps, comportant des marquages d'ouverture, d'incomplétude, il est un appel adressé à l'interlocuteur pour qu'il se représente un état de choses [23] qui ne se laisse pas circonscrire par un mode de discours « référentiel », et qu'il partage l'émotion du locuteur, qu'il donne son assentiment. Les exclamatives s'accompagnent fréquemment d'ailleurs d'autres signaux

---

le portrait du chien / Le bel animal / Ces yeux / Madame Gai […] (*Le Président*, trad. Claude Porcell, Paris, L'Arche, 1992, p. 27).

[21] VERA / *elle tourne la page* / Le camp / comme c'est joli ces arbres-là comme c'est joli / Et c'est là-bas derrière que tu logeais n'est-ce pas / Quel charmant paysage / Et là tu nageais dans la Vistule (p. 108).

[22] BRUSCON / *pensif* / Hôtelier à Utzbach / **si ce n'est pas une folie** / une folie totale / *il s'écrie vers la salle* / La folie la plus totale / de tous les temps (*Le faiseur de théâtre*, trad. Édith Arnaud, L'Arche, 1986).

[23] Sur ce point, *cf.* Claude Gaubert, *op. cit.*

d'appel à l'interlocuteur : termes d'adresse, séquences telles que *findest du nicht, stell dir vor*, déjà cités. Dans la pièce *Avant la retraite*, c'est presque exclusivement Vera qui produit des énoncés exclamatifs et on peut lire ces énoncés comme des tentatives pour communiquer avec Clara et gagner sa sympathie, alors qu'elle se trouve méprisée par elle.

Dans *Les célèbres*, les énoncés exclamatifs, assez nombreux, sont produits par différents personnages, mais la structure dialogique ne modifie pas fondamentalement la nature du discours lui-même. Si l'alternance des tours de parole fait entendre une multitude de voix, cette polyphonie n'est qu'une modalité supplémentaire de la variation d'un discours unique. L'empathie est donnée d'emblée entre ces personnages que tout unit et dont le discours n'est que mascarade mondaine. On pourrait fondre ces voix en une seule et retrouver cette logorrhée caractéristique des personnages des autres pièces.

Les énoncés exclamatifs figurant dans les textes de Thomas Bernhard sont indissociables du contexte dans lequel ils apparaissent : ni monologue, ni véritable dialogue, le discours des personnages est une sorte de soliloque à peine adressé qui tourne sur lui-même en variant indéfiniment les mêmes motifs. L'énoncé exclamatif y trouve sa place, comme une modalité énonciative qui joue sur un autre plan que référentiel et permet une diversité de configurations formelles à partir du même matériau. Censées solliciter l'empathie de l'interlocuteur, les exclamatives créent au contraire souvent un effet de distance du fait du contexte dans lequel elles sont produites ou de l'objet qu'elles commentent.

Un blues est-allemand

Gilbert Guillard

Sorti en 2003, le film *Schultze gets the Blues* a retenu l'attention des critiques et reçu de nombreuses récompenses : Prix spécial de la mise en scène au Festival de Venise en 2003, quatre prix au festival de Stockholm la même année (meilleur film, meilleure première œuvre, meilleur scénario et meilleur acteur), trois prix au Festival de Gijón (meilleur film, meilleure mise en scène, meilleurs décors), prix du meilleur décor dans le cadre du *Deutscher Filmpreis*, en 2004, prix de la meilleure première œuvre aux *Flaiano International Awards*, Prix spécial du jury au Festival européen du film Cinessonne. Cette reconnaissance internationale et les entrées réalisées montrent que cette œuvre a su toucher un public étranger au-delà des frontières allemandes. Mais, tout en se rattachant d'une certaine façon à la vague actuelle du jeune cinéma allemand et en profitant de l'intérêt nouveau suscité par les films d'Outre-Rhin, tout en reprenant certains thèmes favoris de celui-ci, cette œuvre s'en démarque assez nettement : plus accessible au grand public, plus commercial, diront certains, moins engagé dans une réflexion critique sur la société allemande contemporaine et sur les problèmes généraux de notre civilisation, moins profond quant à l'analyse de l'homme moderne, moins novateur sur le plan formel. Et pourtant, une lecture attentive de cette œuvre, semble-t-il mineure, par rapport aux films d'Angela Schanelec, Christian Petzold, Christoph Hochhäusler, Andreas Dresen, Henner Winkler, Andreas Kleinert, Hannes Stöhr et autres descripteurs reconnus (à juste titre) de la société allemande actuelle, nous montre que Michael Schorr[1] traite lui aussi avec justesse et pertinence des questions

---

[1] Né en 1963 dans le Palatinat, Michael Schorr est diplômé de la *Hochschule für Film und Fernsehen* de Potsdam (Babelsberg). Il est à la fois metteur en scène et scénariste de ses films. Fictions : *Schröders wunderbare Welt* (2006), *Schultze gets the Blues* (2003). Documentaires : *Ferner liefen* (2002), *Leben 1, 2, 3* (2000), *Fisch Meer Blues* (1998), *Herbsten* (1997), *Savannah Bay* (1995), *Silentium !* (1994), *Nomadomany* (1993), *Dulabn Blu Zing* (1992).

fondamentales sur la société et la nature humaine que ses collègues mettent avec talent en scène. Mais il le fait sur un autre registre et avec un autre angle d'approche, moins susceptible de donner lieu à une analyse savante convoquant sociologues, historiens et psychanalystes.

Le titre du film joue sur l'ambivalence du terme *blues*. Il peut à la fois signifier que le héros devient sur la fin de sa vie mélancolique (*I feel blue*) ou qu'il accède à un genre musical méconnu jusqu'alors, le Blues, rompant ainsi avec son environnement héréditaire et accomplissant sa propre révolution culturelle. En fait, la première expérience conditionne la seconde. Schultze [2], mineur placé d'office en préretraite et désœuvré, joueur amateur d'accordéon, formé par son père et devenu un pilier de l'association de musique locale, va « trahir » *Verein* (association) et *Vaterland* en remplaçant la polka par le Blues, ou plus exactement (mais pour les besoins du titre, Schorr ne pouvait guère utiliser ce vocable, trop peu connu), par le zydaco, genre musical typique de la Louisiane et du pays cajun [3]. Il quittera le *Land* de Saxe-Anhalt pour rejoindre le pays d'origine de cette musique, où il décédera.

Sur cet argument, le film va évoluer à la frontière de différents genres, qu'il se plaît à évoquer et détourner, comme le *Heimatfilm*, le *road-movie*, la comédie de mœurs, la satire sociale. Comme dans la plupart des films allemands de la décennie, la narrativité est faible, l'essentiel étant l'analyse des situations, prétexte à une réflexion critique sur l'Allemagne contemporaine.

La première partie du film se déroule dans un village de Saxe-Anhalt, au sud de Berlin, Teutschenthal. Schorr, qui a débuté en réalisant plusieurs documentaires, s'attache à décrire de façon précise et réaliste ce cadre de vie. Il tourne *in situ*, non seulement pour les extérieurs, mais aussi pour la plupart des scènes d'intérieur et n'utilise que très peu d'acteurs professionnels, obtenant la participation de la population locale pour accentuer l'aspect documentaire du film. Évoquant ce fait dans une interview, il donne ce commentaire qui renvoie directement à la problématique centrale du film : « Ils habitaient tous au village et n'avaient rien à faire » [4]. C'est effectivement à l'inactivité (forcée) que sont confrontés le héros et ses amis, conséquence d'une évolution économique qui les rejette de la vie active et les condamne à la désespérance. La séquence

---

2 Magistralement interprété par Horst Krause, connu notamment pour sa participation à la série *Polizeiruf 110* et au film *Wir können auch anders*, de Detlef Buck.
3 En fait, le blues sert d'intermédiaire pour le passage de la polka au zydaco. On notera que l'argument du film a pu être inspiré par un documentaire réalisé en 1999 par Roko Belic, *Genghis Blues*, sur la vie d'un musicien aveugle, qui, ayant entendu à la radio du « chant de gorge » mongol de la province de Tuva, apprend la technique et part participer au concours annuel sur place.
4 Interview réalisée par OutNow.CH. http://outnow.ch/specials/2004/SchultzeGetsTheBlues/Interview.

introductive nous montre les trois héros du film assis à une table d'une salle des bâtiments de la mine de potasse, entourés d'un groupe de mineurs qui leur chantent la chanson des mineurs en guise de ballade d'adieu pour leur départ en retraite : ils pleurent furtivement. Le côté grotesque et minable de cette cérémonie est encore accentué par leur cadeau : un bloc de sel gemme transformé en lampe. En deux plans superbement filmés (les mineurs s'éloignant vus dans le reflet d'une vitre pour accentuer l'effet de distanciation, suivi d'un long plan fixe des trois hommes assis, qui souligne un temps devenu désormais immobile), Schorr nous fait ressentir toute la cruauté de cette mise au rebut de travailleurs. Et il adoucit / aiguise aussitôt la scène par un trait d'humour noir : Schultze contemplant sa lampe allumée dit : « *Schön* », tandis que son camarade, suçant son doigt humecté qu'il vient de passer sur sa lampe, répond : « *Salzig* ». C'est là le début de la présentation d'un lieu, lieu de l'Est, mais finalement assez peu marqué comme tel, avec des caractéristiques [5], dont la première est de n'avoir aucune dimension esthétique et la seconde, aucune dimension éthique ; un lieu, où, comme nous le verrons, règne le statique ou, au mieux, la répétition, un non-lieu en quelque sorte. Mais filmé par Schorr, ce lieu va prendre une nouvelle dimension, celle que lui confère le film, en nous obligeant à le regarder et à l'évaluer à travers un montage, des ellipses, des cadrages, des fragments de dialogue qui lui donnent un sens dans son absence même de sens. Plus qu'une présentation, il s'agit d'une re-présentation.

Figureront ainsi au générique le club d'échecs de Teutschenthal, la chorale *Sang und Klang* de Angersdorf, les orphéons *Brachstedter Musikanten* et *Original Mansfelder Musikanten* ainsi que le *Karnevalklub Dölau*. Paysages locaux, lieux de convivialité typiques (le bistrot, la salle des fêtes, la rivière où l'on pêche), conversations et plaisanteries traditionnelles, y compris les quolibets « affectueux » (*Saupreusse, Sachsenarschloch*) [6], boissons traditionnelles (bière et schnaps, consommées selon le rite obligé des toasts à l'allemande), jardinets de banlieue (*Schrebergärten*) avec leurs nains de jardin, musique et chants folkloriques (*Kein schöner Land*, où il est question de tilleuls, de chênes, de vallée verdoyante et des dons de Dieu, chant interprété par un chœur de jeunes filles, polka pour danser), intérieurs pelucheux avec décoration d'objets kitsch et photos d'ancêtres, tout

---

[5] Rappelons qu'au départ l'action a été inspirée à Schorr par la crise du secteur minier en Sarre où il a passé une année. La situation est simplement un peu plus grave à l'Est.

[6] « Cochon de Prussien, trou du cul de Saxon ». La rivalité Prussien / Saxon réapparaît lorsque Jürgen, l'un des deux amis de Schultze, dit à Manfred, son autre ami : « Vous les Prussiens, il vous manque le sens de l'action qu'on a nous les Saxons ». Il s'agit en fait d'un jeu de mots intraduisible sur le *richtiger Schwung*, la bonne façon de lancer sa ligne en pêchant. Cet antagonisme, élevé au rang institutionnel en Allemagne, fait partie des stéréotypes censés caractériser les uns et les autres et donc en garantir l'aspect authentique.

concourt à pouvoir créer une atmosphère *heimatlich* et à évoquer la fameuse *Gemütlichkeit* allemande, née principalement du plaisir de se retrouver entre soi.

À ceci près que tout est pris à contre-pied par la mise en scène de Schorr. Le film s'ouvre sur un plan général où une prairie occupe le quart inférieur de l'écran, le reste étant pris par un ciel blanchâtre, avec à l'extrémité gauche une grande éolienne à électricité. Tous les paysages filmés seront plats, les seuls éléments verticaux venant rompre cette monotonie étant les éoliennes et les pylônes électriques. Là où le *Heimatfilm* nous montre forêts et montagnes se reflétant dans des lacs bleus, nous ne voyons de naturel que des champs d'une désespérante platitude, dans tous les sens du terme, et des terrils de rejets miniers, défis à l'écologie, se mirant dans de vastes mares. La rivière est enjambée par un pont de chemin de fer plus ou moins rouillé sur lequel passent dans un bruit d'enfer des trains de marchandises. Schorr nous présente aussi un paysage industriel avec bâtiments et cité minière, dont les rues sont d'une décourageante uniformité. Il insiste sur cette uniformité en filmant de face en caméra statique deux maisons accolées, exactement semblables, deux garages, deux allées, etc., le tout désert et d'une tristesse infinie. L'uniformité va de fait occuper une place centrale dans la thématique du film : c'est elle qui régit, avec la tradition, les rapports sociaux locaux. Et si l'on se pose la question sur le réalisme d'une telle présentation, qui semble virer à la caricature, l'on se référera à Marc Augé, qui écrit dans *Non lieux* : « C'est l'art de vivre qu'on y déploie et/ou les visions qu'on en donne qui font d'un espace ce qu'il est »[7]. Schorr use du plan fixe en abondance pour accentuer le caractère documentaire de son film. Il précise lors d'une interview : « Il était clair que le paysage et les espaces devaient jouer un rôle, et les personnages dans ces espaces. Et surtout il était clair que nous observerions tout cela à distance, donc en plans généraux »[8]. Il conserve cette technique même lorsqu'il s'agit de filmer l'intérieur de la maison de Schultze, prenant les pièces en enfilade (on ne voit alors Schultze que très partiellement à l'image) ce qui accentue le sentiment d'espace restreint et figé dans lequel le héros se retrouve prisonnier d'actes répétitifs et purement utilitaires (manger, boire une bière, s'étendre sur le canapé, etc.) : antihéros, condamné à l'inaction.

La mélancolie imbibe littéralement Teutschenthal. Le délitement économique s'accompagne d'une dépression morale. Les protagonistes oscillent entre abattement résigné, agressivité et révolte purement verbale. À la fin d'un long

---

7 Marc Augé, *Non lieux. Introduction à une anthropologie de la surmodernité*, Paris, Seuil, 1999, p. 141.
8 « *Es war klar, dass auch die Landschaft und die Räume eine Rolle spielen sollten und die Figuren in diesen Räumen. Und vor allem war klar, dass wir das alles aus der Distanz, also in Totalen beobachten würden* », interview réalisée par OutNow.CH, http://outnow.ch/specials/2004/SchultzeGetsTheBlues/Interview.

panoramique, commencé par une vue d'ensemble des bâtiments de la mine, la caméra fixe en plan américain Schultze debout derrière la grille regardant avec mélancolie (le fameux *blues*) le lieu de travail dont il a été exclu. Lors d'une partie d'échecs, où Jürgen exaspéré balaie les pièces de l'échiquier, Manfred sort en soupirant « Je ne suis entouré que d'imbéciles », laissant Schultze seul et sans réaction devant l'échiquier saccagé. La frustration due au chômage entraîne la dégradation des relations humaines même entre des amis de trente ans. À l'issue d'un dîner chez Schultze, les trois compères s'effondrent dans un canapé, effondrement physique et moral, et Manfred lance : « Ils nous ont virés et ils nous ont truandés. Il faut une nouvelle révolution ! » À quoi Schultze répond : « On n'est pas un peu vieux pour çà ? » La répartie de Manfred : « On n'est jamais trop vieux pour faire la révolution » restera sans lendemain, de même que le film n'insiste pas dans cette voie, même s'il met bien en valeur la crise qui s'est abattue sur la région, qu'elle soit due à la réunification (notons cependant qu'on ne trouve aucune trace d'*Ostalgie* dans ce film) ou à la mondialisation. Schorr ne porte pas de jugement là-dessus, il nous en laisse le soin.

Certes, la réunification n'est évoquée que par des aspects dérisoires (la poubelle jaune de tri sélectif, seule tache de couleur devant les maisons grises et symbole, ô combien significatif, de la réunification) ou désormais secondaires (l'agence de voyages, au départ expression de liberté retrouvée, mais dont le gérant double subitement les prix au grand dam de Schultze, qui économisait pour son voyage aux *States*, devient ainsi symbole du capitalisme sauvage). La lecture par la femme de Manfred des petites annonces illustre bien la nouvelle idéologie qu'on veut imposer à ces *Abgewickelte*[9] : « Cet emploi comblera votre existence ». Dans la maison de retraite, une pensionnaire, plus éduquée et plus pugnace que les autres, s'élève contre le règlement et traite la surveillante de fasciste. Le garde-barrière, apparemment étudiant en philosophie, regardant du haut de sa cabine Schultze à vélo, déclare : « Je ne veux pas finir comme lui ». Mais si la révolte tourne court, c'est aussi parce que la population vit dans le respect des traditions, qui se doivent de rester immuables. Ainsi, lorsque Schultze, ayant par hasard entendu un air zydeco à la radio, se met à en jouer sur son accordéon, passant inopinément de la polka au rythme cajun, il s'empresse d'aller consulter un docteur, se croyant infecté ![10] Lorsqu'il veut interpréter lors du cinquantenaire

---

9 Mot difficilement traduisible, désignant les victimes de la *Abwicklung*, processus par lequel le gouvernement allemand a fait passer l'ex-RDA de l'économie planifiée à l'économie de marché avec des privatisations entraînant souvent la fermeture de sites de production.

10 Le côté farcesque de la scène est accentué par le fait que Schultze pour cette consultation ne s'est pas déshabillé, mais porte son accordéon en bandoulière, et par la réponse du médecin, qui lui confie avoir lui-même connu semblable expérience… et lui interprète sur le champ un air de *La Tosca* !

de l'association musicale un autre air que la polka, il s'attire cette réponse du président, stupéfait : « Pas la polka traditionnelle ? Qu'aurait dit ton père ? », et lorsqu'il précise qu'il s'agit d'un air américain, l'autre s'exclame outré : « Quelque chose d'américain ? Mais nous sommes une association de musique ! » Le même président, après avoir longuement testé plusieurs versions possibles pour son discours se contentera finalement de cette phrase : « Cinquante ans, c'est long ! », qui résume parfaitement le fait que dans cette niche de l'Histoire, il ne s'est rien passé depuis cinquante ans [11]. Passant outre, Schultze ne récoltera d'applaudissements que de ses amis dans une ambiance glaciale, un spectateur hurlant même : « C'est de la musique de nègre ! » Plus qu'une évocation de relents nationaux-socialistes ou un rappel du racisme latent, parce qu'officiellement non existant sous l'ex-RDA, et qui se manifestera peu après la réunification, il s'agit plutôt des effets secondaires de ce repli sur soi, considéré comme source de la *Gemütlichkeit*, qui ne tolère pas l'intrusion de l'étranger dans un cercle fermé, comme l'ont indiqué plusieurs sociologues allemands. Un autre exemple est l'apparition inattendue d'une nouvelle servante dans le troquet favori de Schultze, qui, non contente d'être nouvelle, jeune et belle, les traite d'égale à égal et se met à danser le fandango sur une table, laissant les trois amis totalement désorientés. Chez Schultze, la photo de son père jouant de l'accordéon est accrochée au mur, symbolisant la permanence vigilante de la tradition [12]. Rentrant de sa prestation, il la retourne (honte, révolte ?). Mais elle tombe et il se voit obligé de la remettre à l'endroit avant de s'affaler sur son canapé pour suivre à la télévision un reportage sur… la destruction par la douane allemande de faux nains de jardin importés de Pologne. Le nain de jardin symbolise par excellence une tradition petite-bourgeoise d'une esthétique grotesque, l'implantation permanente du propriétaire sous forme miniaturisée dans la nature miniaturisée du *Schrebergarten*. Au point que Schultze, ayant loué un bateau pour naviguer dans les bayous de Louisiane, s'empresse d'installer devant la barre un nain miniature pour conserver un repère [13]. L'aliénation de l'individu est ainsi constamment évoquée de façon humoristique dans le film.

En effet, même s'il s'agit d'une tragi-comédie, les aspects comiques dominent. Schorr nous présente de façon supportable une réalité insupportable, allant ainsi jusqu'à introduire une drôlerie dans l'enterrement de Schultze,

---

11 Frank Zimmermann parle de la « Das-haben-wir schon-immer-so-gemacht-Fraktion », www.filmrezension.de/filme/schultzegetstheblues.shtml.
12 Le pasteur, dans son allocution funéraire pour Schultze, rappellera que « le Seigneur est notre refuge de génération en génération ».
13 Le nain est aussi représentatif des mineurs, qui travaillent sous terre comme lui. La séquence télévisée où l'on voit la destruction de centaines de nains par les autorités pourrait être une évocation des licenciements massifs dans le secteur minier.

subitement disparu : alors que le pasteur fait son allocution devant la tombe, le portable de Jürgen sonne. Il décroche et dit, comme à un interlocuteur réel : « Allô... Schultze ? », provoquant l'hilarité d'une partie de l'assistance. Schultze n'est pas mort, le spectateur l'emporte avec lui. Le dernier plan du film est une citation / transcription inversée du plan final du *Septième sceau*, d'Ingmar Bergmann, où l'on voyait la mort entraînant les protagonistes en une sarabande funèbre sur la crête d'une colline : ici, les amis de Schultze défilent sur le chemin de l'éolienne du plan inaugural, au son de l'orphéon, bavardant gaiement, victoire de la vie, jusqu'à ce que l'écran reste vide, avec pour seul élément sonore le vent soufflant dans l'éolienne. La morale du film (et finalement ses limites, à savoir le choix d'une critique tirant sa force, mais aussi sa faiblesse, d'un comique à la frontière de l'absurde et de la caricature), est exprimée dans la formule étonnante du pasteur : « Seigneur, fais que nous nous souvenions que nous devons tous mourir afin que nous devenions un jour sages dans la vie ».

Car le film comporte un second versant, celui qui se déroule en Louisiane. Schorr y développe le thème de l'homme décidant de se mettre en route pour découvrir une autre réalité et un autre aspect de sa personnalité. Le *Heimatfilm* devient *road-movie*, ou plutôt *water-movie*, puisque Schultze ne pédale plus, mais navigue. Alors que l'élément terre dominait la première partie (mine, champs), l'eau est au centre de la seconde. Le paysage reste plat, mais est devenu liquide et Schultze va trouver son dernier refuge dans une maison flottante. Symbole féminin, l'eau le recueille au terme de sa vie. Passant dans un village, Schultze lit un panneau sur une maison, qui affirme : « Dieu veille, il calme les eaux », annonciateur de son assomption personnelle au milieu de l'étendue liquide. On notera que, tandis que l'air (les éoliennes, les plans fixes sur le ciel), la terre et l'eau sont abondamment présents, le feu n'apparaît qu'au final (Schultze a été incinéré). Faut-il y voir un symbole d'une société où la flamme s'est éteinte ?

À côté du constat amer sur le délitement d'une communauté, qui, ruinée économiquement, se raccroche à des rites et valeurs totalement dépassés, Schorr évoque la possibilité pour tout individu de prendre son destin en main en changeant son horizon (les plans généraux du paysage sont comme barrés par une ligne horizontale qui délimite l'espace disponible pour les protagonistes et le ciel lui-même se voit coupé en deux par la barrière du passage à niveau qui reste figée en diagonale) [14]. L'inquiétude que ressent Schultze dans sa mue musicale qui entraîne l'incompréhension de son entourage est combattue par son médecin (« Soyez content que quelque chose de nouveau vous arrive ! »),

---

14 Faut-il voir là une citation d'un plan du générique de *Der geteilte Himmel*, où le ciel est divisé par la fumée d'une cheminée d'usine, évoquant la séparation Est-Ouest ?

par son amie de la pension de retraite, qui l'incite à tenter des expériences nouvelles, et par la serveuse, qui veut elle aussi quitter l'Allemagne pour une autre culture. Cette idée d'une ouverture possible par rejet du passé rapproche Schorr d'un Aki Kaurismäki (*L'homme sans passé*). Au-delà du constat sociopolitique, le film offre aussi une vision optimiste sur la capacité de l'homme à se régénérer, sur une possible libération de l'individu, qui tranche avec la vision plutôt pessimiste de la production cinématographique allemande actuelle. On rappellera que la disqualification morale et esthétique des lieux filmés par le cinéma allemand contemporain n'est compensée par aucune ouverture sur un futur, ni par aucune nostalgie d'un passé. Il convient de mettre à part la fameuse *Ostalgie*, qui, se place en fait délibérément sur le plan du mythique par sa transfiguration irréaliste (irréaliste parce qu'adoptant un point de vue très partiel) d'un passé objectivement peu défendable. La seule ouverture possible est celle sur un ailleurs, que l'on trouve dans des films comme *Marseille*, d'Angla Schanelec, par exemple, ou dans d'autres films où l'on franchit une frontière réelle ou de conte, comme par exemple dans *Milchwald*, de Christoph Hochhäusler. L'ailleurs est ici la Louisiane, et le départ de Schultze peut aussi être ressenti comme un basculement d'un récit réaliste dans l'univers du conte. À ceci près que dans un premier temps, Schultze retrouve pire que son *Heimat*, une caricature du *Heimat*, une copie américaine, dans la grande fête à laquelle il a été invité et envoyé par son village pour le représenter, organisée par la ville jumelée avec celui-ci, New Braunfels. Le nom même évoque la copie (on pourrait presque dire le remake), et Schultze découvre, atterré, une *Wurstfest*, un écriteau indiquant *Spasshaus*, une banderole *Willkommen*, un accordéoniste qui joue des airs folkloriques allemands tout en jodlant, des culottes de peau, etc. Il repartira en louant un bateau pour trouver enfin cet ailleurs dans les bayous du grand sud. On passe alors de l'espace urbain, avec une nature polluée, à l'espace naturel, avec un paysage des origines, préservé, qui présente la double caractéristique de l'immensité et de la beauté. À la maison étriquée et ancrée dans un environnement « terre à terre », succède la maison flottante : sa terrasse va rapprocher Schultze du ciel et sera sa rampe de lancement vers l'au-delà. Schorr ne verse cependant pas dans la glorification naïve et réactionnaire d'un hymne à la nature éternelle, comme en témoigne le plan où le petit bateau de Schultze croise un gigantesque navire : nous sommes peu de chose vis-à-vis de la grandiose nature… et encore moins vis-à-vis d'un pétrolier.

Dans un article, intitulé « Spiel mir das Lied vom deutschen Zustand »[15], Claudia Schwartz soulignait la dimension critique de ce film, qui nous montre

---

15 *Neue Zürcher Zeitung* du 8 avril 2004. Le titre est une allusion au film de Sergio Leone *Spiel mir das Lied vom Tod* (en France, *Il était une fois dans l'Ouest*). Le plan où l'on voit de dos

une région ruinée, mais concluait, en le reliant à *Halbe Treppe* (Andreas Dresen), *Good Bye Lenin* (Wolfgang Becker) et *Herr Lehmann* (Leander Haussmann) : « *Schultze gets the Blues* ajoute une tonalité subtile à un cinéma formé par une perception plus aiguë en Allemagne des situations de crise »[16]. Au-delà de la question que se pose ce cinéma de façon récurrente, est-ce le film qui fait le lieu ou le lieu qui fait le film, Schorr franchit en permanence la frontière entre réalité et fiction afin d'offrir, au-delà du pur documentaire, une réflexion sur l'appréhension de cette réalité par l'individu et sa façon de l'affronter et d'affirmer sa liberté. C'est là ce qui rend son héros, si dérisoire et limité, finalement si attachant.

Schultze s'avançant d'une démarche chaloupée au milieu d'une rue déserte d'un village de Louisiane avec de vieilles maisons en bois, armé dans chaque main d'un bidon d'essence, évoque irrésistiblement la scène classique de western où le héros s'apprête au règlement de comptes.

16 « *Schultze gets the Blues erweitert den am gesteigerten deutschen Krisenbewusstsein geschulten Film um eine subtile Tonart* ».

Lenka Reinerova : exil et retour d'exil entre traumatisme et résilience

Anne Saint-Sauveur

S'il est une caractéristique novatrice de l'Institut d'allemand d'Asnières, institut auquel a appartenu Gerald Stieg depuis la première heure, et auquel il a consacré toute sa carrière, c'est bien la pluridisciplinarité. C'est sous l'impulsion de son fondateur Pierre Bertaux que la germanistique a quitté le seul domaine de la littérature pour s'ouvrir à une civilisation aux approches multiples – histoire, sciences politiques, sociologie, démographie, histoire des idées incluant la philosophie ou la psychologie. Mais l'exemple de Gerald Stieg montre que l'on peut aussi rapprocher les sous disciplines de la germanistique en appliquant la pluridisciplinarité y compris à la littérature à travers un regard de civilisationniste, et élargir le champ de la germanistique à tous les pays germanophones, en particulier l'Autriche.

C'est pour ces raisons que nous avons choisi une approche résolument pluridisciplinaire pour cette étude portant sur Lenka Reinerova, la dernière écrivaine germanophone de la Prague multiculturelle dont était issu Kafka. En partant de deux de ses œuvres récentes parues chez *Aufbau* respectivement en 2000 et en 2003, *Zu Hause in Prag, manchmal auch anderswo* (abrégé ZP) présentant dans une fiction autobiographique les étapes de son exil et de son retour, et *Alle Farben der Sonne und der Nacht* (abrégé AF), récit autobiographique retraçant son emprisonnement au retour d'exil, nous tenterons d'analyser pourquoi, malgré les blessures traumatiques de l'exil et du retour d'exil, Lenka Reinerova est une personnalité résiliente.

Pour comprendre la portée du questionnement, il convient de commencer par ébaucher le cadre historique et conceptuel.

Si la vie de Lenka Reinerova reflète un siècle d'histoire, de la monarchie austro-hongroise à la création de la République tchèque, elle témoigne surtout des deux drames historiques fondamentaux du XXe siècle : le national-socialisme et le stalinisme, au-delà même du seul exemple de l'Allemagne et de l'Union soviétique. Née en 1916 dans la monarchie austro-hongroise, Lenka Reinerova, juive et communiste, échappa par hasard à l'occupation national-socialiste et s'exila en France en mars 1939. Toutefois, du fait du décret du ministère de l'Intérieur français du 17 septembre 1939 concernant les « étrangers suspects au point de vue national », Lenka Reinerova connut l'emprisonnement en cellule individuelle à Paris en septembre 1939 pendant six mois, puis l'internement jusqu'en 1941 au camp de Rieucros en zone dite libre. En partance pour le Mexique, seul pays pour lequel elle avait fini par obtenir un visa pour échapper au piège français, son bateau fut intercepté au Maroc où elle fut à nouveau internée, puis contrainte de séjourner à Casablanca avant de pouvoir rejoindre le Mexique en décembre 1941. Dès 1945, elle choisit le retour d'exil, en regagnant d'abord Belgrade, ville d'origine de son mari, puis Prague en 1947, sa ville natale où elle réside actuellement encore. Mais c'est dans cette ville qu'elle fut emprisonnée pendant un an et demi en 1952 lors des purges staliniennes dans le cadre du procès Slansky, dans une vague d'arrestations visant les exilés ayant séjourné à « l'Ouest », en particulier au Mexique où avait résidé Trotski, et/ou étant d'origine juive. Deux retournements douloureux de l'histoire, en exil comme au retour.

Sur le plan méthodologique, nous croiserons des concepts historiques et psychologiques. Contrairement à une migration volontaire qui relève d'une libre décision d'une personne pour des raisons personnelles (changement de cadre, goût de l'aventure) ou économiques (meilleures conditions de travail dans un pays étranger), avec la possibilité de revenir dans son pays d'origine quand on en prend la décision, l'exil correspond à une migration contrainte imposée par des facteurs politiques sur lesquels l'individu n'a pas prise. La fuite dans un pays d'accueil qui offre refuge a pour but d'échapper à la mort, le retour vers le pays d'origine, appelé aussi rémigration, étant impossible tant que les données politiques restent inchangées.

Nous entendrons par blessure une perturbation du moi qui peut entraver la formation et la permanence de l'identité, elle-même comprise comme une relation réciproque de fidélité permanente à soi-même et de partage permanent de certains traits spécifiques de groupe [1], et par traumatisme l'effet psychique résultant de la rencontre avec le trauma, exposition à des événements adversifs. Si au départ la notion de résilience était utilisée dans le domaine de la physique pour désigner l'aptitude d'un corps à résister à un choc, elle fut employée, d'abord dans la littérature anglo-saxonne en sciences sociales, comme « l'aptitude à tenir le coup et à reprendre un développement dans des circonstances adverses » [2].

---

[1] Erik Erikson, *Identität und Lebenszyklus*, Frankfurt am Main, Suhrkamp, 1966, p. 124.
[2] Boris Cyrulnik, *Les vilains petits canards,* Paris, Odile Jacob, 2004, p. 17.

Ce concept développé en France en particulier par le neuropsychiatre Boris Cyrulnik permet lui-même l'intégration de plusieurs disciplines comme les neurosciences, la psychobiologie, la génétique, les approches psychanalytiques, comportementales ou psychosociales. Cyrulnik parle de tremplin, de potentiel de vie, de ressort invisible d'une résilience qui se tricote après une épreuve, un malheur ou un traumatisme, de quelque ordre que ce soit. Il ne s'agit ni d'un déni, ni d'un clivage, ni d'une prétention à l'invulnérabilité, le concept relève de la famille des mécanismes de défense, mais il est plus évolutif et porteur d'espoir, les « blessés de l'âme » trouvant sur leur route des « tuteurs de résilience ».

Les blessures traumatiques de l'exil et du retour d'exil

L'exil signifie une perte de la *Heimat* avec tout ce qu'elle comporte, Jean Améry la définissant à la fois dans sa réalité concrète et dans son aspect symbolique : le concept comporte un aspect géographique, mais aussi culturel, linguistique et psychologique, la *Heimat* étant ce qui est connu, ce qui donne la sécurité [3]. Le retour d'exil, dans la *Heimat*, devrait donc signifier recouvrer toutes ces dimensions. Or, non seulement l'exil, mais aussi le retour d'exil constituent pour Lenka Reinerova une blessure traumatique sur le plan matériel, social et identitaire.

Sur le plan matériel, la souffrance fut grande dans les deux cas. En exil en France, Lenka Reinerova perdit toute sécurité comme en témoigne toute sa fiction autobiographique : elle dut loger dans un hôtel miteux à Paris, puis faute de permis de résidence dans la capitale, partir pour Versailles à l'hôtel Moderne qui, selon ses propres dires, était tout sauf moderne, avant de pouvoir s'installer enfin dans la Maison de la Culture tchécoslovaque où des compatriotes la recueillirent rue Notre-Dame-des-Champs. Les conditions d'hygiène à la prison de la Roquette comme au camp du Rieucros étaient déplorables, la chaleur torride dans des baraques du camp d'internement d'El Oued dans le désert marocain, Lenka Reinerova connut la maladie grave à Casablanca, la pénurie au Mexique.

Au retour d'exil, c'est le sentiment d'étrangeté qui frappa Lenka Reinerova : « Lorsque je finis enfin par rentrer dans ma ville natale, ce ne fut pas des retrouvailles joyeuses. Étais-je vraiment encore chez moi ? Je devais commencer par m'en rapprocher peu à peu en tâtonnant » [4] (ZP 90). Mais les expériences les

---

[3] « *Heimat ist, reduziert auf den positivpsychologischen Grundgehalt des Begriffes, Sicherheit* ». Jean Améry, « Wieviel Heimat braucht der Mensch ? », in *Jenseits von Schuld und Sühne. Bewältigungsversuche eines Überwältigten*, t. 2, Stuttgart, Klett-Cotta, p. 94.

[4] « *Als ich dann endlich zurückkehrte in meine Heimastadt, war es kein freudiges Wiedersehen. War ich überhaupt noch zu Hause ? Ich musste mich erst wieder allmählich herantasten* », Lenka

plus dramatiques seront surtout dans les prisons staliniennes en 1952 où les conditions de froid, de manque de nourriture et d'hygiène étaient extrêmes, les humiliations incessantes :

> Lorsqu'on me ramena un jour à midi, mes mains étaient lourdes comme du plomb, ma tête et mon cœur oppressaient comme des corps étrangers dans un organisme vivant. Tout faisait mal, toute la vie était douleur [5].

Bien au-delà du matériel, ces souffrances signent une grande insécurité physique et psychique.

Au niveau social, c'est avant tout l'isolation qui fut source de souffrance dans l'exil français et mexicain. Lenka Reinerova fut séparée dès 22 ans de sa famille, ses parents et ses deux sœurs, et elle apprendra en 1945 que cette séparation sans adieu était définitive, source d'une immense souffrance comme en témoigne la nouvelle *Ausflug zum Schwannsee*. Cette solitude fut particulièrement sensible pendant les six mois de prison individuelle à la Petite Roquette à Paris subie du jour au lendemain après la déclaration de guerre de septembre 1939.

Dans les prisons de Prague, Lenka Reinerova fit des expériences d'isolement encore plus difficiles, à la limite de la mort. Dans une douleur extrême, elle envisage de se laisser mourir, elle ne peut plus manger, ne supporte pas être séparée de son mari et de sa petite fille :

> À la maison, tout près et pourtant infiniment loin, vivaient mon mari et mon enfant. Je ne m'accordais que rarement d'être en pensée auprès d'eux et avec eux. C'était si douloureux et lié irrémédiablement à la question de savoir combien de temps cette séparation cruelle allait encore durer, que cela m'était tout simplement insupportable. La tête me tournait, mes mains commençaient à trembler, je devais retenir un cri [6].

Sur le plan identitaire, ces souffrances constituent une blessure au plan personnel et collectif. L'expérience de l'exil a bouleversé l'identité personnelle de Lenka Reinerova, qui fut stigmatisée en tant que juive, elle qui était juive

---

Reinerova, *Zu Hause in Prag, manchmal auch anderswo*, Berlin, Aufbau Verlag, 2000 (abrégé ZP), p. 90.

[5] « Als man mich eines Tages mittags wieder zurückbrachte, waren meine Hände bleischwer, auch der Kopf und das Herz drückten wie Fremdkörper in einem lebendigen Organismus. Alles tat weh, das ganze Leben war Schmerz », Lenka Reinerova, *Alle Farben der Sonne und der Nacht*, Berlin, Aufbau, 2003 (abrégé AF), p. 81.

[6] « Zu Hause, ganz in der Nähe und doch unermesslich weit, lebten mein Mann und mein Kind. Nur selten gestattete ich mir, in Gedanken bei Ihnen, mit Ihnen zu sein. Das war so schmerzhaft und unausweichlich mit der Frage verbunden, wie lange die grausame Trennung noch dauern werde, dass ich es einfach nicht ertragen konnte. Mir schwindelte, meine Hände begannen zu zittern, ich musste einen Schrei unterdrücken », AF, p. 28.

assimilée, totalement dénuée d'appartenance religieuse et très peu consciente de sa judéité. Mais cette exclusion n'a jamais engendré de réactivation de l'identité juive, Lenka Reinerova se considérant exclue avant tout comme communiste, ce qui atténua cette blessure personnelle. En revanche, l'expérience du retour fut beaucoup plus traumatisante sur le plan personnel. Jamais son arrestation n'a été comprise :

> Je ne savais pas pourquoi […] Ce jour-là, on vint m'arrêter en fin d'après midi. On ne me dit pas pourquoi je fus arrêtée, seule réponse à toutes mes questions : « Vous le savez vous-même mieux que tout autre » [7].

L'absence de sens apparaît comme un fil rouge du récit, jamais une explication n'est donnée [8]. Réduite en prison à l'état de chose, elle y perdit son identité de femme et de mère, voire d'être humain : l'expérience de la torture, physique et psychique, l'absence totale de pourquoi retire au traumatisé toute identité de personne.

Au niveau collectif, l'expérience de l'exil exclut d'abord Lenka Reinerova de la communauté des germanophones de Prague et globalement de sa propre *Heimat*. Mais la blessure identitaire fut encore plus forte en septembre 1939 quand Lenka Reinerova fut arrêtée à Paris en tant que tchèque, comme étrangère dangereuse, les Français étant incapables de distinguer les partisans de Hitler de ses victimes.

En 1952, la déstructuration identitaire fut beaucoup plus radicale, d'autant plus forte que le traumatisme était infligé par son propre cercle social et politique : « de telles personnes faisaient partie de mon cercle » [9]. Les interrogatoires étaient incessants, irréguliers mais fréquents, la pression intolérable :

> Pourquoi niez-vous tout ? Nous ne voulons que vous aider […] Ce que vous devez avouer ? répétait-il. Eh bien, vos crimes. Haute trahison et espionnage pour l'ennemi de classe, contacts avec l'Ouest, intrigues en Yougoslavie, tout cela [10].

---

[7] « *Ich wusste nicht warum […]. In den frühen Abenstaunden jenes Tages wurde ich abgeholt. Man sagte mir nicht warum ich verhaftet wurde, auf alle Fragen hieß es nur : "Das wissen Sie selbst am besten"* », AF, p. 12-13.

[8] « *Einen Monat lang wurde ich in einer improvisierten Zelle im Kellergeschoss einer prächtigen Villa der Staatsicherheit festgehalten. Dann wurden mir eines Morgens die Augen verbunden, man verfrachtete mich in ein Fahrzeug und fuhr los. Alles ohne ein einziges Wort der Erklärung* », AF, p. 18.

[9] « *Diese Art Menschen gehörten zu meinem Kreis* », AF, p. 28.

[10] "*Warum leugnen Sie alles ? Wir wollen Ihnen nur helfen*". […] "*Was Sie gestehen sollen ?*" wiederholte er. "*Ja du meine Güte. Ihre Verbrechen. Hochverrat und Spionage für den Klassenfeind, Kontakte im Westen, Umtriebe in Jugoslawien, das alles*". AF, p. 19.

Comme elle le signala dans un témoignage, être arrêté par ses ennemis est dur, être arrêté par ses amis est une pilule si amère qu'on ne peut pratiquement l'avaler. Une déstructuration proche de la destruction définitive.

Les facteurs de résilience

Comment une résilience a-t-elle pu se mettre en place malgré tout, permettant à Lenka Reinerova de publier neuf livres entre 1983 et 2007 [11], de se voir attribuer plusieurs reconnaissances internationales [12], de rayonner véritablement, de faire preuve d'un charisme tangible dans ses nombreuses conférences dans toute l'Europe et de conclure lors d'un colloque à l'Institut d'allemand d'Asnières en 2002 :

> Je suis si heureuse d'avoir une fille, si heureuse d'avoir une petite-fille, si heureuse d'avoir atteint quatre-vingt-cinq ans. Je crois que c'est l'une des raisons qui expliquent pourquoi je continue à aimer tant la vie et considère chaque jour comme un gain. Quand on considère chaque jour comme un gain, on doit, je crois, s'efforcer en même temps de faire si possible quelque chose de chaque jour [13].

Dans une approche du phénomène de résilience, on peut distinguer avec Boris Cyrulnik des ressources internes et des ressources externes.

Parmi les ressources internes, le tempérament et le caractère, ainsi qu'une mémoire non consciente ou inconsciente, biologique, mais aussi affective, infléchie par le milieu affectif avant même l'usage de la parole, donnent à l'individu des tuteurs de résilience plus ou moins solides, qui ne signifient jamais l'invulnérabilité, mais permettent la mise en place de mécanismes de défense, opérations mentales destinées à diminuer le malaise provoqué par une situation dramatique.

---

11 *Der Ausflug zum Schwanensee*, 1983 ; *Es begann in der Melantrichgasse*, 1985 ; *Die Premiere*, 1989 ; *Das Traumcafé einer Pragerin*, 1996 ; *Mandelduft*, 1998 ; *Zuhause in Prag, manchmal auch anderswo*, 2000 ; *Alle Farben der Sonne und der Nacht*, 2003 ; *Närrisches Prag. Ein Bekenntnis*, 2005 ; *Das Geheimnis der nächsten Minuten*, 2007.
12 Schillerring der Deutschen Schillerstiftung, 1999 ; Verdienstmedaille, 2001 (durch Vaklav Havel) ; Ehrenbürgerin der Stadt Prag, 2002 ; Goethe Medaille, 2003.
13 « Ich bin so glücklich eine Tochter zu haben, ich bin so glücklich eine Enkelin zu haben, ich bin so glücklich fünfundachtzig Jahre alt geworden zu sein. Ich glaube, das alles ist mit ein Grund, daß ich das Leben noch immer sehr schätze und jeden Tag als einen Gewinn betrachte. Wenn man jeden Tag als einen Gewinn betrachtet, dann muss man, glaube ich, gleichzeitig auch versuchen, tunlichst aus jedem Tag etwas zu machen », Lenka Reinerova, « Ich betrachte jeden Tag als Gewinn », in Anne Saint-Sauveur-Henn, *Fluchtziel Paris. Die deutschsprachige Emigration 1933-1945*, Berlin, Metropol, 2001, p. 330.

Il est évidemment illusoire d'analyser de l'extérieur et en quelques mots les ressources internes, mais on peut noter quelques traits de caractère et de tempérament, sans aborder le problème de l'acquis et de l'inné. Lenka Reinerova fit preuve dès son plus jeune âge de grandes capacités évolutives : marquée très jeune par des difficultés sociales, puisque la misère l'obligea à quitter l'école à seize ans alors qu'elle était brillante élève, elle parvint à travailler dans une rédaction et s'engagea pour le communisme. Les attaches familiales semblent fortes, l'attachement à sa petite sœur au-delà de sa mort est frappant, même si dès dix-huit ans, Lenka Reinerova fit preuve d'un fort sentiment d'indépendance [14]. La capacité de s'adapter et de rebondir apparaît comme un leitmotiv tout au long des deux œuvres, *Zuhause in Prag, manchmal auch anderswo* et *Alle Farben der Sonne und der Nacht* une très forte volonté de vivre, malgré les traces d'un profond désespoir dans quelques passages comme quand elle semble vouloir se laisser mourir en prison, mais retrouve l'espoir, y compris grâce à un insecte [15].

L'optimisme fondamental de Lenka Reinerova lui permet de remercier la nature de l'avoir dotée d'un heureux naturel, elle répond à ses détracteurs lui reprochant de donner une vision trop positive de l'exil, présenté aussi comme un enrichissement, qu'on n'est jamais trop optimiste, que l'optimisme fait partie de sa philosophie de la vie [16]. Ces ressources internes jouèrent un rôle essentiel, en particulier dans le traumatisme du retour.

Mais les ressources internes ne suffisent en rien, la possibilité de comprendre la signification d'un coup qui représente une blessure fait que n'en naîtra pas un traumatisme aux effets dévastateurs ou des troubles durables, mais des troubles aménagés entraînant une réflexion stimulante sur le sens de la vie [17]. La blessure peut avoir un développement infléchi si se mettent en place autour du blessé des lieux d'affection, d'activité et de parole : nous distinguerons le circuit affectif-institutionnel, et le circuit historisé.

Dans le circuit affectif et institutionnel, l'expérience de la solidarité, de la main tendue ou que l'on tend, signalée par Cyrulnik comme tuteurs de résilience, a été forte en exil. Lenka Reinerova, seule de sa famille à avoir pu échapper à

---

14 « [...] wollte ich, kaum war ich achtzehn Jahre alt, diese überbevölkerte Behausung tunlichst schnell verlassen. Mitbestimmend war dabei mein dringender Wunsch nach Selbstständigkeit », ZH 14.
15 « *Eine Spinne hockte am Rande einer angebrochenen Fliese und betrachtete mich. "Bleib bei mir, Freundschen" flüsterte ich und schluckte ein Paar Tränen. Der wache Alptraum war vorbei. Nun wusste ich wieder : überall ist Leben, auch in dieser unmenschlichen Abgeschiedenheit (man darf sich nur nicht selbst ausschalten). Ich habe doch ein Kind, wie konnte ich es wagen, mich selbst aufzugeben ?* », AF, p. 43.
16 Lenka Reinerova, « Jeder Tag ist ein Gewinn », *op. cit.*, p. 329.
17 Boris Cyrulnik, *Les vilains petits canards*, *op. cit.*, p. 135-138.

la mort, a bénéficié de solidarité aussi bien personnelle, anonyme que collective. Des compatriotes la soutinrent, Egon Erwin Kisch à Versailles (ZP 24-25), des artistes tchèques à Paris, lui donnant pour la première fois « un certain sentiment de sécurité » (ZP 33) [18]. Elle rapporte dans son ouvrage qu'au camp de Rieucros, des Français avaient accroché des fleurs sur les barbelés. Au Maroc où elle a dû séjourner à Casablanca, une famille marocaine l'a soignée quand elle était gravement malade et le capitaine de Moissac, commissaire français, l'a éloignée de Casablanca quelques jours pour lui permettre d'échapper à une razzia, lui sauvant la vie. Des camarades exilés aux États-Unis réussirent à la faire mettre sur une liste d'écrivains en danger pour lui permettre d'obtenir un visa pour le Mexique. Dans son nouveau pays d'exil, Lenka Reinerova participa au mouvement politique et culturel *Freies Deutschland* qui rassemblait les exilés germanophones avec une publication du même nom, un club culturel intitulé *Heinrich Heine Klub*. Les circuits sociaux empêchent le traumatisme identitaire destructeur.

En revanche, lors du retour d'exil, le circuit institutionnel fut réduit à néant. Aucun contact social et politique ne fut toléré pendant quinze mois, Lenka Reinerova ne sera réhabilitée qu'en 1964, onze ans plus tard [19]. En revanche, alors même qu'elle ne pouvait plus se nourrir et pensait à mourir au bout de plusieurs mois de cellule individuelle, le partage de sa cellule avec une codétenue, Dana, lui procura cette expérience de la solidarité : « Elle me libéra de l'état contre-nature d'une cogitation qui tournait en rond et m'aida, sans en avoir conscience, à retrouver ma confiance en moi » [20]. C'est à deux qu'elles décidèrent de « continuer à vivre comme des humains même dans ces circonstances » (AF 81).

C'est par le circuit historisé que Lenka Reinerova parviendra aussi à surmonter les traumatismes : en attribuant un sens à l'événement douloureux, le blessé peut en modifier l'éprouvé. Il faut distinguer le traumatisme de l'exil et celui du retour.

La signification donnée à la blessure première de l'exil n'est en aucun cas d'ordre religieux, Lenka Reinerova n'étant pas (re)venue à une identité juive, mais politique au sens large. Communiste depuis l'âge de seize ans, elle apporta d'emblée une analyse marxiste au phénomène du national-socialisme, son exil apparaissant non comme un malheur, mais comme une injustice qu'il s'agissait de combattre. Cette attitude politique eut des conséquences concrètes quant

---

18 « *Ein gewisses Gefühl der Sicherheit* ».
19 Lenka Reinerova fera des expériences douloureuses de défaut de solidarité, y compris d'amis proches comme Anna Seghers ; interview avec l'auteure, Paris, 25 mai 2006.
20 « *Sie befreite mich aus dem unnatürlichen Zustand ergebnisloser Grübelei und half mir, ohne sich dessen bewusst zu sein, mein Selbstvertrauen zurückzugewinnen* », AF, p. 86.

au rapport avec l'identité d'origine, Lenka Reinerova, membre à Mexico du mouvement *Freies Deutschland* d'obédience communiste, mais prônant un front unitaire, travailla au sein de la représentation tchèque à Mexico en liaison avec le gouvernement en exil, permettant de maintenir un lien identitaire avec la partie saine de la patrie d'origine et d'éviter la déchirure. De même, cette attitude a permis de garder intact le rapport à la culture et à la langue allemandes. Lenka Reinerova, à qui on demande souvent comment elle peut continuer à écrire en allemand après tout ce qui s'est passé, répond qu'elle ne voit pas pourquoi elle refuserait d'écrire dans une langue, celle d'un Goethe et d'un Heine, dans laquelle de si belles choses ont été écrites. Parfaitement bilingue, elle choisit d'écrire dans sa langue maternelle, l'allemand et non en tchèque.

En revanche, il a été infiniment plus difficile de donner une signification au traumatisme du retour, car comme l'affirme Cyrulnik, le « ici, pas de pourquoi » est le plus sûr moyen de torturer un homme en faisant de lui une chose : « Un travail de mise en sens est indispensable pour tendre la main à un agonisant psychique et l'aider à reprendre une place dans le monde des humains »[21]. Or ce travail de mise en sens a été infiniment difficile dans le cas du traumatisme du retour. Le seul sens qu'a pu trouver Lenka Reinerova est non pas une explication de l'injustice elle-même, mais la différenciation entre les monstres qui la torturaient, dénués de toute liberté et toute humanité, et elle-même qui avait une liberté intérieure :

> Je n'étais pas une chose qu'on pouvait jeter. J'étais une personne. Ceux qui se relayent dans le corridor devant le judas, ce n'étaient plus des êtres humains mais des objets d'une volonté étrangère. Pas moi. J'allais et venais, je bougeais selon ma propre volonté, je pensais, je cogitais, je sortais de moi des personnes et des événements qui avaient un sens, une valeur durable rayonnante comme les couleurs du soleil qui se lève[22].

Plus encore au travers du circuit historisé que du circuit institutionnel, il apparaît que l'identité humaine est essentiellement narrative, la parole donnant la possibilité de métamorphoser. Ce qui est vrai dans le développement de l'enfant, qui passe, par la parole, du stade des perceptions immédiates aux représentations de son passé et de son avenir, l'est plus encore dans le cas d'un blessé : comme l'affirme Cyrulnik, c'est la représentation du malheur qui affirme la

---

21 Boris Cyrulnik, *Parler d'amour au bord du gouffre*, Paris, Odile Jacob, 2004, p. 21.
22 « Ich war kein Ding, das man wegwerfen kann. Ich war ein Mensch. Die im Korridor, die einander vor dem Spion abwechselten, die waren nicht mehr Menschen sondern Objekte fremden Willens. Ich nicht. Ich ging auf und ab, bewegte mich nach eigenem Willen, dachte nach, grübelte, holte Menschen und Erlebnisse aus mir hervor, die einen Sinn hatten, einen Wert, der bleibend war und strahlend wie die Farben der aufgehenden Sonne », AF, p. 154.

maîtrise du traumatisme et sa mise à distance en tant qu'œuvre socialement stimulante [23].

C'est bien ce qu'atteint Lenka Reinerova dans ses deux récits. Dans *Zuhause in Prag, manchmal auch anderswo*, le récit autobiographique est inséré dans le cadre d'un dialogue fictif avec une jeune SDF londonienne, à qui elle transmet pour ainsi dire son message dans une série d'incises qui lui sont directement adressées, ancrant son récit dans l'actualité. L'écriture permet donc la transmission de la mémoire, le dépassement de la blessure par l'écriture du sens. Le temps du récit a été beaucoup plus long pour le retour d'exil jusqu'à ce que puisse être écrit *Alle Farben der Sonne und der Nacht* :

> Cette fois-ci, j'eus besoin de beaucoup de temps, non pas des semaines et des mois, mais des années entières avant d'arriver à décider à rouvrir malgré tout un des chapitres les plus douloureux de ma vie [24].

En plaçant l'événement hors de soi et en le situant dans le temps, le récit, qualifié par Cyrulnik d'« antibrouillard », métamorphose l'événement traumatique.

Au sein de tout ce travail de mise en mot, mais plus globalement encore, Lenka Reinerova dispose de deux précieux facteurs de résilience, la fantaisie et l'humour, Freud ayant affirmé que « l'essence de l'humour réside dans ce fait qu'on s'épargne les affects auxquels la situation devait donner lieu et qu'on se met au-dessus de telles manifestations affectives grâce à une plaisanterie » [25]. La fiction autobiographique regorge d'humour, Lenka Reinerova se riant par exemple de la cavalcade des souris dans sa première chambre d'hôtel à Paris, qu'elle qualifie de « *Mäuseresidenz* » (ZH 21) ou reprenant la plaisanterie : « *Joint the Jews and see the world* » (ZH 62). L'humour métamorphose la souffrance en événement social agréable.

Dès les premières expériences traumatiques, Lenka Reinerova eut recours à l'imagination. En cellule individuelle pendant six mois à partir de septembre 1939, elle demanda un cahier et un stylo et inventa son premier récit pour enfant (« *Ich will niemandem schreiben, nur für mich* » ZH 42), au camp d'internement de Rieucros, elle inventait des histoires qu'elle racontait à ses codétenues. Ce recours fut essentiel également dans le traumatisme du retour. Seule, Lenka Reinerova eut recours au rêve, et dès le moment où une autre codétenue partagea sa cellule, elles devinrent ensemble créatives par l'imagination en créant des « aérations intellectuelles » (« *geistige Lüftungen* » AF 81) où elles s'inventaient

---

23 Boris Cyrulnik, *Un merveilleux malheur*, Paris, Odile Jacob, 2002, p. 8.
24 « Diesmal brauchte ich lange, nicht Wochen und Monate, sondern ganze Jahre, ehe mich zu dem Entschluss durcharbeitete, nun doch noch einmal eines der schlimmsten Kapitel auf meinem Lebensweg aufzuschlagen », AF, p. 9.
25 Sigmund Freud, *Le mot d'esprit et ses rapports avec l'inconscient*, Paris, Gallimard, 1969, p. 129.

un « livre d'histoire » et voulaient s'organiser ensemble « la beauté de la vie » (AF 116). La résilience est éminemment constructive et créative, elle fait pièce au traumatisme comme pour en dénier non pas l'existence, mais les effets délétères [26].

Le cas de Lenka Reinerova paraît à la fois représentatif et exceptionnel. Représentatif dans les dimensions multiples d'un traumatisme subi du fait des drames de l'histoire, exceptionnel par la force d'une résilience qui frappe, même si elle est loin d'être unique. En effet, l'identité narrative des blessés de l'âme les fait passer du statut de victime à celui d'acteur qui reprend en main sa vie, non dans le but de relativiser le crime, mais de transformer la douleur en art. À cette nécessité s'ajoute la mission du survivant, l'obligation de celui qui se demande, comme Lenka Reinerova, « pourquoi moi ? » et qui en tire une obligation de témoignage. Le résilient de l'exil connaît l'oxymoron, celui qui peut caractériser toute œuvre d'art, reprenant la formule de Semprun, qui reçut la médaille Goethe en 2003 en même temps que Lenka Reinerova, parlant de « l'éblouissante infortune de la vie » [27]. La métamorphose de l'horreur se fait d'autant mieux que la représentation devient utile à la société, plus globalement, la mise en mot d'une blessure permet de la dépasser.

---

[26] Michel Hanus, « Freud et Prométhée, un abord de la résilience », in Boris Cyrulnik, Philippe Duval, *Psychanalyse et Résilience*, Paris, Odile Jacob, 2006, p. 193-194.
[27] Jorge Semprun, *Adieu, vive clarté*, Paris, Gallimard, 1998, p. 92.

Vers un nouveau théâtre politique allemand ?

Kerstin Hausbei

« Nous avons besoin en permanence – et en ce moment probablement plus que jamais – d'armes comme celles que Kraus nous a laissées ».

Jacques Bouveresse

Après une phase en apparence plus apolitique qui a été vécue par l'opinion publique allemande comme une « crise du théâtre »[1], on peut remarquer, depuis le tournant du millénaire, un certain retour au politique, marqué autant par les déclarations d'intention de la nouvelle équipe de la *Schaubühne* Berlin lors de la saison 1999-2000[2] que par un certain engouement des auteurs de théâtre de langue allemande pour le thème de la mondialisation. Ce phénomène touche avec Rolf Hochhuth (*McKinsey kommt*, 2003[3]) et Urs Widmer (précurseur dans ce domaine avec *Top Dogs* en 1997[4]) aussi bien la génération née avant la Seconde Guerre mondiale que celle des trentenaires

---

[1] *Cf.* p. ex. Gert Ueding, « Griff in die Zeit. Essay », in Rolf Hochhuth, *McKinsey kommt, Molières Tartuffe. Zwei Theaterstücke*, Munich, dtv, 2003, p. 141-155. Erika Fischer-Lichte et Hans-Thies Lehmann essaient au contraire de démontrer que même, ou peut-être justement, en l'absence de thèmes et messages politiques, le théâtre des années quatre-vingt-dix a réactivé l'essence politique du théâtre en misant sur la situation théâtrale. *Cf.* Erika Fischer-Lichte, « Transformationen. Zur Einleitung », in Erika Fischer-Lichte, Doris Kolesch, Christel Weiler (éd.), *Transformationen. Theater der neunziger Jahre*, Berlin, Theater der Zeit, 1999, p. 7-11 ; et Hans-Thies Lehmann, « Unterbrechung. Wie politisch ist postdramatisches Theater ? », in Hans-Thies Lehmann, *Das politische Schreiben. Essays zu Theatertexten*, Berlin, Theater der Zeit, 2002, p. 11-21.
[2] *Cf.* à ce sujet Christine Bähr, « Sehnsucht und Sozialkritik : Thomas Ostermeier und sein Team an der Berliner Schaubühne », in Ingrid Gilcher-Holtex, Dorothea Kraus, Franziska Schößler (éd.), *Politisches Theater nach 1968. Regie, Dramatik und Organisation*, Frankfurt am Main, New York, Campus, 2006, p. 237-253.
[3] In *McKinsey kommt, Molières Tartuffe*, op. cit.
[4] Frankfurt am Main, Verlag der Autoren (*Top Dogs*, Paris, L'Arche, 1999).

avec René Pollesch [5] et Falk Richter [6] qui consacrent l'ensemble de leur œuvre à ce sujet, ainsi que Roland Schimmelpfennig (*Push up 1-3*, 2001 [7]) ou encore John von Düffel (*Elite I.1*, 2002 [8]). Il est pourtant frappant de constater que seul Rolf Hochhuth mise encore, à travers un message politique dans une structure dramatique qui souligne la responsabilité et la capacité d'agir des individus [9], sur un engagement discursif et partial aux côtés de ceux qui luttent dans le domaine politique en faveur des victimes de la mondialisation (ici les chômeurs). Il reste en cela fidèle à la tradition du théâtre politique de la modernité [10], à la tradition très allemande d'une « révolution d'en haut » ainsi qu'à une conception kantienne du sujet libre et autonome.

Les autres auteurs quittent cette voie pour adopter diverses techniques de la critique implicite, une approche que semble imposer le sujet de la mondialisation lui-même. Car, dans le sillage de la sociologie contemporaine qui leur sert parfois très directement de source d'inspiration et en s'appuyant sur des recherches préalables souvent rendues accessibles au public [11] (Widmer évoque, forçant la comparaison avec les sciences sociales, une « enquête sur le terrain » [12]), les auteurs mettent en avant trois caractéristiques du phénomène qui détruisent l'idée d'un sujet autonome et authentique qui pourrait devenir le support

---

5 *Cf.* p. ex. Bettina Masuch (éd.), *Wohnfront 2001-2002. Volksbühne im Prater. Dokumentation der Spielzeit 2001-2002*, Berlin, Volksbühne am Rosa-Luxemburg-Platz et Alexander Verlag, 2002 ; et René Pollesch, *www-slums*, Reinbek bei Hamburg, Rowohlt, 2003.
6 *Unter Eis. Stücke*, Frankfurt am Main, Fischer, 2005 (*Unter Eis, sous la glace* [il s'agit uniquement de la pièce du même titre], Toulouse, Presses universitaires du Mirail - Toulouse, 2006). Toutes les pièces ainsi que les traductions en français de certaines sont accessibles sur http://www.falkrichter.com.
7 In *Die Frau von früher. Stücke 1994-2004*, Frankfurt am Main, Fischer, 2004.
8 In *Playspotting 2. Neue deutsche Stücke*, hg. von Nils Tabert, Reinbek bei Hamburg, Rowohlt, 2002.
9 *Cf.* la préface de Erwin Piscator au *Vicaire*, in Rolf Hochhuth, *Der Stellvertreter. Ein christliches Trauerspiel*, Reinbek bei Hamburg, Rowohlt, 1967, p. 9-16 ; Peter Szondi, « Das Drama », in Peter Szondi, *Theorie des modernen Dramas (1880-1950)*, Frankfurt am Main, Suhrkamp, 1967, p. 14-19 (*Théorie du drame moderne*, Belval, Circé, 2006).
10 *Cf.* Peter Langemeyer, « Macht und Parteilichkeit oder : Was ist "politisch" am politischen Theater der Moderne ? », in Knut Ove Arntzen *et alii* (éd.), *Dramaturgische und politische Strategien im Drama und Theater des 20. Jahrhunderts*, Sankt Ingbert, Röhrig Universitätsverlag, 2000, p. 102-122 ; *cf.* aussi le texte programmatique de Peter Weiss sur le théâtre documentaire : « Notizen zum dokumentarischen Theater », in Arntzen, *Rapporte 2*, Frankfurt am Main, Suhrkamp, 1971, p. 91-104.
11 On propose au public des conférences, films documentaires, discussions avec les artistes ainsi que des publications comprenant des matériaux, entretiens et témoignages en tout genre. Falk Richter, *Das System. Materialien, Gespräche, Textfassungen zu « Unter Eis »*, Berlin, Theater der Zeit, 2004 ; Ursi Schachenmann (éd.), *Top Dogs, Entstehung – Hintergründe – Materialien*, Zurich, Kontrast, 1997 / Hollfeld, C. Bange, 2005. Pour Pollesch et von Düffel, *cf.* les entretiens publiés avec les pièces.
12 « Feldforschung im Lande des Managements », in Ursi Schachenmann (éd.), *Top Dogs, op. cit.*

d'une critique négative : 1) le principe totalitaire du « système »[13] du nouveau capitalisme qui infiltre à l'aide de son idéologie de la performance et de l'efficience tous les domaines de la vie privée et publique (habitudes vestimentaires et alimentaires, sexualité, sport, culture, politique, etc.) pour les exploiter doublement, en les instrumentalisant au service de la performance et en les transformant en produits sur le marché des biens et services[14] ; 2) une exceptionnelle faculté de récupération qui aboutit d'une part, sous le masque de l'« ouverture », à anesthésier toute opposition et à détruire l'espace public du débat démocratique[15], et d'autre part, lorsqu'elle s'empare de l'idéal de la réalisation de soi forgé en 68 dont le « système » prétend être la réalisation, à intérioriser le contrôle (jadis exercé par des institutions avec des hiérarchies lisibles) et à faire tomber de cette manière toute résistance identitaire du sujet à sa propre exploitation sans bornes ; 3) la mise en scène séductrice de ce système qui tente de l'imposer comme une évidence rationnelle et un progrès individuel comme collectif auquel il ne saurait y avoir d'alternative.

La difficulté pour les auteurs réside dès lors dans la nécessité de trouver une forme qui permette de montrer les « conséquences humaines de la flexibilité »[16], et notamment la destruction de l'identité individuelle, dans leur lien avec le « système ». Une des conséquences de cet impératif est l'abandon du milieu des laissés pour compte cher au drame social et la focalisation sur les *top dogs*, consultants et autres animateurs de télé, autrement dit les icônes du « système » qui en incarnent le plus parfaitement les valeurs et font figure de bourreaux et de victimes à la fois. L'autre conséquence est la nécessité de construire une possibilité pour le spectateur d'adopter un point de vue externe qui lui permet

---

13 « *Das System* » est le titre d'un cycle de spectacles conçu et mis en scène par Falk Richter à la Schaubühne lors de la saison 2003-2004. Il s'agit d'un terme auquel la jeune génération d'auteurs ajoute des guillemets pour indiquer sa distance ironique face à un concept de 1968 jugé trop simpliste.

14 C'est notamment le sujet de la pièce *Insourcing des Zuhause. Menschen in Scheisshotels* de Pollesch où le sentiment d'être chez soi est recréé à travers toute une série de services dans un hôtel accueillant des managers. On trouve un motif analogue chez Richter dans *Electronic city* où il est question d'une chaîne internationale d'hôtels du nom *Welcome home*.

15 L'intégration du slogan d'ATTAC « un autre monde est possible » dans un discours néolibéral dans *Sous la glace* (scène 6) montre ce procédé. *Cf.* aussi René Polesch, *www-slums, op. cit.*, p. 260 : « PACQUES NOEL : Ton image branchée du *streetfighter* fait partie du programme culturel en marge du congrès de la banque mondiale du commerce. Tu peux toujours t'époumoner à gueuler tes désirs avec ton cocktail Molotov à la main. Tu es simplement un PROGRAMME ANNEXE ! » (« *Dein cooles streetfighter-Image gehört zum kulturellen Rahmenprogramm dieses Kongresses der Welthandelsbank. Und da kannst du noch so wild wünschen mit einem Molotow in der Hand. Du bist einfach nur ein RAHMENPROGRAMM !* »).

16 Richard Sennett, *Le travail sans qualités. Les conséquences humaines de la flexibilité*, Paris, Albin Michel, 2000. Pierre-Emmanuel Dauzat transpose ainsi le titre anglais, intraduisible à son sens, *The corrosion of character. The personal consequences of work in the New Capitalism*.

de juger, puisque les personnages eux-mêmes ne peuvent évidemment pas être conscients de leur aliénation alors que le spectateur doit être invité à le devenir. Les stratégies dramaturgiques les plus convaincantes réussissent le tour de force de contraindre en même temps le spectateur à se confronter à sa propre implication contradictoire dans ce « système » et de le sortir de cette façon de la situation confortable du surplomb [17]. Alors que Widmer décrit ses recherches encore comme une incursion dans un « continent étranger » [18], la jeune génération d'auteurs insiste en effet sur une contamination de toute la société et inclut dans ce constat le champ artistique lui-même qui, loin d'être un îlot de l'authenticité permettant une critique de l'extérieur ou d'un point de vue moral supérieur, est perçu comme partie intégrante du système [19], voire son modèle [20] ou du moins son masque. Nous voudrions ici nous arrêter sur trois pièces qui ont pour l'instant trouvé peu d'écho dans la critique : *Push up 1-3* de Schimmelpfennig, *Elite I.1* de von Düffel et *Sous la glace* de Falk Richter [21].

Face à cette analyse, la pièce de Schimmelpfennig apparaît à première vue comme un véritable hors sujet. Cette impression est due avant tout au maintien du dialogue, réputé être le lieu du conflit intersubjectif (*zwischenmenschlich*) et, partant, le véritable moteur du drame au sens que Peter Szondi donne à ce terme. Schimmelpfennig est en effet le seul à ne pas esquiver, miner ou pervertir le dialogue et à lui faire jouer son rôle traditionnel. Le dialogue est ici même pur *agôn*, presque entièrement dépouillé de contenu qui est largement déplacé vers l'implicite et n'apparaît plus que sous une forme très allusive et anecdotique dans les répliques des personnages [22]. Mais la lutte de pouvoir

---

17 Pollesch réussit ce pari en intégrant dans les répliques des personnages des extraits des analyses sociologiques.
18 « Feldforschung im Lande des Managements », *op. cit.*, p. 48.
19 La pièce *Dieu est un DJ* de Richter est entièrement consacrée à ce sujet. *Cf.* p. ex. René Pollesch, « Ich bin Heidi Hoh », *op. cit.*, p. 344 : « Nous ne sommes pas des sujets autonomes comme les connaît le drame. Nous avons intériorisé le contrôle, et notre subjectivité est l'objet de notre travail, c'est ce que nous vendons. Je suis moi-même un problème. Le succès est un problème. Le mode de vie des artistes repose sur une exploitation extrême de soi-même dans l'espoir du succès. C'est pour cela que je me pose en ce moment la question suivante : quelle image du sujet flexible est-ce que je sers quand j'ai du succès ».
20 *Cf.* p. ex. René Pollesch, « Ich bin Heidi Hoh », *op. cit.*, p. 342-343 : « Le nouveau capitalisme s'adresse à nous avant tout comme étant des individus et des artistes qui, à condition d'être suffisamment créatifs finiront bien par trouver du boulot. En ce moment, on attend de tout un chacun d'être artiste et de s'exploiter vingt-quatre heures sur vingt-quatre au travail conçu comme une réalisation de soi ».
21 Pour Pollesch, *cf.* Achim Geisenhanslüke, « Schreie und Flüstern : René Pollesch und das politische Theater der Postmoderne », in Gilcher-Holtey *et alii* (éd.), *Politisches Theater nach 1968, op. cit.*, p. 254-268. Pour Widmer, *cf. Top Dogs, Entstehung – Hintergründe – Materialien, op. cit;* Dieter Wrobel, *Urs Widmer – Top Dogs*, Munich, Oldenbourg, 2006.
22 *Cf.* à ce sujet Jean-Pierre Ryngaert, « Dialogue et conversation », in *idem* (éd.), *Nouveaux territoires du dialogue*, Arles, Actes Sud, 2005, p. 17-21.

au sein d'une entreprise qui est ainsi donnée à voir est entrecoupée et surdéterminée par des monologues épiques (adressés au spectateur) où sont exprimés les « passions » et instincts par lesquels sont en réalité poussés les personnages, à savoir la jalousie, la frustration sexuelle, le besoin d'amour, le manque de confiance en eux, etc. Le spectateur est ainsi convié à observer le contraste entre le « masque » (dialogue) et le « véritable visage » (monologue) des personnages. Le premier bloc de dialogues / monologues est en cela représentatif de toute la pièce : Suite au refus de lui confier un poste à responsabilité à New Delhi, Sabine, une ambitieuse et brillante jeune cadre pourtant frustrée sexuellement et peu sûre d'elle, demande des comptes à la chef de l'entreprise (Angelika) et finit par se faire licencier, d'une part en raison de son arrogance, d'autre part parce que Angelika, également frustrée sexuellement et peu sûre d'elle, la soupçonne à tort d'avoir une relation avec son mari, le PDG de l'entreprise. Sabine, au lieu de rassurer Angelika et de sauver ainsi son emploi, savoure le fait que l'autre la croit capable d'une réussite sexuelle ainsi que le pouvoir qu'elle acquiert par la même occasion sur elle.

Si on voit bien ici que la faiblesse identitaire influe fortement sur le cours du dialogue et de l'action, on ne voit toutefois pas en quoi elle est le produit de « la culture du nouveau capitalisme », pour emprunter cette expression au titre d'un ouvrage de Richard Sennett [23], sociologue très en vogue dans le milieu théâtral qui nous intéresse ici. Peter Szondi avait à juste titre insisté sur l'impossibilité de représenter des processus socio-économiques et politiques dans la forme du drame, puisque celui-ci devrait nécessairement les réduire à la seule relation intersubjective (*zwischenmenschlich*) et ainsi renoncer à les expliquer [24]. En effet, l'enjeu intersubjectif l'emporte ici clairement sur le sujet du nouveau capitalisme, puisque le licenciement de Sabine est un contresens dans cette optique, et cela aussi bien du point de vue de Angelika que de celui de Sabine [25]. Toutes deux prouvent ainsi qu'elles ont gardé une large part d'autonomie par rapport au monde de l'entreprise et à l'idéologie de l'efficience. Paradoxalement, c'est toutefois cette faiblesse du drame que Schimmelpfennig exploite sciemment pour montrer que les personnages, malgré un vague vernis de culture du nouveau capitalisme, d'ailleurs démenti par une structure d'entreprise qui semble fonctionner selon des principes hiérarchiques bien établis, sont en réalité régis par des enjeux psychologiques largement déconnectés des objets de querelle qui s'expriment dans les dialogues et qui sont ainsi rabaissés au statut

---

23 Paris, Albin Michel, 2006.
24 Peter Szondi, *Theorie des modernen Dramas*, op. cit., p. 17.
25 L'intérêt de l'entreprise (incarné dans la personne de Angelika) et celui de Sabine sont en réalité convergents : si les deux personnages prenaient leurs décisions de façon rationnelle, Sabine devrait non seulement rester dans l'entreprise, mais même aller à New Delhi.

de simples prétextes. L'entreprise devient du même coup un décor interchangeable. Schimmelpfennig semble montrer que les changements introduits dans le monde du travail par la culture du nouveau capitalisme sont un mythe et que rien n'a changé sous le soleil depuis les querelles des favorites de Louis XIV. Reste le fait que les monologues, en apparence l'espace de l'authenticité, sont saturés de clichés sur le milieu du management et construits selon le principe d'un parallélisme très affiché allant jusqu'à des répétitions littérales d'un monologue à l'autre. Schimmelpfennig révèle ainsi un formatage identique des personnages dont la source semble être l'esthétique des *soap opera* télévisés qui se traduit également dans le comportement des personnages (p. ex. lorsque Angelika jette son café à la figure de Sabine). Rappelons au passage que le dispositif de l'autocommentaire face au public est un classique de la télé-réalité. On peut donc légitimement penser que la naïveté de Schimmelpfennig est feinte et que nous sommes face à une critique du discours télévisé euphémisant sur la mondialisation. Si cette hypothèse est juste, la dramaturgie de Schimmelpfennig participerait d'une esthétique affirmative (Jean-François Lyotard) qui ne vise pas « une affirmation politique de l'existant, mais plutôt, en s'appuyant davantage sur Kant que sur Hegel, un démasquage ludique d'idéologies politiques à travers les techniques de la parodie et de la travestie » [26]. Le rôle du spectateur (et celui de la mise en scène) serait alors primordial pour permettre au spectateur de théâtre de se distancier de ses propres habitudes télévisuelles. Les critiques de la pièce dans la presse donnent à penser que l'opinion publique – le public ? – ne l'a pas comprise ainsi.

Pour éviter une telle ambivalence, John von Düffel centre d'emblée son propos sur l'intériorisation du contrôle et la façon dont celle-ci affecte l'identité. Éclipsant presque entièrement le dialogue, réduit à quelques bribes, les monologues, conçus ici comme monologues intérieurs montrent que « pour pouvoir être ce que ces personnes veulent être, elles doivent toutes se faire la même violence, se soumettre aux mêmes mécanismes » [27]. Or, ce mécanisme inclut justement le manque de conscience de soi comme l'explique von Düffel faisant allusion à des entretiens menés avec des salariés du cabinet McKinsey à l'occasion des recherches pour son roman *Ego* :

> Les hommes qui travaillent pour moi – aurait dit McKinsey – doivent être premièrement motivés par la performance [*leistungsbewusst*] et deuxièmement peu sûrs d'eux [*unsicher*]. J'ai trouvé cela étonnant et j'ai d'abord pensé qu'il fallait que ce soit « très sûr d'eux » [*selbstsicher*]. Mais lors de l'écriture

---

[26] Achim Geisenhanslüke, « Schreie und Flüstern », *op. cit.*, p. 255.
[27] John von Düffel, « Gespräch », in *Playspotting 2*, *op. cit.*, p. 257.

du roman, j'ai compris que « peu sûrs d'eux » était juste. Car quelqu'un qui a un sens pour sa propre personne, une certaine conscience de soi, n'est pas prêt à pousser la performance au-delà de certaines limites. À un moment donné, il va commencer à se protéger, se délimiter, à préserver son moi. En revanche, quelqu'un qui est peu sûr de lui a l'ambition de se créer de toutes pièces, de gagner sa conscience de soi par le travail. […] Ils [les personnages d'*Elite I.1*] font partie de l'élite ou se perçoivent comme l'élite parce qu'ils […] travaillent sans cesse à la réalisation de l'image qu'ils ont d'eux-mêmes. […] ne pas la réaliser équivaut à la disparition totale, à la perte de l'existence [28].

Si von Düffel permet à travers les monologues intérieurs une sorte de regard dans les coulisses du nouveau capitalisme, il exclut toutefois, en même temps que les dialogues, la mise en scène de l'idéologie dans le discours. Sa pièce est complémentaire de ce discours que von Düffel suppose connu du public. Seuls quelques rares slogans intégrés dans les monologues en tiennent lieu. Mais von Düffel se coupe ainsi, comme le fait d'ailleurs Schimmelpfennig pour d'autres raisons, de la possibilité de critiquer le langage et les mécanismes de discours de l'idéologie du consulting. Or, la fascination qu'elle exerce est difficile à expliquer sans cet élément.

C'est Falk Richter qui trouve, dans sa pièce *Sous la glace*, une forme conséquente pour confronter le discours idéologique, y compris sa mise en scène séduisante et son geste totalitaire, à la réalité d'une identité précaire, en l'occurrence celle du personnage au nom parlant Jean Personne [29], un consultant ayant travaillé toute sa vie sur des projets de restructuration des entreprises et qui, à quarante ans en perte de vitesse, sait qu'il va devoir partir de l'entreprise parce qu'il ne résiste plus à la pression. Richter n'esquive pas le dialogue comme von Düffel, il le détruit comme lieu d'expression du sujet autonome, et cela de deux manières : d'une part, par la choralité des dialogues idéologiques, d'autre part, par le montage parallèle sur le mode du désemboîtement [30] et de l'hétérogénéité [31] de passages idéologiques *a priori* appartenant au monde extérieur (réservés aux personnages Charles Soleillet et Aurélien Papon) et de passages poétiques qui constituent le monologue intérieur du personnage central. Au fur et à mesure

---

28 *Ibid.*, p. 255-256.
29 L'ambivalence du mot français qui peut désigner aussi bien la personne que l'absence de toute personne n'existe pas en allemand. Le nom Paul Niemand désigne celui qui n'est personne.
30 *Cf.* Joseph Danan, « Le désemboîtement », in Jean-Pierre Ryngaert (éd.), *Nouveaux territoires du dialogue*, *op. cit.*, p. 22-25. Il s'agit de la coexistence dans l'espace scénique de dialogues (ou monologues) qui appartiennent à des sous-espaces, voire à des espaces-temps différents ou, comme c'est le cas ici, à des registres différents (monde intérieur / extérieur).
31 *Cf.* Florence Baillet, « L'hétérogénéité », in Ryngaert, *ibid.*, p. 26-30.

que la pièce avance, les deux registres se contaminent mutuellement dans un délire apocalyptique d'une déshumanisation du monde. Il est ainsi suggéré au spectateur que l'ensemble de la pièce se situe dans la tête de Jean Personne et qu'elle est dans son ensemble la représentation de l'identité disloquée[32]. Richter cerne donc le problème identitaire dans deux registres complémentaires : celui de l'effacement de la personnalité produit par le système (scènes chorales) et celui d'un vide intérieur (associé au froid) qui va de la blessure identitaire initiale de Jean Personne dans une famille où il ne se sent pas aimé jusqu'à la lutte permanente et perdue d'avance pour devenir quelqu'un, lutte qui se cristallise dans l'obsession d'être remarqué par autrui[33] à laquelle s'intègre aussi bien le choix de son métier[34] que ses tentatives de perturber le système[35].

Dans le chœur idéologique, chaque réplique pourrait être énoncée par n'importe quel membre du chœur dont les deux personnages choraux ne semblent être qu'un échantillon représentatif. Les personnages deviennent ainsi des simples supports de discours, totalement interchangeables, puisque totalement dépourvus de langage individuel. Ils sont pure idéologie, pur masque, pur *sound*. Et Richter utilise ce type de non-dialogue justement pour les scènes d'endoctrinement et de formatage des esprits[36]. À l'exception de la fin de la deuxième scène d'évaluation qui constitue une amplification parodique, ces scènes sont construites à partir de citations littérales du film documentaire *Grow or go* de Marc Bauder[37] et participent de la technique de la citation sans commentaire, telle qu'on la trouve préfigurée chez Karl Kraus. Le changement de cadre, du milieu du consulting vers le théâtre, sert ici d'effet de distanciation

---

32 *Cf.* Anne Monfort, « Une écriture de plateau. Introduction », in Falk Richter, *Unter Eis / Sous la glace*, op. cit.

33 Le monologue de Jean Personne est truffé d'appels comme : « Il y a quelqu'un ? Hé ho ! Hé ho ! Il y a quelqu'un ? Quelqu'un m'entend ? », *Sous la glace*, scène 1.

34 « Je ne sers qu'à faire disparaître les autres, et moi je suis transparent, invisible, personne ne se rend compte de mon existence avant de disparaître. / Au moment de leur disparition, ils sentent que j'existe », *Sous la glace*, scène 8.

35 Ainsi notamment dans les scènes d'aéroport où Jean Personne explique qu'il fait exprès d'être en retard pour le décollage de l'avion afin de se faire appeler par les haut-parleurs : « Ils m'attendent, je le sais, c'est trop compliqué de redébarquer ma valise, porte 8, porte 9, porte 10, je reviens sur ses pas, je me rassois / JEAN PERSONNE / JEAN PERSONNE S'IL VOUS PLAÎT PORTE 17 / ils arriveront tous en retard, / je ne cours plus, quand je suis absent, tout le monde me remarque », *Sous la glace*, scène 1.

36 Ce sont les scènes de l'affirmation des valeurs où les personnages énumèrent une longue liste de slogans et recettes du consulting, et les deux réunions d'évaluation qui se terminent par un avis négatif pour Jean Personne vieillissant (qu'il formule lui-même dans certaines versions de la pièce) et un avis positif pour « l'enfant / le clone de Mister Nobody » (Richter transpose ici l'analyse de Richard Sennett qui fait remarquer que l'expérience est remplacée comme critère qualifiant par le potentiel, *La Culture du nouveau capitalisme*, op. cit.).

37 Bauderfilm / ZDF, 2003.

et fait ainsi ressortir la théâtralité de ces personnages, le faux-semblant tel que Richter le perçoit dans le documentaire de Bauder :

> Dans les vidéos de Bauder, on voit que de nombreux consultants donnent l'impression d'être très vides, ils ont passé toute leur vie dans des unités de training où ils apprennent à parler de façon contrôlée, à ne rien dire de faux, à contrôler parfaitement leur langage corporel, à comprendre rapidement le caractère de l'interlocuteur et de se comporter de la façon adéquate. C'est une sorte de comédie, ils jouent un personnage humain, chaleureux, sympathique, compréhensif et compétent [38].

Les dialogues-citations sont prolongées dans des monologues adressés au public, dans lesquels Richter reproduit le langage du consulting, mais introduit aussi de façon explicite et systématique des éléments importants de son analyse de la mondialisation, à savoir l'instrumentalisation de la culture, du sport et jusqu'à la sexualité, le contrôle et l'autocontrôle permanents, et le principe totalitaire qui vise à abolir la démocratie [39]. Richter montre ainsi le caractère clos d'une idéologie prête à prendre le contrôle sur la société et à la soumettre à des changements radicaux :

> Le délire de l'efficience est une nouvelle croyance et un nouveau système de gouvernement qui remplace le système démocratique dans la forme que nous connaissons. Nous sommes actuellement dans une phase intermédiaire et c'est ce que je voulais montrer dans ma pièce : un modèle de société radicalement différent [40].

Comme chez Kraus, l'accent est mis de façon très conséquente sur le langage, puisque la pièce (dont Richter a d'ailleurs sorti une version radiophonique) ne comprend pas d'action : sont exposés les métaphores guerrières, les anglicismes, les euphémismes et poncifs du langage du consulting, ainsi que la récupération d'un langage des avant-gardes [41]. Et ce sont aussi les contradictions internes du discours qui frappent l'oreille du spectateur :

---

[38] *Sous la glace*, entretien de Falk Richter avec Peter Laudenbach, trad. Anne Monfort, www.falkrichter.com.

[39] « Finalement il ne serait pas déraisonnable de nous confier ce domaine et de nous laisser décider, à l'aide de notre théorie pure, enfin de prendre une décision objective sur ce qu'il faut faire, et tout simplement d'agir, la démocratie c'est bien joli et c'est certainement le but en soi, c'est sûrement le meilleur modèle pour une société en bonne santé, avec une économie qui fonctionne, mais pour le moment je pense que ce système nous handicape complètement », *Sous la glace*, scène 6, www.falkrichter.com.

[40] « Dieser Alptraum ist unsere Realität. Katrin Beushausen im Gespräch mit Marc Bauder und Falk Richter », in Falk Richter, *Das System, op. cit.*, p. 178.

[41] *Cf.* Steffen Richter, « Berater reden. Zur Sprache in Falk Richters Unter Eis », in Falk Richter, *Das System, op. cit.*, p. 191-195.

> L'intonation de Waschke [le comédien qui a créé le rôle de Karl Sonnenschein], c'était la transposition dans un langage artistique de toutes ces fautes de syntaxe, lapsus et bégaiements de ces consultants dans les interviews. J'étais fasciné par le fait qu'ils parlent sans cesse un langage high-tech que personne ne comprend et qu'ils se trompent en même temps constamment de mots, qu'ils construisent mal leurs phrases, ne les terminent jamais. Ils sont tellement imparfaits et parlent de la perfection de l'homme. C'est l'ironie du sort. Et les défauts inhérents au système [42].

Comme Jacques Bouveresse le décrit pour Kraus, non seulement le langage est ici devenu le juge suprême, mais c'est aussi « d'une certaine façon la critique du langage qui devient la forme par excellence de la critique sociale et politique » [43].

Pour donner toute sa résonance politique à cette dramaturgie, Richter semble toutefois avoir besoin des manifestations annexes dont il était question plus haut et notamment du média du film documentaire qui permet au spectateur de faire le lien avec la réalité. Richter décrit en effet une nette différence entre les réactions des spectateurs ayant vu ou non le film de Bauder qui n'était pas projeté à la suite de toutes les représentations. Si les spectateurs n'ayant pas vu le film avaient l'impression que la pièce produisait un langage et un discours purement fictionnels sur le mode de la science-fiction, ceux qui avaient vu le film devaient admettre que la pièce était beaucoup plus proche de leur monde qu'ils ne l'avaient cru. La célèbre épitaphe de Karl Kraus aux *Derniers jours de l'humanité* pourrait ainsi s'appliquer à la pièce de Richter : « Les conversations les plus invraisemblables menées ici ont été tenues mot pour mot ; les inventions les plus criardes sont des citations » [44].

Toutefois, à la différence de la satire totale dont Kraus est un paradigme important, les auteurs qui nous intéressent ici ne dépassent pas l'horizon politique en direction d'une « théodicée négative » [45]. Refaire du théâtre le lieu politique qu'il a jadis été, telle semble bien être leur intention, même s'ils s'y emploient avec d'autres moyens que la génération précédente.

---

[42] « Jenseits der Sentimentalität. Falk Richter im Gespräch mit Thomas Thieme », in Falk Richter, *Das System, op. cit.*, p. 129.

[43] Jacques Bouveresse, « "Apprendre à voir des abîmes là où sont des lieux communs" : le satiriste & la pédagogie de la nation », in Bouveresse, *Satire & prophétie : les voix de Karl Kraus*, Marseille, Agone, 2007, p. 144.

[44] Karl Kraus, *Les derniers jours de l'humanité*, version scénique établie par l'auteur, trad. Jean-Louis Besson et Henri Christophe, Marseille, Agone, 2000, p. 25.

[45] *Cf.* Gerald Stieg, « Die totale Satire. Nestroy, Kraus, Bernhard », in Gerald Stieg, Jeanne Benay (éd.), Frankfurt am Main, Peter Lang, 2002.

Chapitre II

Identités collectives en émergence

Simone Veil, la déportation et la Shoah

Henri Ménudier

Née à Nice le 13 juillet 1927, Simone Veil a publié quelques mois après son 80ᵉ anniversaire un impressionnant récit sur sa déportation à Auschwitz et son rapport à la Shoah, mais aussi sur sa brillante carrière de magistrat, de ministre, de présidente du Parlement européen et de membre du Conseil constitutionnel [1]. On est frappé de constater à quel point le national-socialisme, le « IIIᵉ *Reich* » et la Seconde Guerre mondiale, marquant de façon tragique sa propre histoire et celle de sa famille, ont profondément orienté ses grands choix éthiques. Se considérant comme une survivante, elle ne peut oublier les morts proches ou lointains de l'enfer concentrationnaire. « Ils nous accompagnent où que nous allions, formant une immense chaîne qui les relie à nous autres, les rescapés » (p. 333). Intitulé *Une vie*, ce livre publié en novembre 2007 est devenu un best-seller, vendu deux mois plus tard à plus de 300 000 exemplaires.

De Nice à Drancy

Les années noires ne rendent que plus nostalgique le souvenir d'une enfance choyée. Les quatre frères et sœurs naissent entre 1923 et 1927. Le père, André Jacob, un architecte talentueux, gagne bien sa vie à Nice et dans la région ; il est de droite, contrairement à son épouse, Yvonne (Steinmetz de son nom de jeune fille) plutôt à gauche. Venus d'Allemagne et de Belgique, leurs ancêtres s'installent en France au XIXᵉ siècle. Une famille juive, assimilée, patriote et laïque. Simone, athée comme sa mère, est peu initiée aux coutumes juives. Le bonheur familial est troublé par la crise de 1929 qui, faisant péricliter les affaires du père, l'oblige à choisir un cadre de vie plus modeste. Bien qu'enfant, Simone

---

[1] Simone Veil, *Une vie*, Paris, Stock, 2007, 408 p.

se souvient des débuts du « IIIe *Reich* » et des violences contre les Juifs, dénoncées par les réfugiés allemands. Ils parlent du camp de concentration de Dachau, des magasins juifs aux vitrines brisées, des étoiles de David qui commencent à fleurir. La guerre d'Espagne, l'*Anschluss* et les Accords de Munich entretiennent les inquiétudes.

Les débuts de la guerre de 1939 accentuent les difficultés matérielles car la famille Jacob accueille des réfugiés et des parents en situation de détresse. La publication par Vichy du premier statut des Juifs (octobre 1940) les stupéfie. Bien qu'ancien combattant de la Première Guerre mondiale, André Jacob n'a plus le droit d'exercer son métier d'architecte. Les Juifs de Nice sont relativement protégés par l'occupant italien, plus libéral que l'État français. Le débarquement anglo-américain en Sicile provoque la chute de Mussolini et les Italiens quittent la France ; dès septembre 1943, la Gestapo et la Wehrmacht s'installent à Nice. Les papiers d'identité doivent désormais porter la lettre « J ». Les contrôles se multiplient sous la houlette du redoutable Alois Brunner.

Denise, la sœur de Simone, rejoint la Résistance ; arrêtée en 1944 et déportée, elle survivra aux terribles épreuves du camp de concentration de Ravensbrück, dans le Brandebourg. Simone passe son baccalauréat à Nice le 29 mars 1944. Le lendemain, la Gestapo l'arrête ainsi que sa sœur aînée Madeleine, son frère Jean et leur mère. Toute la famille est transférée à Drancy. Le père les suit un peu plus tard, il disparaît à tout jamais en Lituanie avec son fils Jean.

À propos de Drancy, Simone Veil affirme que la grande rafle du Vél d'Hiv, à Paris en juillet 1942, était peu connue en dehors des quartiers directement concernés tant l'information sous l'Occupation était contrôlée. Même si l'arrestation des Juifs par la police française constitue « une tâche indélébile sur l'honneur des fonctionnaires français » (p. 53), elle n'en souligne pas moins que des policiers ont prévenu et ainsi sauvé la moitié des 25 000 Juifs répertoriés à Paris avant juillet 1942. Elle rappelle également que les sept étoiles du maréchal Pétain ont induit en erreur nombre de Français.

L'enfer : Auschwitz et Bergen-Belsen

Simone, Madeleine et leur mère Yvonne partent le 13 avril 1944 dans des wagons à bestiaux. Un voyage « horrible » de trois jours. Simone n'a que seize ans et demi ; à l'arrivée à Auschwitz un déporté français lui conseille furtivement de dire qu'elle en a dix-huit pour échapper à l'extermination immédiate. Dépouillée de tout, désinfectée, revêtue d'habits déchirés et dépareillés, Simone Jacob n'est plus que le numéro 78651, tatoué sur son bras gauche. Elle n'a jamais compris qu'une des responsables du camp lui dise un jour : « T'es vraiment trop jolie pour mourir ici, je vais faire quelque chose pour toi en t'envoyant ailleurs » (p. 77). Avec sa mère et sa sœur, Simone est transférée, de juillet 1944 à janvier 1945, dans un commando moins dur, près de Birkenau. Affectée aux usines Siemens, elle participe néanmoins à de pénibles travaux de terrassement. Sa jeunesse, son désir de vivre, la chance et la présence de sa mère et de sa sœur l'aident à surmonter ce cauchemar.

Le pire est encore à venir. Devant l'avancée des troupes soviétiques, quelque 40 000 déportés sont regroupés à la mi-janvier 1945 à Auschwitz, « le plus grand charnier de tous les temps » ; ils entament la terrible « marche de la mort », dans la neige et par un froid de moins trente degrés. « Ce fut un épisode particulièrement atroce. Ceux qui tombaient étaient aussitôt abattus » (p. 82). Les survivants atteignent Gleiwitz, à 70 kilomètres à l'Ouest ; ils se demandent s'ils ne vont pas tous être fusillés tant les Allemands sont affolés. Ils partent en train pour le camp de Mauthausen qui refuse de les accueillir par manque de place. Pendant huit jours, le train ère dans les pires conditions en Autriche et en Tchécoslovaquie pour aboutir finalement le 31 janvier à Bergen-Belsen, près de Hanovre.

Les conditions de vie sont épouvantables dans ce camp que les Allemands gardent, mais ne gèrent plus. « Bergen-Belsen était devenu le double symbole de l'horreur de la déportation et de l'agonie de l'Allemagne » (p. 86). Simone Jacob travaille dans la cuisine du camp où elle épluche les pommes de terre. Épuisée et minée par le typhus, sa mère meut le 15 mars ; bien qu'atteinte elle aussi par le typhus, sa sœur Madeleine survivra. Le camp est libéré le 17 avril ; les Anglais sont effarés par « les masses de cadavres empilés les uns sur les autres et que des squelettes vivants tiraient vers des fosses » (p. 90).

Après la mise en quarantaine du camp à cause du typhus et un retour en France en camion, Simone est accueillie le 23 mai 1945 à l'hôtel Lutetia à Paris. Des six membres de la famille Jacob, trois n'ont pas survécu à la barbarie nazie. Les trois sœurs reviennent des camps ; l'aînée, Madeleine, difficilement remise du typhus, meurt dans un accident de voiture en 1951. Simone reste à Paris où elle s'inscrit en droit et en science politique ; elle épouse en 1946 Antoine Veil, un camarade d'études, futur inspecteur des Finances.

Pour clore son récit sur les camps, Simone Veil pose quatre questions qui dérangent. Pourquoi les nazis n'ont-ils pas tué les Juifs sur place, plutôt que de les embarquer dans leur propre fuite ? Sa réponse est simple : « Pour ne pas laisser de traces derrière eux » (p. 84). Il y avait trop de déportés à Auschwitz pour tous les éliminer. Ensuite : les Alliés auraient-ils dû bombarder les chambres à gaz des camps de concentration ? Simone Veil se dit très réservée vis-à-vis de telles opérations qui auraient été plus meurtrières pour les déportés que pour les nazis. Question suivante : que pense-t-elle des thèses de Hannah Arendt (Hanovre 1906 - New York 1975) sur la banalité du mal ? Juive, élève de Jaspers puis de Heidegger, la philosophe américaine d'origine allemande a fui le nazisme en 1934 pour s'installer aux États-Unis en 1941 ; ses travaux portent sur les liens entre le totalitarisme, la société de masse et la crise de la culture. Simone Veil condamne fermement « le masochisme d'intellectuels », ce « tour de passe-passe commode (tout le monde est coupable, donc personne ne l'est) » ; elle dénonce même la « lâcheté » des adeptes de la banalisation du mal et leur pessimisme fondamental (p. 96). Elle leur oppose les risques encourus par les Justes qui « témoignent de la grandeur de l'humanité ». Dernière question : que pense-t-elle des discours communistes sur la solidarité sans faille qui unissait les hommes dans la souffrance ? Là aussi, elle nuance : cette solidarité a existé, dit-elle, surtout entre communistes et particulièrement en faveur des cadres.

Les Français face à la Shoah

Dans une France accaparée par la reconstruction et qui glorifie la Résistance, Simone Veil est meurtrie par l'antisémitisme rampant, par « certains regards fuyants qui nous rendaient transparents » (p. 97) et par des réflexions du style : s'ils sont revenus, ce n'était pas si terrible que ça. Les déportés dérangent, ils sentent autour d'eux une forme d'ostracisme qui ne dit pas son nom. « Nous souhaitions parler, et on ne voulait pas nous écouter… personne ne s'intéressait à ce que nous avions vécu » (p. 99). La Shoah demeure « un phénomène absolument spécifique et totalement inaccessible » (p. 98), il est difficile d'en parler. « C'est donc entre nous, les anciens déportés, que nous parlions du camp » (p. 394). Les livres essentiels de l'après-guerre sur les camps, ceux de Robert Antelme, Primo Levi, David Rousset ou Germaine Tillon, n'y changent rien malgré leur succès considérable.

Quelle différence entre les résistants et les déportés ? Les premiers sont des héros, encore plus s'ils ont été emprisonnés, car ils ont choisi leur destin. « Nous n'étions que des victimes honteuses, des animaux tatoués. Il nous faut vivre avec ça et que les autres l'acceptent » (p. 102). Les discours, les publications et les films n'exorcisent rien, la Shoah reste omniprésente pour ceux qui l'ont vécue : « Rien ne s'efface : les convois, le travail, l'enfermement, les baraques, la maladie, le froid, le manque de sommeil, la faim, les humiliations, l'avilissement, les coups, les cris… non rien ne peut ni ne doit être oublié » (p. 102). La déportation signifie l'omniprésence de la mort, celle des chambres à gaz pour les enfants, les femmes et les vieillards, la mort lente pour les autres.

Simone Veil constate amèrement que même l'attitude de la communauté juive n'a pas toujours été à la hauteur des attentes des rescapés ; pendant la guerre, aux États-Unis par exemple, elle s'est montrée peu accueillante par crainte d'un afflux important de réfugiés.

Comment juger les crimes contre l'humanité ? De façon générale, Simone Veil émet des doutes sur la justice internationale, elle préfère que chaque pays assume sa propre justice. Elle fait toutefois une exception pour les procès de Nuremberg en 1945-1946, car ils concernaient un nombre limité de dignitaires nazis ; leurs crimes, qui avaient ensanglanté l'Europe, portaient atteinte à l'humanité tout entière. Il fallait que la justice passe vite « afin que puisse s'opérer la réconciliation avec les Allemands » (p. 228). Simone Veil approuve avec des réserves les procès contre Klaus Barbie, Adolf Eichmann, Paul Touvier et Maurice Papon ; elle a été choquée par l'arrogance de ce dernier qui n'a jamais exprimé le moindre regret. Elle se prononce pour la prescription des crimes contre l'Humanité, tant les procès sont difficiles à instruire longtemps après les événements ; elle admet toutefois qu'elle est assez isolée sur cette question.

Simone Veil a apprécié le discours courageux de Jacques Chirac, le 16 juillet 1995, qui reconnaissait pour la première fois la complicité de l'État dans les crimes contre les Juifs vivant en France entre 1939 et 1945. Désormais « notre pays peut regarder sa propre histoire les yeux dans les yeux » (p. 317). Elle se félicite des travaux de la Commission Mattéoli, chargée d'étudier les spoliations dont avaient été victimes les Juifs et de proposer des actions réparatrices, même si celles-ci restent limitées. Touchant tous les domaines de la vie économique, sociale et culturelle, ces spoliations furent considérables. Elle se réjouit tout particulièrement que cette Commission ait fait obligation à la France de perpétuer le souvenir et l'enseignement de la Shoah. Les fonds publics et privés des spoliations, qui ne sont pas réclamés, reviennent à une Fondation pour la mémoire de la Shoah ; choisie comme présidente par le Premier ministre Lionel Jospin, Simone Veil conserva cette fonction jusqu'en 2007. La Fondation s'occupe aussi des Tziganes.

La lumière des Justes

Simone Veil accompagnait le président Jacques Chirac, le 18 janvier 2007 au Panthéon, lors de l'hommage aux 2 725 Justes de France qui ont caché des Juifs pendant la guerre. Elle a dévoilé avec lui une plaque sur laquelle on peut lire (p. 324-325) :

> Sous la chape de haine et de nuit tombée sur la France dans les années d'occupation, des lumières par milliers refusèrent de s'éteindre. Nommés Justes parmi les nations ou restés anonymes, des femmes et des hommes de toutes origines et de toutes conditions ont sauvé des Juifs des persécutions antisémites et des camps d'extermination. Bravant les risques encourus, ils ont incarné l'Honneur de la France, ses valeurs de Justice, de tolérance et d'Humanité.

Pour Simone Veil, les Justes de France, dont le nombre exact ne peut être déterminé, ont écrit une « page de lumière dans la nuit de la Shoah et ils donnent des raisons d'espérer » (p. 385-386).

Dans son discours du 18 janvier 2007, elle prononce deux phrases essentielles pour comprendre sa position dans le débat sur la Shoah : « Certains Français se plaisent à flétrir le passé de notre pays. Je n'ai jamais été de ceux-là » (p. 384). Elle s'en prend tout particulièrement à ceux qui minimisent l'action des Justes. Son courroux vise tout particulièrement le célèbre film *Le chagrin et la pitié*, réalisé en 1969 par Max Ophuls, qu'elle considère comme « injuste et partisan » ; en voulant faire de Clermont-Ferrand le symbole de la collaboration, elle lui reproche de sous-estimer gravement le rôle des résistants. Après la vision simpliste pendant les années 1950 d'une France héroïque et résistante, elle dénonce l'autoflagellation des années 1970 qui minimise la Résistance, sauf celle des communistes. Comme membre du conseil d'administration de l'ORTF, Simone Veil s'est vigoureusement opposée à l'époque au financement et à la diffusion par la télévision publique du film d'Ophuls. « Je suis partie au combat sans la moindre hésitation et je l'ai gagné » (p. 326).

Sorti dans les salles et beaucoup plus tard à la télévision, le film a néanmoins connu un succès considérable. Il n'empêche que Simone Veil a tenu à affirmer haut et fort que de nombreux Français ordinaires ont eu pendant la guerre un comportement exemplaire, en prévenant des familles entières, sauvant ainsi des enfants et des adultes. Ces Français prenaient des risques considérables, sans en tirer profit ou gloire. Animés du sens de la justice et de la fraternité, ils ont fait preuve de courage, de générosité et de solidarité.

« Dans aucun autre pays, il n'y a eu un élan de solidarité comparable à ce qui s'est passé chez nous » (p. 384). Simone Veil note que la France a été un peu épargnée aussi grâce à l'existence de la zone libre jusqu'à la fin de l'année 1942 et de la zone d'occupation italienne jusqu'à l'été 1943. Elle rappelle quelques chiffres de base :

- 25 % de la communauté juive a été arrêtée en France, contre 80 % en Grèce et aux Pays-Bas,
- mais sur les 78 000 Juifs de France déportés, dont 11 000 enfants, il n'y a eu que 2 500 survivants.

L'Allemagne nazie et le mal absolu

Le 29 janvier 2007, dans son discours à l'ONU, en mémoire des victimes de l'Holocauste, Simone Veil déclare, sans citer précisément l'Allemagne : « C'est dans un pays d'Europe, depuis longtemps admiré pour ses philosophes et ses musiciens, qu'il a été décidé de brûler des millions d'hommes, de femmes et d'enfants, dans des fours crématoires » (p. 387). Sous la contrainte des armes allemandes, dans des pays de l'Est européen, des Juifs durent creuser leurs tombes de leurs propres mains. Le nazisme « a cherché à rayer le peuple juif de l'histoire des hommes et à effacer toute trace des crimes perpétrés » (p. 385). Plus d'un million et demi d'êtres humains ont été assassinés et gazés à Auschwitz. « Ici le mal absolu a été perpétré » (p. 384). Mais la Shoah ne se réduit malheureusement pas à Auschwitz, « elle a couvert de sang tout le continent européen » (p. 394).

Simone Veil estime qu'il est de son devoir d'expliquer inlassablement la mort de ces six millions de femmes et d'hommes, dont un million et demi d'enfants, simplement parce qu'ils étaient nés juifs. Les anciens déportés pensent chaque jour à tous ces êtres humains qui ont été exterminés. À Auschwitz, elle déclare, le 27 janvier 2005 : « Je pleure encore chaque fois que je pense à tous ces enfants que je ne pourrai jamais oublier » (p. 238). Elle se demande ce qu'ils seraient devenus : « Des philosophes, des artistes, de grands savants ou plus simplement d'habiles artisans ou des mères de famille » (p. 338).

Face au négationnisme, la doctrine qui nie la réalité du génocide des Juifs par les nazis et l'existence des chambres à gaz, et aux autres génocides, elle appelle à lutter contre la haine de l'autre, l'antisémitisme, le racisme et l'intolérance, dans le respect de l'Homme et de sa dignité. Nous appartenons à une même planète qu'il faut défendre « contre la folie des hommes » (p. 339).

Des raisons d'espérer

Le témoignage de Simone Veil mérite un accueil attentif, car il rappelle toute l'horreur de la déportation et de façon plus générale de la Shoah. Avec sa réussite professionnelle et politique, mais aussi grâce au bonheur que lui apporte sa nombreuse famille (enfants, petits-enfants et arrière-petits-enfants), elle a trouvé des raisons de vivre et d'espérer. Ayant habité de 1950 à 1953 à Wiesbaden et à Stuttgart, où son époux avait été temporairement muté, elle a vite compris l'importance du rapprochement franco-allemand pour la construction de l'Europe, dont elle est devenue une fervente partisane. Malgré la douloureuse expérience de la déportation et de la Shoah, elle n'a pas adopté la germanophobie vigoureuse de son père. Femme aux fortes convictions, ses engagements suscitent respect et admiration. Aux enseignants et aux germanistes, elle fait sentir leurs responsabilités pédagogiques et mémorielles vis-à-vis d'un odieux passé qui n'implique pas seulement l'Allemagne.

Il était une fois
l'Orchestre des Étudiants de Paris (1943-1950)

Monique Travers

La vie parisienne sous l'occupation allemande est marquée par une activité musicale intense. Les concerts sont plus nombreux et leur fréquentation augmente de manière impressionnante. Encouragés par l'État, l'Opéra et les grandes associations de concerts [1] poursuivent leur activité d'avant-guerre, mais l'époque est également favorable à l'innovation avec la création des Jeunesses Musicales de France [2] et la naissance de nouvelles formations comme l'orchestre des Cadets du Conservatoire [3] ou comme cet ensemble original qui, après quelques tâtonnements dans sa recherche d'identité, allait bientôt être connu sous le nom d'Orchestre des Étudiants de Paris (OEP).

De nombreux auteurs se sont intéressés à la vie culturelle sous l'Occupation [4], mais aucune étude historique n'ayant été jusqu'ici consacrée à l'OEP, nous allons nous efforcer de retracer son aventure à partir de documents d'archives : affiches, programmes, articles de presse, lettres, autorisations administratives, statuts de l'association, comptes-rendus d'Assemblées générales, etc. Ces documents, pour la plupart issus de plusieurs fonds privés [5], ont été présentés lors d'une exposition organisée à l'Institut d'allemand d'Asnières en juillet 2004 avec une conférence-concert qui a réuni d'anciens musiciens de l'orchestre et leurs familles.

---

[1] Les concerts Pasdeloup, les concerts Colonne, les concerts Lamoureux et la Société des concerts du conservatoire sous la direction de Charles Munch.

[2] Ou JMF, créées en 1941 par René Nicoly.

[3] Créé par Claude Delvincourt en 1943.

[4] On peut mentionner quelques ouvrages : Stéphanie Corcy, *La vie culturelle sous l'Occupation*, Paris, Lib. Acad. Perrin, 2005 ; Myriam Chimènes (dir.), *La vie musicale sous Vichy*, Paris, Complexe, 2001 ; Jean-Pierre Rioux (dir.), *La vie culturelle sous Vichy*, Paris, Complexe, 1987.

[5] Le fonds Jean Mac Nab, chef d'orchestre et fondateur de l'OEP, avec, en particulier, la collection complète des affiches et programmes de concerts, le fonds Madeleine Scherrer, altiste, puis violoniste de l'orchestre dès sa fondation et le fonds Sylvaine Pillet, violoncelliste et secrétaire de l'orchestre à partir de 1946.

Dans un article paru en 1948, Louis Clairmay évoque le cadre historique de la création de l'Orchestre des Étudiants :

> Paris, septembre 43… Les jours les plus sombres de l'occupation allemande… Des heures d'incertitude et d'appréhension pour toute une jeunesse en quête d'idéal dans une immense cité irrespirable… Quatre étudiants de la Sorbonne devisent avec animation dans une salle d'École. Deux savent jouer du violon, deux autres du violoncelle. Leur projet vole de bouche en bouche, de salle en salle, de cave en cave : fonder un orchestre ! « Quelle idée folle par les temps que nous essayons de vivre ! » Mais l'objection des gens raisonnables est renversée : les quatre deviendront cinquante, puis cent, puis deux cents… Ils se choisiront pour chef et pour guide un jeune lauréat du conservatoire qui s'appelle Jean Mac Nab, et qui sait ce qu'il veut, en même temps qu'il comprend ce qu'ils souhaitent : le travail acharné et joyeux, appuyé sur la foi sacrée dans le premier des Beaux-Arts… [6]

Dès l'automne 1943 donc, les étudiants se mettent au travail, rassemblent ce qu'ils ont comme matériel. Leur jeune chef de 19 ans copie au conservatoire des partitions d'orchestre, sa sœur en extrait les différentes parties, puis chaque instrumentiste va recopier celle qu'il doit jouer. Les répétitions peuvent commencer. Chacun s'efforce d'amener de nouvelles recrues.

L'orchestre donne son premier concert officiel dans le Grand Amphithéâtre de la Sorbonne, le 19 février 1944, devant 2 600 auditeurs. Il s'appelle alors *Orchestre Universitaire de Paris*. Le programme du concert présente l'orchestre et donne tous les renseignements pour ceux qui voudraient participer. Les cotisations sont de 30 francs par an pour les membres exécutants, 50 francs pour les auditeurs, 100 francs pour les donateurs et *ad libitum* pour les bienfaiteurs. Les répétitions ont lieu le samedi de 16 h 30 à 19 h 00, au siège, c'est-à-dire à la Maison des Sciences, boulevard Saint-Michel. Au programme de ce premier concert : Bach, Haendel, Fauré, Haydn, Mozart et Chopin. Un autre concert suit presque immédiatement à la Sorbonne le 4 mars, avec Mozart, Vivaldi et Corelli : l'orchestre a vraiment démarré.

À peine ces concerts terminés, il faut déjà penser aux suivants. Jean Mac Nab remet au commissaire de police du 7e arrondissement une demande d'autorisation pour organiser une « séance artistique » le 1er avril à la Sorbonne. La demande ne sera examinée que si ce dernier peut justifier de l'accord des autorités d'occupation. Par ailleurs, il sera procédé à une enquête sur la moralité et les antécédents du pétitionnaire. Une lettre de la *Kommandantur*, en date

---

[6] Louis Clairmay, *L'Œuvre,* Bulletin mensuel de l'Œuvre des Artistes, n° 272, p. 2, Liège, novembre 1948.

du 21 mars 1944, donne l'autorisation d'organiser ce concert, sous réserve que le programme ait été présenté auparavant au service de Propagande. La préfecture de Police donne enfin, elle aussi, son aval. La manifestation est placée sous la responsabilité personnelle des membres du bureau qui ne devront tolérer aucune discussion politique. Alfred Cortot, président du comité professionnel de l'Art Musical et de l'Enseignement Libre de la Musique, félicite Jean Mac Nab « d'avoir réussi à passer de l'initiative à la réalisation »[7].

Le concert est prêt ; il aura lieu dans le Grand Amphithéâtre de la Sorbonne, à 17 h 00, couvre-feu oblige. L'orchestre joue alors sous le nom d'*Orchestre des Étudiants de l'Université de Paris*. Au programme, une symphonie et un concerto de Mozart, et le *5e Concerto brandebourgeois* de Bach.

Peu d'activité pendant les mois suivants, et, à la fin de l'été, les répétitions reprennent dans un Paris libéré. Le 11 octobre 1944, la direction de l'orchestre crée un service social d'entraide aux étudiants musiciens, alimenté par les bénéfices des concerts. Le but de ce service est triple : acheter des instruments pour les prêter aux musiciens qui n'auraient pas les moyens de se les procurer, payer les cotisations des membres de l'orchestre qui se trouvent dans le besoin, payer des leçons à ceux qui ont la volonté de se perfectionner, etc.

Les concerts suivants sont donc donnés au profit de ce service : le 9 novembre, salle Gaveau, puis le 25 novembre à la Sorbonne, et encore salle Gaveau le 26. Sur le programme, on peut lire les noms des premiers membres du comité d'honneur de l'association, parmi lesquels on remarque le prince Louis de Broglie, de l'Académie française.

L'année se termine avec deux concerts, le 9 décembre à la Sorbonne, avec le *Concerto pour clarinette* de Mozart, et le 17 décembre au Théâtre des Variétés de Versailles devant l'armée américaine. Le programme est en anglais : « Two students will dance the *Valse triste* of Sibelius »[8].

---

7 Les documents cités dans ce paragraphe proviennent du fonds Jean Mac Nab.
8 Programme du concert, fonds Jean Mac Nab.

Le début de l'année 1945 est marqué par la mobilisation du chef d'orchestre et président, Jean Mac Nab et de nombreux autres membres. Le vice président Guy Lefranc prend la présidence de l'association et, pour marquer ce changement, lui redonne le nom d'*Orchestre Universitaire de Paris*. Mais l'orchestre va-t-il pouvoir continuer sans son chef ? L'assemblée du 27 janvier décide de confier provisoirement sa direction à un professionnel bénévole, Argeo Andolfi. À son retour, en mars 1945, Jean Mac Nab trouve l'association en très grande difficulté. Il convoque personnellement, par pneumatique, chaque instrumentiste à une assemblée générale le 17 mars et se voit réélu à l'unanimité président et chef d'orchestre. L'association reprend immédiatement son nom d'*Orchestre des Étudiants de l'Université de Paris*.

En mai et juin, la mention « *de l'université* » devient toute petite sur les affiches des concerts donnés salle Gaveau, avant de disparaître définitivement. Une nouvelle assemblée générale officialise ce changement : l'OEUP devient l'OEP. Enfin, le 17 juin, l'orchestre est invité à jouer dans les jardins de l'ambassade américaine devant les officiers de l'armée américaine au profit de la Croix-Rouge.

Pendant l'été 1945, le vice président Roger Delorme et le secrétaire Étienne Lacroix de Lavalette, travaillent dur aux côtés de Jean Mac Nab. On fait les comptes, on élargit le comité d'honneur avec des personnalités musicales : les chefs d'orchestre André Cluytens et Roger Désormières et le flûtiste Marcel Moyse.

Compte tenu du nombre croissant des membres exécutants de l'association, il faut organiser à la rentrée un concours pour classer et sélectionner de nouveaux instrumentistes. Attention, on ne plaisante pas avec la discipline ! La présence aux répétitions est obligatoire, deux absences entraînent un renvoi de deux mois, et en cas de récidive, un renvoi définitif [9]. Au programme du concert du 20 octobre : Vivaldi, Gluck et Schutz, puis cinq concerts en automne, salle Gaveau, dont un festival Beethoven, le 9 décembre, qui obtient un tel succès qu'il sera redemandé et rejoué en avril 1946.

Enfin, le dernier concert de l'année propose, à côté d'une ouverture de Beethoven, des œuvres de Bach, Vivaldi et Corelli. Comme chaque année désormais, l'orchestre jouera en décembre le *Concerto grosso opus 6 n° 8 en sol mineur* de Corelli *pour la Nuit de Noël*.

L'année 1946 commence au Palais de Chaillot avec une participation à un concert de danses et chants russes, puis un festival Mozart le 3 mars, et le *2ᵉ Concerto brandebourgeois*, le 7 avril, avec à la flûte, Louis Moyse, fils de Marcel Moyse.

---

[9] Compte-rendu de l'Assemblée générale du 7 septembre 1945, fonds Jean Mac Nab.

Pour fêter l'anniversaire de la victoire, dans le Grand Amphithéâtre de la Sorbonne, à côté de Beethoven et Vivaldi, on joue les hymnes alliés devant le ministre de l'Éducation nationale au profit de l'association des Prisonniers de guerre du département de la Seine. Le 26 mai, André Marchal, organiste de l'église Saint-Eustache, joue, pour la première fois avec l'orchestre, des concertos pour orgue de Haendel et Bach. Ce sera le début d'une longue amitié avec Jean Mac Nab.

Les répétitions reprennent après l'été et l'orchestre joue fin octobre avec la violoniste Sonia Lovis. Mais le chef n'est pas satisfait : dans une de ses lettres mémorables, il qualifie ce concert de « petit succès ». Il attend de ses musiciens qu'ils fassent un gros effort, qu'ils ne jouent pas du violon ou du violoncelle, mais qu'ils « fassent de la musique » ! Pendant la dernière répétition, le concerto était « vide, creux… mort », mais lui, il veut « de la Vie », il veut qu'ils donnent une âme à leur instrument [10]. Deux jours avant le concert, une autre lettre met en condition « les 80 instrumentistes de l'OEP (vous entendez bien et pas 79 sur 80 !) » :

> Regardez votre chef, il vous indiquera tout, ayez pleine confiance en lui et ne suivez que lui ; alors seulement vous aboutirez à une unité orchestrale pleine de vie […] Relisez tout ceci jeudi sur le plateau ou avant le début du concert et après l'entracte ; recueillez-vous car vous allez créer et créer c'est quelque chose de beau, quelque chose de grand… mais cela dépasse tout mot si c'est de la vie que vous créez [11].

Chaque mouvement est détaillé, les difficultés signalées : « Attention aux reprises ! » ; « Mesdemoiselles les violoncelles, changez d'habitude et regardez-moi ! ».

La méthode est efficace, le 21 novembre 1946, le Théâtre du Palais de Chaillot est plein à craquer pour un festival Beethoven avec le pianiste russe Edouard Darsky. Plus de 3 000 personnes assistent au concert qui remporte un « vif succès » si l'on en croit Clarendon [12] dans *Le Figaro*. Il ajoute : « On ne songe pas assez au mérite singulier d'un groupement d'amateurs qui, privés de subventions, met au point des programmes de cette qualité ». José Bruyr, dans la *Revue musicale* indique même qu'il faut refuser plus de 500 personnes, 200 auditeurs se contentent des marches [13]. Fort de ce beau résultat, l'orchestre continue

---

10 Jean Mac Nab, lettre-circulaire du 9 novembre 1946, fonds Madeleine Scherrer.
11 Jean Mac Nab, lettre du 19 novembre 1946, fonds Madeleine Scherrer.
12 Clarendon est le pseudonyme du musicologue et critique musical Bernard Gavoty.
13 Les articles de Clarendon et José Bruyr sont cités dans une brochure diffusée en 1950, *L'Orchestre des Étudiants de Paris vu par la presse musicale*, fonds Jean Mac Nab.

à recruter et diffuse des tracts pour se faire connaître avec le sigle de l'OEP, une photo de l'orchestre salle Gaveau et des extraits du règlement.

Il y a encore un concert au Palais de Chaillot le 11 décembre 1946, pour le tirage de la Loterie nationale. Enfin le dernier concert de l'année propose, comme l'année précédente, à côté de Bach, Mozart et Gluck, le *Concerto grosso pour la Nuit de la nativité* de Corelli.

L'année 1947 s'ouvre fin janvier sur un concert à la Cité universitaire et le travail continue. Lucien Laurent raconte une répétition à la Schola Cantorum :

> Soixante-quinze jeunes gens et jeunes filles travaillent un *Concerto brandebourgeois* pour le prochain concert du 9 février... Trois années d'existence et d'efforts ont amené une cohésion telle que chacune des auditions publiques remporte toujours un grand succès. On est alors étonné de ne plus se trouver devant un orchestre d'amateurs, mais vraiment devant un ensemble qui force l'admiration... [14]

Le 9 février, salle Gaveau, l'orchestre joue quatre *Concertos brandebourgeois* avec le trio Moyse au complet, c'est-à-dire Marcel Moyse à la flûte, son fils Louis à la flûte et au piano et sa belle-fille Blanche, fille d'Arthur Honegger, au violon. Ce concert sera une réussite. Même le chef est content, et, dès le lendemain, il envoie une lettre très élogieuse à ses musiciens :

> Je tiens à vous féliciter grandement. Vous avez remporté hier un véritable succès, entièrement mérité. Tout était bien, le *4ᵉ Brandebourgeois* était parfait, l'ordre et la tenue n'ont pas desservi l'ambiance musicale que vous aviez créée. L'Orchestre des Étudiants de Paris a mérité hier son nom d'« orchestre », vous pouvez en être fiers ! [15]

Il leur transmet également les félicitations de Marcel Moyse. Ce concert sera redemandé et repris tel quel, même programme, mêmes interprètes, au Palais de Chaillot le 24 avril de la même année.

Deux autres concerts sont restés gravés dans les mémoires : un concert spirituel dans l'église de Verrières-le-Buisson, le 23 février 1947, avec la *Sonate en sol mineur pour deux violoncelles et orchestre* de Haendel et le concert du 11 mars avec André Marchal. C'est le deuxième concert avec cet organiste qui jouera neuf fois avec l'OEP.

Suivent encore deux concerts le 29 mars, avec des œuvres de Beethoven, Mendelssohn et Schubert et le 4 mai 1947, avec le *Concerto pour deux violon-*

---

14 Lucien Laurent, « Un jeune licencié, Jean Mac Nab dirige l'Orchestre des Étudiants », coupure de presse, janvier 1947, fonds Sylvaine Pillet.
15 Jean Mac Nab, lettre du 10 février 1947, fonds Madeleine Scherrer.

celles de Haendel et le *Concerto dans le style ancien pour violoncelle et orchestre* de Karjinsky. Dans ce dernier concert, le trio Moyse interprète le *2ᵉ Concerto brandebourgeois* et un *Divertissement pour deux flûtes* de Bach. L'orchestre donne encore en mai et juin quelques concerts spirituels, effectue des enregistrements pour la radio, et la saison se termine le 8 juin par un concert salle Gaveau, avec Robert Gerle au violon. Ce concert sera retransmis par la radio *Paris Inter*.

Après l'été, les répétitions reprennent, et le concert de rentrée salle Gaveau, avec les violoncellistes Paul Tortelier et Maud Martin, remporte un vif succès, comme en témoigne cet article d'un journal non identifié écrit par un certain J.-M. P., fervent admirateur de la jeunesse :

> La saison dernière, fertile en spectacles musicaux de premier ordre, nous avait offert l'occasion d'aller écouter et applaudir chacun des concerts mensuels de l'Orchestre des Étudiants de Paris, que dirige avec dynamisme et compétence le sympathique Jean Mac Nab, qui réussit à maintenir sa formation à un degré musical élevé. C'est donc avec joie que nous saluons cette saison la rentrée de ce jeune orchestre composé d'étudiants des diverses Facultés qui consacrent, par amour de la musique, une journée par semaine à la mise au point de concerts classiques. Le premier concert de la saison en cours donné le 26 octobre, et qui comportait l'exécution d'œuvres de Vivaldi, Haendel et Bach, vient de remporter le succès qu'il méritait ![16]

---

[16] J.-M. P., « Jeunesse et Musique », coupure de presse, novembre 1947, fonds Sylvaine Pillet.

Mais il ne suffit pas de jouer, il faut faire de la publicité, recruter, et une nouvelle campagne après le 40e concert semble porter ses fruits. Trois grands concerts clôtureront l'année 1947 : un concert symphonique le 30 novembre, salle Gaveau, « avec le concours de Renée Mahé de l'Opéra »[17] ; une première audition intégrale des *Fireworks Music* et *Water Music* de Haendel, le 18 décembre au Palais de Chaillot avec le renfort des harmonies des grandes Associations symphoniques, en tout 120 exécutants[18] ; enfin, le 28 décembre, tradition oblige, l'orchestre joue le *Concerto grosso* de Corelli *pour la Nuit de Noël*, cette fois-ci avec les solistes de l'Institut hongrois.

L'audition intégrale des *Fireworks* et *Water Music* remporte un immense succès. Il semble que ces deux œuvres populaires composées pour être jouées en plein air, soient totalement ignorées du public français dans ces années d'après-guerre. Le musicologue Antoine Goléa « confesse sans honte » les entendre « pour la première fois d'un bout à l'autre »[19].

Les articles de la presse critique de début 1948 saluent cette initiative :

> Mac Nab exhume deux suites symphoniques de grand galbe qui nous reportent au temps des fêtes nautiques et des feux d'artifice de Georges Ier. *Water Music* et *Fireworks Music* sont d'inégale valeur. La première mérite de revenir sur les programmes, la seconde peut, je crois, rejoindre les fusées éphémères dans la poudre d'étincelle qu'elle laisse tomber en mourant[20].

N'en déplaise à Marcel Beaufils, ces deux « suites symphoniques » sont rejouées en février à la demande générale, *Water Music* dans sa version pour orgue avec André Marchal qui joue également deux œuvres de Bach. Le concert est annoncé dans la revue *Images musicales* avec une photo du chef en couverture[21].

Claude Rostand, critique musical pour la revue *Carrefour*, écrit : « Monsieur Mac Nab s'est attaqué au préjugé de l'inconnu – si redoutable en art – à la routine, à l'amateurisme : il en a triomphé »[22]. Le guide du concert de mars le confirme : « L'Orchestre des Étudiants de Paris sous la direction de Jean Mac Nab vient de remporter un vif succès au Palais de Chaillot »[23]. Dans son édition du mois de mai, il consacre une seconde fois sa page de couverture à l'OEP pour annoncer ce qui devrait être les deux derniers concerts, les 22 et 24 mai 1948. En effet, l'association, qui vient pourtant d'être reconnue d'utilité publique

---

17 Affiche du concert, fonds Jean Mac Nab.
18 *Le Guide du Concert*, n° 11, 12 décembre 1947.
19 Antoine Goléa, dans *Témoignage Chrétien*, article cité dans une brochure diffusée en 1950, *L'Orchestre des Étudiants de Paris vu par la presse musicale*, fonds Jean Mac Nab.
20 Marcel Beaufils, *Une semaine dans le monde*, 10 janvier 1948.
21 *Images musicales*, n° 78, 13 et 20 février 1948.
22 Claude Rostand, « Haendel et Mac Nab », *Carrefour*, 3 mars 1948.
23 *Le Guide du Concert*, nos 23, 24, 25, 12-19-26 mars 1948.

par le décret du 9 mars 1948, se trouve dans des difficultés financières telles qu'une dissolution semble inévitable. Des solistes prestigieux participent à ces deux concerts : à l'orgue, André Marchal, au violoncelle, Jean Barronet, au violon, Robert Gerle et Michel Chauveton et, à l'alto, Colette Lequien.

Surprise, le lendemain, 25 mai 1948, l'association reçoit enfin, de la part du ministère de l'Éducation nationale, une subvention renouvelable qui va couvrir une partie des dettes et éviter provisoirement la dissolution. Mais il faut encore trouver de l'argent et l'OEP va diffuser une magnifique brochure [24] avec deux articles racontant les débuts de l'orchestre, les témoignages d'une vingtaine de critiques, des photos des solistes qui ont prêté leur concours à l'OEP depuis cinq ans, parmi lesquels ceux du dernier concert, André Marchal, le trio Moyse, mais aussi Paul Tortelier, Maud Martin, Pierre Nerini et Françoise Gobet, ainsi qu'une grande photo de tous les musiciens.

Cette photo, devenue emblématique de l'orchestre, figurera en page de couverture de la revue belge *L'Œuvre* [25], qui rappelle le triomphe remporté par les deux « derniers concerts » de mai à Gaveau, les signes d'encouragements venus de toutes parts pour empêcher la dissolution, et l'invitation de *L'Œuvre* à venir jouer à Liège.

Les musiciens font leur valise et c'est le grand voyage. Laszlo Szabo, de nationalité hongroise et qui n'avait pas le droit de quitter la France, se souvient qu'il avait dû se faire faire de faux papiers par des amis du temps de la Résistance, pour qui « c'était un jeu d'enfant ». Le groupe des violoncellistes se fait photographier au pied de la statue du grand violoniste, chef d'orchestre et compositeur Eugène Ysaye.

Le concert du 20 novembre 1948 à Liège remporte un énorme succès, un grand nombre d'articles en témoigne, on évoque une « salle déchaînée » [26] pour les applaudir. La semaine suivante, à Gaveau, c'est le 50ᵉ concert de l'OEP, qui marque aussi le début de toute une série d'intégrales, cette fois-ci l'intégrale

---

24 *Orchestre de Étudiants de Paris, 1943-1948*, fonds Jean Mac Nab.
25 *L'Œuvre*, Bulletin mensuel de l'Œuvre des Artistes, nº 272, p. 1, Liège, novembre 1948.
26 I. de G., *La Gazette de Liège*, novembre 1948.

de la première partie de l'*Estro Armonico* de Vivaldi, concert qui sera redonné en janvier 1949 à la Cité universitaire.

Le 9 février 1949, on retrouve à l'affiche Michel Chauveton aux côtés de Gabrielle Lengyel, au violon, et Arpad Szomoru, au violoncelle, dans les six *Concerti grossi de l'opus 6* de Corelli, puis le 15 mars au Palais de Chaillot et encore le 20 mars d'après les annonces du *Bulletin de l'OEP*. Ce bulletin paraît désormais tous les quinze jours dans la revue *Images Musicales*. Il présente tous les concerts de l'orchestre et propose des articles de fond sur les compositeurs ou les interprètes. Ces articles, à côté de ceux de Jacques Thierac, Clarendon et W. L. Landowsky, annoncent une troisième audition des *Fireworks* et *Water Music* au Palais de Chaillot le 5 avril.

En cette année 1949, Haendel sera à l'honneur dans les concerts de l'OEP et, tout particulièrement, lors d'un concert de gala au Palais de Chaillot, à l'occasion du second centenaire de l'exécution à Londres de la *Musique pour les Feux d'artifice du Roi*. Cette fois-ci encore, 36 instruments à vent des grandes Associations symphoniques viendront grossir les rangs de l'OEP, portant à 120 le nombre des exécutants. « Tenue de soirée de rigueur aux loges et baignoires », on jouera les hymnes français et britannique [27].

René Dumesnil écrit à propos des *Fireworks* et *Water Music* :

> Encore que ces pièces aient été écrites pour le plein air des jardins de Vauxhall, et que les premières soient faites pour accompagner les détonations de la pyrotechnie, Haendel y a mis assez de finesse pour qu'elles supportent l'atmosphère confinée d'une salle de concerts. Succès pour Jean Mac Nab et son orchestre [28].

Les bulletins de l'OEP donnent le détail des autres concerts de ce printemps : deux concerts spirituels, l'un dans l'église Saint-Louis-des-Invalides au profit des invalides de guerre, l'autre dans l'église Saint-Antoine-de-Padoue, deux concerts dans le cadre du festival de Clamart et des Nuits de Sceaux, et un concert à la Cité universitaire avec le pianiste George Solchany et le violoncelliste Arpad Szomoru dans des concertos de Vivaldi, Bach et Haendel.

La saison se termine avec la participation de l'OEP aux prestigieuses Nuits musicales du Palais de Chaillot avec des répétitions presque quotidiennes en cette première quinzaine de juillet : une *Nuit Bach / Haendel* avec André Marchal le 11 juillet et une *Nuit du Grand Siècle* avec Robert Gerle le 16 juillet. Une fois de plus, le succès est immense et le Palais de Chaillot plein à craquer.

> Il est rare qu'une formation d'amateurs parvienne à faire naître une émotion musicale réelle, marquée d'un sceau d'authenticité indiscutable [...]

---

27 Affichette du concert, fonds Jean Mac Nab.
28 René Dumesnil, *Le Monde*, 13 avril 1949.

> L'Orchestre des Étudiants de Paris que dirige et anime Jean Mac Nab est un de ces cas exceptionnels. […] L'année dernière, on avait parlé de la dissolution de cet Orchestre des Étudiants de Paris. Mac Nab a tenu bon. Il a gagné. […] Il a gagné d'abord parce qu'il a rempli le Palais de Chaillot, ce qui n'arrive pas à tout le monde. […] Il a gagné parce qu'il est un musicien sérieux et passionné, parce qu'il est un musicien tout court [29].

Les étudiants partent en vacances. André Marchal, que Claude Rostand qualifie dans cet article, d'« admirable poète de l'orgue », part représenter l'orgue français en Amérique, et c'est Jean-Jacques Grunenwald qui jouera avec l'OEP l'intégrale des douze *Concertos pour orgue* de Haendel, une « prouesse qui n'a jamais été réalisée » [30] et qui aura encore un fort retentissement dans la presse. Plusieurs articles annoncent le concert. Dans le *Bulletin de l'OEP*, Jean Mac Nab présente « Le roi Haendel » : « Il y a deux siècles, Haendel était une sorte de Dieu pour ses contemporains. Qu'est-il aujourd'hui ? Un musicien […] que l'on juge ennuyeux le plus souvent sans le connaître… » [31].

Jacques Thierac, dans la revue *Opéra*, salue

> une initiative hardie, bien dans la manière de Jean Mac Nab, ardent pionnier autant qu'excellent chef, et qui doit spécialement retenir l'attention des mélomanes, car c'est la première fois à notre connaissance que cette audition intégrale leur est offerte, en France tout au moins [32].

Un certain M. C. dans *Ce Matin Le Pays* [33] s'intéresse à ce chef de 25 ans qui ose engager 1 million pour Haendel. Il lui demande une interview. On y apprend qu'il est un petit-neveu de Maurice Mac Nab [34], l'auteur des *Pendus*, que le benjamin de l'orchestre a 14 ans et que « l'ancêtre » en a 26 ; l'orchestre compte « vingt-quatre premiers violons, vingt-deux seconds violons, dix altos, douze violoncellistes et deux contrebassistes », avec, parmi eux, des étrangers : « des Danois, des Suédois, des Anglaises, une Américaine et un Hongrois ».

Claude Rostand évoque Haendel :

> C'est cet illustre inconnu que M. Jean Mac Nab et son Orchestre des Étudiants de Paris veulent s'attacher à nous faire connaître au cours des trois concerts des 18, 22, 25 novembre prochains au Palais de Chaillot. M. Mac

---

29 Claude Rostand, *Carrefour*, juillet 1949.
30 Norbert Dufourcq, *Bulletin de l'OEP*, dans la revue *Images Musicales*, 4 novembre 1949.
31 Jean Mac Nab, « Le roi Haendel », *ibid.*
32 Jacques Thierac, « J.-J. Grünenwald improvisateur symphonique », *Opéra*, 4 novembre 1949.
33 M. C., *Ce Matin Le Pays*, 15 novembre 1949.
34 Maurice Mac Nab (1856-1889), poète et chansonnier du *Chat Noir*, auteur du *Grand Métingue du Métropolitain*.

> Nab n'y va pas par quatre chemins. Avec la hardiesse et l'ardeur habituelles à cette équipe dont aucun des membres n'atteint la trentaine, il a décidé de donner en ces trois soirées, l'audition intégrale des *Concertos pour orgue* de Haendel. C'est la première fois qu'une entreprise aussi gigantesque sera réalisée dans notre pays [35].

Enfin, un article signé E. R. confirme le succès de l'entreprise :

> Nous attendions avec le plus vif intérêt l'audition des 12 *Concertos pour orgue* de Haendel, avec le concours de J.-J. Grunenwald. Nous n'avons pas été déçus. […] Il fallait pour interpréter ces œuvres de la jeunesse, beaucoup de foi et beaucoup d'amour. L'orchestre des étudiants possède à profusion ces qualités. Techniquement un travail considérable lui a permis de servir au mieux le maître qu'il interprétait. On n'attend rien de plus d'un orchestre, c'est le plus beau compliment qu'on puisse lui faire. Ses attaques sont franches, l'homogénéité parfaite. Il doit ses résultats à son chef Jean Mac Nab qui a conduit, selon son habitude, avec une précision qui n'enlève rien à la flamme qui l'anime [36].

Après cet immense effort de l'orchestre, on trouve peu de grands concerts au début de l'année 1950, juste une participation à des conférences musicales données par Antoine Goléa à l'École normale de musique, un concert le 22 février 1950 à la Cité universitaire. L'orchestre se rend à Lille en mars pour la semaine interculturelle universitaire. Il joue à nouveau Corelli, Bach, Haendel et Mozart avec Gabrielle de Lussats et Serge Blanc au violon, Annette Queille à l'alto.

Le même programme est repris pour un « petit concert privé » le 21 avril, encore à la Cité universitaire, précédé par une « Allocution du président : "Pourquoi l'Orchestre des Étudiants de Paris est à nouveau menacé de dissolution irrémédiable ?" » [37]. « Si rien ne peut sauver notre orchestre, il nous aura été très bon de voir jusqu'au bout autour de nous tant de compréhension et de sympathie » [38]. L'orchestre se trouve, en effet, à nouveau, comme en 1948, dans une situation dramatique à la suite du refus de renouvellement de la subvention de la direction des Arts et des Lettres. Une brochure est distribuée qui rassemble de nombreux articles de presse élogieux des dernières années. Certains, comme Bernard Gavoty, déplorent la dissolution annoncée de l'orchestre : « Ne

---

35 Claude Rostand, *Carrefour*, novembre 1949.
36 E. R., *Images Musicales*, 16 décembre 1949.
37 Invitation au concert des « amis et auditeurs » de l'orchestre, fonds Jean Mac Nab.
38 Allocution de Jean Jauffret, étudiant en médecine, président de l'OEP, fonds Jean Mac Nab.

se trouvera-t-il pas, dans quelque loge officielle, un président de la République musicale capable de signer la grâce de cent étudiants condamnés à mort ? »[39].

Les répétitions continuent à la Cité universitaire pour un dernier concert au Palais de Chaillot le lundi 8 mai 1950, « au profit des étudiants malades (Mutuelle des Étudiants) »[40], avec l'organiste André Marchal, le violoniste Serge Hurel et les flûtistes Roger Bourdin et Fernand Caratgé. Bach, Haendel et Mozart sont au programme. Ce concert marque la fin de l'OEP. Un contrat appelle Jean Mac Nab au Brésil où il va poursuivre sa carrière de chef d'orchestre.

∞

La création de l'Orchestre des Étudiants de Paris constitue un exemple emblématique de la vitalité de la vie culturelle et artistique de la période sombre de l'occupation allemande. Telle une gamme de sept notes de musique, l'Orchestre des Étudiants de Paris aura vécu une semaine d'années, de 1943 à 1950, sept ans de vie et de travail intenses avec environ 70 concerts dans des salles prestigieuses, salle Gaveau (près de la moitié des concerts), Palais de Chaillot, Cité universitaire, Sorbonne, etc. Parmi les compositeurs visités, on trouve loin en tête « Notre Saint-Père le Bach »[41], qui apparaît dans plus d'un concert sur deux, suivi quasiment *ex æquo* par Haendel, Mozart et Vivaldi, avec une mention spéciale pour Corelli.

La force de l'impulsion initiale, le « do » à l'origine de cette entreprise réussie reposait sur l'enthousiasme communicatif de son fondateur, Jean Mac Nab, qui avait su profiter des énergies disponibles pendant ces années d'occupation et ensuite de l'élan de la Libération. Le but poursuivi était double : un but éducatif en milieu universitaire – former un orchestre ouvert à tous les étudiants et non pas à des musiciens professionnels – et un but éducatif vis-à-vis du public – proposer de découvrir, à côté de morceaux très connus, des œuvres qui « dormaient dans la poussière des bibliothèques »[42]. On peut citer, en particulier, les suites *Water Music* et *Fireworks Music* et les *Concertos pour orgue* de Haendel, les concertos de l'opus 6 de Corelli ou encore ceux de l'*Estro Armonico* de Vivaldi, toutes pièces qui sont restées inscrites depuis au répertoire classique. Le succès remporté tient évidemment aussi à la présence à l'affiche de solistes de renom attirés par la qualité de ces sympathiques musiciens amateurs.

---

39 Clarendon, dans *Le Figaro*, article cité dans la brochure, *L'Orchestre des Étudiants de Paris vu par la presse musicale*, 1950, fonds Jean Mac Nab.
40 Affichette du concert, fonds Jean Mac Nab.
41 Selon une expression en cours au XIXe siècle reprise par Claude Rostand, dans un article déjà cité, *Carrefour*, novembre 1949.
42 Antoine Goléa, cité dans la brochure *Orchestre des Étudiants de Paris, 1943-1948*, fonds Jean Mac Nab.

De nos jours, le paysage musical français compte beaucoup d'orchestres d'étudiants. Il ne faudrait pourtant pas perdre de vue tout ce que la formule avait de novateur à l'époque. Même si l'existence de l'OEP fut de relativement courte durée, c'est au nombre de ses héritiers qu'il convient de mesurer la fécondité de l'expérience.

Les débutants : *Der Anfang* (1908-1911)

Gilbert Krebs

On ne le dira jamais assez : si la recherche requiert beaucoup d'obstination et une inlassable patience, elle ne peut pas se passer non plus d'une part de chance. C'est en travaillant sur Gustav Wyneken [1] que j'ai découvert un dossier portant l'inscription de la main du pédagogue : « *Der Anfang 1. Erscheinungsform, sehr selten* ». Bien sûr, la revue *Der Anfang. Zeitschrift der Jugend* est connue, mais pour la période de mai 1913 à juillet 1914 seulement [2], lorsqu'elle attira l'attention du grand public et suscita l'indignation de tous ceux qui se sentaient agressés par les critiques acerbes que de jeunes lycéens et étudiants proféraient dans cette revue à l'égard de leurs maîtres et du système éducatif allemand de l'époque, avec une liberté de ton inhabituelle, jugée « scandaleuse ». Or le dossier découvert dans les archives contenait une version plus ancienne datant des années 1908-1911, dont on connaissait l'existence parce que le numéro 1 de la nouvelle série (mai 1913) s'y référait explicitement, mais dont on ne savait pas grand-chose de plus. Elle ne figure dans aucune bibliothèque et même ses auteurs et rédacteurs, dont certains vivaient encore dans les années 1970, en avaient perdu la trace [3].

---

[1] Gustav Wyneken (1875-1964), théologien et philosophe, pédagogue réformateur très controversé, a exercé une grande influence sur ses élèves de la *Freie Schulgemeinde* Wickersdorf et, à travers ses publications, sur les mouvements de jeunesse allemands. *Cf.* Heinrich Kupffer, *Gustav Wyneken*, Stuttgart, Klett, 1970 ; G. Wyneken, *Freie Schulgemeinde Wickersdorf. Kleine Schriften*, hg. von Ulrich Hermann, Jena, IKS, 2006.
[2] *Cf.* Klaus Laermann *et alii*, « Der Skandal um den Anfang », in Thomas Koebner, Rolf-Peter Janz, Frank Trommler, *Mit uns zieht die neue Zeit. Der Mythos Jugend*, Frankfurt am Main, Suhrkamp, 1985, p. 360-381.
[3] Grâce à Hans Kollwitz, le fils aîné de Käthe Kollwitz, ancien collaborateur du *Anfang*, il m'a été possible de glaner quelques renseignements supplémentaires et d'entrer en contact avec Mme Esther Gretor, veuve de « Georges Barbizon ».

Une revue pas comme les autres

Peut-on parler vraiment d'une revue ? La question se pose lorsqu'on voit le contenu du dossier : un ensemble plutôt hétéroclite de cahiers – tantôt manuscrits, tantôt dactylographiés – reproduits selon différents procédés. Tous les numéros parus entre 1908 et 1911 n'ont pas été conservés. Sur un total de 27 numéros parus, le dossier en contenait 21 : 9 des 15 livraisons de la « première série » (début 1908 - février 1910) et la totalité des séries II (5 numéros, mars à août 1910), III (3 numéros, septembre à décembre 1910) et IV (4 numéros, janvier à mai 1911). Seuls les quatre numéros publiés entre janvier et mai 1911 ont été réalisés en imprimerie : ils sont au format 14 x 22 cm et comptent 25 pages par numéro. Pour les numéros antérieurs (1908-1910), le format varie entre le 21 x 33 cm et le 21 x 27 cm et le nombre de pages se situe autour de 10 à 12. Leur tirage est passé de 15 (n° 1, avril 1908) à 200 exemplaires (n° 23, décembre 1910). Par ses caractéristiques apparentes, cette revue (du moins pour les séries polycopiées) ressemble à un genre bien connu et relativement fréquent à l'époque – et même plus tard – en Allemagne : celui de la *Schülerzeitung*. Mais alors que la *Schülerzeitung* traditionnelle est réalisée par les élèves des grandes classes d'un même établissement secondaire et reste, de ce fait, étroitement liée à cette institution qui lui apporte son soutien mais exerce aussi un droit de regard, dans le cas du *Anfang* les jeunes auteurs fréquentaient différents établissements et se connaissaient à travers leurs familles. C'est le milieu social qui donne sa cohérence au groupe de jeunes gens et jeunes filles berlinois âgés de 12 à 18 ans qui ont créé, rédigé, réalisé et diffusé le *Anfang* au cours de ces années.

Cette constellation de base initiale a perduré jusqu'en 1911 en intégrant progressivement de nouveaux jeunes collaborateurs appartenant au même milieu de la bourgeoisie aisée, voire riche, ouverte aux idées progressistes et férue d'art et de culture. Les garçons et filles qui collaboraient au *Anfang* ne semblent jamais s'être trouvés en conflit ouvert avec leurs parents à propos de leurs options sociales, artistiques ou éthiques. Il est vrai que, de leur côté, les parents ont manifestement fait preuve d'une très grande tolérance et ne semblent pas être intervenus beaucoup dans les choix de leurs enfants, même lorsque ces derniers critiquaient ou rejetaient l'éducation scolaire qu'on leur proposait et suivaient des parcours scolaires peu conventionnels voire chaotiques [4]. On était très sensible, dans ces milieux, aux discours de la « pédagogie moderne » [5].

---

4 Walter Benjamin, Otto Braun ou Reinhard Sorge et sans doute beaucoup d'autres ont eu les plus grandes difficultés à s'adapter à la vie scolaire traditionnelle. Les fréquents changements d'établissements se sont souvent terminés par l'interruption prématurée des études. Georges Barbizon, quant à lui, fut typiquement un autodidacte ; il n'a fréquenté des établissements scolaires qu'en pointillé, au hasard de ses changements de domicile, à Londres, Paris, Berlin

Cette revue de jeunes, qui ne pouvait s'adosser à aucune institution et n'a survécu que grâce au soutien, au moins moral, des parents et surtout grâce à la ténacité et à la farouche ambition artistique et culturelle qui animait ce groupe d'adolescents à peine sortis de l'enfance, inspire le respect. On ne peut manquer d'admirer sa longévité et la profusion d'œuvres publiées, même si leur qualité artistique n'est pas vraiment à la hauteur du fier sous-titre qu'elle a porté depuis ses premiers balbutiements jusqu'à sa réorganisation en 1911 : *Zeitschrift für kommende Kunst und Literatur*. Ce qui motivait les jeunes rédacteurs n'était pas seulement le désir de voir imprimer leurs épanchements lyriques et leurs premières tentatives de pensée autonome pour susciter l'admiration de leurs amis. Ils cherchaient à agir, à témoigner et s'efforçaient pour cela d'élargir sans cesse le cercle des lecteurs et des abonnés et de recruter des correspondants et des collaborateurs dans d'autres villes allemandes.

Les premiers cahiers, manuscrits, reproduits selon le procédé de duplication à alcool comportent des poèmes, de courts textes en prose, des dessins et même des partitions. Les cahiers dactylographiés, dupliqués par stencil, apparaissent en mars et mai 1909 et s'imposent définitivement à partir de février 1910 ; la présentation matérielle n'a trouvé un aspect « professionnel » qu'en 1911 – pour peu de temps. Lorsqu'on feuillette cette petite revue créée, rédigée, diffusée par un groupe d'adolescents, on est frappé par la diversité des genres représentés. Si les textes poétiques constituent, en nombre d'œuvres publiées, plus de la moitié des contributions, c'est en réalité la prose qui occupe la plus grande place. Les dessins en pleine page et les nombreuses illustrations qui agrémentent les textes au début disparaissent progressivement, les compositions musicales n'ont pas dépassé une demi-douzaine. La revue a certes cherché à répondre à l'attente que son sous-titre pouvait susciter auprès de ses lecteurs, mais le texte littéraire l'a emporté rapidement sur les autres modes d'expression. Et encore faut-il prendre le mot littéraire dans un sens très large.

Dans le cadre de cet article, il ne nous est pas possible d'analyser l'ensemble des textes publiés ni d'essayer de caractériser tous les auteurs. Nous nous bornerons à évoquer les collaborateurs les plus importants par le nombre de leurs contributions ou par leur parcours ultérieur.

---

et enfin à Wickersdorf où, en échange de cours de conversation française, G. Wyneken lui avait offert entre 1911 et 1913 le gîte et le couvert, ainsi que la possibilité de suivre les cours.

5 C'est la grande époque de la « *Reformpädagogik* ». La critique du système éducatif allemand, de ses principes et de ses méthodes, déjà lancée par Nietzsche dans les années 1870 est à présent un thème récurrent dans la presse comme dans la littérature, et les projets des « Reformpädagogen » font l'objet d'un large débat public. *Cf.* Wolfgang Scheibe, *Die Reformpädagogische Bewegung 1900-1932*, Weinheim, Beltz, 1969.

De Barbizon à Berlin

Le créateur, la cheville ouvrière, l'infatigable propagandiste et aussi le plus prolixe des auteurs de la revue était Georg Gretor, qui signait Georges Barbizon ; il n'abandonnera ce pseudonyme et ce prénom orthographié à la française qu'au lendemain de la Grande Guerre, au moment où il récupéra la nationalité danoise de son père Willy Gretor [6]. Georges Barbizon figure non seulement comme *Redakteur* ou comme *Herausgeber* dans tous les numéros, mais aussi comme auteur de plus de 50 contributions (sur un total d'environ 190). Il est suivi de très loin par le jeune prodige Otto Braun (19 textes), par Peter Kollwitz qui écrit sous le pseudonyme Fiascherino (13 textes) et par Walter Benjamin, alias Ardor (8 textes) [7].

Georges Barbizon est né en 1892 en France à Barbizon (!). Son père, Willy Gretor, peintre et marchand d'art et sa mère, Rosa Pfaeffinger, également peintre, vivaient alors à Paris. Willy Gretor, personnage haut en couleur et plein de contradictions, mécène généreux et marchand d'art indélicat, peintre et faussaire de talent, était une figure très en vue du Paris artistique de 1900 et pôle d'attraction de la colonie scandinave et allemande dans la capitale française [8]. Entre 1900 et 1903, la famille s'installe à Londres où Willy Gretor mène grand train jusqu'à ce que des spéculations hasardeuses et des affaires peu claires l'acculent à la faillite, engloutissant par la même occasion toute la fortune de sa femme. Le couple se sépare et le jeune Georg alors âgé de 11 ans reste à la charge de sa mère, réduite à la misère. Au cours d'une visite à Paris, Käthe Kollwitz, qui commençait alors à se faire un nom par ses sculptures et ses dessins, rencontra son ancienne condisciple munichoise et voyant sa détresse lui proposa tout simplement de recueillir le jeune Georg [9]. Ce séjour dans la famille Kollwitz, qui comptait déjà deux fils, Hans (né en 1892) et Peter (né en 1896 et qui devait

---

6 Willy Gretor était né à Copenhague sous le nom de Petersen. Contrairement à ce que croyaient ses proches, il n'avait jamais acquis la nationalité française. Son fils Georg, se croyant Français, quitta l'Allemagne en 1914 et séjourna en Suisse avec un statut d'apatride jusqu'au lendemain de la guerre.

7 Beaucoup de contributions sont publiées sans nom d'auteur, d'autres sous des pseudonymes impossibles à décrypter.

8 Sa maison était fréquentée entre autres par Brandes, Ibsen et Albert Langen, le futur éditeur munichois du *Simplizissimus*. Frank Wedekind a été un de ses intimes et a bénéficié de ses largesses, ce qui ne l'empêchera pas d'en tracer un tableau peu flatteur dans son *Marquis von Keith*. Voir à ce sujet Artur Kutscher, *Wedekind. Leben und Werk*, München, List, 1964 (en particulier p. 91 *sqq.*).

9 *Cf.* dans les souvenirs de Hans Kollwitz à propos de sa mère : « *Auf einer Reise nach Paris hatte sie eine Studienfreundin getroffen, die dort mit ihrem Sohn in großer Armut lebte. Da nahm sie den Jungen Georg einfach mit nach Berlin. Er war in meinem Alter, hat jahrelang bei uns gelebt und ist uns ein Lebensfreund geworden* ». Hans Kollwitz, « Einführung », in Käthe Kollwitz, *Aus meinem Leben*, München, List, 1967, p. 10.

tomber dès les premières semaines de la guerre en 1914), fut déterminant pour lui. Après un premier séjour d'un an en 1905, il partagea de nouveau pendant quatre ans, de 1907 à 1911, la vie de cette famille où il était considéré comme un troisième fils. C'est au cours de ce deuxième séjour qu'il décida de créer la revue *Der Anfang. Zeitschrift für kommende Kunst und Literatur* et qu'il réussit à entraîner avec lui les deux fils Kollwitz, ainsi qu'un certain nombre de proches, d'amis et connaissances. Pendant trois ans, la revue fut domiciliée « chez le Dr. Kollwitz, Weissenburgerstraße 35 Berlin N ».

Georges Barbizon est présent comme auteur dans toutes les livraisons du *Anfang* et il a abordé tous les genres, poésie et prose se répartissant à parts égales la cinquantaine de ses contributions. La poésie a été son mode d'écriture familier depuis longtemps. Dans le numéro 6 d'octobre 1908 il publie même deux « poèmes de jeunesse » datés respectivement de 1902 et de 1904 [10], ce dernier étant écrit en français. Il avait certainement une grande facilité pour versifier et il a pratiqué les genres et les thématiques les plus divers en vogue à son époque : la danse et le bal masqué comme symbole de la vie ici-bas, jusqu'à ce que la mort fasse « tomber les masques » [11], la glorification du héros qui fait face à l'adversité, qui affronte les éléments et s'élève au-dessus de la foule moutonnière de ceux qui subissent leur sort [12] ; le pouvoir du poète qui sait trouver les mots par lesquels il devient l'égal des dieux [13] ou encore le dédain de la morale commune et l'affirmation du droit qu'a le grand homme, en particulier le poète, de s'en affranchir (Hommage à Oscar Wilde) [14]. Il chante aussi les joies et les souffrances de l'amour partagé [15] et la beauté des fleurs [16]. Malgré sa facilité et sa virtuosité dans le registre poétique, Barbizon s'est rendu compte que là n'était pas sa vocation. Dans les quatre numéros de 1911 on ne trouve plus qu'un seul poème et par la suite il choisira de consacrer sa vie au métier de journaliste.

Dès ses débuts dans le *Anfang*, ses textes en prose, par la diversité des sujets traités, dénotent en vérité, plus qu'une vocation d'écrivain, un talent certain pour le journalisme ; ils font penser au *Feuilleton* traditionnel des quotidiens alle mands. Dans cette même veine « feuilletonesque », on peut d'ailleurs citer

---

10 « Das Leben » et « Pourquoi ? », n° 6, octobre 1908. Rappelons qu'en 1902 Georg Gretor avait 10 ans.
11 « Masken », n° 12, mai 1909 et « Wahrheit », n° 13, septembre 1909.
12 « Stürme », n° 5, septembre 1908 ; « Kampf der Elemente », n° 11, mars 1909 ; « Der Ritter der Unmöglichkeit », n° 15, septembre 1909, etc.
13 P. ex. « Worte », n° 12, mai 1909.
14 « An O.W. », n° 9, janvier 1909.
15 « Ein Blick », n° 12, mai 1909 ; « Kummer lang vergang'ner Zeiten », n° 15, septembre 1909 ; « Manche freilich… » et « Liebeskrank », n° 20, août 1910.
16 « An die Orchidee », n° 15, septembre 1909 ou « Zwei Bluttropfen hingen daran », n° 21, septembre 1910.

aussi d'autres collaborateurs de la revue : Peter, le cadet des fils de Käthe Kollwitz [17], décrit des excursions, une crue de l'Elbe, une semaine aéronautique à Berlin, des phénomènes météorologiques et même le fonctionnement d'une usine de verre et de porcelaine. Son frère aîné Hans, qui se montre moins prolixe, publie quelques poèmes, un « *Traum* » et un compte rendu de la représentation du Ballet russe au *Theater des Westens* [18]. Stefan Lepsius, fils d'un célèbre couple de peintres berlinois dont le salon réputé était fréquenté par Stefan George, se spécialise dans les articles d'architecture et d'urbanisme. Quant aux études musicologiques, elles sont l'apanage d'Arthur Wolfgang de Breslau qui parle, fort bien au demeurant, des symphonies de Beethoven, de la *Weltanschauung* de Richard Wagner et d'Anton Bruckner [19].

Mais dans ce domaine, la palme revient sans conteste à Georges Barbizon : dans les numéros 1, 2 et 3 on trouve un long article racontant les événements qui avaient agité le Languedoc au printemps 1907. Ce ne sera pas le seul texte dont le sujet a trait à la France. Georges Barbizon décrit aussi des scènes observées dans un hall d'hôtel parisien ou dans le train Marseille-Paris et il commente l'attitude du gouvernement français dans la question de la fête du 1er mai [20]. Un séjour à Vienne lui offre d'autres sources d'inspiration, à partir d'autres observations [21]. Une place importante est consacrée à des comptes rendus de visites de musées, d'expositions ou de spectacles [22]. Les œuvres d'imagination cultivent volontiers le genre fantastique et allégorique [23]. La vocation de donneur de leçon se manifeste aussi, plus directement, dans des considérations sur les avantages et inconvénients des louanges ou de l'ordre [24]. En fait, Georges Barbizon considère que son rôle de rédacteur d'une revue de jeunes et pour les jeunes lui impose des responsabilités et une mission qu'il cherche à préciser notamment dans ses éditoriaux et ses réponses aux attaques auxquelles la revue doit faire face ; nous y reviendrons.

---

[17] Il publie sous le pseudonyme Fiascherino, souvenir d'un inoubliable séjour de vacances en Italie en compagnie de sa mère en 1907.

[18] N° 5, septembre 1908 et n° 18, mai 1910.

[19] N° 23, décembre 1910 et n°s 1, 2 et 3 de la nouvelle série, janvier à mars 1911.

[20] « Five a clock Tea », n° 15, février 1909 ; « Das Verhalten der französischen Regierung am 1. Mai », n° 18, mai 1912 ; « Marseille-Paris », n° 22, octobre 1910.

[21] « Das innere Wien », n° 11, mars 1909 ; « Die Fledermaus » et « Der Rigi », n° 12, mai 1909.

[22] « Eine Wiesenthal-Aufführung », n° 19, juin 1910 ; « Die Secession », I, 1, janvier 1911 ; « Erste Ausstellung der Vereinigung bildender Künstler », n° 23, décembre 1910 ; « Von einer Neuerwerbung im Kaiser-Wilhelm-Museum », n° 16, mars 1910.

[23] « Der Baum », n° 5, septembre 1908 ; « Sturmnacht », n° 10, février 1909 ; « Das Märchen von den Chimären zu Notre-Dame de Paris », n° 17, avril 1910 ; « Amors Pfeile. Ein Märchen », n° 22, octobre 1910.

[24] « Epistel über das Lob », n° 9, janvier 1909 ; « Epistel über die Ordnung », n° 13, septembre 1919.

Deux talents précoces au destin tragique

Lorsque ses premières productions poétiques paraissent dans le numéro 10 (février 1909) du *Anfang*, Otto Braun [25] né le 27 juin 1897 n'a pas encore 12 ans. Mais déjà le fils du député social-démocrate au *Reichstag* Heinrich Braun et de sa femme, la célèbre féministe Lily Braun [26], est considéré comme un enfant prodige, non seulement par ses parents qui sont en adoration devant son génie précoce [27] mais aussi par certains de ses enseignants. Comme il supportait mal l'école publique, ses parents l'avaient envoyé en 1907 à Wickersdorf, l'internat à la campagne que venait de créer Gustav Wyneken. Mais il ne s'y habitua pas davantage, ne supportant pas la vie en communauté, les activités imposées et se plaignant sans cesse, dans ses lettres aux parents, du peu de temps dont il disposait pour ses lectures personnelles. En effet, possédé par une boulimie intellectuelle effrénée, il avait entrepris de lire toutes les grandes œuvres de la littérature allemande depuis ses débuts, ainsi que tous les philosophes importants [28]. Revenu à Berlin en octobre 1908, il ne retourne plus au lycée et reçoit dorénavant des cours particuliers.

Le couple Kollwitz fréquentait les Braun et c'est ainsi que le jeune Otto est rapidement intégré dans le cercle des auteurs de la petite revue. Il y publiera entre février 1909 et octobre 1910 une vingtaine de textes dont une très grande majorité de poèmes. Souvent maladroits dans la forme, ils manifestent pourtant une personnalité peu ordinaire si on considère l'âge de leur auteur. Ses visions nostalgiques et fantastiques d'un jardin merveilleux [29] ou de la danse

---

25 Un choix des écrits (poèmes, lettres, journal) d'Otto Braun, tombé au front en avril 1918, a été publié au lendemain de la guerre. *Cf.* Otto Braun, *Aus nachgelassenen Schriften eines Frühvollendeten*, herausgegeben von Julie Vogelstein, Berlin-Grunewald, Bruno Cassirer, 1921.

26 *Cf.* Julie-Vogelstein-Braun, *Heinrich Braun. Ein Leben für den Sozialismus*, Stuttgart, Deutsche Verlags-Anstalt, 1967, et *Lily Braun. Ein Lebensbild*, Berlin, Klemm, 1922. Des œuvres complètes de L. Braun ont été publiées en 6 volumes à Berlin, 1922. Son autobiographie romancée *Memoiren einer Sozialistin. Roman*, a été constamment rééditée, p. ex. Berlin, Dietz, 1985.

27 Dans une lettre citée par J. Braun-Vogelstein, *op. cit.*, p. 22, Heinrich Braun écrit : « *Dieses Ottokind ist ein Mensch, vor dem ich manchmal fast ein Gefühl von Ehrfurcht habe…* » (Otto est alors âgé de 3 ans !) et quelques années plus tard il parlera de « *Ottos Bestimmung, ein Führer und Baumeister der Zukunft zu werden* ». Quant à Lily Braun, ses *Mémoires* disent à l'évidence l'adoration qu'elle porte à « *Otto mein Sohn, ein Sonnwendskind, ein Sonntagskind* » (*Mémoiren, op. cit.*, t. 1, *Lehrjahre*, p. 3).

28 Ce n'étaient pas des projets en l'air. Les papiers posthumes laissés par Otto Braun montrent qu'il a poursuivi systématiquement cette entreprise gigantesque et qu'il rendait compte régulièrement à ses parents de l'avancement du travail. On peut évidemment se demander jusqu'à quel point cet enfant, tout surdoué qu'il fût, a pu tirer profit de ces lectures. Par la suite il s'est tourné vers les études d'histoire politique et projeta d'écrire un traité en plusieurs tomes sur *Das Wesen des Staates*, dont il rédigea le plan à l'occasion d'un séjour à l'hôpital militaire en 1917. *Cf.* O. Braun, *Aus nachgelassenen Schriften…, op. cit.*, p. 194.

29 « Zaubergarten », n° 10, février 1909.

des elfes qui entraînent dans leur ronde joyeuse les âmes enfantines qui s'éveillent dans la lumière du solstice d'été [30] sont bien convenues. Mais progressivement la tonalité de ses poèmes devient plus personnelle, même si, là encore, les thèmes et les idées manquent d'originalité. Les accents plaintifs débouchent sur des sursauts d'énergie, sur la volonté de triompher des obstacles, sur l'affirmation de la force qui habite les âmes d'élite. Il rejette les consolations fallacieuses que promettent les dieux et en particulier le Dieu des chrétiens : « *Götter sind für Knechtesseelen* » affirme-t-il fièrement et poursuit : « *Ich hasse die kleinen Zwerge* [sic], *Ich hasse das ebene Land* » [31]. Il est porté par la certitude d'être appelé à construire un monde nouveau sur les ruines de l'ancien, pour la simple raison qu'il est jeune : « *Most muss schäumen / Jugend sich bäumen / Und herrisch sein, / Muss den Himmel ersteigen…* » et il lance aux « vieux » « *Lasst uns nur alles kurz und klein schlagen* ». Le caractère convenu de cette révolte juvénile est certain, car elle est uniquement verbale. Mais le thème du « tournant », de l'aube d'une ère nouvelle, commence à enfiévrer les jeunes esprits poétiques.

> *Wer möchte wol zu Hause sitzen*
> *Wenn draussen alles schäumt und kocht,*
> *Wenn es leuchtet und stralet von Blitzen,*
> *Das Schicksal ehern an die Tür uns pocht.*
> *Das taugt nicht für Philister*
> *Da zeigt sich erst der Held*
> *Beim Donner und beim Blitzen*
> *Beim Untergang der Welt* [32]

Les accents apocalyptiques restent pourtant rares et discrets. Otto Braun n'était pas un expressionniste en culottes courtes. Il cesse de collaborer au *Anfang* en 1910. Après la faillite en 1907 de la revue *Die Neue Gesellschaft* qu'il avait publiée avec sa femme depuis 1905, Heinrich Braun se débattait dans des difficultés matérielles sans cesse renouvelées. Puis des problèmes conjugaux vinrent s'y ajouter. Lily Braun, marginalisée et discréditée au sein du mouvement des femmes social-démocrates par Clara Zetkin, avait délaissé son combat pour l'émancipation des femmes et s'était tournée vers la littérature où le succès fut au rendez-vous, notamment avec son autobiographie romancée *Memoiren einer Sozialistin* (1909-1911). Le couple se défit progressivement ; Lily se mit à voyager à travers l'Europe, souvent en compagnie de son fils qu'elle idolâtrait. Otto ne cessa pas d'écrire des poèmes et son journal, et il poursuivit son ambitieux

---

30 « Mittsommernachtszauber », n° 11, mars 1909.
31 « An meine Berge », n° 12, mai 1909.
32 « Meine Kraft », n° 14, novembre 1909.

programme de lectures, mais sa collaboration au *Anfang* s'arrêta à l'automne 1910. Lors de la déclaration de guerre, il s'engage à 17 ans, saisi, lui aussi, par la fièvre patriotique qui emporta l'Allemagne. Pendant deux ans, il combattit sur le front russe avant d'être blessé et rapatrié. Après sa guérison, il retourna au front en février 1918 et tomba le 29 avril 1918 dans le nord de la France, déchiqueté par un obus reçu de plein fouet.

Le nom de Reinhard Sorge n'apparaît qu'une fois dans la revue avec deux textes dans le numéro d'avril 1910. Nous ignorons à la suite de quel concours de circonstances le jeune poète, né comme Barbizon en 1892, et dont la famille, à la suite du décès du père, venait de s'installer à Iéna où Reinhard était inscrit au lycée, a eu connaissance de l'existence du *Anfang*. Sa collaboration a été sans lendemain et Sorge ne s'est pas intégré au cercle autour de Barbizon. À vrai dire, il n'y a là rien de très étonnant, tant la personnalité du jeune poète [33] cadrait mal avec le milieu social et l'univers culturel du groupe autour de Barbizon qui, malgré l'exaltation sentimentale qui imprégnait beaucoup de ses productions lyriques, était mondain et rationaliste. La tendance mystique qui se dessinait dès ce moment chez Reinhard Sorge et l'attrait qu'exerçait sur lui le catholicisme ne pouvait s'épanouir dans ce contexte « Berlin-W ». Le poème « *An der Schwelle des Schaffens* » qu'il publie dans le *Anfang* appartient encore à sa période nietzschéenne [34] :

Breite die Arme und dehne die Brust,
Schreite hinaus in die sonnige Welt;
Sei Dir des sicheren Sieges bewusst!
Mache Dich auf und beginne den Weg!

Guidé par la lumière qui illumine le sommet, le jeune homme au seuil de son œuvre saura vaincre les obstacles.

Schwinge den Hammer und führe den Schlag
Rastlos und ruhlos, Tag um Tag!

---

33 Né en 1892 à Berlin, Reinhard Sorge abandonne ses études au lycée en 1910 et se consacre dorénavant exclusivement à la littérature. Il reçoit en 1912 le prix Kleist pour sa pièce *Der Bettler* considérée aujourd'hui comme le premier drame expressionniste (première représentation en 1917 à Berlin, mise en scène par Max Reinhardt). Marié en 1913, il se convertit au catholicisme à Rome au cours de son voyage de noces et envisage même de devenir prêtre. Il est appelé sous les drapeaux en 1915 et succombe à ses blessures pendant la bataille de la Somme en 1916.

34 Ce poème « *An der Schwelle des Schaffens* » a été publié, légèrement modifié, dans R.J. Sorge, *Sämtliche Werke in 3 Bänden*, hg. von H.H. Rötzer, Nürnberg, Glock & Lutz, 1962, Bd. 1, p. 84.

Walter Benjamin le disciple

Si Gustav Wyneken est très présent dans le *Anfang* à partir de 1913, ses idées avaient en réalité commencé à apparaître dans la revue de Barbizon dès 1911, indirectement grâce à un collaborateur qui avait été son élève et était resté en relation avec lui : il s'agissait de Walter Benjamin, qui signait Ardor ses textes dans *Der Anfang*[35]. On rencontre son nom pour la première fois dans le n° 19 en juin 1910, puis régulièrement jusqu'en mai 1911. Parmi les 8 contributions d'Ardor, on compte 4 poèmes et 4 textes en prose : manifestement le jeune Walter, s'il est sûr de sa vocation d'écrivain et de penseur cherche encore le mode d'expression qui lui convient le mieux. En lisant ses poèmes[36], on ne peut qu'approuver *a posteriori* sa décision d'abandonner le lyrisme pour la réflexion critique et philosophique. Sa vision du poète « *Einsam, abseits von der Lebensstrasse* » est conventionnelle et ses descriptions parfois à la limite du maniérisme :

> *Und hin und wieder weht ein leiser Wind*
> *Und Blüten sinken nieder in den Garten*[37]

Les quatre textes en prose, en revanche, sont plus originaux et caractéristiques à divers titres, même si la forme reste parfois maladroite. Ainsi le petit récit[38] d'une insomnie peuplée de bruits, où tous les objets entourant le jeune garçon, le poêle en faïence, l'armoire, l'horloge, la fenêtre semblent s'animer, vouloir dialoguer avec lui, l'envahir – fait penser à la *Berliner Kindheit um 1900* qu'il entreprendra d'écrire bien des années plus tard. La parabole des *Die drei Religionssucher*[39] nous laisse entrevoir une autre facette de la pensée benjaminienne : la recherche de la transcendance. La vraie religion ne se révèle pas à celui qui consacre sa vie aux livres et aux idées, ni à celui qui se contente de vivre et de

---

[35] Walter Benjamin, né en 1892 dans une famille aisée de la bourgeoisie berlinoise, fut retiré par ses parents de l'école publique, qu'il supportait mal, et envoyé à la rentrée 1904 à Haubinda, un *Landerziehungsheim* (internat à la campagne) dirigé à l'époque par G. Wyneken, qui exerça sur lui une influence durable. Revenu à Berlin en 1907 (Friedrich-Wilhelm-Gymnasium), il obtient son *Abitur* en 1912. Sa collaboration au *Anfang*, première et seconde manière, correspond à ces années où il est lycéen à Berlin. Resté en contact avec Wyneken, il avait découvert les textes théoriques de ce dernier et il s'en fit le porte-parole dès 1911. Plus tard, étudiant à Fribourg et à Berlin, il devint un ardent propagandiste de la *Jugendkultur* et de la *Schulgemeinde*, et un des principaux animateurs du *Anfang*, troisième manière (1913-1914). Estimant que Wyneken s'était fait l'apologiste de la guerre, Benjamin rompit avec lui en 1914. *Cf.* entre autres Bernd Witte, *Walter Benjamin*, Reinbek b. Hamburg, Rowohlt, 1985, et Marino Pulliero, *Walter Benjamin. Le désir d'authenticité*, Paris, Bayard Centurion, 2005.
[36] « Der Dichter », n° 19, juin 1910, « Sturm » et « Des Frühlings Versteck », n° 21, septembre 1910 ou « Dämmerung », n° I, 2, février 1911.
[37] « Des Frühlings Versteck », n° 21, septembre 1909.
[38] « In der Nacht », n° 19, juin 1910.
[39] « Die drei Religionssucher », n° 20, août 1910, p. 38.

rêver, mais à celui qui au terme d'une vie laborieuse et utile à la société se retourne sur son parcours et, ce faisant, aperçoit, mais hors de portée, les sommets aveuglants de clarté où se trouve la « vraie religion ». « *Was aber in jenem Feuer gebannt ist, das können wir wohl nur ahnen, und müssen es jeder zu formen suchen nach unseren Schicksalen* ».

Les deux textes suivants, publiés en 1911 dans la revue imprimée, sont d'une autre nature, car Benjamin s'y fait le porte-parole de Gustav Wyneken. Dans « *Das Dornröschen* », il commence par s'interroger : « *Wir leben im Zeitalter des Socialismus, der Frauenbewegung, des Verkehrs, des Individualismus. Gehen wir nicht dem Zeitalter der Jugend entgegen ?* »[40], avant de conclure que, comme la Belle au Bois dormant, la jeunesse ne se doute pas que sa délivrance est proche et que *Der Anfang* précisément a été créé pour permettre à la jeunesse de se joindre au combat que d'autres mènent déjà en son nom. Constatant que « *Das Ideal einer sich selbst als eines künftigen Kulturfaktors bewußten Jugend* » (formule récurrente chez Wyneken) ne date pas d'aujourd'hui, le lycéen Benjamin fait étalage de son érudition littéraire et appelle à la barre des témoins Shakespeare, Schiller, Goethe, Ibsen et « *[der] jüngste Dichter der Jugend* » Karl Spitteler (auteur favori de Wyneken). Le second de ces textes « *Die freie Schulgemeinde* » expose purement et simplement, avec force citations [41], les principes et objectifs pédagogiques de Gustav Wyneken et la manière dont il tente de les réaliser dans son école expérimentale de Wickersdorf. L'article se termine par une promesse, « *Fortsetzung folgt* » qui ne sera pas tenue dans l'immédiat puisque le *Anfang* cesse de paraître. Mais deux ans plus tard, lorsqu'il reparaîtra, ce combat « par la jeunesse, pour la jeunesse »[42] reprendra de plus belle.

De commencements en recommencements

L'histoire du *Anfang* est celle d'un perpétuel (re)commencement. Sous sa première forme (manuscrite ou dactylographiée et reprographiée), il constitue un ensemble relativement cohérent avec ses 23 numéros parus entre 1908 et 1910. Au début de 1911 Barbizon croit pouvoir franchir le pas et toucher un plus large public : le format change, la typographie et l'impression sont confiées à des professionnels. Si le titre reste le même, le sous-titre n'est plus *Zeitschrift für kommende Kunst und Literatur* mais *Vereinigte Zeitschriften der Jugend*. C'est le résultat de la fusion entre l'ancien *Anfang* de Barbizon et une revue

---

40 « Das Dornröschen », n° I, 3, mars 1911, p. 51.
41 « Die freie Schulgemeinde », n° I, 4, mai 1911, p. 79. Les citations de Wyneken proviennent de *Wickersdorfer Jahrbuch 1908*, Iéna 1909 et *Wickersdorfer Jahrbuch 1909-1910*, Iéna, 1910.
42 *Der Anfang,* 1ʳᵉ année, n° 1, mai 1913, p. 1.

paraissant depuis 1910 à Breslau sous le titre *Der Quell* qui s'était fixé pour « objectif d'inciter les jeunes à écrire et de leur donner l'occasion de publier leurs œuvres pour qu'ils puissent tirer profit des critiques qui leur seraient faites »[43]. Le nouveau *Anfang* a dorénavant deux *Herausgeber* Georges Barbizon (Berlin) et Fritz Schoengarth (Breslau), ainsi qu'un « responsable au regard de la législation sur la presse » : H. von Jaduczynski (Berlin). Le groupe des collaborateurs du premier *Anfang* se renouvelle et de nouveaux auteurs font leur entrée, notamment ceux qui avaient collaboré au *Quell* à Breslau (Hans Bernhard von Schweinitz, Otto Gierlich, Arthur Wolfgang, Walther Lierke, E. Feige). L'entreprise paraît sérieuse et pourtant cet *Anfang* seconde manière ne vivra pas longtemps : le numéro 4 de mai 1911 sera le dernier et il se passera presque deux ans avant que ne paraisse un troisième *Anfang, Zeitschrift der Jugend*[44] qui atteindra 15 numéros entre mai 1913 et juillet 1914. Mais l'histoire ne s'arrêtera pas là non plus : après la guerre, Gustav Wyneken fera paraître sous son nom deux autres revues qui étaient plus ou moins explicitement des continuations du *Anfang* : *Der Neue Anfang. Zeitschrift der Jugend* (janvier 1919 - décembre 1920 ; Munich, puis Bâle) et *Die Grüne Fahne. Monatsschrift für jugendliche Weltanschauung* (avril 1924 - octobre 1925 ; Leipzig, puis Berlin).

C'est une trajectoire intéressante qui a conduit cette revue de jeunes, créée pour publier les prémices de l'art et de la littérature de l'avenir, à privilégier à partir de 1910-1911 de plus en plus clairement des objectifs non littéraires et non artistiques. La fusion avec le *Quell*, dont l'ambition unique était d'inciter les jeunes à écrire et à publier, n'y a rien fait. La ligne suivie par Barbizon allait dans le sens contraire. Déjà perceptible dans les derniers numéros de la série dactylographiée, elle se manifestait surtout en 1911 dans ses éditoriaux ou dans ses réponses aux lettres de lecteurs et aux attaques de la presse. Dans le numéro de février 1911 (p. 27), il rappelle ainsi à ses collaborateurs les « *Zwecke und Ziele* » trop souvent méconnues de sa revue : « *Der Anfang ist eine Zeitschrift der Jugend : er soll sich daher besonders mit allen Fragen, welche die heranwachsende Jugend beschäftigen, befassen* ».

Il attend des « *Beiträge, welche in engerer Beziehung zu den Ideen und Interessen der Jugend stehen* » et mentionne en particulier les problèmes de l'école et de l'éducation[45]. Lui-même montre l'exemple en abordant le problème de la lutte

---

43 *Der Anfang*, I.1, janvier 1911, p. 4.
44 *Der Anfang. Zeitschrift der Jugend*. Herausgegeben von Georges Barbizon (Berlin) / Siegfried Bernfeld (Wien). Verantwortlicher Redakteur : Gustav Wyneken. Verlag *Die Aktion* (Franz Pfemfert). C'est la série la plus connue du *Anfang*, celle aussi qui a fait le plus de bruit dans l'opinion publique. La revue cesse de paraître avec la déclaration de guerre en 1914.
45 Et dans le numéro de mai 1911, p. 78, Barbizon signale un autre domaine « moderne » qui, d'après des lettres de lecteurs, intéresse la jeunesse : le sport et l'éducation physique.

contre la littérature pernicieuse pour la jeunesse (*Schundliteratur*) [46] et la question des suicides d'adolescents [47], principalement de lycéens, thème très présent à l'époque dans la presse et l'opinion publique, qui y voyaient le résultat de la pression excessive du travail scolaire et des examens. Mais en tant que responsable de la revue, il se plaint qu'on lui soumet trop de « *Gedichte sentimental-erotischen Inhalts in nicht origineller oder mangelhafter Form [...], die für unsere Zwecke völlig ungeeignet sind* » et refuse de voir transformer le *Anfang* en tribune offerte à la vanité d'apprentis poètes [48].

Par rapport aux premières années c'est un changement de cap évident : ce qui n'était d'abord chez Barbizon qu'une conscience diffuse de sa responsabilité à l'égard de ses jeunes auteurs et lecteurs se transforme en mission et volonté d'action. C'est aussi pourquoi il organisa des rencontres avec ses lecteurs et ceux qui étaient susceptibles de se joindre à eux, non seulement pour participer à la diffusion de la revue, mais aussi pour échanger des idées sur les problèmes de la jeunesse et sur les orientations de la revue. Leurs avis convergeaient pour estimer que

> *der Anfang sich mehr zu einer Zeitschrift entwickeln müsse, worin die Forderungen der Jugend, im ideellen sowie im praktischen Sinne, zum Ausdruck kommen. Im Ganzen weniger Lyrik* [49].

Il s'agirait donc bien de faire connaître les revendications de la jeunesse et pas seulement lui permettre de publier ses œuvres. Mais en 1911 Barbizon n'est pas encore prêt à aller jusqu'au bout de son idée. On a parfois l'impression que ses lecteurs iraient volontiers beaucoup plus loin que lui. Lorsqu'un de ses lecteurs lui écrit en affirmant qu'il importe avant tout de faire place nette, « *das Alte und Morsche über den Haufen zu rennen* », il prêche la modération : les pires ennemis de la jeunesse, écrit-il, ce ne sont pas « les maîtres d'école, les philistins et les pédants » mais le philistin que chacun porte en soi : « *der innere Philister* ». C'est lui qu'il faut combattre en faisant un effort d'auto-discipline, d'auto-éducation :

> *Alles Ringen der Seele nach Veredlung, Erhöhung, das sich Durchkämpfen, Anzüchten, das Ausharren, – das sind die Kämpfe der ewigen, der unbesiegbaren Jugend* [50].

---

46 « Zur Bekämpfung der Schundliteratur », n° 1, 2 février 1911, p. 30.
47 « Schülerselbstmorde », n° I, 4 mai 1911, p. 84. Il avait déjà abordé cette question antérieurement et cite largement son article d'août 1908 « Der Geist der Schwere ».
48 « Vorwort », n° I, 2, février 1911, p. 27.
49 N° I, 3, mars 1911, p. 76.
50 N° I, 3, mars 1911, p. 74.

Ce n'était sans doute pas la réponse qu'espérait Hans Bernhard von Schweinitz quand il écrivait :

> *Das Alte hat noch nie das Junge bezwungen, sondern in der Jugend ist die Kraft, die die Menschheit erhält, in jeder Beziehung ; der Jugend gehört die Zukunft !! […] Das Reden und die Theorien wollen wir den Alten überlassen, wir wollen handeln*[51].

Cette radicalisation du discours de la jeunesse qui s'annonce timidement dans le *Anfang* en 1910-1911, sera le signe distinctif du *Anfang* de 1913-1914 dont Barbizon sera un des deux éditeurs avec le Viennois Siegfried Bernfeld, sous le patronage de Gustav Wyneken. Mais sous sa première forme, artisanale et plutôt confidentielle, cette revue est déjà riche d'enseignements. Certes elle ne recèle guère de chef-d'œuvre littéraire, ni même des œuvres annonçant les grands auteurs à venir. Mais elle est un miroir où l'on peut lire les ambitions de la jeunesse intellectuelle allemande, ses espoirs et ses craintes. Elle exprime le malaise d'une génération d'héritiers qui grandit dans une Allemagne conquérante et prospère, dans un pays qui réclame avec force sa place au soleil, dont l'industrie et la technique sont à l'avant-garde, mais où les mentalités et les valeurs n'ont guère évolué depuis la génération des *Reichsgründer*. Cette contradiction perturbe en particulier la jeunesse bourgeoise qui trouve de plus en plus oppressante voire insupportable la férule du lycée (oh Hanno Buddenbrook !) et la double morale qui régit les mœurs bourgeoises.

Der Anfang veut offrir un moyen d'expression à ceux qui sont au seuil de la vie d'adulte et qui rêvent d'un nouveau départ, d'une ère nouvelle : « débutants » dans la vie et la carrière, ces jeunes gens et jeunes filles doués et ambitieux rêvent d'être aussi le levain d'une société et d'une Allemagne nouvelles. Leur revue leur propose de faire connaître leurs attentes et leurs rejets, mais aussi de participer activement aux changements en cours, par exemple en appelant à une réforme de l'éducation. Leurs espoirs n'ont guère eu le temps de mûrir et de se réaliser. La guerre a prélevé son tribut : Otto Braun, Peter Kollwitz, Reinhard Sorge laissent leur vie sur les champs de bataille ; Walter Benjamin et Georges Barbizon iront de déceptions en échecs et ne trouveront jamais la place qu'ils espéraient dans l'Europe chaotique que leur a léguée la Première Guerre mondiale.

Une génération sacrifiée, s'il en fut…

---

51 *Ibid.*, p. 71.

Aux origines de la sacralisation du *Beruf*

Alain Lattard

> Le mot *Beruf* fait partie de ces expressions […] dont le sens est difficile à fixer exactement, parce qu'interviennent des choses qui se dérobent à une appréhension rationnelle […] Bien que la vie de l'homme moderne soit largement sécularisée, surtout dans le domaine économique, on voit ici que des impondérables transcendantaux y ont encore une importance décisive […] Quelles que soient les convictions religieuses ou philosophiques de chacun, son *Beruf* a toujours quelque chose à voir avec la vocation. Il désigne un lieu, où, même pour l'homme moderne, continue d'exister un rapport avec l'empire de la transcendance [1].

À qui s'interroge sur la place centrale de la formation professionnelle en entreprise (*betriebliche Berufsausbildung*) dans les pays germaniques et plus généralement sur la valorisation du métier (*Beruf*) qui y a cours, cette citation du pédagogue Karl Abraham (publiée en 1966) ouvre des pistes d'analyse intéressantes.

En soulignant la persistance d'une dimension sacrée du métier, elle invite à ne pas en rester aux approches traditionnelles de l'apprentissage, qui raisonnent habituellement en termes d'histoire éducative, politique et sociale, mais à prendre aussi en compte le soubassement culturel de son évolution.

---

[1] « *Das Wort Beruf gehört zu den Ausdrücken, […] deren Sinn trotzdem nur schwer genau fixiert werden kann, weil dabei Dinge eine Rolle spielen, die sich der rationalen Erfassung entziehen […] Obwohl das Leben des modernen Menschen und dabei vor allem der wirtschaftliche Bereich weitgehend säkularisiert ist, zeigt sich hier, dass in ihm doch transzendentale Imponderabilien von entscheidender Bedeutung sind. Welche religiöse oder weltanschauliche Einstellung auch immer der einzelne besitzen mag, so hat doch stets sein Beruf etwas mit Berufung zu tun ; er bezeichnet eine der Stellen, an denen auch für den modernen Menschen eine Beziehung zu dem Reich der Transzendenz vorhanden ist* », in Karl Abraham, *Wirtschaftspädagogik. Grundfragen der wirtschaftlichen Erziehung*, Heidelberg, Quelle & Meyer, Heidelberg, 1966 (1re éd. 1959), p. 121.

Toutefois, elle suggère également toute la difficulté de l'entreprise. Comment faire en sorte que ce qui, selon Abraham, « se dérobe à l'appréhension rationnelle » de l'homme de métier (*Berufsmensch*), n'échappe pas complètement à celle de l'historien de la formation professionnelle ? Comment éviter que le facteur culturel, qui s'inscrit en général dans une échelle temporelle de plus longue durée que les autres facteurs, ne soit de facto traité comme un invariant [2], donc déconnecté des autres éléments explicatifs ?

Dans les pages qui suivent, nous essayons de montrer en nous attachant à l'émergence de l'éthique du métier en Allemagne, que l'explication culturelle ne fonctionne pas forcément avec la même opacité que les « impondérables transcendentaux » qu'elle est censée ici expliquer.

I.

Au commencement était le Verbe, certes, mais interprété par Luther. L'éthique protestante du métier est en effet inscrite dans le vocabulaire allemand par suite de la traduction de la Bible que le réformateur entreprend à partir de 1521. C'est cette traduction, largement diffusée grâce à l'imprimerie, qui introduit dans la langue allemande l'usage du mot *Beruf* pour désigner le métier. Jusqu'alors, ce terme n'était employé que dans le sens d'appel divin, de vocation. Dans le texte grec du Nouveau Testament et de la Septante, Luther choisit de rendre les termes qui correspondent à « travail, force » (*ergon*) et « labeur, peine » (*ponos*) de la même manière que *klesis*, qui signifie la vocation du croyant. Ainsi, dans le Ier Épitre aux Corinthiens : « *Ein jeglicher bleibe in dem Beruf, darinnen er berufen ist* » (dans la traduction française : « Que chacun demeure dans l'état où il était lorsqu'il a été appelé ») et la Siracide 11, 20 et 21 : « *Bleibe in Gottes Wort und übe dich drinnen, und beharre in deinem Beruf… Vertraue du Gott und bleibe in deinem Beruf* » (« Sois attaché à ta besogne, occupe-t'en bien et vieillis dans ton travail. […] Confie-toi dans le Seigneur et tiens-toi à ta besogne ») [3].

---

[2] Le travers est particulièrement fréquent dans les études de management interculturel, même les meilleures (*cf.* p. ex. Philippe d'Iribarne, *L'étrangeté française*, Paris, Seuil, 2006). Il est vrai que leur objet est moins l'explication des différences culturelles que la gestion de leurs conséquences.

[3] Les citations sont reprises de Werner Conze, « Beruf », in Otto Brunner, Werner Conze, Reinhart Koselleck (éd.), *Geschichtliche Grundbegriffe. Historisches Lexikon zur olitisch-sozialen Sprache in Deutschland*, vol. 1, Stuttgart, Klett, 1972, p. 490-507. Sur le problème des traductions de la Bible et les choix de Luther en la matière, *cf.* le long développement de Max Weber, dans *Die protestantische Ethik und der Geist des Kapitalismus*, *cf.* l'édition française récente (particulièrement bien traduite et introduite par Isabelle Kalinowski), *L'éthique protestante et l'esprit du capitalisme*, Paris, Flammarion, 2001, p. 130-131. Pour ce qui suit, outre Conze

Par ce choix de traduction, Luther tourne le dos à la tradition préréformatrice qui idéalisait la condition monastique et faisait de la vie en retrait du monde, la contemplation, un modèle pour la piété chrétienne. Le réformateur plaide au contraire pour la *vita activa*, il valorise l'homme dans sa vie temporelle : un chrétien ne peut mieux servir Dieu qu'en faisant fidèlement son devoir ici-bas. La foi, l'appel de l'au-delà sont inséparables de l'action dans le monde, d'abord parce que notre rôle nous y a été assigné par Dieu et qu'il faut nous y conformer par obéissance, ensuite parce que cette action est un service, l'occasion d'exercer notre amour du prochain, enfin parce qu'elle fait de l'homme l'instrument de la création divine sur terre. Le *Beruf*, mot initialement réservé à la *vocatio spiritualis* s'applique donc désormais aussi à l'*occupatio*, la fonction dans le monde, car tout croyant est un élu et tout travail dans la société participe de sa foi.

La large diffusion de cette éthique du travail jusqu'au XIXe siècle, tant dans les représentations communes qu'au niveau des élaborations intellectuelles, est attestée par un grand nombre de sources, livres de chant liturgique, dictionnaires de conversation, productions littéraires et philosophiques [4].

De cette imprégnation des mentalités par la conception luthérienne du *Beruf*, il importe ici de souligner trois implications. La première est une perception du travail inscrite dans deux dimensions indissociables, celle de l'intériorité correspondant à l'appel de Dieu, et celle de l'extériorité, relative à l'insertion dans le monde des hommes. Le travail auquel on aspire, le *Beruf* à part entière, doit être satisfaisant dans ses deux dimensions à la fois, la « vocative » et l'« occupative ». La permanence de ce schéma cognitif et moral se retrouve dans la place exceptionnelle qu'occupe la question de la *Arbeitsfreude* dans le débat social allemand. La possibilité d'une telle satisfaction au travail fait partie des questionnements de la *bürgerliche Sozialreform* au XIXe siècle, se retrouve dans les analyses de la *Arbeitswissenschaft* à la veille de la Première Guerre mondiale, habite les utopies sociales de l'entre-deux-guerres, et resurgit après 1945, jusque dans les débats des années 1970 autour de l'humanisation du travail [5]. C'est la

---

(*ibid.*), *cf.* L. Lemme, « Irdischer Beruf », in Albert Hauck (éd.), *Realenzyklopädie für protestantische Theologie und Kirche*, vol. 2, Leipzig, Hinrichs, 1878, p. 652-657 et G. Naumann, « Beruf », in *Religion in Geschichte und Gegenwart*, vol. 1, Tübingen, Mohr Siebeck, 1909, p. 1062-1070.

4 De nombreux exemples dans Conze, *ibid.*, ainsi que dans Karl Dunkmann, *Die Lehre des Berufs. Eine Einführung in die Soziologie des Berufs*, Berlin, Trowitsch & Sohn, 1922 et Karlwilhelm Stratmann, « Historische Pädagogik als Mittel der Entmythologisierung und Entideologisierung – dargestellt am Beispiel des Berufsbegriffs », in Günther Pätzold, Manfred Wahle (éd.), *Berufserziehung und sozialer Wandel*, Frankfurt am Main, Verlag zur Förderung arbeitsorientierter Forschung und Bildung, 1999, p. 61-79.

5 Pour une analyse de ce thème, *cf.* Joan Campbell, *Joy in work, German work : the national debate, 1800-1945*, Princeton, NJ. Princeton Univ. Press, 1989.

preuve que la sécularisation des valeurs n'entame pas la double exigence luthérienne adressée au travail, dont la formulation moderne est la recherche de l'identification personnelle et de la reconnaissance sociale.

La deuxième implication de la théologie luthérienne est le devoir d'accepter en l'état la division du travail et les hiérarchies sociales établies. Luther reprend ici la conception traditionnelle de la société, ordre immuable voulu par Dieu, donc n'innove pas par rapport à ce que Thomas d'Aquin appelait trois siècles plus tôt la *distributio officiorum*. Formulée à une époque où s'accélère la dynamique du changement historique – Luther est contemporain des Grandes découvertes, de l'essor du capitalisme marchand, et… de la guerre des paysans – cette vision statique mérite d'autant plus d'être relevée. Elle confère à l'idéal du *Beruf* un caractère socialement conservateur.

Enfin, troisième aspect, la conception luthérienne implique *a priori* une indifférence totale pour la nature de l'activité à laquelle le croyant est appelé. Luther souligne bien que « ce ne sont pas les œuvres qui importent à Dieu, c'est l'obéissance […] Ainsi, si une pieuse servante exécute les ordres et, faisant son travail, balaie la cour ou sort le fumier […] elle va directement au ciel, […] alors qu'un autre, qui néglige sa fonction et son travail pour aller à l'église ou faire le pèlerinage à Saint Jacques, ira tout droit en enfer »[6]. Le travail doit être accepté, quelle que soit sa nature.

Ce dernier point est particulièrement important, car il conduit à réviser les interprétations voulant expliquer trop directement la sacralisation du métier par le protestantisme. Ce que fonde ce dernier, c'est dans un premier temps une éthique du travail, pas une valorisation du métier, qui, au sens moderne du terme, est un travail tout à fait particulier, car qualifié et nécessitant un apprentissage[7].

Tout « vocationnel »[8] que soit l'apprentissage allemand, il ne descend donc pas en droite ligne de la théologie luthérienne. Pour comprendre la sacralisation du métier sur laquelle il repose, l'historien doit croiser la référence culturelle avec l'analyse socio-économique. Car c'est seulement à la faveur de conditions

---

6 « *Es ist Gott nit umb die Werk zu tun, sondern umb den Gehorsam […] Daher konnts, Dass ein frum Magd, so sie in ihrem Befehl hingeht und nach ihrem Amt den Hof kehret oder Mist austrägt […] stracks zu gen Himmel geht […] dieweil ein ander, der zu St. Jacob oder zur Kirchen geht, sein Amt und Werk liegen läßt, stracks zur Hellen geht* », cité par Conze, « Beruf », *op. cit.*, p. 494.

7 C'est bien pourquoi notre problématique ne renvoie pas directement à l'« Éthique protestante » de Max Weber, qui, traitant du lien entre l'idée de *Beruf* comme éthique du travail et l'émergence et la diffusion du capitalisme, se préoccupe peu de la distinction entre travail et métier.

8 On sait que les Anglo-Saxons désignent l'apprentissage professionnel par le terme de *vocational training*.

spécifiques d'entrée dans l'ère indusrielle que s'opère la captation par l'artisanat de l'idéal du travail, et que l'éthique du *Beruf* se transforme du même coup en une éthique du métier.

II.

La spécificité de l'évolution socio-économique allemande tient essentiellement en deux points : la relative solidité de ses institutions corporatives à la fin du XVIIIe siècle et les atermoiements de la politique organisant le passage au régime de la libre entreprise [9].

Comme dans les autres pays européens, dans l'économie non-agricole allemande, le mode de production d'Ancien Régime est de type corporatif. L'idéal-type de la corporation est une institution multifonctionnelle qui règle à la fois sur les plans politique, économique et social le fonctionnement de la communauté artisanale et son insertion dans la société. La corporation joue un rôle politique dans la mesure où elle est reconnue au sein de la *Ständegesellschaft* et intégrée dans l'ordre hiérarchique des villes, au gouvernement et à la défense desquelles elle est associée. Sur le plan économique, elle ambitionne d'assurer la subsistance (*Nahrung*) de ses membres et revendique à cette fin le monopole local de production, ainsi que le contrôle des modes de fabrication et des paramètres essentiels de la distribution.

Ce rôle économique trouve son soubassement social dans la fonction professionnelle de la corporation, qui lui confère toute autorité pour régler l'accession au corps de métier et le déroulement de carrière en son sein. Le *cursus honorum* apprenti-compagnon-maître n'est pas seulement le mode de transmission des savoir-faire et le moyen de contrôler le nombre de producteurs de la communauté, il est en même temps parcours de socialisation et, plus encore, véritable schéma de vie prescrit. C'est là que l'identité culturelle, d'autant plus forte que la corporation se conçoit comme une institution totale, prend toute son importance. La corporation, communauté morale soucieuse du bien commun (*Gemeinnutz*), intègre et transmet naturellement l'éthique du travail qui, à côté du respect de la tradition, fait l'honorabilité (*Ehrbarkeit*) de ses membres.

---

[9] Pour tout ce qui suit, *cf.* Rudolf Stadelmann, Wolfram Fischer, *Die Bildungswelt des deutschen Handwerkers um 1800. Studien zur Soziologie des Kleinbürgers im Zeitalter Goethes*, Berlin, Colloquium, 1955 ; Wolfram Fischer, *Wirtschaft und Gesellschaft im Zeitalter der Industrialisierung. Aufsätze - Studien - Vorträge*, Göttingen, Vandenhoeck & Ruprecht, 1972 ; Friedrich Lenger, *Sozialgeschichte der deutschen Handwerker seit 1800*, Frankfurt am Main, Suhrkamp, 1988, enfin Heinz-Gerhard Haupt, Geoffrey Crossick, *Die Kleinbürger. Eine europäische Sozialgeschichte des 19. Jahrhunderts*, München, Beck, 1998.

Mais à la fin du XVIIIe siècle, ce régime de production est, en Allemagne comme partout en Europe, fortement remis en question : il est tout autant miné par ses contradictions internes (érosion des fonctions traditionnelles de solidarité, montée de la concurrence, difficulté à réaliser le principe de subsistance) que par les pressions externes. Celles-ci viennent de l'État absolutiste, qui cherche à rogner l'autonomie corporative pour étendre son influence politique, et, au nom du mercantilisme, écorne le monopole artisanal en autorisant privilèges et manufactures ; et elles résultent plus fondamentalement des progrès de l'esprit utilitariste et rationaliste, qui, avec l'individualisme et le libéralisme, favorise l'émergence de l'économie politique classique (*La richesse des nations* de Adam Smith paraît en 1776).

Les comparaisons internationales le montrent cependant : c'est en Allemagne que les structures corporatives résistent le plus longtemps au processus d'érosion. Au XVIIIe siècle, les bureaucraties d'État y sont soit relativement faibles, soit prudentes, préférant à l'extension excessive de leurs pouvoirs aux dépens de l'artisanat le maintien à travers lui d'institutions contribuant à la stabilité sociale. La lenteur générale du changement économique joue aussi dans le sens de la stabilisation. Si bien qu'autour de 1800, un grand nombre de petites villes du nord et du sud-ouest du pays offrent encore l'image d'un monde corporatif intact et bien établi dans la vie citadine. C'est notamment à partir de ce milieu urbain que se diffusent les représentations de l'artisanat idéal évoquées plus haut.

À partir du tournant du siècle, les États allemands rentrent tout aussi lentement dans l'économie de marché. À la suite de l'abolition radicale des corporations en France en 1791, la Prusse se fait fort d'imiter l'exemple révolutionnaire en annonçant dès 1808 l'introduction de la liberté d'entreprise. Mais la volonté de contrôler l'évolution, de mener « une révolution dans le bon sens du terme […] conduisant tout droit au grand but de l'ennoblissement de l'humanité par la sagesse du gouvernement et non par une impulsion violente venant de l'intérieur ou de l'extérieur » [10] signifie en pratique une grande capacité de compromis face à la résistance qui se manifeste d'emblée au sein de l'artisanat. Cette prudence se retrouve dans le reste de l'Allemagne, où partout la liberté d'entreprise est introduite à petite dose. Freinée par une vague de protestation au moment de la révolution de 1848, elle ne s'impose vraiment que dans les années 1860, lorsque le décollage économique fait peu à peu accepter l'idée

---

10 « *Eine Revolution im guten Sinn, gerade hinführend zu dem großen Zwecke der Veredelung der Menschheit durch Weisheit der Regierung und nicht durch gewaltsame Impulse von innen oder außen* ». La formulation est extraite du mémorandum de Riga (*Rigaer Denkschrift*) adressé par Karl August Freiherr von Hardenberg au roi de Prusse en septembre 1807, in Walter Demel, Uwe Puschner (éd.), *Von der Französischen Revolution bis zum Wiener Kongreß 1789-1815. Deutsche Geschichte in Quellen und Darstellung*, vol. 6, Stuttgart, Reclam, p. 88.

de concurrence, y compris dans une fraction croissante de l'artisanat et même dans les milieux conservateurs. La législation adoptée en 1869 dans le cadre de la Confédération d'Allemagne du Nord (*Gewerbeordnung* du *Norddeutscher Bund*) marque alors le sommet de la dérégulation.

Cette période se caractérise par un singulier mélange de changement et de continuité. La continuité, c'est évidemment la permanence de structures traditionnelles malgré la modernisation économique et l'industrialisation. Dans beaucoup de villes allemandes, il existe encore un régime corporatif jusque dans les années 1860. Les unions artisanales de métier (*Innung*) continuent d'être autorisées, bien que la plupart du temps sous le régime de l'adhésion facultative. Il y a donc très tard persistance de formes institutionnelles d'Ancien Régime.

En même temps, la vie corporative change de nature. Le changement apparaît d'abord dans les mentalités. L'augmentation de la mobilité spatiale et le brassage social croissant affaiblissent l'emprise de la tradition, tant sur la vie de tous les jours que sur les pratiques professionnelles. Mais c'est surtout sur le plan institutionnel que les réalités corporatives évoluent. Car par rapport à l'idéaltype initial, l'*Innung* perd l'essentiel de ses fonctions. Avec la réforme des régimes municipaux, elle perd complètement, dès la première moitié du siècle, sa fonction politique. La fin des monopoles corporatifs de production, mais aussi la liberté de circulation, l'élargissement des marchés et l'importance croissante de l'industrie réduisent parallèlement à peu de chose sa fonction de régulation économique. Dans un environnement en pleine mutation, il ne lui reste qu'une fonction sociale (caisses de soutien, sociabilité) et surtout une fonction d'organisation professionnelle. À l'origine « corps » social multifonctionnel, l'*Innung* n'est désormais plus guère que l'incarnation institutionnelle du métier.

Témoin d'un monde productif dont on craint la disparition, le *Beruf* gagne d'autant plus en importance symbolique et identitaire. Il devient de fait l'enjeu majeur de l'organisation artisanale. Lorsque dans le dernier tiers du XIXe siècle, la crise économique ravive les protestations des petits producteurs contre la liberté d'entreprise, leur argumentaire revendicatif met particulièrement en avant le rôle de formation et de socialisation des corps de métier traditionnels.

III.

Parallèlement à cette singularisation institutionnelle du *Beruf*, l'émergence de l'industrie suscite très tôt dans les milieux intellectuels des réactions négatives [11].

---

11 Pour ce qui suit, *cf.* Werner Conze, « Arbeit », in Brunner *et alii*, *Geschichtliche Grundbegriffe*, *op. cit.*, p. 155-215, ainsi que Karlwilhelm Stratmann, « Vom lästigen Schlendrian zur romantischen Idylle. Das Hdwerk im Urteil der Zeitgenossen zwischen Aufkklärung und Restauration :

Une interrogation angoissée sur la division du travail est déjà fortement présente chez les penseurs de l'idéalisme à partir du début du siècle. Dès 1793, le Schiller de *Über die ästhetische Erziehung des Menschen* dénonce dans la civilisation moderne l'avènement d'une vie mécanique, où l'homme, « éternellement enchaîné à un petit fragment du tout, ne développe lui-même qu'un fragment de sa personnalité » [12]. Dans ses *Cours de philosophie réelle* de Iéna (*Jenenser Realphilosophie* 1805-1806), Hegel, lecteur de Adam Smith, entrevoit pour l'avenir « le rabaissement de l'homme » dans la production mécanique : « Un grand nombre seront condamnés à effectuer dans les manufactures et les fabriques, dans les mines, etc., ces travaux abrutissants qui limitent l'habileté » [13]. Et Schiller, dans son deuil de la totalité, voit désormais dissociés non seulement le moyen de la fin, l'effort de la récompense, mais aussi « le plaisir du travail » [14]. Pourtant, malgré leur pessimisme, ces penseurs n'envisagent pas un retour en arrière. Pour dépasser les contradictions actuelles, ils comptent sur une avancée libératrice, l'éducation esthétique pour Schiller, le mouvement dialectique de l'histoire pour Hegel. Une génération après, il en va bien sûr de même pour Marx, penseur de la révolution. Pour ces « progressistes », l'effacement du métier et de ses vertus est une perte, mais aussi en quelque sorte un mal nécessaire.

Mais c'est le courant de pensée conservateur, attaché à la restauration du métier, qui est le plus influent. Adam Müller, son chef de file, veut un retour à la société prérévolutionnaire. Pour lui, le travail mécanique n'est tout simplement pas convenable et pas naturel pour l'homme. La division du travail dégrade le « vrai travailleur complet ». La consolidation de l'artisanat par le retour à une société d'états (*Stände*) permettra de retrouver « le travail vrai, personnel, entier » [15]. Cette pensée trouve son relais dans une grande partie de la littérature romantique et *Biedermeier*. Le théâtre des fictions y est souvent un Moyen Âge mythifié, en tout cas une société stable où subsistent des liens organiques entre états (*Stände*) et où l'archétype de l'actif est un maître-artisan. Le rôle du médium littéraire dans la diffusion des représentations traditionnelles du travail n'est

---

die Aufrüstung eines anti-industriellen Leitbildes der Berufserziehung », in Walter Heistermann (éd.), *Abhandlungen aus der pädagogischen Hochschule Berlin, Bd. VII Spätlese*, Berlin, 1980, p. 91-110.

12 6ᵉ lettre : « *Ewig nur an ein einzelnes Bruchstück des Ganzen gefesselt, bildet sich der Mensch selbst nur als Bruchstück aus* », Friedrich Schiller, *Über die ästhetische Erziehung des Menschen*, Stuttgart, Reclam, 2000, p. 23.

13 « *Das Niedrigerwerden des Menschen im mechanischem Getriebe [...] Es werden also eine Menge zu den ganz abstumpfenden [...] die Geschicklichkeit beschränkenden Fabrik-Manufaktur-Arbeiten, Bergwerken usf. verdammt* », in Conze, « Arbeit », *op. cit.*, p. 186-87.

14 *Cf.* Schiller, *op. cit.*, 6ᵉ lettre, « *Der Genuss wurde von der Arbeit, das Mittel vom Zweck, die Anstrengung von der Belohnung geschieden* ».

15 Respectivement « *der wahre vollständige Arbeiter* » et « *die wahre persönliche, ungeteilte Arbeit* », in Conze, « Arbeit », *op. cit.*, p. 195.

d'ailleurs certainement pas étranger au grand nombre de termes et d'expressions empruntées à l'artisanat, ou lui faisant allusion, qui sont entrées dans le lexique allemand. L'écrivain Jean Paul n'affirme-t-il pas dans sa *Vorschule der Ästhetik* que la langue de l'artisanat est une des trois « fontaines de jouvence » de la langue allemande ?[16]. Il y a bien d'autres signes de la valorisation nostalgique de l'artisanat au XIXᵉ siècle, y compris dans la musique : qu'on pense aux opéras de Lortzing *Zar und Zimmermann* (1837) et *Der Waffenschmied* (1846), ainsi que, évidemment, à *Die Meistersinger von Nürnberg* de Wagner (1868).

Pour compléter le tableau, on citera enfin Wilhelm Heinrich Riehl qui, dans la seconde moitié du siècle, est un des propagateurs essentiels de l'éthique du travail préindustrielle[17]. Publiciste et universitaire prolixe qui tient en même temps du folkloriste, du moraliste et du sociologue, il publie en 1861 *Deutsche Arbeit*. Dans ce livre emblématique, on retrouve tous les traits de l'éthique luthérienne : en particulier l'insistance sur la moralité du travail et sa définition moins comme une activité orientée vers un but rationnel que comme l'expression d'une identité individuelle et collective. On travaille pour soi-même et pour le bien du peuple, pas pour le profit. Dans ses premiers ouvrages, Riehl fait du paysan l'incarnation du travailleur allemand idéal. Dans *Deutsche Arbeit*, il reconnaît cependant les vertus de l'artisan, qu'il oppose, lui aussi, au travailleur de l'industrie, en proie à l'instabilité et l'insatisfaction.

Ce qui rend son approche particulièrement symptomatique, c'est l'épithète *deutsch*. Car chaque nation a, tant au niveau des pratiques que des représentations, un rapport spécifique au travail, qui révèle ses caractéristiques les plus profondes. Dans le travail, c'est l'âme d'un peuple qui se manifeste. Et si la satisfaction du travail bien fait, comme celle du devoir accompli, sont le propre du vrai Allemand, c'est tout simplement que l'Allemagne est le pays du travail. Riehl opère donc la fusion entre les représentations les plus anciennes, héritées de la tradition protestante, et la valeur collective la plus moderne, l'identité nationale. Une telle vision des choses est évidemment pour beaucoup dans le succès qu'il rencontre à partir des années 1890, dans un contexte d'exacerbation des nationalismes[18].

∞

---

16 Jean Paul, *Vorschule der Ästhetik. Kleine Nachschule zur ästhetischen Vorschule*, Munich, Hanser, 1963, § 83, p. 302. La langue de l'artisanat est ici considérée comme l'une des trois *Verjüngungsquellen* de la langue allemande, à côté des provincialismes et de l'allemand des temps anciens.

17 Sur Riehl (1823-1897), *cf.* Campbell, *Joy of Work, op. cit.*, p. 32 *sq.*, mais aussi Sebastian Conrad, *Globalisierung und Nation im deutschen Kaiserreich*, Munich, Beck, 2006, p. 278 *sq.*

18 En 1935, *Deutsche Arbeit* en est à sa 13ᵉ édition. Conrad (*ibid.*) indique que le livre fait même l'objet d'une édition de la poste militaire pour être distribué aux troupes pendant le premier conflit mondial : Conrad, *Globalisierung und Nation, op. cit.*, p. 285.

Riehl illustre à l'âge de la modernité industrielle la permanence d'un discours sur le travail qui reste attaché aux références préindustrielles, tant sur le plan moral qu'au niveau du mode de production réel. C'est la conjonction de ce discours avec la persistance de réalités corporatives artisanales qui explique la transformation de l'éthique luthérienne du travail en une éthique du *Beruf*.

En préservant leurs institutions traditionnelles dans l'espoir de mieux résister à l'industrialisation, les artisans se font automatiquement apologistes du métier : l'*Innung* qu'ils défendent n'est rien d'autre que l'incarnation institutionnelle du *Beruf* (ce qui pourrait inciter à traduire *Innung* par « corps de métier » si l'expression française n'était pas si informelle). Pour ce faire, ils peuvent mobiliser les ressources de l'éthique luthérienne du travail, avant tout la première des trois caractéristiques soulignées plus haut, celle qui réclame la congruence de la « vocatio » et de l'« occupatio ». L'argument récurrent est emprunté au discours antiindustriel : seule une activité dont l'intégrité (*Ganzheitlichkeit*) n'est pas sapée par la parcellisation des tâches peut en même temps susciter l'adhésion intime de celui qui l'exerce et assurer son intégration à un collectif organisé (le corps de métier). Le *Beruf* luthérien était synonyme de travail – quelle qu'en soit la qualité ; mis au service de la cause artisanale, il désigne exclusivement le travail qualifié : on est passé du travail au métier.

Cette réinterprétation de l'éthique du *Beruf* est officiellement légitimée lorsque, cédant à la protestation des petits producteurs, le gouvernement révise par touches successives la *Gewerbeordnung* pour renforcer le rôle de l'*Innung* et finalement (1897) donner aux artisans le monopole de la formation reconnue d'apprentis. Rétrospectivement, on sait que cette décision constitue l'acte de naissance du « système dual » [19].

Il est évidemment impossible d'analyser ici ce qui contribue à pérenniser cette référence originellement préindustrielle au *Beruf*, au point de lui préserver jusqu'à aujourd'hui la part de sacralisation évoquée dans notre citation initiale. Sans résumer toute l'histoire idéologique et institutionnelle de l'apprentissage, soulignons au moins à quel point au moment fondateur du système dual l'institutionnalisation du *Beruf* tire parti des ressources de l'éthique luthérienne.

Le métier / vocation ne promet pas seulement de répondre aux craintes économiques des classes moyennes (*Mittelstandspolitik*). Avec lui, le gouvernement conservateur entend aussi se prémunir contre l'attraction du mouvement social-démocrate sur la jeunesse ouvrière. Son éducation professionnelle par l'artisanat – complétée bientôt par une école d'accompagnement (*Fortbildungsschule*, puis *Berufsschule*), elle aussi fondée sur la dimension éthique du métier, est

---

19 *Cf.* Wolf-Dietrich Greinert, *Das « deutsche System » der Berufsausbildung. Geschichte, Organisation, Perspektiven*, Baden-Baden, Nomos, 1995, p. 42 *sq*.

censée prémunir contre la subversion. Kerschensteiner, le « père de la *Berufs-schule* », apportera dès le début du XXe siècle sa caution pédagogique à cette vision conservatrice : l'éducation au métier est le moyen d'inculquer à la jeunesse populaire les vertus citoyennes, comprises non seulement comme celles de la morale pratique – application, ponctualité, etc. – mais aussi avant tout comme le respect de l'ordre établi[20]. On voit donc que si le métier n'est pas le *Beruf* luthérien, il en mobilise pleinement le potentiel disciplinaire.

Sur le plan méthodologique, la constitution de l'éthique allemande du métier ne peut s'expliquer sans l'interaction entre le paradigme culturel protestant et les déterminants socio-économiques. Il y a effectivement interaction, car les structures corporatives sont bien plus qu'un réceptacle ou un vecteur de transmission des normes et représentations culturelles. Elles sont aussi le lieu géométrique et le catalyseur de leur transformation : celle du *Beruf* luthérien en métier d'apprentissage. Pour interpréter le rôle de la culture protestante dans l'émergence et le fonctionnement de la formation professionnelle allemande, les thèses d'Arnold Gehlen s'avèrent donc particulièrement fécondes : les idées et les représentations n'ont un impact social que si elles s'incarnent dans des institutions. Car les institutions renforcent et stabilisent l'action collective, mais c'est aussi par elles que les formes de conscience qui sous-tendent cette action trouvent progressivement un sens et une définition[21].

---

20 Georg Kerschensteiner, *Staatsbürgerliche Erziehung der deutschen Jugend*, Erfurt, Villaret, 1901.
21 Nous reprenons les thèses développées par Gehlen (Arnold Gehlen, *Der Mensch. Seine Natur und seine Stellung in der Welt*, Berlin : Junker u. Dünnhaupt, 1944, et *ibid.*, *Urmensch und Spätkultur*, Frankfurt am Main, Klostermann, 2004) telles que les résume Bollenbeck, avant de les employer lui-même avec brio à propos des paradigmes allemands de *Bildung* et *Kultur* : Georg Bollenbeck, *Bildung und Kultur. Glanz und Elend eines deutschen Deutungsmusters*, Frankfurt am Main, Suhrkamp, 1996, p. 167.

Chapitre III

Identité collective et exclusion

Du silence comme coup de pied dans la fourmilière : Karl Kraus face au champ intellectuel en exil (1933-1934)

Valérie Robert

L'année 1933 voit, immédiatement après la nomination de Hitler comme Chancelier, une réorganisation du champ intellectuel en Allemagne qui ne touche pas seulement les intellectuels de nationalité allemande, mais aussi tous ceux, qu'ils se trouvent à Vienne, Prague ou Berlin, qui faisaient partie de ce champ et se retrouvent exclus de la sphère publique en Allemagne, doivent renoncer à vivre ou publier en Allemagne après janvier 1933, et que j'englobe dans la désignation générique d'« exilés ».

On peut considérer que se met alors en place hors d'Allemagne, et par-delà les frontières des différents pays d'accueil, un champ intellectuel en exil structuré entre autres par ses journaux, ses maisons d'édition. Ce champ se caractérise par sa forte hétéronomie, au sens où le résultat des luttes politiques pèse fortement sur les rapports de force internes et où l'intégration à la communauté est liée à la prise de position explicite contre le nouveau régime.

L'activité des exilés consiste d'abord, entre autres, à se compter. Les textes parus durant les premiers mois de 1933 dans la presse de l'exil constituent une cartographie du nouveau paysage intellectuel. Le critère géographique dedans/dehors se voit inversé pour établir l'opposition entre intellectuels « renégats » ayant trahi l'esprit car s'accommodant du nouveau régime, et « véritables » intellectuels, exilés faisant partie du champ. Ce discours d'exclusion des « traîtres » connaît plusieurs phases : la première est celle de l'exhortation à prendre position, en menaçant d'une relégation dans l'extérieur du champ, dans un « là-bas » qui est autant géographique que symbolique. La seconde phase est celle de l'exclusion proprement dite.

Après la prise de position en faveur du nouveau régime, en mai 1933, du poète Gottfried Benn, la presse de l'exil voit s'accumuler, jusqu'en 1934-1935, les textes appelant les intellectuels à se ranger du bon côté ou constatant des désertions[1]. Chacun de ces textes contribue également à la constitution d'une nouvelle identité collective par un discours commun, par un rituel d'intégration voire d'allégeance aux nouvelles règles du champ. Ils établissent une frontière symbolique étanche entre deux camps opposés.

Ce discours est simplificateur : il présuppose en effet que chacun peut être classé dans l'un ou l'autre camp, et ignore les possibles nuances et zones d'ombre. Ceci s'explique par les conditions historiques particulières dans lesquelles il émerge, tout particulièrement par le besoin de règles claires pour supporter la perte de repères qu'implique l'exil. De plus, la plupart des exilés ne s'intègrent que peu dans leur pays d'accueil, ne serait-ce que pour des raisons linguistiques : pour la plupart, exister en exil, c'est exister dans le champ intellectuel, un espace symbolique qui se voit surinvesti.

L'intransigeance et la rupture deviennent un comportement dominant, associé à la création d'un nouveau « nous », un pronom omniprésent. Ainsi, communistes et intellectuels « bourgeois » condamnent de manière parallèle les « traîtres » au nom d'une même valeur, la défense de l'esprit et de la culture, qui devient un mot d'ordre fédérateur permettant un rapprochement entre différents groupes d'intellectuels jusque-là distants voire antagonistes, rapprochement qui cache toutefois une domination des plus politisés, qui pratiquent le plus et depuis le plus longtemps ce type de discours et le posent en modèle.

Ce discours fait appel à tout un arsenal de techniques typiquement krausiennes (usage de la citation comme document d'une auto-disqualification, champ sémantique du suicide, contraste entre discours et réalité), qui semblent faire partie de la mémoire discursive des exilés et qui font de Kraus, chez qui la disqualification d'un individu considéré comme ayant trahi l'esprit est un *topos* omniprésent, un inspirateur muet – ce qui jouera un rôle dans sa réaction.

Parallèlement à ce discours qui se met en place et que, en grand lecteur de la presse, il connaît, Kraus lui-même reste silencieux après janvier 1933, et ce neuf longs mois durant. Pourtant, les attentes sont grandes à son égard : la plupart des exilés espèrent un numéro de *Die Fackel* qui prenne position contre le national-socialisme et tourne celui-ci en ridicule. C'est dans ce contexte que Kraus rédige différents textes, dont la chronologie diffère de leur ordre de parution.

Durant l'été 1933, Karl Kraus rédige *Dritte Walpurgisnacht* (*Troisième nuit de Walpurgis*), un texte fleuve qui devait constituer le numéro 888 de la *Fackel*, mais qu'il renonce finalement à faire paraître[2], et dont il ne publiera que des

---

[1] *Cf.* Valérie Robert, *Partir ou rester ? Les intellectuels allemands devant l'exil 1933-1939*. Paris, Presses Sorbonne Nouvelle, 2001, p. 69-139.

[2] Sur la genèse et le destin de ce texte, *cf.* Jacques Bouveresse, « "Et Satan conduit le bal…" Kraus, Hitler et le nazisme », in Karl Kraus, *Troisième nuit de Walpurgis*, Marseille, Agone, 2005, particulièrement p. 70-89.

extraits en juillet 1934, intégrés dans un nouveau texte au titre paradoxal « *Warum die Fackel nicht erscheint* » (« Pourquoi la *Fackel* ne paraît pas »), qui constitue les 315 pages du numéro 890-905. Mais avant cela, il y avait eu deux numéros de la *Fackel*. Dans le numéro 888, paru en octobre 1933, on ne trouve finalement, à part un hommage posthume à Adolf Loos, que le poème suivant, qui ne porte pas de titre et que l'on désigne le plus souvent par ses premiers mots : *Man frage nicht* :

> Que l'on ne demande pas ce que j'ai fait tout ce temps.
> Je reste muet ;
> et ne dis point pourquoi.
> Et le silence se fait, alors que la terre a retenti du vacarme.
> Pas un mot qui ait été juste ;
> on ne parle qu'en dormant.
> Et rêve d'un soleil qui rirait.
> Cela passe ;
> après, cela n'avait pas d'importance.
> Le Verbe s'est endormi lorsque ce monde-là s'est éveillé.

Ce poème suscitera de nombreuses réactions, dont Kraus publie un florilège le 23 juillet 1934 dans le numéro 889, qui ne contient que ces textes, et qui est immédiatement suivi du numéro 890-905.

La connaissance du discours des exilés est très importante pour comprendre ces textes de Kraus, discours que, dès *Dritte Walpurgisnacht*, Kraus décrit de manière très pertinente. Dans *Man frage nicht*, il s'en démarque, mais de façon plus allusive.

Ce jeu très sérieux avec la parole et la non-parole, parler pour dire que l'on se tait, n'était pas nouveau chez Kraus, il en avait déjà usé en novembre 1914 dans son célèbre discours « *In dieser großen Zeit* »[3] (« En cette grande époque »). Kraus restait donc fidèle à ses principes énoncés alors : lorsque le discours public est envahi par l'excitation et par des formules figées qui brouillent la réalité et les priorités, mieux vaut se taire quelque temps – tout en signalant ce silence, qui a bien quelque chose à dire puisqu'il vaut aussi critique. Ce poème n'aurait donc pas dû surprendre ou choquer des exilés familiers de Kraus, si ce n'est que, dans ce nouveau contexte, il était une manière de mettre en question la doxa qui était en train de s'établir, il représentait un piège, une sorte de chiffon rouge qui n'allait pas manquer de faire son effet.

Par ses variations sur le thème du silence, Kraus avait touché le point névralgique du discours des exilés, chez qui l'opposition silence / parole était constitutive,

---

3 *Die Fackel*, n° 404, 1914, p. 1-19.

autour du concept central du « devoir de parler » (*Redepflicht* est le titre d'un texte de Friedrich Torberg paru dans la *Wiener Weltbühne* le 17 mars 1933). Il fallait tout d'abord parler pour se faire reconnaître, explicitement, comme membre de l'une ou l'autre des communautés, dedans ou dehors ; et le silence lui aussi était interprété comme une prise de position, selon l'oxymore « un silence parlant ». Il y a certes eu débat, par exemple dans les colonnes du *Gegen-Angriff*, à ce sujet. Franz Höllering constatait ainsi qu'on ne pouvait comprendre d'emblée comme une prise de position pour Hitler un silence qui pouvait n'être « rien d'autre que l'expression d'une épouvante qui n'a pas encore trouvé de langage »[4]. Mais la ligne générale était plutôt celle de l'interdiction du silence, interdiction à laquelle Kraus s'attaqua de front, suscitant des réactions allant précisément dans le sens de l'obligation de parler : « Il reste muet et ne dit pas pour quelle raison ? – Le fait même nous suffit » écrivit Wilhelm Koenen *alias* Arnold[5].

Parler, c'était aussi parler pour agir contre le régime. « Personne n'a le droit de se taire plus longtemps » (*Niemand darf länger schweigen*) était un slogan cher au *Gegen-Angriff*[6]. En juin 1933, Ernst Toller déclarait : « Si l'on croit au pouvoir de la parole, et en tant qu'écrivains nous y croyons, on n'a pas le droit de se taire »[7]. Ce que Kraus exprime dans son poème, c'est précisément l'inadéquation de cette arme – rejoignant ainsi un Tucholsky qui, dans une lettre à Hasenclever, expliquait que « rester silencieux, se taire » était la seule attitude adéquate : « Cela ne sert à rien d'engueuler un océan »[8].

Mais Kraus va plus loin, puisqu'il revendique son silence et ne l'explique pas, ce qui revient à refuser de lutter et donc de faire partie de la communauté, ce que Koenen exprime ainsi : « Que l'on ne lui demande pas ce qu'il a fait tout ce temps ? – Il n'a pas participé à ce que faisaient les autres, voilà ce qu'il a fait »[9].

Le consensus n'est pas seulement qu'on n'a pas le droit de se taire ; ce que l'on doit dire et comment on le dit est aussi en train d'être fixé. L'enjeu des luttes internes au champ intellectuel exilé en train de se constituer est justement aussi la domination de l'ordre du discours, qui à son tour signale la place de chacun dans le champ, ou à l'extérieur : « Mais nous maintenons ce que nous avons dit : **quiconque se tait aujourd'hui** s'est exclu de la communauté des

---

4 « Seid ohne Illusionen ! », *Der Gegen-Angriff*, Jg. I, n° 3, 1er juin 1933, p. 2.
5 « Nachruf auf Karl Kraus », *Der Gegen-Angriff*, Jg. I, n° 19, 26 novembre 1933, p. 5.
6 23 juin et 30 juin 1934.
7 « Rede auf dem PEN-Club-Kongreß in Ragusa », *Die Neue Weltbühne*, Jg. 29, n° 24, 15 juin 1933, p. 744.
8 11 avril 1933, cité par Hermann Haarmann, « Wie deutsche Schriftsteller und Publizisten aus dem Exil gegen Hitler kämpften », in Bernd Sösemann (Hrsg.), *Der Nationalsozialismus und die deutsche Gesellschaft : Einführung und Überblick*. Stuttgart, DVA, 2002, p. 309.
9 *Cf.* n. 5.

combattants. On ne peut pas protester par le silence, même de manière insuffisante »[10]. Bien sûr, le silence et la parole de Kraus n'en sont pas vraiment, c'est d'ailleurs ce que souligne le *Gegen-Angriff*, après que Kraus l'a attaqué en justice pour une virgule manquant dans sa reproduction du poème : « Le mutisme ne se rapporte qu'au combat contre le fascisme. Quand il s'agit d'une virgule, Karl Kraus n'est pas muet »[11]. C'est précisément le caractère *véritablement* parlant de son silence qui provoque de la part des exilés une explicitation des règles du champ, faisant apparaître au passage le caractère rigide de celles-ci. Seule une certaine parole peut être prise en compte ; or c'est précisément celle que pratiquent ceux qui émettent ce jugement, s'attribuant ainsi légitimité et position dominante.

Alors que Torberg avait attaqué les silencieux par : « Ils ont tous l'air au moins de croire qu'on ne leur demande rien. Mais c'est faux »[12], Kraus refuse à quiconque le droit de lui poser une question et refuse également de donner à celle-ci la réponse attendue. Il sort de l'alternative parler ou se taire, et ce de manière provocatrice, en parlant pour se taire. Mettant ces deux pôles en relation l'un avec l'autre de manière dialectique, il prend les exilés à leur propre jeu en montrant que cette alternative n'a pas de sens. Il ne fait pas qu'exprimer son désarroi, il attaque aussi un discours dominant et le consensus qui fonde le champ exilé. Ce faisant, il se place dans la ligne de mire des plus politisés, qui s'empressent de le classer du côté des traîtres.

Dans le détail, certaines des (nombreuses) réactions au poème de Kraus sont nuancées, avant que le *Gegen-Angriff* n'accapare le discours sur Kraus en le radicalisant. Rares sont ceux qui ont compris que parler hors des rails n'équivalait pas simplement à ne pas parler : c'est le cas de Bertolt Brecht, dans un poème qui n'est pas paru dans la presse de l'exil, intitulé « *Über die Bedeutung des zehnzeiligen Gedichts in der 888. Nummer der Fackel (Oktober 1933)* »[13] (« Sur la signification du poème de dix lignes dans le numéro 888 de la *Fackel* [octobre 1933] »). Mais ce poème, s'il s'inscrit en faux contre le discours dominant, ne le fait pas vraiment publiquement, au contraire par exemple de Botho Laserstein qui tente en vain de faire entendre un point de vue modéré : « Le numéro de 4 pages de la Fackel, après un long silence, n'est-il pas une protestation, même

---

10 « Anmerkung der Redaktion zu Botho Laserstein : "Lanze für Karl Kraus" », *Der Gegen-Angriff*, Jg. I, n° 22, 17 décembre 1933, p. 7, souligné dans le texte.
11 « Karl Kraus berichtigt », *Der Gegen-Angriff*, Jg. II, n° 3, 21 janvier 1934, p. 8.
12 « Redepflicht », *Wiener Weltbühne*, 17 mars 1933, p. 331.
13 Parus en 1934 dans un recueil collectif en l'honneur de Kraus pour son 60ᵉ anniversaire, *Stimmen über Karl Kraus zum 60. Geburtstag. Hrsg. Von einem Kreis dankbarer Freunde*, Wien, 1934. In Bertolt Brecht, *Gesammelte Werke 9. Gedichte 2*, werkausgabe edition suhrkamp. Frankfurt am Main, Suhrkamp, 1967, p. 501-503.

si elle est insuffisante ? […] vu la valeur qu'il accorde à la parole, alors c'est une manière d'exprimer la protestation »[14].

D'autres ressentent le poème comme un abandon, mais restent exhortatifs : ainsi Lucien Verneau appelle Kraus à reprendre la place qui est la sienne, celle d'un tout-puissant « médecin » que le moment historique rend d'autant plus indispensable : « Karl Kraus, ne nous laissez pas tomber ! »[15]. Pour Klaus Mann, Kraus, « mortellement fatigué, paralysé par le dégoût, muet d'effroi », a certes abdiqué mais ne saurait être classé parmi les traîtres : « Un de plus qui n'a plus envie et nous laisse tomber. Nous ne pouvons le tourner en dérision ni lui en tenir rigueur, car celui-ci a combattu longtemps »[16]. Chez Carl Colbert *alias* Alfeus, la menace d'exclusion est sous-jacente : « À une époque où des esprits de plus petit format ont montré de manière méprisable qu'ils n'étaient pas à la hauteur, un Karl Kraus n'a-t-il rien à **dire** ? […] Nous qui sommes décidés à lutter et qui avons depuis toujours vu en Karl Kraus notre plus grand modèle de combattant, nous ne nous lasserons pas de demander : **Pourquoi Karl Kraus reste-t-il silencieux ?** »[17].

L'exclusion réalisée vient d'un seul côté, celui des communistes (en particulier du *Gegen-Angriff*) qui, non contents de dénoncer le silence de Kraus, le rangent dans le camp des traîtres qui soutiennent le national-socialisme. Plusieurs textes constatent que Kraus s'est suicidé intellectuellement, qu'il est « fini »[18], et utilisent à son encontre des techniques qu'il a lui-même forgées, ainsi les termes de « *Nachruf* »[19] (nécrologie) et de « *Grabrede* »[20] (oraison funèbre), ou encore le contraste temporel (« ce mort – pardon : ce pamphlétiste à la retraite »[21]). Certains tentent également de jeter le doute sur son passé[22]. Kraus est relégué de l'autre côté, celui des « bardes de Hitler », parmi lesquels on trouve à la fois « les bruyants et les silencieux »[23].

---

14 Botho Laserstein, « Lanze für Karl Kraus », *Der Gegen-Angriff*, Jg. I, n° 22, 17 décembre 1933, p. 7.
15 Verneau, Lucien (= ?), « Karl Kraus' Abschied ? », *Aufruf*, Prag, 1er novembre 1933.
16 Klaus Mann, « Karl Kraus », *Die Sammlung*, Jg. I ?, H. 5, janvier 1934, p. 279.
17 « Warum schweigt Karl Kraus », *Die Wahrheit*, Prag, 4 novembre 1933, cité dans « Nachrufe auf Karl Kraus », *Die Fackel*, n° 889, p. 3, souligné dans le texte.
18 « Zwei Grabreden auf Karl Kraus », *Neue Deutsche Blätter*, Jg. I, H. 3, 15 novembre 1933, p. 196 ; Wilhelm Koenen, *cf.* n. 5.
19 Wilhelm Koenen, *cf.* n. 5.
20 *Cf.* n. 18.
21 Isk (*alias* Franz C. Weiskopf), « Der Kampf um ein Komma oder Trauriges Ende des Karl Kraus », *Der Gegen-Angriff*, Jg. II, n° 2, 14 janvier 1934, p. 5.
22 Wilhelm Koenen, *cf.* n. 5.
23 Hans Frank, « Mut, Verrat oder Feigheit ? », *Der Gegen-Angriff*, Jg. II, n° 29, 19 juillet 1934, p. 6.

Kraus réagit tout d'abord en reproduisant les articles parus à son sujet. Fidèle à sa pratique de la citation qui se suffit à elle-même, il fait apparaître, par un effet-miroir, une sorte de précipité des réseaux et des structures du champ intellectuel exilé [24], qui ne suscite pas pour autant de réactions, car il annonce le numéro suivant pour « dans quelques jours » ; c'est dans ce dernier, « *Warum die Fackel nicht erscheint* », que Kraus, dans un second temps, exprime son jugement. Ce texte contient la célèbre première phrase de *Dritte Walpurgisnacht*, « *Mir fällt zu Hitler nichts ein* » [25], présentée ici à la deuxième page, dans un jeu énonciatif subtil, comme ce qu'aurait pu être le début d'un autre texte.

Cette phrase est difficile à traduire en rendant justice à la fois à sa concision et à sa densité. Le « *mir* » qui l'ouvre est particulièrement mis en valeur, et sous-entend que ce « moi » n'est pas le « nous » des exilés. Le verbe « *einfallen* », quant à lui, ne signifie pas « Je n'ai aucune idée au sujet de Hitler » [26], mais a un aspect dynamique : « Quelque chose me vient à l'esprit ». On pourrait en expliciter ainsi le sous-texte : « En ce qui me concerne [et contrairement à vous autres], rien [aucun jeu de mots, aucun trait d'esprit] ne me vient à l'esprit au sujet de Hitler ». Kraus se démarque donc à la fois du discours des exilés, mais aussi des attentes de ceux-ci.

S'ajoute à cela une appréciation positive du régime autoritaire mis en place en Autriche sous le chancelier Dollfuß : « Kraus pense que le moment est malheureusement passé, où l'on aurait pu encore envisager de lutter simultanément sur deux fronts : désormais, si l'on veut se battre contre Hitler, il n'y a pas d'autre choix que de le faire aux côtés de Dollfuß » [27] – une prise de position inacceptable pour la plupart des exilés, en particulier ceux d'obédience marxiste, après la courte guerre civile de février 1934.

Concernant le discours des exilés, son jugement est explicite et il parle des « *Nachrufer* » (« nécrologistes ») comme de « parasites intellectuels » [28] et de « racaille intellectuelle » [29]. Il explique pourquoi, retrouvant la parole, c'est ainsi à eux qu'il la consacre : « Car alors qu'il ne saurait y avoir de polémique face au phénomène de la violence, ni de satire face à celui de la démence, il [le polémiste] a encore quelques objets de polémique, qui sont l'impudence et en particulier la bêtise » [30]. Revenant sur son poème, il confirme l'aspect provocateur

---

24 *Cf.* Michael Pollak, « Une sociologie en acte des intellectuels : les combats de Karl Kraus », *Actes de la recherche en sciences sociales*, février-mars 1981, 36/17, p. 88.
25 « Warum die Fackel nicht erscheint », *Die Fackel*, n° 890-905, p. 2.
26 Comme l'explique Pierre Deshusses dans sa préface à sa traduction de *Troisième nuit de Walpurgis*, Marseille, Agone, 2005, p. 11.
27 Jacques Bouveresse, *op. cit.*, p. 112.
28 « Warum die Fackel nicht erscheint », *cf.* n. 25, p. 213
29 « Warum… », *cf.* n. 25, p. 8.
30 « Warum… », *cf.* n. 25, p. 167.

de celui-ci : « On a annoncé, en restant silencieux, que quelque chose s'était passé. Les combattants ont continué à parler leur langue comme si rien ne s'était passé »[31]. Il souligne bien le décalage entre la constitution d'un collectif d'une part et sa position individuelle d'autre part. Répondant, en le citant, au *Gegen-Angriff* (« Quiconque reste silencieux aujourd'hui s'est exclu de la communauté des combattants »[32]), il commente : « C'est un sentiment étrange que d'apprendre après coup que l'on faisait partie d'une telle communauté »[33]. Et il poursuit : « Ce n'est pas parce qu'il se tait qu'il s'est exclu de la communauté des combattants : il se tait parce qu'il s'est exclu de la communauté des combattants, parce qu'il a autant horreur de celle-ci que des ennemis de celle-ci […] »[34]. On ne saurait être plus clair.

En se distanciant ainsi des exilés et de leur discours, Kraus occupe une position unique : il est en effet le seul à les critiquer publiquement. Ce faisant, il trace lui aussi une frontière, et s'attribue une place à part, qui est à la fois celle de l'outsider (ce qui est bien une position *dans* le champ) et celle du seul véritable intellectuel. Il est vrai que Kraus relève plus spécifiquement du sous-champ intellectuel viennois. Si les textes de Kraus des années 1933-1934 sont, sauf quelques emprunts (d'ailleurs muets !)[35], si différents des textes des exilés, c'est aussi parce que, n'ayant été ni interdit ni chassé, il n'était pas pour lui aussi vital d'occuper de manière démonstrative sa place dans le champ intellectuel en exil.

Kraus refuse pour sa part de prendre sa place au sein de la hiérarchie qu'établissent les exilés : il y a au sein de l'exil, qui est une école de l'intransigeance, des professeurs et des élèves. Il refuse d'une part une des positions dominantes possibles, celle du professeur : constatant que les exilés ont beaucoup appris de lui, il se distancie de ce qui était son propre style[36]. Il refuse d'autre part de jouer le rôle de l'élève, percevant très bien le caractère normatif du discours des exilés, dont les textes, à la fois performatifs et injonctifs, ont pour fonction de fournir un modèle textuel destiné à être reproduit par tous.

Pour Kraus, ce discours masque l'essentiel, justement parce qu'il est centré sur le champ intellectuel et exclusivement orienté vers la « défense de la culture », ce qui pour Kraus revient à passer à côté du véritable problème : « En effet, ce qui est arrivé ici à l'esprit est-il encore l'affaire de l'esprit ? »[37]. Kraus établit

---

31 « Warum… », *cf.* n. 25, p. 169.
32 *Cf.* n. 10.
33 « Warum… », *cf.* n. 25, p. 43.
34 « Warum… », *cf.* n. 25, p. 44.
35 *Cf.* Valérie Robert, « Les intellectuels du Troisième Reich dans *Troisième nuit de Walpurgis* : une comparaison avec le discours des émigrés », in *Austriaca*, n° 49, 1999, p. 105-107.
36 *Ibid.*, p. 93.
37 « Warum… », *cf.* n. 25, p. 155.

des priorités, et pour lui, les exilés accordent à des événements comme la réorganisation du champ intellectuel ou les autodafés de livres une importance disproportionnée, en parlant trop peu de ce qu'il nomme dans *Dritte Walpurgisnacht* le « martyre des anonymes »[38] et de la terreur qui règne en Allemagne, dont ils détournent ainsi l'attention. En cela, les exilés relèvent du « journalisme »[39], terme qui englobe chez Kraus à la fois la presse germanophone hors d'Allemagne *et* les intellectuels en Allemagne ; les « journalistes », ce sont tous ceux qui empêchent l'information, qui enfouissent la réalité sous des formules figées au lieu de la dévoiler. Ce terme révèle mieux que tout autre la position de Kraus, qui renvoie ainsi dos à dos exilés et intellectuels restés en Allemagne.

Kraus a donc lui aussi une démarche classificatrice, mais qui répond à celle des exilés pour s'y opposer. Finalement, Kraus constitue un camp à lui tout seul et il combat une communauté qui rassemble tous les autres, qui sont tous exclus du camp de l'esprit. Les exilés ne peuvent donc pas, comme ils le disent, défendre « l'esprit » face au national-socialisme ; seul Kraus lui-même peut « mettre la pensée en sûreté »[40]. Ils sont de plus, en tant que journalistes, en partie responsables de la catastrophe, et ne seront pas à même de lutter contre le national-socialisme tant qu'ils ne l'auront pas compris.

Il est donc logique que la réponse à Kraus soit sa disqualification définitive[41]. Bruno Frei, dans le long texte intitulé « Karl Kraus – mis au pas », réactive tous les stéréotypes du discours d'exclusion (la frontière, le suicide) pour un jugement définitif : « Selon les lois qui régissent la vie politique, il ne pouvait y avoir de résurrection, il ne pouvait sortir de la tombe qu'il avait creusée lui-même. Quand on est mort, on est mort. Qui pouvait se douter qu'il y a quelque chose de pire que la mort ? C'est la résurrection du suicidé, de l'autre côté de la barricade »[42].

Par la provocation que constituent son silence explicite, puis son discours non orthodoxe, Kraus suscite un durcissement du discours des exilés, une cristallisation d'éléments qui étaient jusque-là clairsemés, et ce coup de pied dans la fourmilière provoque ou du moins favorise la formation de camps clairement visibles et tranchés. Cet épisode montre la justesse de la lecture de Michael Pollak, qui a parlé à propos de l'activité de Kraus d'une « sociologie-action, utilisant les techniques de provocation aptes à rompre avec les règles de courtoisie et à faire voir les sanctions auxquelles s'exposent ceux qui dérangent le

---

38 *Dritte Walpurgisnacht*, Frankfurt am Main, Suhrkamp, 1989, p. 113.
39 « Warum… », *cf.* n. 25, p. 147.
40 « Warum… », *cf.* n. 25, p. 155.
41 Je ne parlerai pas ici des ruptures demeurées privées (Brecht, Canetti).
42 Bruno Frei, « Karl Kraus - gleichgeschaltet », *Der Gegen-Angriff*, Jg. II, n° 34, 23 août 1934, p. 4.

jeu mis en place pour dissimuler les relations entre les intellectuels et le pouvoir » [43] (le pouvoir étant ici plus généralement le politique). Quelle que soit l'appréciation que l'on ait du jugement qu'il a porté sur les exilés, on peut considérer Kraus comme « un révélateur des règles du jeu qui caractérisent le champ intellectuel » [44].

---

[43] Michael Pollak, *op. cit.*, p. 88.
[44] *Ibid.*

Omniprésence et impuissance de la *Stasi*

Gunhild Samson

Le 25 août 1986, un habitant de Hambourg, appelons-le « F », écrit au ministère de l'Intérieur de la RDA pour demander, une troisième fois, d'être déchu de sa citoyenneté, la loi stipulant que la déchéance de la citoyenneté de la RDA peut être accordée si la demande en est formulée. Il invoque comme motif de sa demande le fait qu'il habite en RFA depuis dix ans, à savoir depuis juillet 1976. Deux autres requêtes, la dernière datant du 23 juin 1986, étant restées sans réponse, il demande qu'on lui fasse au moins connaître le service administratif compétent. La lettre se termine poliment par des remerciements et des formules de salutation traditionnelles. Elle constitue l'avant-dernier feuillet, la page n° 205, d'un dossier de la *Stasi*[1], aux Archives centrales (*AZ*) de la *BstU*[2] à Berlin. Ce dossier[3], dont les pages sont numérotées de 3 à 212 par les services de la *BStU*, porte le sigle *MfS - HA XX*, c'est-à-dire celui de la « *Hauptabteilung XX* », section centrale du *MfS* chargée de la surveillance « de l'appareil d'État, du champ culturel, des Églises et de l'activité politique souterraine »[4].

Le dossier de « F », constitué par la *Stasi* entre 1975 et 1988, est celui d'un « candidat au départ » (« *Antragsteller* » ; « *Ausreisewilliger* ») devenu fugitif. Il contient deux types de documents, d'une part, ceux envoyés par « F » à diverses instances

---

[1] Abréviation de *Staatssicherheitsdienst*, la police politique de la RDA qui était le ministère de la Sécurité d'État (*Ministerium für Staatssicherheit : MfS*), « l'épée et le bouclier du parti » (« *Schild und Schwert der Partei* »).
[2] *Archiv der Zentralstelle der BStU* qui est l'office de la *Bundesbeauftragte für die Unterlagen des Staatssicherheitsdienstes der ehemaligen DDR*, l'administration chargée des archives du *MfS*, vouées à la destruction par ses officiers en 1989-1990, mais sauvées en grande partie grâce à l'initiative des groupes civiques.
[3] *BStU AZ, MfS-HA XX*, n° 11684.
[4] Pour la structure du *MfS*, *cf*. Jens Gieseke, *Die DDR-Staatssicherheit. Schild und Schwert der Partei*, Bonn, Bundeszentrale für politische Bildung, 2000, p. 55.

et transmis par celles-ci au *MfS* : demandes de sortie du territoire, lettres de protestation ou requêtes (*Eingaben*) [5], d'autre part, les documents collectés par la *Stasi* à son encontre : données personnelles provenant du fichier F16 (*Personenkartei*) et rapports attestant les diverses procédures de surveillance enregistrées dans le fichier F22 (*Vorgangskartei*). Ces derniers comprennent des rapports d'interrogatoires et d'observation venant de la police judiciaire, des rapports de synthèse élaborés par les officiers de la *Stasi*, des « plans de mesures », et des organigrammes de synthèse de surveillance. Les copies de ce dossier, dont les données personnelles ont été noircies pour garder l'anonymat selon la loi sur les archives du *MfS* [6], ont été mises à ma disposition par la *BStU* dans le cadre d'une recherche plus importante sur les *Eingaben* transmises par diverses instances à la *Stasi* [7], et le rôle qu'elles ont joué dans le système de surveillance du *MfS*.

La lettre du 25 août 1986 porte en bas de page une annotation manuscrite : « Pour les personnes suivantes, le *BPAA* [8] n'a pas donné son autorisation ? "F", né le …, sortie illégale du territoire le 22 juillet 1976 ». Aucune réponse n'ayant apparemment été donnée à sa requête, « F » ne fut pas déchu de la citoyenneté de la RDA et ne put donc pas rendre visite à sa famille restée à l'Est, un souhait de visite qui avait probablement motivé sa demande. Deux ans plus tard, un feuillet préimprimé, qui constitue la page n° 212, fut ajouté au dossier. Il semble le clore. On apprend par ce formulaire, daté du 18 mai 1988 et émanant de la section *HA XX/2*, que « F » était inscrit avec des « données d'enregistrement

---

[5] Les *Eingaben* sont des requêtes ou plaintes dont le statut est réglé par la loi, le *Eingabengesetz* du 19 juin 1975. Elles pouvaient être adressées à toutes les institutions étatiques et communales, aux instances du parti et des entreprises. Ces instances étaient en principe obligées de répondre à une *Eingabe* dans un délai de 4 semaines. Voir Gunhild Samson, « "Wie kann man da noch Vertrauen haben zu unserem Staat ?" Akzeptanz und Widerspruch in Eingaben », in Stéphanie Benoist, Laurent-Gautier, Marie-Geneviève Scherrer (éd.), *Politische Konzepte in der DDR : zwischen Diskurs und Wirklichkeit*, Frankfurt am Main, Peter Lang, à paraître.

[6] La loi sur les archives de la *Stasi*, le *Stasi-Unterlagen-Gesetz* (*StUG*), qui définit les conditions d'accès aux dossiers, a été adoptée par le Bundestag le 20 décembre 1991.

[7] Ces *Eingaben* proviennent d'un fonds de « matières » (*Allgemeine Sachablage*) accessible aujourd'hui grâce à une banque de données (*Sachaktenerschließung*) permettant des recherches par thèmes et, le cas échéant, sur les dossiers personnels correspondants. Il contient des documents trouvés épars en 1989-1990 dans les services en activité, les *Diensteinheiten*, collectés par les archivistes de la *BStU* et traités électroniquement depuis 1998. Sur les 61 500 mètres linéaires (m. l.) trouvés en 1989-1990 dans ces services, 47 000 m. l. avaient déjà été traités en 2007. Ce fonds ne doit pas être confondu avec celui des documents archivés déjà du temps de la RDA et contenant 112 000 m. l. Site Internet : http://www.bstu.bund.de/Archive/Ueberlieferungslage-Erschliessung.

[8] *BPAA : Büro für Pass- und Ausländerangelegenheiten des Ministeriums des Innern (MdI)* (Bureau de passeports et affaires pour étrangers). Toutes les abréviations sur le site Internet : www.bstu.bund.de/Abkuerzungsverzeichnis.

supplémentaires » dans le *ZPDB*[9], le grand fichier central électronique des personnes du *MfS,* sous la catégorie *DUG*[10], « Départ illégal ». Les « mesures opérationnelles » décidées à son encontre sont confirmées. Étant donné que le dossier s'arrête là, soit parce qu'il est fragmentaire, soit parce qu'aucune mesure n'a été prise par la suite, la personne « F » semble donc avoir été fichée jusqu'au 15 janvier 1990, date de l'occupation des locaux du *MfS* par les groupes des citoyens. Pour comprendre ce qui a pu motiver le *MfS* à maintenir la surveillance d'un jeune libraire de Berlin-Est, homme « sans qualités », passé à l'Ouest quatorze ans auparavant, et dont le seul crime avait été de vouloir résister à l'emprise de l'État sur sa vie privée, il faut retracer la constitution de ce dossier depuis le début. Cela nous donnera l'occasion d'aborder, au moins rapidement, les aspects suivants :

- le mode de collaboration de différentes instances du pouvoir et le déploiement de l'appareil de surveillance de la police populaire et du *MfS* à l'encontre d'un candidat au départ comme envers tout son entourage ;

- le contexte de l'époque des années 1970 où les résultats de l'*Ostpolitik* de Willy Brandt et le processus de la CSCE (Conférence sur la Sécurité et la Coopération en Europe) à Helsinki apportent de nouveaux arguments pour les candidats au départ ;

- les différentes procédures de surveillance.

Le choix du dossier de ce citoyen « ordinaire », qui avait réussi à ne pas se faire embrigader par le Parti et les organisations de masse, mais qui n'était pas non plus engagé politiquement dans un des groupes civiques oppositionnels qui commençaient à se constituer, est motivé par les réflexions suivantes : alors que des écrivains et des opposants ont déjà largement fait connaître leurs dossiers et les persécutions dont ils étaient la cible (Erich Loest, Stefan Heym, Jürgen Fuchs, Hans-Joachim Schädlich, Wolfgang Templin, Vera Wollenberger…) et que les phénomènes d'opposition et de résistance en RDA ont suscité de nombreuses publications[11], l'étude du dossier d'une personne « normale » permet d'éclairer plus largement un phénomène qui n'était pas limité à des militants et apporte une contribution à la question du rapport entre pouvoir et vie quotidienne, question qui intéresse en ce moment l'historiographie sur la RDA[12].

---

9   *ZPDB* : *Zentrale Personendatenbank* établi en 1980 et détruit en 1990 sur proposition de la « Table ronde ».

10 *DUG* : *Datenbank Ungesetzliches Verlassen* (Fichier départ illégal).

11 En particulier : Ehrhardt Neubert, *Geschichte der Opposition in der DDR 1949-1989*, Bonn, BpB, 1997 et Agnès Bensussan, « Opposition et répression en RDA dans les années 1970 et 1980 », *Allemagne d'aujourd'hui*, n° 169, 2004, p. 67-83 (avec une bibliographie détaillée).

12 P. ex. Alf Lüdtke, Peter Becker (éd.), *Akten, Eingaben, Schaufenster. Die DDR und ihre Texte. Erkundungen zu Herrschaft und Alltag,* Berlin, Akademie-Verlag, 1997 ; Clemens Vollnhals,

Avec ses 212 pages, dont certaines sont manquantes, le dossier de « F » est relativement mince, comparé aux milliers de pages retrouvées par d'autres, écrivains ou opposants [13]. Il permet cependant de comprendre le fonctionnement de la *Stasi* et les différentes mesures prises contre une personne dès qu'elle a exprimé une opinion jugée « hostile et négative » (*feindlich-negativ*). L'histoire de ce jeune libraire qui a voulu s'enfuir à tout prix et a réussi à le faire malgré la surveillance acharnée de la police et de la *Stasi*, met à jour l'intensité de la pénétration du pouvoir dans la vie quotidienne en RDA. Mais elle renseigne également sur la disproportion entre le but recherché par le pouvoir et un appareil hypertrophié qui révèle ici ses limites. L'impuissance de cette police politique se manifeste lorsque, jusqu'aux dernières pages du dossier, les officiers de la *Stasi* se demandent avec désarroi quel a bien pu être le parcours de fuite de « F ».

La constitution d'un dossier par la *Stasi* et la « collaboration politique opérationnelle »

Dès la lecture des premiers feuillets, le dossier de « F » permet de comprendre comment fonctionnaient les réseaux d'information interconnectés de l'administration civile et du *MfS*. La « collaboration politique opérationnelle » [14] d'instances diverses fut effective dès que la demande de sortie du territoire fut formulée par « F ». En effet, son dossier s'ouvre sur une « demande d'enquête » [15] urgente datée du 14 juillet 1975 et venant des services du *MfS* de l'arrondissement (*Kreisdienststelle : KD*) de *Berlin-Weißensee* [16]. Elle est adressée à la Section centrale HA XII pour une recherche dans le fichier central [17] du *MfS*. L'enquête concerne la personne « F », née le …, travaillant comme « libraire » dans une librairie à Berlin. Motif de l'enquête : demande d'autorisation de mariage avec une personne de la République fédérale. À peine une semaine auparavant, le 8 juillet 1975, « F » avait envoyé sa première demande de départ aux services de l'administration civile de son domicile, le Conseil de l'arrondissement urbain

---

Jürgen Weber (éd.), *Der Schein der Normalität. Alltag und Herrschaft in der SED-Diktatur*, München, Olzog, 2002.

13 P. ex. Erich Loest pour lequel 31 classeurs de 300 pages environ ont été trouvés à la *Stasi* de Leipzig : Erich Loest, *Die Stasi war mein Eckermann oder Mein Leben mit der Wanze*, Göttingen, Steidl, 1991, p. 11.

14 « *Politisch-operatives Zusammenwirken* », Siegfried Suckut (éd.), *Das Wörterbuch der Staatssicherheit. Definitionen zur politisch-operativen Arbeit*, Berlin, Links-Verlag, 2001, p. 428.

15 *Cf.* annexe n° 1, « *Suchauftrag* », BStU, ZA, MfS-HAXX, n° 11684, p. 3.

16 Dorénavant « *KD* du *MfS* » pour « *MfS-Kreisdienststelle* » et « *Bln.-W.* » pour « *Berlin-Weißensee* ».

17 La Section centrale HA XII « Renseignement général, fichier » était chargée des fichiers centraux.

(*Stadtrat*) de *Bln.-W.,* qui avait donc immédiatement transmis cette demande à la *KD* du *MfS* de *Bln.-W.,* laquelle avait lancé une enquête. Et ce n'est que dix jours plus tard, le 24 juillet 1975, que le lieutenant-colonel Friedrich de la Section centrale VII [18] du *MfS* de *Groß-Berlin* informe la même *KD* de *Bln.-W.* qu'une copie de la *Eingabe* de « F » va être transmise aux Services centraux du *MfS* en vue de son examen « s ». Le traitement « officiel » de la *Eingabe* devra s'effectuer « conformément au règlement juridique » [19]. Pour justifier cette transmission, l'officier se réfère à la lettre du « camarade » ministre du *MfS*, Erich Mielke, du 6 septembre 1974 où celui-ci transmet très vraisemblablement les instructions du 7 mai 1974 du ministère de l'Intérieur et du chef de la Police selon lesquelles les Conseils des villes et arrondissements sont obligés d'établir des fiches sur tous les candidats au départ refusés et de les transmettre « sans délai » aux *KD* du *MfS*, comme aux commissariats de police et au ministère de l'Intérieur [20]. Dans ce plan d'action de surveillance généralisée, appelé « collaboration politique opérationnelle », toutes les instances communales et étatiques, la police, les entreprises et les organisations de masse doivent fournir des informations au *MfS*.

La précipitation des procédures de transmission dans le cas de « F » prouve que le *MfS* a jugé cette demande dangereuse pour la sécurité de l'État : le comportement ou le ton « hostile et négatif » envers l'État était considéré comme le critère décisif. À partir de ce moment, toutes ses demandes de départ réitérées, ses requêtes et lettres de protestation, envoyées à de multiples instances comme à Erich Honecker lui-même, au *Magistrat* de Berlin, à la Commission des *Eingaben* du Conseil des ministres, au ministre de l'Intérieur, seront automatiquement ajoutées à son dossier à la *Kreisdienststelle* du *MfS* de *Berlin-Weißensee*. « F » se retrouve ainsi pris dans les filets du *MfS* ; il le restera même après son installation à l'Ouest et n'en sortira que suite aux événements de 1989-1990.

---

18 La Section centrale HA VII « Contre-espionnage, ministère de l'Intérieur et Police » était chargée d'empêcher les évasions (*Republikflucht*) et de poursuivre les « demandeurs illégaux de sortie » (« *rechtswidrige Antragsteller* »). *Cf.* Bernd Eisenfeld, *Die Zentrale Koordinierungsgruppe (ZKG), Bekämpfung von Flucht und Übersiedlung, MfS-Handbuch, Teil III / 7*, Berlin, BStU, 1995, p. 16 (cité : B. Eisenfeld, 1995 a).

19 En fait, compte tenu des dates, il ne peut légalement s'agir ici d'une *Eingabe,* car une *Eingabe* ne peut être formulée qu'après le refus d'une demande, qui n'est intervenue pour « F » que le 26 août 1975.

20 Bernd Eisenfeld, « Die Ausreisebewegung – eine Erscheinungsform widerständigen Verhaltens », in Ulrike Poppe, Rainer Eckert, Ilko-Sascha Kowalczuk (éd.), *Zwischen Selbstbehauptung und Anpassung. Formen des Widerstandes und der Opposition in der DDR,* Berlin, Links, 1995, p. 192-223 (cité : Eisenfeld 1995 b), ici p. 195.

Le contexte des années 1970 et les « mouvements de départ »

La demande de départ de « F », déposée en août 1975, s'inscrit dans un mouvement général de demandes de sortie du territoire qui débute avec la politique de détente de Willy Brandt et les négociations entreprises dans le cadre du processus de la CSCE à Helsinki. En 1960, le nombre de personnes réfugiées à l'Ouest avait atteint son point culminant avec 200 000 départs, contraignant ainsi les autorités de la RDA à fermer la frontière de Berlin [21]. Depuis la construction du Mur le 13 août 1961, la population était enfermée ; gagner l'Ouest présentait de tels risques [22] que le nombre des réfugiés s'est effondré. En revanche, à partir des années 1970, grâce à la politique de détente Est-Ouest menée par Brejnev et Nixon, l'espoir de pouvoir quitter le pays était revenu. Après le traité fondamental de reconnaissance mutuelle entre la RFA et la RDA, signé le 21 décembre 1972 à Berlin-Est, les contacts se multiplièrent du fait de l'assouplissement des « voyages pour visite » accordés dans les deux sens. Mais c'est surtout après l'ouverture en juillet 1973 des négociations de la CSCE à Helsinki que les demandes de sortie légale augmentèrent considérablement. Elles firent un bond spectaculaire de près de 55 % entre 1975 et 1976 passant de 13 000 à 20 000 [23] suite à la signature de l'Acte final le 1er août 1975. Pour la première fois, les citoyens pouvaient appuyer leur demande sur des textes officiels et s'en servir dans leur argumentation. En effet, le texte complet de l'Acte final, qui avait même paru dans le journal du parti *Neues Deutschland*, stipule « la coopération dans le domaine des droits de l'homme » et « le respect des droits de l'homme et des libertés fondamentales, y compris la liberté de pensée, de conscience, de religion ou de conviction ». À partir de là, le nombre de demandeurs ne fléchit plus, atteignant 100 000 en 1987 et 125 000 pour les six premiers mois de 1989 [24]. La réaction du SED, du gouvernement et du *MfS* pour contrer ce mouvement fut vigoureuse : elle commença par les instructions de Mielke en 1974, suivies en 1976 par la création d'un « Groupe central

---

21 B. Eisenfeld, *op. cit.*, 1995 b, p. 192.
22 Le nombre exact de victimes est difficile à évaluer. Selon des statistiques récentes de la *Arbeitsgemeinschaft 13. August*, il s'élèverait pour la période 1961-1989 à 728 tués à la frontière (mur et frontière verte). Le nombre de procès pour « fuite » ou « départ illégal » s'élèverait à 110 000 et le nombre de condamnations à des peines de prison pour « tentative de fuite » à 71 000. Hans Hermann Hertle, Gerhard Sälter, « Die Todesopfer an Mauer und Grenze », *Deutschland Archiv*, n° 39, avril 2006, p. 672 et 676.
23 *Jahresanalyse der Zentralen Koordinierungsgruppe (ZKG) des MfS für das Jahr 1976 vom 24.1.1977* ; BStU, ZA, ZKG 2164, S.25, cité d'après Bernd Eisenfeld, « Flucht und Ausreise – Erkenntnisse und Erfahrungen », in Clemens Vollnhals, Jürgen Weber (éd.), *Der Schein der Normalität. Alltag und Herrschaft in der SED-Diktatur*, München, Olzog, 2002, p. 341-372, ici p. 326.
24 B. Eisenfeld, *op. cit.*, 1995 b, p. 202.

de coordination »[25] chargé de coordonner la lutte contre les mouvements de fuite et les candidats au départ. En octobre 1976, Mielke annonça que toute demande de départ se référant à l'Acte final de Helsinki serait à refuser d'emblée. Et, pour empêcher toute contestation, Willy Stoph, le président du Conseil des ministres, stipula dans une ordonnance ajoutée au décret du 8 mars 1977 et demeurée secrète que les lettres de protestation contre le refus d'une demande de départ sous forme de *Eingaben* ne seraient plus à considérer comme des *Eingaben* et ne devraient, par conséquent, plus recevoir de réponse comme auparavant. Toutes les demandes de départ furent déclarées contraires à la loi ; les demandeurs étaient criminalisés et pouvaient être menacés de poursuites et emprisonnés, soit selon le § 106 du Code pénal [26] pour « Calomnies envers l'État » (« *Staatsfeindliche Hetze* ») s'ils exprimaient publiquement des opinions divergentes, soit selon le § 100 pour « Relations hostiles à l'État » (« *Staatsfeindliche Verbindungen* ») s'ils prenaient contact avec des organisations des Droits de l'homme à l'Ouest, soit encore selon le § 213 « Franchissement illégal de la frontière » (« *Ungesetzlicher Grenzübertritt* »), s'ils tentaient de s'enfuir. Une tentative ayant échoué était normalement punie de dix-huit mois de prison et de l'interdiction de poursuivre aucune étude supérieure.

Les arguments avancés par « F »

Dans ses demandes et requêtes, « F » se réfère, comme la plupart des candidats au départ de cette époque, aux droits fondamentaux engageant les États signataires de l'Acte final de Helsinki. Le 21 juillet 1976 [27], par exemple, il réitère sa demande initiale et cite le texte intégral de la partie VII de l'Acte final :

> Depuis quelque temps je suis fiancé avec une citoyenne de la RFA. Nous avons l'intention de nous marier en RFA et de nous y installer. On ne peut nous contester ce choix qui concerne notre propre vie étant donné que la RDA a également signé l'Acte final de la Conférence sur la Sécurité et la Coopération en Europe (CSCE) et donc également la partie VII qui précise : « Les États participants reconnaissent l'universalité des droits de l'homme et des libertés fondamentales, dont le respect est un facteur essentiel pour la paix. […] Les États signataires examineront avec bienveillance et en se fondant sur des considérations humanitaires les demandes d'autorisation de sortie et d'entrée présentées par des personnes qui ont décidé d'épouser un citoyen d'un autre État participant ».

---

25 B. Eisenfeld, *op. cit.*, 1995 a, p. 16.
26 *Strafgesetzbuch der DDR*. http://de.wikipedia.org/wiki/Strafgesetzbuch.
27 *BStU AZ, MfS-HA XX*, nº 11684, p. 20-21.

> Votre « bienveillance » se limiterait-elle à refuser mes demandes d'être déchu de la citoyenneté, demandes justifiées selon la loi sur la citoyenneté de la RDA du 20 février 1967, § 10, alinéa 1, ou bien à repousser constamment la décision sans aucune raison ?!

À côté de ces arguments humanitaires, « F » invoque des arguments politiques qui expriment son manque de loyauté envers l'État et dont la formulation est si véhémente qu'ils attirent immédiatement l'attention de la *Stasi* :

> À mes motifs personnels s'ajoutent mes motifs politiques, les uns étant liés aux autres ! Je suis d'avis que cet État <u>réduit ses citoyens au silence</u> en leur refusant le choix politique le plus important, celui de pouvoir choisir entre deux systèmes politiques. <u>Par un système de surveillance générale, par le Mur, les barbelés et l'ordre de tirer, les citoyens sont empêchés de quitter cet État.</u> La <u>mainmise idéologique sur les lieux de travail et dans la vie publique</u> ne cesse de croître. <u>Le but en est une uniformisation des esprits</u>. La propagation de l'idée d'une prétendue « Nation » de la RDA va dans le même sens. Je suis Allemand et j'en suis fier, mais je ne voudrais pas faire partie de cette « Nation ». <u>Je considère que la citoyenneté de la RDA m'a été imposée</u>. Faut-il qu'elle ait si peu de valeur pour qu'il faille me l'imposer ! Je ne peux voir dans mon cas la moindre raison valable [28].

« F » reprendra ces mêmes arguments invariablement dans les sept nouvelles demandes de départ et *Eingaben* formulées entre janvier et mars 1976, accusant le gouvernement de manquement à ses engagements et le fustigeant pour le refus de sa demande et l'absence de réponse. Pour la *Stasi*, il fera dorénavant partie des candidats au départ « récalcitrants et obstinés » dont elle se méfie beaucoup et qui, selon les cas, seront emprisonnés pour « Calomnies envers l'État », ou bien autorisés à partir selon un règlement top secret qui stipulait qu'un citoyen dont le comportement constituait un danger pour l'État pouvait être déchu de sa citoyenneté et expulsé pour des raisons « politiques opérationnelles » [29].

Les procédures de surveillance

Le dossier de « F » est constitué de divers documents qui correspondent aux phases successives de sa surveillance par le *MfS*. La première phase de surveillance active, décrite dans les pages 3-72, commence par la demande d'enquête

---

[28] Soulignements dans le texte, soit de la main de « F », soit de la main des officiers de la *Stasi*.
[29] B. Eisenfeld, *op. cit.*, 1995b, p. 196.

à son sujet et comprend la période qui va de l'envoi de sa première demande de départ le 8 juillet 1975 à son évasion le 19 juillet 1976. Dès le début, une enquête de la police judiciaire de *Berlin-Weißensee* est lancée et « F » est espionné quasi quotidiennement chez lui et à son travail. Toutes les personnes le connaissant de près ou de loin sont interrogées pour connaître ses opinions. Ses rencontres avec ses parents, ses amis et son entourage sont épiées pour savoir s'il fait partie d'un « groupement ». Lui et tout son entourage sont mis sur écoute. Il est convoqué à la police judiciaire pour une « discussion préventive » dans le but de connaître ses motivations et d'obtenir de lui qu'il retire sa demande. Des renseignements sont pris au sujet de sa fiancée de RFA pour savoir si le mariage prévu ne serait pas un prétexte. On lui fait savoir qu'il est menacé du § 213 du Code pénal pour « franchissement illégal de la frontière » s'il tente de s'enfuir. Dans les rapports régulièrement élaborés par des officiers de la *Stasi* de *Berlin-Weißensee* les propos toujours répétés « hostiles et négatifs » de « F » sont repris et soulignés, les actions entreprises sont résumées, d'autres plans d'actions sont proposés. Finalement, toutes ces mesures pour empêcher à tout prix « F » de s'enfuir sont vaines. Le 19 juillet 76 il est signalé comme absent de son lieu de travail.

La deuxième phase de surveillance active, décrite dans les pages 73-180, débute par le signalement le 28 juillet 1976 d'un appel téléphonique à sa mère le 22 juillet 1976 à partir de Berlin-Ouest et couvre la période jusqu'à août 1977. La surveillance de « F » s'étant soldée par un échec, la préoccupation principale de la *Stasi* est dorénavant de prévenir et d'endiguer d'autres fuites. Pour cela, ses investigations doivent mener à l'éclaircissement du « parcours de fuite » de « F » et à l'identification de ses « complices » éventuels. Dans ce but, est mis en place le contrôle généralisé de la correspondance de « F » qui est alors à Berlin-Ouest ou à Hambourg, et la mise sur écoute de toutes les personnes avec lesquelles il est en relation [30], aussi bien à l'Ouest qu'en RDA, car son influence sur des personnes « restées dans le pays » (« *Rückverbindungen* ») pourrait être néfaste. Un *IM*, « collaborateur officieux » [31], probablement un ami artisan ou artiste qui avait effectué un ouvrage pour lui, est chargé de maintenir le contact avec lui pour connaître ses activités et obtenir des informations sur les personnes qu'il fréquente à l'Ouest. Cette phase se termine par un long rapport

---

30 *Cf.* annexe II, le schéma de mise sur écoute de toutes les personnes de l'entourage de « F » en République fédérale (BRD), à Berlin-Ouest (WB), en RDA (DDR) et en Suisse (Schweiz). Les numéros au-dessous des noms noircis indiquent les pages du dossier où leurs conversations ont été retranscrites.

31 Fin décembre 1988, le *MfS* comptait 173 000 *IM* ou *Inoffizielle Mitarbeiter*. Ces *IM* étaient chargés d'espionner toutes les personnes soupçonnées d'activités « hostiles », en particulier les opposants et les candidats au départ. Gieseke, *op. cit.*, p. 54.

de douze pages signé par le lieutenant Ratzinger de la *KD* du *MfS* de *Bln.-W.* résumant encore les expressions les plus virulentes de « F » trouvées dans ses *Eingaben* ainsi que toutes les actions entreprises par la *Stasi* à son égard et envers son entourage. Une proposition de « traitement » (« *Bearbeitung* ») de « F » clôt cette partie. Elle prévoit l'ouverture d'un « contrôle opérationnel de la personne » (*operative Personenkontrolle : OPK*), qui a pour objet d'éclaircir enfin son parcours de fuite et d'identifier ses complices éventuels.

En ce qui concerne les années 1986 à 1988, qui constituent en quelque sorte une troisième phase de surveillance passive, le dossier ne compte que les trois dernières pages qui confirment les mesures de contrôle. Le dossier s'arrêtant là, deux hypothèses sont possibles : soit la *Stasi* a abandonné ses poursuites, soit le dossier est incomplet.

Ce récit d'une surveillance qui a échoué illustre bien une certaine impuissance de la *Stasi*. Empêtrée dans un appareil hypertrophié, croulant sous des masses de papiers, elle n'a pas réussi à empêcher la fuite d'un individu sans importance particulière. Celui-ci a tout simplement résisté à sa manière à l'emprise du pouvoir. Il a osé utiliser, dans des textes semi-officiels adressés aux institutions, où les preuves de loyauté sont de mise, un langage d'une véhémence inhabituelle, s'est obstiné dans ses demandes de départ et a finalement réussi à échapper à l'omniprésence du système de surveillance en trouvant un parcours de fuite qui, au grand dam de la *Stasi*, n'a jamais pu être élucidé. Ainsi, le mouvement des candidats au départ, marqué par l'hostilité envers l'État socialiste et la volonté de ne faire aucune concession, peut être considéré comme une autre forme de résistance [32]. Le « vote avec les pieds », se traduisant par une fuite massive en été 1989, aura assurément contribué à déstabiliser le système qui s'effondrera avec la chute du Mur.

---

[32] Bernd Eisenfeld, 1995 b : « Die Ausreisebewegung – eine Erscheinungsform widerständigen Verhaltens », in Poppe, Eckert, Kowalczuk, *op. cit.*, *cf.* n. 20.

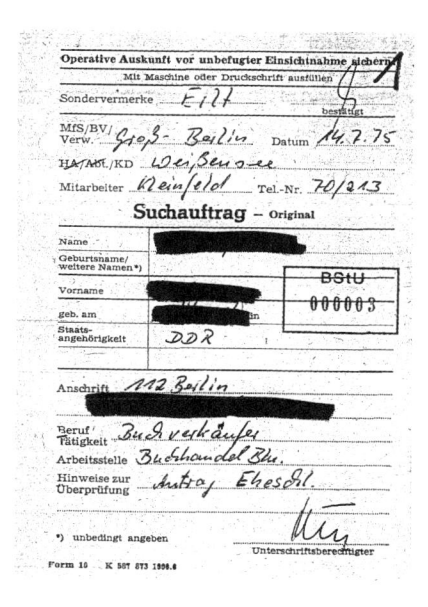

Annexe I

Demande d'enquête, datée du 14 juillet 1975, concernant « F », adressée par les services du *MfS* de l'arrondissement de *Berlin-Weißensee* à la Section centrale HA XII du *MfS* pour une recherche dans le fichier central. Motif : demande d'autorisation de mariage.
BStU, ZA, MfS-HAXX, n° 11684, p. 3. Avec l'aimable autorisation de la *BStU*.

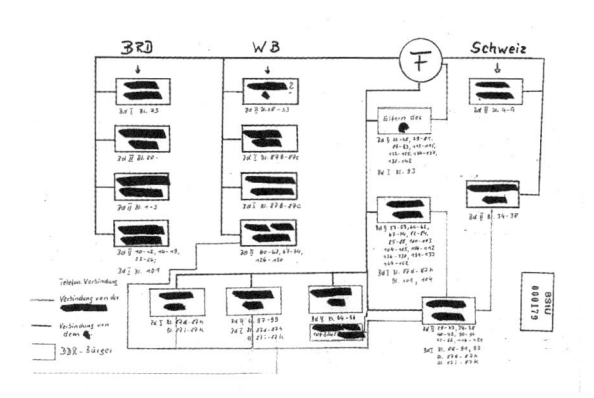

Annexe II

L'organigramme résumant la mise sur écoute de toutes les personnes de l'entourage de « F ». Les numéros au-dessous des noms noircis indiquent les pages du dossier où leurs conversations ont été retranscrites. Il fait partie d'un rapport général de surveillance daté du 5 août 1977.
BRD = *Bundesrepublik Deutschland* : RFA ; WB = Westberlin : Berlin-Ouest ; *Schweiz* : Suisse ; *DDR-Bürger* : citoyen de la RDA ; *telefon. Verbindung* : communication téléphonique.
BStU, ZA, MfS-HAXX, n° 11684, p. 179. Avec l'aimable autorisation de la *BStU*.

Le populisme autrichien et son bleuet

Catherine Fabre-Renault

« *Populismus bezeichnet eine Politik, die sich volksnah gibt, die Emotionen, Vorurteile und Ängste der Bevölkerung für eigene Zwecke nutzt und vermeintlich einfache und klare Lösungen für politische Probleme anbietet* »[1].

L'Autriche a-t-elle donné une impulsion au développement des populismes en Europe ? Les points que nous citerons, sans être l'objet d'un renvoi aux autres pays d'Europe, peuvent indiquer des éléments de comparaison.

À la fin de la dernière guerre, l'Autriche s'est trouvée dans une situation particulière, elle avait, pour une grande part, accepté l'*Anschluss* en 1938, s'étant voulue allemande pour être du côté des vainqueurs, elle se retrouve vaincue en 1945 mais, par décision des Alliés, désignée comme première victime et donc, paradoxalement, intégrée dans le camp des vainqueurs de l'histoire. Cette particularité lui fait tenter d'épouser – au moins officiellement – les grandes lignes idéologiques des vainqueurs pour fonder sa propre identité, en se démarquant du « IIIe *Reich* », de ses crimes, et de tout ce qui était allemand. On refoule les erreurs du passé : les grandes options antisémites chez les conservateurs ou les tentations pangermanistes des sociaux-démocrates.

Sans doute la grande différence entre l'Autriche et les autres pays occidentaux réside-t-elle dans ce fait que l'idéologie dominante (et sous-jacente) a été portée par une large frange de ce que l'on pourrait appeler les « bourreaux vaincus »

---

[1] « Le populisme caractérise une politique qui se donne pour proche du peuple, qui utilise les émotions, les préjugés et les peurs de la population à ses fins propres et propose des solutions supposées simples et claires aux problèmes politiques » (définition du dictionnaire *Brockhaus*, Mannheim, 2006).

et non, comme en France ou en Italie après 1945 ², par les « résistants vainqueurs ». De surcroît, ces « bourreaux vaincus » ont pu fonder leur sentiment d'injustice sur la victimisation généralement admise de l'Autriche, se sentant déniés dans leurs choix politiques. Or, l'on sait que la victimisation est un obstacle commode à tout retour critique sur le passé ³. La question du nazisme autrichien n'est, longtemps, pas posée en termes politiques mais seulement sous l'aspect de la culpabilité individuelle.

Les témoignages, qu'ils soient historiques ou actuels, nous montrent qu'en Autriche, le double discours est souvent pratiqué, balançant entre le « politiquement correct » à destination de l'extérieur, et le soutien parfois nostalgique à la période nazie. L'écrivain Josef Haslinger souligne le paradoxe entre une fiction de faux héros qui est socialement flatteuse et la pénible réalité d'un vécu qui, s'il l'avoue, met son orateur au ban du groupe. Haslinger raconte des souvenirs d'enfance : son père, trop jeune pour aller au front, s'est forgé une « culture de guerre » à force de lectures pour pouvoir briller (avec succès d'ailleurs) à l'auberge, alors qu'un véritable ancien soldat, un jour, s'écroule en pleurs en se remémorant le massacre de civils auquel il avait participé, ce qui lui valut l'opprobre général ⁴. Selon une étude de 1987, celui qui n'a pas « accompli son devoir » n'est pas accepté. Quant à celui qui a été déporté en camp de concentration, « mieux vaut pour lui qu'il n'ouvre pas la bouche » ⁵.

Le FPÖ (*Freiheitliche Partei Österreichs*) est, bien sûr, l'un de ces relais qui ont si bien cultivé la nostalgie, mais les socialistes et les conservateurs, puisant tous dans le réservoir électoral des 500 000 ex-membres du NSDAP, règnent sans partage entre 1945 et 1966, dans une « grande coalition », ils mettent alors en place le système du *Proporz* (répartition), une distribution des postes en fonction de l'appartenance politique, non seulement au niveau des responsabilités politiques mais aussi de tous les échelons de la vie sociale. Le *Proporz* a été généralement bien accueilli par la population comme un équilibre consensuel, apaisant ses peurs de l'affrontement, du conflit, et ce système a fonctionné de façon satisfaisante tant que l'Autriche a été en phase d'expansion économique. L'effet pervers en a été une dépossession du rôle réel du Parlement dans le jeu

---

2 Contrairement à ce qui s'est passé en France pour la guerre d'Algérie : le parallèle avec l'Autriche est, cette fois, manifeste : c'est l'idéologie des « bourreaux vaincus » qui, en sous-main, a été victorieuse (le mépris des peuples colonisés, le racisme, rampant ou ouvert, traversent encore la France) ce qui explique le peu de résonance jusqu'à aujourd'hui de toute dénonciation de la torture d'alors en dehors de cercles relativement restreints.
2 L'exemple polonais de l'été 2001 montre la fonction de cette victimisation : de nombreux Polonais de Jedwabne nient toute implication polonaise dans le massacre de 1 600 juifs en 1941, malgré la cérémonie et les excuses officielles du Premier ministre.
4 Voir *profil* n° 12, 19 mars 2001.
5 Andreas Maislinger, « Supplément à une chronique locale », 1987, *Austriaca*, n° 24, p. 109.

démocratique : il devient une chambre d'enregistrement de décisions prises ailleurs, par les directoires des partis politiques par exemple, préparant ainsi la voie à des dérives populistes.

Ne faut-il pas voir, dans la forme schizophrénique d'une politique officielle d'un côté et d'une politique « émotionnelle » de l'autre, l'origine de la paranoïa dont nombre d'Autrichiens, souvent soutenus par la grande presse, ont fait preuve à chaque fois que la communauté internationale a pris des positions critiques à l'égard de leurs choix électoraux, qu'il s'agisse de Waldheim (1986) ou du gouvernement de coalition ÖVP-FPÖ (2000-2006) ? [6]

Probablement l'ensemble des partis autrichiens portent-ils une part de responsabilité dans la dérive populiste des années 2000-2006. Nous prendrons l'antisémitisme comme exemple dans quatre cas. Le gouvernement Figl (12 des 17 membres de ce gouvernement étaient des rescapés des camps de concentration) vota le 9 novembre 1948, soit 10 ans jour pour jour après la Nuit de Cristal, la fin du délai pour les demandes de restitutions et de dédommagements (« Les juifs ne veulent que s'enrichir rapidement » [7]). En 1945, Figl avait déclaré : « Nous souhaitons la bienvenue à tous les Autrichiens de retour chez nous, mais en tant qu'Autrichiens, pas en tant que juifs » [8]. Il avait aussi affirmé que les horreurs passées étaient venues de l'étranger. La position de victime, le refus d'assumer toute responsabilité, se fonde, pour les conservateurs, entre autres sur la confrontation ouverte avec les nazis depuis l'assassinat de Dollfuss qui leur donne le beau rôle si l'on s'abstient naturellement de souligner les diverses convergences (le président de l'Assemblée nationale en 1945, Leopold Kunschak, avait proposé la création de camps de concentration pour les juifs en… 1919 !). Les insultes antisémites eurent cours dans les rangs de l'ÖVP jusque dans les années 1970 : Alois Scheibengraf (député ÖVP) traita Bruno Kreisky de « Sale juif » (« *Sie sind ein Saujud* ») en 1966, « Tous des juifs » (« *Alles Juden* ») s'écrièrent en 1972 deux représentants du Parti conservateur lorsque Bruno Kreisky lut la liste des entrepreneurs chargés de la construction du bâtiment de l'ONU à Vienne.

Dans ce contexte, une certaine presse autrichienne joue un rôle plus qu'ambigu, les *Salzburger Nachrichten* emploient d'anciens nazis (Alfons Dalma, Ilse Leitenberger) [9] ou le *Südost Tagespost* en Styrie, l'organe du Parti conservateur,

---

6 L'ÖVP (*Österreichische Volkspartei*) est le Parti conservateur.
7 « *Die Juden wollen halt nur rasch reich werden* », http://www.Hagalil.com.
8 « *Wir heissen alle Österreicher wieder bei uns willkommen, aber als Österreicher, nicht als Juden* », ibid.
9 *Handbuch des österreichischen Rechtsextremismus, Stiftung Dokumentationsarchiv des österreichischen Widerstandes*, Deuticke, Wien, 1994, p. 561.

défend pour partie le régime nazi et réaffirme l'existence d'une « question juive » lors du procès Eichmann [10].

Enfin, le cas de l'historien Taras Borodajkewycz, professeur à l'université, est à l'origine d'un scandale en 1965. Ses positions révisionnistes et antisémites déclenchent de vives réactions à Vienne et, lors d'une manifestation de rue, l'un de ses partisans assassine un rescapé des camps. C'est le premier affrontement entre les deux Autriche qui marque la volonté, encore embryonnaire, de réagir aux nostalgies rampantes.

L'année 1986 est une année-charnière au regard de trois événements (la libération en Italie du criminel de guerre Walter Reder, l'élection de Kurt Waldheim à la présidence de la République, et la prise du pouvoir par Jörg Haider au sein du FPÖ), elle est à la fois le début d'une *catharsis* et l'affirmation d'un pôle populiste décomplexé. L'accueil officiel de Reder provoque une réaction, 33 parlementaires du Conseil de l'Europe demandent la destitution immédiate du ministre autrichien de la Défense, les socialistes français initiant cette démarche alors sans précédent. La vigilance et « l'ingérence » de l'Europe dans les affaires de l'Autriche ne datent pas de l'année 2000, la mémoire est parfois courte…

Kurt Waldheim est élu avec presque 54 % des voix et, malgré la campagne de presse internationale mais aussi autrichienne, dénonçant son passé, il jouit d'un large soutien dans l'opinion. Les études faites en Autriche montrent la forte charge émotionnelle dans cette affaire et l'importance des médias qui, suivant les personnalités politiques (lesquelles, du reste, à leur tour s'inspirent des médias en un cycle sans fin) ont déformé les reproches faits à Waldheim pour mieux réfuter ces accusations « imaginaires ». Le moteur de l'élection de Waldheim fut la révolte patriotique, le défi selon le mode, « Nous, les Autrichiens, avons bien le droit de voter pour qui bon nous semble ! ».

La coalition SPÖ-FPÖ [11] éclate après le « putsch » interne de Haider et lui succède une grande coalition SPÖ-ÖVP (elle durera jusqu'en 1999), dont le chancelier, Franz Vranitzky, est socialiste [12].

> Le FPÖ est – ce qui ressort partiellement du rapport des « sages » – un parti spécial. C'est l'unique parti en Europe qui se conçoit comme issu en droite ligne du NSDAP, le parti nazi allemand. À une exception près (Wilfried Gredler), tous les membres fondateurs du FPÖ en 1956 étaient d'anciens nazis, dont – outre Reinthaller – nombre de hauts fonctionnaires du régime national-socialiste. Voilà pour les racines du FPÖ qui ne les partage ni avec

---

10 *Ibid.*
11 Le SPÖ est le Parti social-démocrate (*Sozialdemokratische Partei Österreichs*).
12 Pays de contradictions : Franz Vranitzky, mais aussi Kurt Waldheim ont reconnu officiellement que les Autrichiens avaient été impliqués dans les crimes commis au nom du « IIIe *Reich* » !

le Front National de Le Pen, ni avec la Ligue du Nord de Bossi. Certes, *Alleanza Nazionale*, la formation de Fini, plonge ses racines dans le parti fasciste italien, mais entre le fascisme italien et le national-socialisme (allemand, autrichien), il y a l'abîme qualitatif de l'Holocauste. Que le FPÖ tienne un discours xénophobe et raciste n'est pas unique en Europe. Qu'il le fasse sur la base des louanges de Haider pour la SS, constitue la particularité du FPÖ [13].

Le gouvernement ÖVP-FPÖ a pris des mesures qui, si elles concernent l'Autriche, peuvent être regardées à l'aune des autres pays européens auprès desquels elles ont fait école : les acquis sociaux, les institutions, la xénophobie et les discriminations, la politique internationale et enfin, l'influence du populisme sur les partis traditionnels.

L'habileté de Haider sur la scène politique réside dans la modernisation de vieilles antiennes présentées comme les idées de l'avenir, grâce à des campagnes à l'américaine et des pirouettes verbales provocatrices et ironiques, se démarquant d'Hitler, par exemple, pour mieux en reprendre le fond : « Hitler n'était pas vraiment nationaliste. Aucun nationaliste n'aurait jamais fait cadeau du Tyrol du sud ! » [14]. La tactique du « clin d'œil » est l'une de ses armes, mais les affirmations brutes, suivies d'excuses toujours maintes fois sollicitées et jamais spontanées, émises du bout des lèvres, en sont d'autres. Le FPÖ donne des signes pour fédérer les nostalgies : organiser un meeting de fin de campagne électorale à… Braunau [15], imprimer des autocollants avec *Danke* en gothique, sont autant de messages cryptés et pourtant limpides. Il en va de même pour la distribution de *pin's* en forme de bleuets : le groupe-cible sait parfaitement que c'était le signe de reconnaissance des nazis lorsqu'ils étaient interdits sous la Ire République, l'allusion est évidente pour les initiés et invisible pour les autres [16]. Les anecdotes sémantiques et significatives sont légion, et les propos de Haider (février 2001) contre la « côte Est », en sont un exemple [17]. La liste

---

13 Anton Pelinka, politologue autrichien, « La leçon de l'Autriche », *Libération*, Paris, 14 septembre 2000.
14 « *Der Hitler war kein nationaler Mensch. Einer, der national ist, schenkt doch nicht Südtirol her* », in *Taz*, Berlin, 11 janvier 1989 ; in Hans-Henning Scharsach, *Haiders Kampf*, Wien, Orac, 1992, p. 37.
15 Ville natale d'Hitler.
16 *Id.*, p. 93. L'automne 2006 a vu un dirigeant du FPÖ arborer un bleuet.
17 La transcription de la bande magnétique de cette soirée est instructive parce qu'elle indique les réactions de la salle. Haider : « Ce Häupl [candidat SPÖ] il a un directeur de campagne électorale qui s'appelle Greenberg […] (rires massifs dans la salle), […] il se l'est fait venir par avion de la côte Est ! Chers amis, vous avez le choix entre le conseiller en communication Greenberg de la côte Est et le bon cœur viennois […] (applaudissements frénétiques) […] Nous n'avons pas besoin d'encouragements de la côte Est. Maintenant, cela suffit » (applaudissements nourris). *Arte*, juin 2001.

pourrait être déroulée encore bien longtemps, ainsi, les accointances verbales de Haider et du FPÖ avec le vieux fond nazi – qu'elles soient tactiques ou sincères n'a guère d'importance en soi, c'est un ressort essentiel du populisme – ont-elles fait l'objet d'articles, voire de recueils entiers [18], pointant par la sémantique l'instrumentalisation des préjugés, des peurs, des émotions de la population à des fins propres, ainsi que le dictionnaire *Brockhaus* définit le populisme.

Exclu du système du *Proporz,* le FPÖ le prend, bien sûr, comme cheval de bataille en le désignant comme « l'économie des cartes des partis ». Le FPÖ a acquis une crédibilité certaine grâce à cette campagne qui avait pour moteur, bien sûr, la lutte contre les « privilégiés », les « nantis », les « planqués », une constante de l'extrême droite, déguisée, dans ce contexte précis, en nouveauté. « Voilà le scandale de notre système : les flemmards, les inactifs, les parasites sociaux et les rêvasseurs sont assurés de la manne protectrice de l'État social » [19].

Le point 3 du « catalogue de principes » du FPÖ : « extension de la démocratie directe », signifie la fusion des deux fonctions de chancelier et de président de la République, élu au suffrage universel, sans possibilité d'être démis par le Parlement : une liaison (dangereuse) entre le « chef » et son peuple en quelque sorte, et qui prévoit la suppression d'organes aussi désagréablement importuns que le Tribunal constitutionnel, essentiel dans une démocratie réelle. Il s'agit ici d'être *volksnah*, proche du peuple, en supprimant les institutions et en jouant sur les réflexes de protection contre « l'Autre ».

> La xénophobie est un sentiment commun à presque tous les Autrichiens […] Xénophobie et non racisme : en allemand, la différence est de taille. Le second terme, extrêmement violent, renvoie directement aux théories raciales, et par-delà au nazisme. Aucun Autrichien ne peut supporter d'être raciste. Comme xénophobe, en revanche […] On ne pense même pas à lancer le débat [sur la participation des étrangers aux élections communales] on nous prendrait pour des fous [20].

Pendant des années, l'immigration se maintenait à environ 4,5 % de la population, mais, à partir de 1988, elle augmente et a doublé dix ans plus tard. Pour la première fois en Europe, on instaure des quotas annuels d'immigration en

---

18 L'analyse sémantique des « slogans » et autres « bons mots » des leaders politiques est une constante dans les sociétés modernes soumises au pouvoir des médias : *Haider beim Wort genommen*, Czernin, Wien, 2000, *Le Pen, les mots*, M. Souchard, S. Wahnich, I. Cuminal, V. Wathier, Le Monde éditions, Paris, 1997, ou *Sarkozy dans le texte*, Réso, Paris, 2005.
19 « *Der Skandal in unserem System ist : Die Faulen, die Nichtstuer, die Sozialschmarotzer und Tagträumer sind sich der fürsorglichen Hand des Sozialstaates sicher* », Jörg Haider, *Die Freiheit, die ich meine*, Ullstein TB, Frankfurt am Main, Berlin, 1994, p. 18.
20 Nikolaus Kunrath (SOS-Mitmensch), in « L'Autriche, un pays paisible », Pierre Daum, *Le Monde diplomatique*, octobre 1998.

fonction des besoins du marché. L'Autriche a, la première aussi en Europe, institué l'obligation d'apprendre l'allemand pour les immigrants. Les diverses mesures « d'intégration » sont devenues monnaie courante depuis les pays européens jusqu'à l'Australie (août 2007) : ce n'était pas le cas au début des années 2000.

La centrale syndicale autrichienne ÖGB, par la voix de son président, Fritz Verzetnisch s'est violemment opposée en 1998 à l'élargissement européen, au prétexte qu'une armée (*Heer*) de 150 000 à 500 000 personnes risquerait de déferler (*überschwemmen*) sur le marché autrichien et qu'il serait illusoire de croire que l'élargissement créerait des emplois. Le terme « armée » implique une action militaire, mais aussi une organisation consciente et menaçante. « Déferler » n'est pas sans rappeler « envahir », et suggère le risque d'une impuissance à résister à la vague et donc, de noyade, de disparition. Autant le fond que la forme étonnent – détonnent ? – dans la bouche d'un syndicaliste social-démocrate.

L'accès au travail est très officiellement basé sur la « préférence nationale ». L'embauche d'un étranger est soumise à de nombreuses autorisations et à condition qu'un autochtone ne postule pas pour cet emploi. De même, un étranger non communautaire ne peut pas être délégué du personnel, ni participer aux élections.

La question du logement est un véritable problème. Si les salariés étrangers cotisent obligatoirement au Fonds immobilier qui permet de construire les logements sociaux, l'accès leur en est pratiquement interdit : les logements sociaux, ces fleurons de la politique sociale de la social-démocratie autrichienne et de la résistance à l'austro-fascisme, étant transmissibles aux enfants, peu sont disponibles et réservés aux Autrichiens.

L'ensemble de ces dispositions a contribué à la constitution d'une aristocratie ouvrière, celle des Autrichiens par naissance (l'accès à la nationalité est basé sur le droit du sang de façon générale) justement ceux-là sans doute qui, dans les bastions ouvriers, se sentant menacés dans leurs acquis, commencent à fonder l'assise ouvrière du FPÖ. Est-ce là aussi la raison qui fait que les résistances au gouvernement ÖVP-FPÖ se trouvent actuellement plus dans les milieux intellectuels que populaires, voire syndicaux [21] ?

On ne peut séparer les attitudes xénophobes de la politique internationale, le discours reste à double facette sur les juifs et leur rôle en Europe. Dans la *Kronen-Zeitung* qui influence, au bas mot, la moitié des Autrichiens, le « poète », Wolf Martin, écrivait à propos des « sanctions » européennes : « Ce qu'a dit

---

[21] Ce sont les associations des droits de l'homme qui réclament le droit de vote aux élections professionnelles pour les étrangers, non les syndicats.

M. Moscovici, Herr Rabinovici le répète aussi »[22], réunissant ainsi par une allitération le ministre français et le défenseur autrichien des droits de l'homme : le lectorat sait saisir l'allusion sur le « lobby juif ». L'élargissement de l'Europe a fourni l'occasion de redéfinir des problématiques que l'on pensait dépassées : l'indemnisation des juifs sert à tracer le parallèle avec les prisonniers de guerre contraints au travail, l'entrée de la République tchèque dans l'Europe, à remettre sur le devant de la scène les décrets Benes (avec succès : l'Union européenne a commandité une étude sur la question…). Là se trouve la double victoire de l'idéologie du FPÖ : le sujet redevient d'actualité et le débat s'est déplacé vers l'émotionnel, vers l'irrationnel, la base même du fonctionnement intellectuel d'un parti populiste.

Aujourd'hui encore où les relations entre les divers partis d'extrême droite sont hésitantes, chacun refusant l'amalgame avec le voisin, toujours considéré comme gênant, voire infréquentable pour des raisons de politique intérieure, et si Haider, en dépit de convergences idéologiques, refuse toute analogie avec le Front National, le FPÖ se serait volontiers vu fédérer les droites « nationales » européennes au début des années 2000. Une rencontre a eu lieu à Vienne entre Haider, Dewinter et Bossi, en juillet 2002. Haider et Filip Dewinter (*Vlaams Blok* belge, aujourd'hui *Vlaams Belang*) se succèdent auprès de la *Lega Nord* avec laquelle les relations se sont réchauffées. Le refroidissement était venu d'Umberto Bossi déclarant ne rien vouloir avoir à faire avec Haider, fils de nazis, alors que la *Lega Nord* était issue de résistants (?). Haider fera une prestation de soutien auprès de Dewinter lors de la campagne électorale de 2003 en Belgique. En revanche, Pia Kjärsgaard (Danemark), venue soutenir Haider lors des « sanctions » européennes et décommandée cavalièrement par Haider, le dédaigne, depuis qu'elle est un soutien de la coalition au pouvoir. Il en va de même pour Christoph Blocher (Suisse), éconduit avant ses succès électoraux et ensuite sur une position d'écart par rapport au FPÖ.

En novembre 2001, à l'initiative d'Andreas Mölzer, ex-conseiller culturel de Haider et responsable de la publication de l'hebdomadaire *Zur Zeit*, un colloque a réuni « les droites de la droite »[23] européennes près de Vienne durant lequel Mölzer a invité Haider à prendre la tête d'une liste européenne. Si tous ces contacts n'ont pas abouti à un bloc significatif au niveau européen, il en a émergé cependant la banalisation d'une partie non négligeable de leur fond idéologique, reprise par les partis de la droite traditionnelle.

---

22 « *Sagte etwas Herr Moscovici, das auch sagt Herr Rabinovici* », in « Sanktionen », *Kronenzeitung*, 22 mai 2000.
23 Joëlle Stolz, « Les extrêmes droites européennes se rencontrent », *Le Monde*, 21 novembre 2001.

Il faut reconnaître que le FPÖ a adapté ses positions à celles d'un parti moderne de gouvernement et dépoussiéré une législation hors d'âge : décriminalisation de l'homosexualité (alors que le FPÖ est traditionnellement homophobe), acceptation des peines de substitution, commutation de la peine de perpétuité, maintien de l'avortement thérapeutique pendant la durée entière de la grossesse. Des réformes « de progrès » ont abouti également. Le monde entier a pris acte, avec une certaine admiration interrogative, de ce que, justement ce gouvernement-là, a promulgué la loi sur la restitution d'œuvres d'art des juifs spoliés, l'indemnisation des travailleurs forcés ou la décriminalisation (sans indemnité) des déserteurs.

Mais c'était sans compter avec la contrepartie : puisque les juifs spoliés ont été dédommagés, il faut qu'il en soit de même avec les Sudètes, les soldats prisonniers (notamment en URSS), par « souci d'égalité », cette égalité qui vise à mettre sur le même plan ceux qui furent des victimes absolues et ceux qui furent (même *nolens volens*) dans le camp des bourreaux. Sur ce point encore, l'affirmation d'une égalité usurpée est destinée à rassurer le peuple sur son statut de victime et différer – voire empêcher – les questionnements sur les responsabilités historiques.

À problème politique, réponse simple ? Dans tous les cas, l'analyse historique est remplacée par le « bon sens populaire » mais lorsqu'il faut se confronter aux réalités de gouvernement d'un pays, de gestion internationale des crises, le tout doublé d'un « combat des chefs » pour le pouvoir, le simplisme ne suffit plus à assurer une base électorale et désoriente les électeurs. C'est ainsi que le FPÖ autrichien, en 2005 a éclaté en deux : le *Bund Zukunft Österreichs* (BZÖ) dont le secrétaire général est Peter Westenthaler [24], toujours autour de Jörg Haider et des anciens ministres (en chute libre – moins de mille membres – à l'exception de la Carinthie, fief de Haider) et un FPÖ maintenu, dirigé par Heinz-Christian Strache, avec un potentiel électoral autour de 18 % [25]. Le choix des électeurs autrichiens à l'automne 2006 a abouti à la formation d'une nouvelle « grande coalition », après la précédente et malheureuse expérience d'un gouvernement ÖVP-FPÖ.

Westenthaler (BZÖ) et Strache (FPÖ) font, tous les deux, l'objet d'articles quotidiens dans la presse autrichienne, en août 2007, Strache pour ses hésitations à reconnaître avoir autrefois participé à des rencontres de la *Wiking-Jugend* (interdite pour néo-nazisme en 1994 en Allemagne) et Westenthaler pour faux témoignage dans une affaire d'agression commise par son garde du

---

24 Né Hojac, il a pris le nom de jeune fille de sa mère, plus « allemand »…
25 Gerhard Steininger, « Haider betet die Macht der Schlagzeile an », *Der Standard*, 11 juillet 2007.

corps. Tous deux renouent avec le fil de l'affaire Waldheim : il leur est impossible de reconnaître la véracité de ce qui fut, ils ne peuvent assumer publiquement leurs actes et c'est, à l'été 2007, le même dilemme de l'Autriche moderne : un visage de Janus entre position publique et actions réelles.

« Il est arrivé une singulière mésaventure au mot "populisme" : il est récemment devenu populaire » [26]. Mais il n'y a pas que le mot qui soit devenu populaire, les idées le sont aussi, désormais, l'Europe ne s'alarme plus de ce genre de situation, l'idée de « sanctions européennes » est loin, la Belgique, le Danemark, la France connaissent régulièrement des scores de 10 à 15 % pour les partis dits « populistes » (voire ponctuellement beaucoup plus), les partis conservateurs s'allient avec eux (Danemark, Italie), reprennent leur fonds idéologique (Italie, France), la Hollande ou la Suisse ont aussi leurs *leaders* (Christoph Blocher est actuellement ministre de la justice et de la police en Suisse), sans parler de l'Europe de l'Est (parti *Ataka* en Bulgarie, *Romania Mare* en Roumanie, *Fidesz* en Hongrie, les propos de Jan Slota en Slovaquie, la Lituanie où deux partis populistes se partagent 40 % des voix, le *PiS* polonais qui tient les postes suprêmes en la personne des jumeaux Kaczynski) [27]…

Faut-il alors évoquer, pour redonner à l'analyse historique et politique sa juste place, cette boutade d'Orson Welles : « la cote d'amour ne devrait pas être un indicateur pour les élections en politique. Si la popularité devait être déterminante, *Donald Duck* et les *Muppets* siègeraient depuis longtemps au Sénat » [28].

---

26 Pierre-André Taguieff, « Le populisme et la science politique », Jean-Pierre Rioux (dir.), *Les populismes*, Presses de la fondation politique et Perrin, Paris, 2007, p. 17.
27 Jean-Pierre Rioux, « Le peuple à l'inconditionnel », *op. cit.*, p. 12.
28 Martin Herzog, www.brainworker.ch/politik/Populismus, 6 octobre 2006.

L'exposition « *Deutschlandbilder* » et l'héritage artistique de la division

Elisa Goudin-Steinmann

En tombant, le mur de Berlin a rendu caduques un certain nombre de certitudes sur la politique publique de la culture conduite en RDA, et fait surgir de nouvelles interrogations sur la gestion de l'héritage culturel légué par 40 années de régime communiste : comment rendre compte de cet héritage au sein de l'Allemagne unifiée, quelle place lui réserver ? En somme, la question qui est devenue incontournable immédiatement après 1990 et reste d'actualité aujourd'hui est la suivante : comment *définir le mémorable* au sein d'un ensemble très vaste de productions culturelles, dont certaines n'avaient pas de grande valeur artistique ? La politique culturelle de l'Allemagne unifiée offre en ce sens un très bon laboratoire d'analyse de l'émergence du phénomène mémoriel après la chute d'un État.

Les musées ont dû s'adapter aux transformations rendues nécessaires par l'unification, qu'il s'agisse de leurs expositions temporaires ou permanentes. Placer un objet culturel dans un musée revient nécessairement à arrêter le passé, à fixer les origines, pour assurer un avenir plus stable, plus conscient de l'ancrage sur lequel il est bâti. Or, cet effort de « muséalisation » présente en Allemagne après 1990 une dimension supplémentaire, dans la mesure où il constitue un élément à part entière du projet d'unification culturelle. Il s'agit de *reconstruire une identité en assumant la pluralité de l'héritage*.

Un discours nouveau sur le phénomène mémoriel

C'est justement l'objectif que s'est fixé de façon explicite l'exposition « Images de l'Allemagne, art d'un pays divisé » (« *Deutschlandbilder, Kunst aus einem geteilten Land* »), montrée à Berlin à partir de 1997, dont nous souhaiterions proposer ici un début d'analyse critique. Cette exposition fournit l'occasion d'une réflexion plus poussée sur les chemins qu'ont empruntés les artistes est-allemands et ouest-allemands pour rendre compte de leurs émotions face à la question de l'unité nationale allemande. Elle avait explicitement pour objectif de mettre en lumière deux traditions artistiques distinctes, qui se sont écartées l'une de l'autre en partant d'un socle commun, et *en même temps* de montrer les points de similitude, les tendances communes. L'article introductif indique qu'il s'agit d'exposer « deux traditions, qui peuvent revendiquer la même importance » et, par le même mouvement, de « mettre en lumière l'histoire commune »[1]. Il s'agissait de présenter ensemble deux lignes culturelles différentes, ce regard conjoint[2] devant ensuite permettre, ou faciliter, un jugement dépourvu de présupposés, de préjugés, donc plus objectif et plus précis. C'est la raison pour laquelle les organisateurs de l'exposition ont systématiquement cherché à placer des œuvres de l'ex-RDA à côté d'œuvres de RFA.

Ces rapprochements cristallisent le débat actuel sur l'intégration de l'ex-RDA. L'art exprime à la fois les lieux de déchirement qui existaient avant l'unification et de nouveaux lieux de déchirements communs qu'il faut mettre à jour pour surmonter la division. L'exposition relève d'une volonté de « mettre à plat », d'exposer les termes du débat de la façon la plus dénuée de présupposés possible, et cela pour combattre l'ampleur des malentendus.

Le choix de cette orientation précise pour une exposition sur l'héritage culturel est-allemand dans ses liens avec la culture allemande permet de poser plusieurs questions : par quels biais le thème de la division, ou celui de l'unité de l'Allemagne s'est-il répercuté dans l'art, en quoi l'art a-t-il constitué un refuge privilégié des réflexions, ou de l'expression des émotions, des souffrances, relatives à cette division ? ; quelle logique a présidé au regroupement des tableaux et sculptures exposés ? ; quel est le sens de ces rapprochements, et comment les interpréter dans une perspective politique ?

Le lien entre les différentes œuvres exposées dans le cadre de cette exposition s'articule selon nous autour de *trois principales notions* qui permettent de regrouper, avec des nuances plus ou moins fortes et sans exclure des recoupements, l'ensemble des œuvres exposées.

Un mouvement de dénonciation

La première impression que la visite de l'exposition, et plus encore la lecture du catalogue de cette exposition suggèrent est celle d'une *dénonciation*. Regrouper des œuvres sous le titre d'images de l'Allemagne, c'est aussi montrer

---

1 « *Zwei Traditionslinien, die gleichermaßen Geltung beanspruchen können, eine gemeinsame Geschichte veranschaulichen* », in Ulrich Eckhardt, article introductif, *Deutschlandbilder*, cat. exp., DuMont Buchverlag, Francfort-sur-le-Main, 1997, p. 11.
2 Le texte de la brochure mentionne le mot de *Zusammenschau*, *ibid.*

comment le passé nazi resurgit dès que l'on aborde la question de l'unité allemande. L'emplacement choisi pour cette exposition est déjà en lui-même lourd de significations. Il s'agit du « bâtiment de Gropius » (*Gropiusbau*), situé à Berlin-Ouest du temps de la division de l'Allemagne, mais juste à la frontière avec Berlin-Est. L'emplacement est donc déjà chargé de connotations, d'autant que le bâtiment est situé tout près des lieux commémoratifs de la fin du régime national-socialiste, et en particulier du lieu de mémoire « Topologie de la Terreur » (« *Topologie des Terrors* »). À lui seul, le lieu choisi pour l'exposition indique déjà le lien de toute réflexion sur l'unité de l'art allemand avec le passé national-socialiste de l'Allemagne [3]. Car toute réflexion sur l'identité allemande, et donc sur l'unité allemande, ne peut s'articuler qu'autour d'une référence au nazisme. Il n'y a pas de détour possible, contrairement à l'objectif que se donnent certains historiens, non pas révisionnistes au sens français du terme, mais cherchant à fonder en droit une identité allemande « normale », ou normalisée, c'est-à-dire qui ne se distinguerait plus fondamentalement d'autres sentiments nationaux liés à d'autres génocides de l'histoire de l'humanité.

La notion de dénonciation, qui peut servir de grille de lecture de l'exposition, ne s'arrête cependant pas à l'emplacement choisi. Elle est présente dans les œuvres elles-mêmes, sous des formes variées. Considérons par exemple la sculpture de Max Beckmann intitulée *Homme dans l'ombre* (*Mann im Dunkeln*), et datée de 1934. Le sculpteur y présente un geste de refus, de mise à l'écart, qui a pu être interprété comme un mouvement de refus de toute responsabilité. L'homme détourne le regard, signifiant ainsi son opposition à toute résistance. Mais ce geste est équivoque, on peut en effet également y lire un mouvement de désespoir, une ultime tentative pour se protéger. Cette sculpture porterait alors la marque d'une extrême vulnérabilité, et non du refus d'assumer une responsabilité. La biographie de Max Beckmann, dont certaines œuvres ont été montrées lors de l'exposition sur l'art dit « dégénéré » (« *entartete Kunst* »), organisée par le régime national-socialiste, et son choix de l'exil vers Amsterdam, nous permettent de privilégier la seconde lecture de l'œuvre, sans qu'il soit possible de renoncer totalement à l'autre interprétation. Le geste de refus de la responsabilité est bien présent dans la sculpture, et cette dimension de l'œuvre, son équivocité, est une partie constituante du projet de dénonciation de l'artiste.

L'originalité des tableaux de Gerhard Richter ne tient pas, quant à elle, à leur caractère équivoque, mais à l'ironie que l'artiste utilise comme moyen de dénonciation. En effet, une série de tableaux de Gerhard Richter s'attache à

---

[3] Un des articles introductifs de l'exposition souligne l'importance de la matière dont est constitué le bâtiment, en décrivant le béton comme élément proprement allemand (!), ce qui ajouterait encore, selon cet auteur, à la symbolique du lieu !

montrer, à mettre à jour, tous les criminels nazis restés impunis, tous les criminels que l'on a tus, ceux qui ont reçu ce que l'on a appelé les « *Persilscheine* », c'est-à-dire les collaborateurs qui, à la fin de la guerre, ont été « blanchis », innocentés. Il souligne donc les lacunes, les imperfections du processus de dénazification, son caractère incomplet et trop rapide. Ainsi par exemple, le tableau intitulé *Tante Marianne* peint au milieu des années 1960, a un arrière-plan bien particulier : il montre une fillette qui était épileptique et sur qui les nazis avaient pratiqué une euthanasie. Par la suite, la fillette a été portée « disparue », ce qui a permis d'esquiver une recherche des responsabilités. On comprend alors l'ironie mordante de ce tableau. De même, le tableau intitulé *Onkel Rudi*, également daté de 1965, montre l'appartenance de l'oncle à la *Wehrmacht*. Le titre de l'œuvre, le caractère réaliste de la peinture, évoquent une certaine familiarité avec cet oncle, qui contraste avec la brusque dénonciation de sa participation au régime nazi. C'est donc là encore l'ironie qui sert d'intermédiaire pour la dénonciation des lacunes de la dénazification.

Cette dénonciation des lacunes du processus de dénazification est une première esquisse d'un vaste mouvement qui se développe en RFA au début des années 1970, notamment avec le débat sur la prescription des crimes nazis : faut-il appliquer le concept de prescription y compris aux crimes nazis ? Peut-on se contenter d'augmenter le délai de prescription ? La génération qui est confrontée à ces problèmes dans les années 1970 doit tenter de répondre à des questions qui se posent aussi à leurs parents qui eux ont vécu sous le régime nazi. Ici, on voit comment les œuvres de Max Beckmann annoncent ces questions dès le milieu des années 1960. Ces œuvres montrent également que toute exposition sur l'art allemand, dans son caractère national, est toujours liée à un « détour » par le passé national-socialiste, ne peut prendre racine que sur un effort pour assumer ce passé, et ne peut faire l'économie d'un travail sur ce passé.

Enfin, nous pouvons considérer certains aspects de l'œuvre de Joseph Beuys à travers cette grille de lecture. La volonté de dénonciation par l'artiste se lit déjà dans les titres, en particulier celui d'une série de photographies en noir et blanc intitulée « Auschwitz ». L'une d'elles est accompagnée d'un sous-titre : « Plan du site du camp de prisonniers de guerre AUSCHWITZ O.S. Échelle 1/2 000 [4] ». Le recours à cette formulation très « objective », concrète, presque

---

4 « *Lageplan des Kriegsgefangenenlagers* AUSCHWITZ O.S. *Maßstab 1 : 2000* », cf. *Deutschlandbilder*, cat. exp. La description qui suit est encore plus précise et plus explicite : « *Lageplan des Lagers Brzezinka, auf welchem das Bahngleis, das zu den Gaskammern und Krematorien führt, zu sehen ist. Links vom Bahngleis liegt das Frauenlager (FKL), berechnet für 20 000 Personen, rechts vom Bahngleis das Männerlager B II, berechnet für 60 000 Personen, und weiter rechts der noch im Bau befindliche Abschnitt B III, ebenfalls für 60 000 Häftlinge. Rechts vom FKL war noch ein Abschnitt für die gleiche Zahl von 60 000 Häftlingen geplant* ».

bureaucratique, à un style entièrement dépouillé, est un moyen utilisé pour suggérer l'effroyable. De plus, on peut penser que le mot de « *Kriegsgefangenenlager* » n'est pas choisi par hasard : Auschwitz n'était en effet pas un camp de prisonniers, mais un camp de concentration. Le commentaire de Mario Kramer sur cette série de photographies qualifie l'emploi de ce mot de « *befremdend* », c'est-à-dire insolite, surprenant [5]. Mais nous pouvons penser aussi qu'il s'agit plutôt d'un choix délibéré de Beuys, d'une façon de montrer l'hypocrisie de certains euphémismes, donc d'un choix qui participe du même projet que la formulation très explicite utilisée pour la description du camp : suggérer toute l'horreur par des moyens détournés, puisque son ampleur interdit de la représenter.

La dénonciation s'effectue toujours chez Beuys par des moyens détournés, par des détours suggestifs. Ainsi, une de ses œuvres, qui n'est malheureusement pas reproduite dans le catalogue de l'exposition, montre un gros cube rigide, et peut se lire comme un objet idéologique, comme une critique d'une société qui ne peut pas bouger, opiniâtre, obstinée, raide, à l'image du cube. On peut proposer une interprétation de ce gros cube comme un élément du projet de « concept élargi de l'art » (« *erweiterter Kunstbegriff* »), et en particulier comme un exemple de l'action de ce que Beuys nomme « plastique sociale » (« *soziale Plastik* ») [6].

On le voit, la notion de dénonciation constitue bien un angle d'approche important de l'exposition « *Deutschlandbilder* ». Ce que l'on retient surtout est le fait que toute discussion par le biais de l'art sur l'Allemagne pendant la division, sur les notions de sentiment national allemand, d'unité allemande, passe par une réflexion sur Auschwitz. Il est significatif, à cet égard, qu'une exposition regroupant des œuvres sous le thème « d'images de l'Allemagne », de retranscriptions picturales des sentiments liés à l'Allemagne en tant qu'objet non seulement politique, mais aussi émotionnel, réunisse un grand nombre d'œuvres qui traitent du national-socialisme. L'unité de l'Allemagne ne peut se concevoir que par et à travers Auschwitz, elle ne peut trouver d'autre fondement qu'un travail sur ce passé, même si, à l'Est, ce travail n'était autorisé que par des moyens détournés.

L'Allemagne où l'on se perd

Le regroupement des œuvres s'articule également, selon nous, autour de la notion de *désorientation*. Si l'on réfléchit par exemple à ce que suggère le grand nombre de labyrinthes, ou de paysages de forêts profondes et sombres, on peut

---

[5] Mario Kramer, « Joseph Beuys, Auschwitz Demonstration 1956-1964 », in *Deutschlandbilder*, cat. exp., p. 293-307.

[6] Pour de plus amples développements sur toutes ces notions, *cf. Joseph Beuys im Gespräch mit Knut Fischer und Walter Schmerling*, Cologne, 1989.

penser que le fait que ces thèmes soient récurrents, constitue un *topos* important de l'exposition. Le labyrinthe, de même que la forêt, a comme caractéristique d'être « sans issue », ou plus exactement de n'offrir celle-ci que sur le mode de l'énigme, du secret. Ce qui fait l'unité de ces deux espaces que sont le labyrinthe et la forêt, ou plutôt de ces deux expériences de l'espace, est donc bien l'idée de désorientation. L'artiste est proprement désorienté, il est dans l'incapacité de sortir de cet « espace-étau » qui se resserre sur lui pour l'étouffer, il est incapable de retrouver la sortie, c'est-à-dire, métaphoriquement, d'accéder à la lumière du jour. Ce n'est d'ailleurs probablement pas un hasard si la thématique de la lumière tient une place si importante, en particulier dans l'œuvre de Jörg Immendorff. L'utilisation des mots dans la peinture, par exemple sur l'une de ses toiles le recours au jeu de mots intraduisible en français « *Lichtfeld - Licht fehlt* » (« champ de lumière - manque de lumière ») peut être interprété comme une façon pour l'artiste d'exprimer à la fois sa désillusion, en démontant le cliché de la lumière apprivoisée, conquise par la main du peintre, et son incapacité à retrouver un chemin au sein d'un espace où la lumière manque.

Or, nous pouvons, sans sur-interpréter ces différentes œuvres, les lire sous l'angle de l'unité allemande. En effet, suggérer un espace où l'on ne peut être que désorienté, c'est aussi évoquer une perte des repères, l'impossibilité de se rejoindre, de s'arrêter en un lieu. Être perdu dans l'espace labyrinthique, ou au milieu d'une forêt, n'est ce pas en effet être condamné à demeurer inexorablement « ailleurs » ? Si l'on tente de décrypter cette métaphore et d'en proposer une interprétation politique, on est amené à la conviction que vivre dans l'un des deux États allemands, c'est se mouvoir au sein d'un espace jamais clos, d'un espace où l'on est toujours ailleurs, c'est tenter de composer avec cette impuissance à recevoir un lieu, avec cette incapacité à « habiter » un endroit, c'est être en quelque sorte « dessaisi de soi-même ».

Relisons, dans cette perspective, une page de Pierre Kaufmann, qui souligne l'affinité entre l'espace spécifique du labyrinthe et celui de la forêt [7]. Il montre que, dans les deux cas, le sujet perdu est celui qui se voit refuser le chemin vers ce qui lui est « familier », celui qui n'a plus accès au « code », à la lumière, envisagée métaphoriquement comme ce qui fait que les choses, dans leur manière même de coexister, font sens pour lui. Ce que l'artiste tente d'exprimer par l'intermédiaire de la figure du labyrinthe ou de celle de la forêt, ce n'est pas une émotion qui serait à concevoir comme la conséquence d'une désorientation, c'est la désorientation même. Si l'on essaye de transposer cela à l'interprétation des œuvres exposées, on peut penser que le lien entre cette désorientation et la question de l'unité allemande s'articule autour de la notion d'espace instable,

---

7 Pierre Kaufmann, *L'expérience émotionnelle de l'espace*, Paris, Vrin, 1987, p. 259.

obscur, au sens d'espace d'où la lumière s'est retirée. On rejoint ainsi l'idée de perpétuelle errance. L'être perdu que montrent de nombreuses peintures de l'exposition est un être qui, d'une certaine façon, n'a pas, ou n'a plus, la possibilité de « s'arrêter » en un lieu, à l'image de l'errant qui est toujours jeté hors de lui-même. Le problème de l'errance est celui de la quête d'un lieu acceptable, d'un chemin pour sortir de l'exil, pour sortir d'un espace où il est impossible de s'arrêter, d'un espace dont le caractère artificiel ne peut que sauter aux yeux, comme c'était le cas pour l'Allemagne pendant quarante années.

Ainsi, la notion de désorientation contenue dans les figures du labyrinthe ou de la forêt semble bien pouvoir être lue comme une façon pour l'artiste de traiter, de manière plus ou moins consciente et plus ou moins explicite, la question de l'unité allemande, le problème des « deux États, une nation » et de l'espace incertain et artificiel que cela engendre. Le *topos* de l'absence de lumière, comme modalité particulière de cette désorientation, souligne l'idée d'une absence d'harmonie, d'une symbiose devenue impossible entre le sujet et l'espace dans lequel il vit.

Cette notion de désorientation est à mettre en relation avec celle de *vulnérabilité*, qui constitue aussi un angle d'approche possible de l'exposition dans son ensemble. En effet, un certain nombre d'œuvres évoquent l'idée d'un franchissement permanent de frontières. Or, il ne faut pas oublier que la frontière, pour un artiste allemand et en particulier pour un artiste est-allemand, est avant tout une menace de mort. Toute représentation d'une frontière peut se comprendre comme une tentative pour réconcilier l'intimité de deux lieux, elle est donc à la fois expression d'une douleur ou d'une vulnérabilité face à cette division, et en même temps une initiation, un apprentissage de la séparation, donc une façon d'exorciser une impuissance à venir à bout de cette frontière. Citons ici une phrase de Peter Handke qui exprime poétiquement cette idée : « Si tu ressens la douleur des seuils, c'est que tu n'es pas un touriste et le passage peut avoir lieu »[8]… L'expression d'une résistance face à la frontière peut donc être interprétée comme quelque chose de positif, comme un mouvement d'apprentissage, de création d'un rapport personnel avec cette frontière et les dangers qu'elle évoque.

« Mettre en images l'avenir »

Enfin, nous pouvons considérer que le dernier axe d'approche est constitué par le mythe de la Révolution. Ce thème s'incarne évidemment de façon privilégiée

---

[8] Peter Handke, *Images du recommencement*, Paris, Gallimard, 1989 (trad. Georges-Arthur Goldschmidt).

dans la peinture est-allemande influencée par la doctrine du réalisme socialiste. C'est le cas en particulier du peintre Horst Strempel, parti vivre en 1947 dans ce qui deviendra la RDA, avec l'espoir de voir ses convictions communistes réalisées. Mais les difficultés politiques augmentent au fur et à mesure qu'il s'affirme comme un professeur d'arts plastiques influent à la *Hochschule für angewandte Kunst Berlin-Weißensee*, en particulier à propos du débat sur le formalisme. Horst Strempel finit donc par retourner à Berlin-Ouest en 1953. Il ne rencontrera pas là non plus de véritable reconnaissance publique. Mais ses œuvres sont un exemple privilégié de retranscription picturale de l'espoir d'une révolution. Il écrit lui-même qu'il cherchait avant tout, par sa peinture, à « mettre en image l'avenir »[9]. Il s'agit donc de l'expression d'une utopie tournée vers le futur, et vers l'espoir dont ce futur est porteur.

Rappelons toutefois ici les conséquences fatales de cet idéalisme, au regard de la situation de l'activité culturelle est-allemande. En effet, ce mythe révolutionnaire a tendance à évoquer quelque chose d'irréel, qui tend à cacher, à supprimer toute perception objective. Heiner Müller écrit par exemple, dans le dernier chapitre de son autobiographie :

> C'est peut-être justement ce qu'il y avait d'irréel dans la configuration étatique de la RDA qui lui conférait son pouvoir d'attraction auprès des intellectuels et des artistes. [...] La RDA était un rêve, que l'histoire a transformé en cauchemar, à l'image de la Prusse de Kleist ou de l'Angleterre de Shakespeare[10].

Eckhart Gillen mentionne quant à lui ce qu'il nomme

> l'effacement de l'expérience concrète au profit d'une idée, l'utopie comme esquisse d'un ordre, une ébauche de projet de la part d'intellectuels, qui serait exécuté par l'État [...], conduit par la classe ouvrière[11].

Il nous semble que la citation de Heiner Müller s'inscrit tout à fait dans la lignée de cet idéalisme dont Eckhart Gillen dénonce les dangers. Cette construction mythique a des conséquences dangereuses, non seulement parce qu'elle tend à écarter la réalité, mais aussi parce qu'elle tend à former un cercle fermé,

---

9 « *Die Zukunft ins Bild setzen* », in Biographie de Horst Strempel, *Deutschlandbilder*, cat. exp., p. 643.
10 « *Vielleicht machte gerade das Irreale des Staatsgebildes DDR seine Anziehung für Künstler und Intellektuelle aus. [...] Die DDR [...] war ein Traum, den Geschichte zum Alptraum gemacht hat, wie das Preußen Kleists und Shakespeares England* », in Heiner Müller, *Krieg ohne Schlacht, Leben in zwei Diktaturen*, Cologne, 1992, p. 363.
11 « *Das Auslöschen der konkreten Wahrnehmung zugunsten einer Idee, die Utopie als Ordnungsentwurf, eine Planskizze von Intellektuellen, exekutiert vom Staat [...], ausgeführt von den Werktätigen* », in Eckhard Gillen, « *Bruch mit dem sozialistischen Idealismus* », *Deutschlandbilder*, cat. exp., p. 194.

dépourvu de toute ouverture possible. Eckhart Gillen insiste ainsi sur le fait que la société est-allemande, et cela est en particulier valable pour les artistes, avait le réflexe de se concevoir systématiquement comme un ensemble clos :

> La frontière, c'était l'invention d'un intérieur absolu, l'artifice magique d'un horizon fermé de façon artificielle, comme au théâtre. […] La fermeture sur eux-mêmes des Allemands de l'Est a engendré par force ce que Canetti nommait la *Widerholung*, la production d'un monde matériel et intellectuel toujours semblable à lui-même, une identité fatale [12].

C'est donc sous la forme d'une répétition que le régime est-allemand a tendu à construire une utopie close sur elle-même, dépourvue de tout principe d'ouverture vers l'extérieur. Le mur de Berlin est ainsi devenu un symbole d'une histoire qui s'est arrêtée, d'un enfermement autour d'une utopie que les œuvres de Horst Strempel mettent bien en évidence. La société est-allemande est devenue une société fermée, « protégée », rendue étanche par le mur, dont la fonction était aussi de permettre au mythe de la révolution de se développer au sein d'un espace clos. Une phrase de Walter Ulbricht est à cet égard particulièrement significative : « Maintenant nous avons le mur, et nous allons écraser contre lui quiconque sera contre nous »[13], alors que les artistes est-allemands étaient plutôt, au moment où cette phrase était prononcée, c'est-à-dire en 1961, de l'avis que le mur allait servir à protéger l'utopie. Eckhart Gillen résume de la façon suivante le consensus qui régnait entre les artistes est-allemands de l'époque : « Maintenant le mur est là, maintenant on peut discuter ouvertement de tout en RDA »[14] ! On mesure ainsi la distance qui sépare les convictions du régime des idées des artistes, et surtout la naïveté que l'on peut lire dans certaines prises de position d'artistes et d'écrivains. L'idéalisme, le mythe de la révolution, semblent donc représenter un thème équivoque, dans la mesure où ils contribuent à fonder une utopie close sur elle-même, et coupée de tout lien avec la réalité concrète, de toute perception de celle-ci.

Il faut noter également que ce « mythe de la révolution » a souvent conduit à des prises de position moralement condamnables. Citons par exemple cette phrase du peintre Fritz Cremer, pourtant antifasciste convaincu, qui explique

---

12 « *Die Grenze, das war die Erfindung eines absoluten Drinnen, der Zaubertrick des künstlich zugezogenen Horizonts wie im Theater. […] Die Abgeschlossenheit der Ostdeutschen erzwang das, was Canetti die Widerholung nannte, die Produktion der immergleichen Ding- und Gedankenwelt, eine fatale Identität* », in Eckhart Gillen, *op. cit.*, p. 194.

13 « *Jetzt haben wir die Mauer, und daran werden wir jeden zerquetschen, der gegen uns ist* », citation reprise par Eckhart Gillen, *op. cit.*, p. 194.

14 « *Jetzt ist die Mauer da, jetzt kann man in der DDR über alles offen reden* », in Eckhart Gillen, *op. cit.*, p. 195.

être rentré en 1950 à Berlin-Est « avec l'intention de participer au travail d'assimilation et de dépassement du passé allemand, du militarisme, du fascisme et du revanchisme et à la construction du socialisme »[15]. La volonté de « construire le socialisme » se confond ici avec une volonté de « dépasser le passé », au sens du passé national-socialiste. La volonté de « construire le socialisme » et de donner une expression artistique à cette construction, a eu pour conséquence d'opprimer certains artistes avant-gardistes pourtant initialement favorables au régime du SED. En effet, le SED, dont le mot d'ordre était la promotion d'une « avant-garde politique », a finalement refusé toute alliance, tout soutien de l'avant-garde artistique et culturelle, et s'est au contraire attaché à réhabiliter l'héritage culturel de l'humanisme classique, comme unité réussie de la vérité, de la beauté et de l'harmonie. Eckhart Gillen montre jusqu'où est allé ce refus de l'avant-garde artistique :

> Avec la construction du socialisme en RDA, la classe ouvrière a commencé, comme l'a dit Ulbricht en 1962, à écrire la troisième partie du Faust. La figure de Faust incarnait pour Ulbricht la continuité de l'émancipation bourgeoise[16].

Cette condamnation de toute nouveauté dans le domaine artistique et culturel a entraîné par exemple l'oppression de Ralf Winkler, peintre connu sous le pseudonyme d'Albrecht Penck, et qui s'est toujours reconnu dans cet idéalisme, qui passait selon lui par une stratégie de subversion au moyen de l'art. Il voulait, en partant de la doctrine marxiste, analyser les forces et les structures sur lesquelles repose la société. Il écrit : « J'ai une vague idée d'une sorte de physique de la société humaine »[17], et rejoint ainsi le projet de Beuys, qui affirme : « On doit pratiquement pouvoir voir les idées ! »[18]. Ce projet avant-gardiste a été totalement refusé par le SED, ce qui a conduit le peintre à l'exil vers la RFA en 1983. Pourtant, Albrecht Penck a toujours reconnu être un partisan du régime en place, au moins jusqu'à son exil. Il écrit par exemple en 1984 : « Nous trouvions que la construction du mur était une bonne chose, elle était juste d'après nos convictions politiques de l'époque… »[19].

---

15 « *Mit der Absicht, an der Bewältigung und Überwindung deutscher Vergangenheit, des Militarismus, Faschismus und Revanchismus und am Aufbau des Sozialismus mitzuwirken* », Fritz Cremer, cité par Eckhart Gillen, *op. cit.*, p. 194.

16 « *Mit dem Aufbau des Sozialismus in der DDR haben die Werktätigen begonnen, so Walter Ulbricht 1962, den "dritten des Faust" zu schreiben. Die Faust-Figur verkörperte für Ulbricht die Kontinuität bürgerlicher Emanzipation* », in Eckhart Gillen, *op. cit.*, p. 196.

17 « *Was mir vorschwebt ist so eine Art Physik der menschlichen Gesellschaft* », citation d'Albrecht Penck, *Ausstellung-Katalog Nationalgalerie Berlin*, cat. exp., 1988, p. 91.

18 « *"Man muss quasi Ideen sehen können!", Joseph Beuys im Gespräch mit Knut Fischer und Walter Schmerling* », Cologne, 1989, p. 13.

19 « *Wir fanden den Mauerbau ja gut, nach unserer politischen Überzeugung damals war der richtig…* », citation d'Albrecht Penck, *Ausstellung-Katalog Nationalgalerie Berlin*, *op. cit.*, p. 164.

Nous pouvons comparer cette expérience avec celle de Gerhard Richter, qui choisit lui aussi l'exil en 1961, et raconte : « Il fallait que je fuie l'idéalisme criminel des socialistes »[20]. Il souligne donc les dangers liés à la présence d'une utopie dans l'art, à l'utilisation de l'art comme vecteur de cette utopie, de ce mythe. Son désir de vivre et de peindre désormais sans aucune référence idéologique se situe en rupture totale avec l'expérience de l'art au service du mythe de la révolution. Citons encore cette phrase : « Je n'ai […] aucune idée, […] aucune croyance qui me montre la direction, aucune représentation du futur, aucune construction qui donne un sens que l'on puisse mettre au-dessus de tout »[21].

Ainsi, le thème du « mythe de la révolution », autour duquel s'organise un certain nombre d'œuvres de l'exposition « *Deutschlandbilder* », recouvre plusieurs dimensions. L'idéalisme avec lequel il est lié peut s'avérer dangereux, dans la mesure où il tend à créer une société close sur elle-même. La prise de conscience de ce danger a conduit les artistes est-allemands soit à l'exil, soit au choix de rester, pour reprendre l'expression d'Hannah Arendt, « à tout moment un opposant du régime *de l'intérieur*[22] ».

L'exposition « *Deutschlandbilder* » est un exemple du type de rapport avec l'héritage culturel de RDA que l'Allemagne unifiée a pu mettre en place. Il s'agissait pour les concepteurs de cette exposition de faire apparaître à la fois des divergences d'approche et des ponts entre les deux lignes culturelles qui n'ont pas cessé de s'influencer mutuellement. Sur un fondement historique commun, les deux États allemands ont construit progressivement des paysages culturels divergents, des traditions culturelles qui se sont révélées autonomes jusqu'à un certain point, et c'est bien ce processus qu'il s'agissait de mettre en lumière. Le foisonnement d'œuvres peut donner une impression déconcertante, c'est pourquoi il nous a semblé utile de tenter de dégager quelques axes autour desquels s'organisait le projet de regrouper des œuvres produites à l'Est et à l'Ouest. La conviction qui sous-tend ce projet est la suivante : dans le domaine culturel, le nouveau centre de gravité de l'Allemagne réunifiée se placera probablement, comme en physique, de lui-même. Il sera en tout cas différent de celui de l'ex-RFA, car, même si celle-ci existe toujours, et a seulement « intégré » les nouveaux *Länder*, l'intégration culturelle de ces nouveaux Länder ne peut signifier une simple annulation de l'une des traditions culturelles en présence, une simple intégration de l'une dans l'autre.

---

20 « *Entfliehen musste ich dem verbrecherischen Idealismus der Sozialisten* », in Gerhard Richter, *Schriften und Interviews*, hrsg. von Hans Ulrich Obrist, Leipzig, 1993, p. 9.
21 « *Ich habe […] keine Idee, […] keinen Glauben, der mir die Richtung zeigt, kein Bild der Zukunft, keine Konstruktion, die übergeordneten Sinn gibt* », in Gerhard Richter, *op. cit.*, p. 99.
22 « *Jederzeit* innerlich *Gegner des Regimes* », in Hannah Arendt, *Eichmann in Jerusalem. Ein Bericht von der Banalität des Bösen*, München, 1964, p. 163.

Chapitre IV

Le « choc des cultures » ?

Silentium ! : un déictique passé sous silence

Irmtraud Behr

Wolf Haas raconte des histoires. Plus précisément, dans six romans policiers, un narrateur dont on ignore l'identité jusqu'à la toute fin, raconte les aventures du détective Brenner. L'entrée en matière donne le ton :

(0.1) *Jetzt ist schon wieder was passiert*[1].

Le narrateur omniscient s'adresse au lecteur sur le mode de la proximité[2], comme s'il parlait à un voisin de table ou à une connaissance, rencontré au café du coin :

(0.2a) *Und aus irgendeinem Grund ist es ihm vorgekommen, dass das ganze nachtschlafene Marianum nach Bier stinkt. DU MUSST WISSEN, der Brenner war aus Puntigam, wo das Bier herkommt, Puntigamer*[3] (S 20).

Le narrateur s'adressant explicitement à un interlocuteur, qui se trouve être le lecteur, il est normal que ses propos soient construits sur le mode du *discours*, même s'il raconte une *histoire*. Suivant l'opposition établie par Benveniste[4], on retiendra que le *discours* se construit avec une base temporelle au présent, avec comme repère temporel le moment d'énonciation, contrairement à l'*histoire* qui construit ses propres repères temporels et qui dispose de toute une

---

[1] Première phrase du livre. Littéralement : (0.1) « Maintenant il y a encore eu un événement ». (trad. I. B.) Cet événement ne peut être qu'extraordinaire, ce qui ne présage rien de bon.
[2] *Cf.* Peter Koch, Wulf Österreicher, « Sprache der Nähe – Sprache der Distanz. Mündlichkeit und Schriftlichkeit im Spannungsfeld von Sprachtheorie und Sprachgebrauch », *Romanistisches Jahrbuch* 36, 1985, p. 15-43.
[3] (0.2f) « Il eut l'impression que tout le Marianum endormi empestait la bière, on se demande bien pourquoi. JE DOIS TE DIRE [littéralement : Tu dois savoir / il faut que tu saches] que Brenner venait de Puntigam, la ville où l'on brasse la Puntigamer » (Sf 24).
[4] Émile Benveniste, *Problèmes de linguistique générale*, vol. 1 & 2, Paris, Gallimard, 1966, 1974.

palette de temps verbaux plus ou moins classiques ou traditionnels (ainsi le prétérit pour l'allemand standard, et le passé simple pour le français). Mais notre narrateur ne se situe pas dans le registre classique ou standard : racontant l'histoire à son lecteur sur le mode de la conversation, il mélange récit des événements et explications, commentaires et autres réflexions, passant de l'un à l'autre au gré des associations d'idées.

Le texte de Wolf Haas présente des difficultés de traduction spécifiques, parmi lesquelles on peut pointer notamment la traduction des jeux de mots et des enchaînements, qui semblent être celles d'une conversation à bâtons rompus, d'une discussion de bistrot, avançant par « esprit d'escalier » ; la dimension proprement « personnelle » de ce discours, qui en appelle constamment à l'attention de l'interlocuteur ; la superposition du discours et du récit, suggérée notamment par l'emploi constant du présent, du présent de l'accompli et de certains déictiques. Nous nous concentrerons sur ce dernier aspect et examinerons l'organisation du texte allemand et sa traduction française [5].

Silentium !, chapitre I, stratégie narrative

Wolf Haas a écrit six romans policiers dont Simon Brenner est le héros. Dès le premier roman (*Auferstehung der Toten* [*Résurrection des morts*]), le lecteur se voit interpellé par le narrateur :

> (1.1a) *Von Amerika aus betrachtet, ist Zell ein winziger Punkt. Irgendwo mitten in Europa. Aber von Pinzgau aus gesehen, ist Zell die Hauptstadt des Pinzgaus. Zehntausend Einwohner, dreißig Dreitausender, achtundfünfzig Lifte, ein See. UND OB DU ES GLAUBST ODER NICHT. Zwei Amerikaner sind letzten Dezember in Zell umgebracht worden. ABER JETZT PASS AUF* [6]. (W.H. Auferstehung, 5) [7].

Ceci posé une fois pour toutes, les cinq romans suivants peuvent tous commencer par la même phrase, désormais rituelle, par laquelle le narrateur commence le récit des cas que le détective Brenner doit résoudre :

> (0.1a') *Jetzt ist schon wieder was passiert* [8].

---

5   La traduction française de Marie Reygnier a paru en 2004. Nous référerons au texte français avec le sigle Sf suivi de la page, les traductions seront données en note.
6   Littéralement : « MAIS MAINTENANT SOIS ATTENTIF ». La traductrice a choisi une expression idiomatique proche, plus fluide : « ÉCOUTE BIEN ».
7   (1.1f) « Vu d'Amérique, Zell est un minuscule point, quelque part au milieu de l'Europe. Mais vu depuis le Pinzgau, Zell est la capitale du Pinzgau. Dix mille habitants, trente sommets de troi-mille-mètres, cinquante-huit remontées mécaniques, un lac. TU ME CROIRAS OU PAS. Deux Américains ont été tués à Zell en décembre. ÉCOUTE BIEN » (trad. I. B.).
8   (0.1f) « Et voilà, c'était reparti » (Sf9).

Brenner est un ancien policier qui travaille à présent comme détective. Dans *Silentium!*[9], on fait appel à lui pour vérifier une accusation terrible : le directeur de conscience du *Marianum*, un établissement religieux pour garçons, aurait abusé d'un garçon, il y a vingt-huit ans. Or, Mgr Schorn est proposé comme futur évêque ! Une série de crimes va commencer après l'arrivée de Brenner à Salzbourg, mêlant différents personnages haut placés et les activités (et intérêts) festivaliers de la ville.

Plusieurs niveaux « textuels »

Notre analyse porte sur le premier chapitre, qui met en place une bonne partie des protagonistes et nous informe sur le tout début de l'enquête. En plus du récit de l'arrivée de Brenner au *Marianum*, puis de la première soirée qu'il y passe en compagnie des dirigeants, et de son réveil le lendemain dans la chambre de préfet auxiliaire qu'on lui a attribuée, nous apprenons beaucoup de choses sur les dirigeants de l'institution, à savoir le directeur (*Regens*), le préfet auxiliaire et le préfet du sport. Nous apprenons également comment l'accusation de l'ancien élève contre l'évêque pressenti s'est peu à peu constituée. Enfin, nous apprenons beaucoup de choses sur le fonctionnement de l'institution elle-même.

Les événements racontés dans ce premier chapitre se résument à peu de chose : l'arrivée du détective ; la rencontre entre les dirigeants et Brenner dans le bureau du directeur où il va être mis au courant des rumeurs concernant Mgr Schorn, le tout accompagné de biscuits à apéritif et de bière, pour faire passer la chose, en quelque sorte ; le coucher et le réveil de Brenner. À côté de cela, le narrateur nous fait part de ses réflexions sur le rôle du silence dans cette institution, sur le savoir-vivre des dignitaires du *Marianum*, sur les personnages dont il décrit le physique et la carrière, et même sur Brenner et sa façon de diriger l'enquête.

Modalités de transition entre les niveaux textuels

On peut donc reconnaître trois niveaux « textuels » : le récit des événements, les informations relatives aux personnages et aux rumeurs, et les commentaires propres au narrateur.

On subsumera sous le terme de « commentaire » aussi bien les jugements, généralisations et appréciations que le narrateur porte sur tel ou tel personnage, événement ou action[10], que les énoncés par lesquels il organise son dis-

---

9 Il s'agit du cinquième roman de Wolf Haas, le quatrième de la série des Brenner, et qui possède déjà une entrée dans wikipédia : http://de.wikipedia.org/wiki/Silentium! (roman).
10 « *Weil DU darfst eines nicht vergessen. Heute kann man die Hasenscharten schon wunderbar reparieren, aber der Präfekt bestimmt schon über sechzig Jahre alt, und damals haben sie ja nur die schlechtesten Schuster zu Chirurgen geschult. Da hast DU von Glück reden können, wenn ihnen bei der Operation das Messer nicht zu oft ausgerutscht ist* » (S12). (« Il ne faut pas oublier

cours [11] ou commente ses choix lexicaux [12]. Ces énoncés comportent divers marquages de subjectivité [13]. Si ces trois niveaux peuvent être séparés dans l'analyse, ils sont fortement imbriqués dans la linéarité du texte, comme par exemple dans l'extrait suivant où le narrateur rebondit sur une des expressions qu'il a utilisées pour illustrer son commentaire pour revenir au récit de la suite des événements :

> (1.2a) Jetzt *interessanter Zusammenhang : Gerade für das Silentium war der Sportpräfekt der wichtigste Mann. Das ist nicht wie in der Politik oder beim Fernsehen, wo man sagt, der Dümmste soll den Sport übernehmen, sondern im Gegenteil, in einem Knabeninternat Sport fast das wichtigste. Weil der Jugendliche hat natürlich eine Energie, das glaubst du gar nicht, die muss irgendwo hin, sonst wird er dir so nervös, da kannst du das Silentium hundertmal anschreiben, ohne Sport hoffnungslos, weil ohne Sport musst du schon froh sein, wenn er dir nicht das KÜCHENMÄDCHEN in Stücke reißt.*
> *Aber heute Abend hat der junge Regens selber das KÜCHENMÄDCHEN gespielt, sprich, er hat aufgetischt, dass der Beprechungstisch völlig unter den Köstlichkeiten verschwunden ist [...]* (S10-11) [14].

---

une chose, c'est que, de nos jours, les interventions chirurgicales sur les becs-de-lièvre sont monnaie courante, mais que le préfet, qui avait sûrement plus de soixante ans, avait dû connaître l'époque où les plus mauvais barbiers faisaient office de chirurgiens et où ON pouvait s'estimer heureux que leur couteau ne dérape pas trop souvent en cours d'opération » (Sf16). L'allemand emploie le *du* (*tu*) généralisant, là où le français reste plus impersonnel (il faut + infinitif, *on*).

[11] L'organisation du discours comporte un volet « captation d'attention » et un volet « commentaire sur les activités discursives du locuteur » : « *Sondern pass auf, was ich dir sage* » (S6), « Mais écoute plutôt ce que je vais te dire ». (Sf10) ; « *Aber weil ich gerade sage sauber* » (S5), « À propos de transpiration : [...] » (Sf9).

[12] P. ex. à propos du rôle du *Spiritual* (directeur de conscience) : « *Besonders für die Kleinsten ist das natürlich eine sehr wichtige Ansprechperson gewesen, weil die Präfekten oft schon sehr streng, ICH MÖCHTE NICHT SAGEN Psychoterror, wie man es vielleicht bei den Sekten hat, aber streng* » (S17). « C'était bien entendu un personnage clé de l'institution, surtout auprès des plus petits, car les préfets étaient souvent très sévères. JE NE VEUX PAS DIRE QU'ils terrorisaient les élèves comme on terrorise les membres des sectes, mais ils étaient sévères, c'est un fait » (Sf21).

[13] Une bonne part de ces prises de position comportent un pronom de 1re ou de 2e personne ou du moins une particule énonciative (*Abtönungspartikel*). Ces particules servent aussi bien à l'expression de la subjectivité du locuteur qu'à la régulation des rapports entre locuteur et interlocuteur. L'emploi du pronom *du* se trouve aussi bien dans des passages généralisants, que dans des appels directs au lecteur-interlocuteur fictif. Le français ne disposant pas des mêmes outils linguistiques, on assiste à divers mouvements de compensation, notamment par l'emploi de formules comportant le pronom *je* + verbe de dire / penser ou encore des énoncés averbaux idiomatiques (*cf.* Irmtraud Behr, Hervé Quintin, *Verblose Sätze im Deutschen*, Tübingen, Stauffenburg, 1996 et Florence Lefeuvre, *La phrase averbale en français*, Paris, L'Harmattan, 1999).

[14] (1.2f) « Justement. Le préfet du sport était le spécialiste du silentium. Dans les gouvernements ou à la télévision, on laisse le sport aux plus idiots ; rien de tel au Marianum. C'était

On passe donc constamment d'un niveau textuel à l'autre. Le discours suit le récit linéaire des événements, interrompu de passages de commentaire qui à leur tour proposent des passerelles pour le retour au récit des événements.

Marquages et repérages

Comment alors reconnaître dans ce flot ininterrompu la chaîne proprement narrative ? Deux difficultés se posent pour le texte allemand : le récit est fortement ancré dans le présent de la narration d'une part par le choix du temps verbal (le présent de l'accompli) et d'autre part par l'emploi fréquent de déictiques qui renvoient à la situation d'énonciation, certes fictive, du narrateur s'adressant à un interlocuteur.

Une bonne part des interventions du narrateur, dont certaines sont devenues « cultes », est explicitement adressée au lecteur ou exprime le point de vue du narrateur. Ces interventions sont tout naturellement au présent, repérées par rapport au moment d'énonciation fictif :

> (1.3a) PASS AUF, *so schwer ist das nicht zu begreifen :* [...] (S17) UND ICH MUSS SAGEN, *volles Verständnis* (S10) UND OB DU ES GLAUBST ODER NICHT, *jedes Stockwerk in dieser riesigen alten Internatsburg hat wieder seinen eigenen Geruch gehabt.* (S6) DU MUSST WISSEN, *der Brenner war aus Puntigam, wo das Bier herkommt, Puntigamer.* (S20) *Dieses sanfte Klingeln hat der Brenner noch im Schlaf gehört.* ODER SAGEN WIR MAL SO. *Die Internatsklingel ist auf einmal losgegangen wie eine Granate* (S21) [15].

Le second niveau, celui des événements de la soirée, est caractérisé par le fait que les actions des protagonistes sont repérées temporellement. Elles le sont de différentes manières que nous présenterons plus loin, mais on constate qu'elles ne le sont guère par un changement de temps verbal qui pourrait indiquer une distribution en premier plan – arrière-plan, ou encore l'antériorité ou la mise à distance. En effet, le texte allemand ne comporte, à côté de passages

---

    même le contraire, parce que dans un internat de garçons, le sport est capital. À cet âge, les garçons ont de l'énergie à revendre, c'est quelque chose d'incroyable, et il faut bien canaliser cette énergie, sinon, ils s'énervent. Il ne servira à rien d'écrire cent fois le mot *Silentium* : s'ils ne font pas de sport, ils risquent de ne faire qu'une bouchée de la FILLE DE SERVICE. Mais ce soir-là, c'était le jeune Regens lui-même qui tenait le rôle de la JEUNE FILLE DE SERVICE et faisait circuler les amuse-gueules. Le bureau disparaissait presque sous un monceau de choses délicieuses [...] » (Sf 14-15).

15 (1.3f) « ÉCOUTE BIEN, *ce n'est pas compliqué du tout :* [...] (Sf 20), MOI, JE DOIS DIRE QUE JE COMPRENDS PARFAITEMENT CELA (Sf14), TU ME CROIRAS SI TU VEUX, *mais dans cette forteresse chaque étage avait son odeur* (Sf10), JE DOIS TE DIRE QUE *Brenner venait de Puntigam, la ville où l'on brasse la Puntigamer* (Sf24), *Ce doux cliquetis poursuivit Brenner jusque dans son sommeil.* DISONS LES CHOSES AUTREMENT : *brusquement, une explosion retentit* » (Sf24).

commentatifs au présent et un certain nombre d'énoncés sans verbe conjugué, comme seul temps du passé que le présent de l'accompli [16]. Comment sont donc « repérés » les événements de la soirée ?

Lors de la discussion nocturne, les interventions des uns et des autres se constituent en série :

(1.5a) *« Gerüchte »*, *hat der Sportpräfekt Fitz gesagt.* (S16) *« Was für Gerüchte ? »* *hat der Brenner* WIEDER *gefragt.* (S16) *« Gerüchte ! » hat der alte Hasenschartenpräfekt* IMMER WIEDER *dazwischengequetscht* (S18) [17].

La cohérence est assurée non seulement par l'emploi répété de verbes de dire, mais encore par la présence d'expressions itératives. Les énoncés ainsi repérés introduisent de longs passages de discours indirect libre [18].

À plusieurs reprises, des éléments du récit sont repérés par rapport au moment de l'énonciation (fictif). Par l'emploi de *vor* + *GN*[19], le narrateur situe explicitement certains éléments du récit par rapport au moment où il raconte l'histoire. Cela participe de la fiction du récit de vive voix, adressé à un interlocuteur présent :

(1.6a) *Architektonisch war die Dachkirche ein Meisterwerk, da haben sie* VOR ZEHN JAHREN *ein supermodernes Vogelnest auf die alten Klostermauern gesetzt* [...] (S6) *Aber wie gesagt,* JAHRE HER, *und inzwischen* [...] (S13) *Und erst*

---

16 Quelques rares cas de prétérit concernent le seul verbe *sein* (être) dans des structures attributives. Dans les discussions sur le phénomène du *« Präteritumschwund »* (« recul du prétérit »), la littérature fait état du fait que certains verbes « résistent » mieux que d'autres, dont les plus fréquents comme *sein* (être), *haben* (avoir), *kommen* (venir). Ce phénomène est typique pour les régions méridionales de l'aire germanophone. À côté de ces cas, on a relevé une occurrence de parfait surcomposé.

17 (1.4f) « "L'auteur de la rumeur", dit le préfet du sport Fitz, [...] (Sf 19) "Quel auteur de la rumeur ?", redemanda Brenner (Sf 19). "L'auteur de la rumeur !" coassait de temps en temps le préfet au bec-de-lièvre » (Sf 21). Nous reproduisons la ponctuation française.

18 L'analyse des passages de discours rapporté fait apparaître qu'il est parfois malaisé d'attribuer à un énonciateur précis tel ou tel énoncé ou suite d'énoncé, car il s'agit dans la plupart des cas d'un résumé du contenu des propos tenus, sans marquage clair de l'énonciateur. Ce fait ne pose cependant aucun problème particulier de traduction.

19 Deux constructions servent à exprimer qu'un fait se situe dans le passé et que la distance temporelle avec le moment d'énonciation peut être mesurée : une construction prépositionnelle et une construction verbale. La préposition *vor* (avant, devant) suivie du datif « représente le datage par rapport au moment de l'énonciation » (François Schanen, Jean-Paul Confais, *Grammaire de l'allemand, formes et fonctions*, Paris, Nathan Université, 1989, § 721) ; un datage relatif à un repère différent du moment d'énonciation serait exprimé par un groupe prépositionnel pronominalisé *GNacc* + *zuvor* (GN + auparavant). La construction *GNacc* (durée) + *her* + *sein* (GNacc + particule de repérage instituant l'énonciateur comme point d'arrivée + verbe être) s'emploie généralement au présent, mais peut s'employer au prétérit. Correspondances françaises : « Il y a GN (durée), cela fait GN (durée), GN (durée) en arrière » (ce dernier semble plutôt régional).

> VOR ZWEI MONATEN *hat er sich an das Wort erinnert, das er zum Spiritual dann gesagt hat* (S22) [20].

Dans bon nombre de cas, les actions « réelles » des uns et des autres sont situées par rapport à un autre repère, inhérent à l'histoire : le jour de l'arrivée de Brenner, les heures de la nuit, mais également les actions d'un autre protagoniste ou un événement :

> (1.7a) *Gleich* AN SEINEM ERSTEN TAG IM MARIANUM *hat ihn der junge Regens für zehn Uhr abends in sein Büro gebeten.* (S8) *Aber* UM VIER UHR FRÜH, WIE SIE SCHON LÄNGST BEIM SCHNAPS AUS ROCCA DI PAPA ANGELANGT WAREN, *hat der junge Regens es dem Brenner alles gebeichtet gehabt.* (S18) WIE DIE KRÜGE VOLL WAREN, *haben die vier Männer angestoßen* (S15) [21].

L'énoncé suivant combine les deux modes de repérage temporel :

> (1.8a) WIE DIE DIGITALUHR, *für die seine Polizeikollegen* VOR DREI JAHREN *zu seinem Abschied zusammen gezahlt haben,* AUF 22:00 UHR GEHÜPFT IST, *hat der Brenner an die Tür geklopft* (S8) [22].

Un autre moyen de parler des événements de la soirée au *Marianum* est l'emploi de certains déictiques, notamment *heute* (aujourd'hui, ce jour, de nos jours), *heute Abend* (ce soir) et *jetzt* (maintenant, à/en ce moment). On constate que dans le texte allemand, ces déictiques peuvent être employés pour référer à la soirée, avec un dédoublement du repère. Conforme au schéma narratif

---

20 (1.6f) « Pourtant, cette église était un chef-d'œuvre d'architecture : DIX ANS AUPARAVANT, on avait posé une sorte de volière ultramoderne sur les vieux murs du cloître. (Sf10), Mais comme je l'ai dit, CELA REMONTAIT À QUELQUES ANNÉES (Sf16). ET IL Y AVAIT SEULEMENT DEUX MOIS DE CELA, ce qu'il avait dit au directeur de conscience lui était revenu en mémoire » (Sf25). On remarque que la traduction choisit un point de repère différent : non pas le moment d'énonciation fictive, mais un moment du récit.

21 (1.7f) « LORSQUE BRENNER ÉTAIT ARRIVÉ, Regens l'avait prié de le rejoindre dans son bureau à dix heures du soir (Sf11). ET À QUATRE HEURES DU MATIN, ALORS QU'ILS EN ÉTAIENT À CARBURER AU SCHNAPS DE ROCCA DI PAPA, le jeune Regens avait tout confessé à Brenner (Sf21). UNE FOIS LES CHOPES PLEINES, les quatre hommes trinquèrent dans un beau vacarme… » (Sf19).

22 (1.8f) « AU MOMENT PRÉCIS OÙ SA MONTRE DIGITALE – offerte avec les fonds collectés TROIS ANS PLUS TÔT pour son départ – MARQUA 22:00 HEURES, Brenner frappa à la porte » (Sf12). La traduction française repère le moment du cadeau par rapport au moment où Brenner frappe à la porte, lequel est situé dans une histoire racontée au passé – alors que l'allemand repère le cadeau par rapport au moment de l'énonciation du récit au présent. Dans les deux cas, il y a un seul et même temps verbal : le passé simple du français, marquant la simultanéité de deux actions ponctuelles, prédication seconde étant exprimée par un participe ; le présent de l'accompli de l'allemand pour les trois prédicats (principale, relative, subordonnée temporelle).

choisi, qui est un récit au passé simple, la traduction française, en revanche, déplace le repère du moment d'énonciation vers un moment du récit, comme en 1.2a / 1.2f, et remplace le déictique *heute Abend* (ce soir) par le démonstratif *ce soir-là* (*an diesem/jenem Abend*).

On trouve les déictiques dans les passages commentatifs, où leur maintien est plus régulier :

> (1.9a) HEUTE kann man Hasenscharten schon wunderbar reparieren, aber der Präfekt bestimmt schon über sechzig Jahre alt, und DAMALS haben sie ja nur die schlechtesten Schuster zu Chirurgen gemacht (S12) [23].

Résumons : pour le récit, l'allemand utilise le présent de l'accompli, alors que le français recourt à l'opposition des temps verbaux [24] ; l'allemand utilise une série de marquages pour signifier les rapports temporels dans le cadre du récit : construction de séries, expressions itératives, références temporelles. Ces marquages sont certes respectés par le texte français, mais sont différenciés selon les plans d'énonciation et partiellement réinterprétés. Dans les deux textes, les commentaires au sens large sont au présent. Un certain nombre de correspondances régulières se dessine, comme le montre le traitement de *heute* : si *heute* réfère à un moment du récit, il se voit réinterprété comme « ce jour-là », si *heute* en revanche réfère à une vérité générale valable au moment de l'énonciation fictive, il se voit interprété comme « de nos jours ». Le déictique, ou plutôt l'information qu'il véhicule, il est toujours traduit.

Mais les choses ne sont pas si simples, et il n'est pas toujours possible de construire deux séries parallèles avec leurs correspondances. Le déictique temporel *jetzt* (maintenant, à/en ce moment) pose problème, car à la différence de *heute*, il ne permet pas deux interprétations automatiques, déictique et démonstrative. Le sémantisme et les emplois de *jetzt* semblent plus complexes, ce qui se lit dans les différentes traductions proposées par le texte français.

---

[23] (1.9f) « DE NOS JOURS, les interventions chirurgicales sur les becs-de-lièvre sont monnaie courante, mais […] le préfet, qui avait sûrement plus de soixante ans, avait dû connaître l'époque où les plus mauvais barbiers faisaient office de chirurgiens […] » (Sf 16).

[24] Présent pour les commentaires, prétérit et passé simple pour le récit : « Lorsque Brenner ARRIVA au Marianum et S'INSTALLA dans la chambre vide du préfet auxiliaire des études, l'odeur lui RAPPELA immédiatement les bâtiments de la police. IL FAUT DIRE qu'avant de se mettre à son compte, il y AVAIT TRAVAILLÉ dix-neuf ans. Depuis cette époque, tout lui RAPPELAIT la police, cela n'AVAIT rien d'étonnant » (Sf10). La base du texte allemand est le présent, avec le présent de l'accompli comme temps du récit : « *Wie der Brenner im Marianum ANGEKOMMEN und in das leerstehnde Hilfspräfektrenzimemr EINGEZOGEN IST, HAT ihn der Geruch sofort an die Polizeikasernen ERINNERT. Weil neunzehn Jahre Polizist gewesen bevor er sich selbständig GEMACHT HAT, und da ERINNERT dich im restlichen Leben natürlich alles an die Polizei* » (S5-6).

Jetzt et ses traductions

Si pour Bühler [25] comme pour Benveniste [26], les dimensions *ich – hier – jetzt* (je – ici – maintenant) caractérisent le moment d'énonciation, Vuillaume [27] établit une sous-catégorisation des déictiques. En effet, selon lui, la fonction des déictiques *ich* et *heute* est de référer directement à la personne qui dit « je » ou au moment d'énonciation, qu'il soit réel ou fictif, alors que la signification de *jetzt* (et de *hier*) se calcule en incluant des éléments du contexte, qu'il s'agisse du contexte d'énonciation ou d'un contexte construit ; en cela, ils sont proches de certains démonstratifs. *Jetzt* et *hier* permettent à la fois un emploi déictique « normal » et un emploi anaphorique, alors que *ich* et *heute* ne fonctionnent que comme déictiques.

Cela pourrait être une des raisons qui expliquent pourquoi *heute* (*Abend*) est dans notre texte systématiquement traduit, mais pas *jetzt*, qui compte pourtant treize occurrences pour le seul premier chapitre : la fonction anaphorique peut soit être « récupérée » par d'autres moyens ou expressions, soit être considérée comme surajoutée et donc omissible.

En effet, si les dictionnaires unilingues donnent comme sens premier de *jetzt* la référence au moment de l'énonciation, le dictionnaire *Grimm* fait état de deux orientations possibles : tournée vers l'avenir, ou résumant le passé ; et le *Wörterbuch der Deutschen Gegenwartssprache* ajoute une valeur proche des particules énonciatives [28].

Traduction de jetzt *par une locution adverbiale démonstrative*

Le déictique *jetzt* réfère tout à fait « classiquement » à un moment précis dans le déroulement des événements de la soirée, le situant par rapport à d'autres moments.

Les dirigeants du *Marianum* sont assis avec Brenner dans le bureau du *Regens*, buvant force bière, pour mettre le détective au courant des faits qui ont nécessité son intervention. Après une intervention du préfet au bec-de-lièvre (*Hasenschartenpräfekt*) : « *Die Gerüche !* » (« Les odeurs ! »), qu'il a corrigée mentalement en « *Die Gerüchte* » (littéralement : « Les rumeurs »), Brenner a répété plusieurs fois la question « *Was für Gerüchte ?* » (littéralement : « Quelles rumeurs ? »).

---

25 Karl Bühler, *Sprachtheorie*, Stuttgart, Ullstein, 1934-1965.
26 Benveniste, *op. cit.*
27 Marcel Vuillaume, « *Hier* und *Jetzt* : Deixis und Anapher », in Pérennec Marie-Hélène, *Pro-Formen des Deutschen*, Tübingen, Stauffenburg, 1996, p. 211-222.
28 DWDS II. / Partikelhaft, ohne eigentliche Bedeutung ; wirkt intensivierend und satzbelebend ; im Fragesatz / wohl : von wem mag j. der Brief sein ? ; wo habe ich j. (bloß) meine Fahrkarte gelassen ?

Intervient alors le commentaire du narrateur :

> (2.1a) *Normalerweise ist das gar nicht so seine Stärke gewesen, dass er die präzisen Fragen so direkt gestellt hat, sondern er hat sich gern ein bißchen im Nebensächlichen verzettelt. Und ich vermute, dass ihm* JETZT *der Alkohol beim Fragenstellen geholfen hat* (S16) [29].

Jetzt pointe alors la situation dans laquelle se trouve Brenner, la compréhension de sa signification s'appuie sur la scène construite. Vuillaume [30] considère cet emploi comme anaphorique dans la mesure où l'on a besoin des informations contenues dans le contexte pour déterminer le référent : l'antécédent est la description de la scène dans le bureau du *Regens* [31]. La traduction par le démonstratif *à cet instant*, est conforme à ce type de déictique.

Traduction de jetzt par un temps verbal

L'extrait suivant contient deux occurrences de *jetzt* :

> (2.3a) « *Gerüche* », *hat der Brenner gedacht, wie der Geruch der warmen Frühstücksmilch in sein Zimmer gesickert ist. Und im nächsten Moment hat er alles wieder gewußt. Seine Erinnerung hat nicht scheibchenweise eingesetzt, sondern auf einen Schlag. Auf einen Schlag hat der Brenner sich in seinem Hilfspräfektenbett erinnert,* [...(1)] *Der Brenner hat sich* JETZT *auf einen Schlag erinnert* (S21) [...(2)] *Eine Dusche würde mir jedenfalls auch nichts schaden, hat der Brenner sich* JETZT *in seinem Hilfspräfektenzimmer gedacht* (S23) [32].

Deux événements sont situés l'un par rapport à l'autre : les activités mentales de Brenner débutent avec l'arrivée dans sa chambre de l'odeur du petit déjeuner et se terminent avec sa douche.

Comment interpréter l'emploi répété de *jetzt* ? On remarque que *jetzt* apparaît après de longs passages de retour en arrière où nous apprenons l'histoire

---

[29] (2.1f) « En règle générale, les questions directes n'étaient pas du tout son fort. Au contraire, il se perdait volontiers dans des détails insignifiants. D'après moi, l'alcool lui facilitait grandement la tâche À CET INSTANT » (Sf 20).
[30] *Op. cit.*
[31] « [Es] *gibt zwar keine syntaktische Einheit, die als Antezedenz fungiert, aber man darf doch behaupten, dass jetzt anaphorisch gebraucht wird, weil man die im Kontext enthaltenen Informationen zu Hilfe nehmen muss, um seinen Referenten auszumachen* », Vuillaume, *op. cit.*, p. 212. Il est remarquable que l'emploi de *jetzt* est compatible avec tous les temps verbaux, *cf.* les exemples cités par Vuillaume.
[32] (2.3f) « L'odeur, pensa brusquement Brenner, alors que l'odeur du lait chaud du petit déjeuner venait lui chatouiller les narines. L'instant après, il savait. Contrairement à l'ancien élève, tout lui était revenu d'un seul coup. D'un seul coup, dans le lit du préfet auxiliaire, Brenner se rappela [...(1)] D'un seul coup, Brenner se rappela (Sf25) [...(2)] Couché dans le lit du préfet auxiliaire, Brenner se dit qu'une douche ne lui ferait pas de mal non plus » (Sf26).

du jeune élève (séquences 1 [33] et 2 [34]) ; le déictique *jetzt* signale alors le retour à la situation du réveil, assurant l'alternance du récit des activités physiques (réduites) et mentales (abondantes) de Brenner, il sert donc la cohésion du texte.

Si le narrateur allemand construit une triple suite narrative – Brenner se réveillant peu à peu ; le rappel de ce qui s'est passé dans la nuit ; l'histoire de l'ancien élève et comment il retrouve peu à peu ses souvenirs – tout en restant au présent de l'accompli, la traduction française défait l'écheveau des narrations parallèles, en utilisant le passé simple pour le récit du réveil de Brenner. L'emploi du passé simple remplit certes peu ou prou les mêmes fonctions que l'emploi de *jetzt* dans le texte allemand – renvoyer à la successivité des activités physiques de Brenner –, il atténue cependant l'ancrage énonciatif du récit et contribue à construire un texte de facture plus classique. Le côté « je te raconte une histoire » disparaît.

Traduction de jetzt par un connecteur

> (2.4a) Heute *hat ja schon jede Klasse im Marianum ihre eigenen Duschräume […], aber damals nur die vierzig Duschkabinen ganz hinten im Internatskeller, und da hat der Spiritual eben einmal zu diesem Schüler sagen müssen […] Aber der Spiritual immer sehr einfühlsam, der hat das so gemacht, dass es sonst niemand mitgekriegt hat […]. JETZT hat der Spiritual gesagt […]* (S19) [35].

Dans l'extrait cité ci-dessus, on a une situation actuelle (*heute* / à présent) qui contraste avec une situation dans le passé (*damals* / à l'époque) laquelle comprend un événement singulier (*der Spiritual [hat] zu diesem Schüler sagen müssen* / le directeur de conscience avait dû dire à cet élève). Le texte allemand situe explicitement l'événement (*da* / alors), mais pas le texte français.

Le retour à la trame du récit, après que le narrateur a relaté et commenté les dires du directeur de conscience, est signalé par la reprise quasi identique de l'introduction du discours et par le déictique *jetzt*. L'adverbe connecteur *donc* remplit exactement la même fonction de rappel.

---

33. L'auteur annonce, sur le mode de la « phrase-titre » le récit du jeune élève : *cf.* Jean-Michel Adam, *Éléments de linguistique textuelle*, Liège, Mardaga, 1990.
34. Le récit de comment le jeune élève s'est peu à peu souvenu de ce qui s'est passé ce soir-là dans les douches du *Marianum*, puis rappelle la réaction des dirigeants qui veulent faire la lumière sur ces « rumeurs », le tout évidemment commenté par le narrateur.
35. (2.4f) « À présent, les salles de douche étaient installées dans les étages et chaque classe avait la sienne, mais à l'époque il n'y avait que les quarante cabines tout en bas, au sous-sol de l'internat, et le directeur de conscience avait dû dire à cet élève […] Comme le directeur de conscience était plein de tact, il n'en avait parlé au seul intéressé […] Le directeur de conscience lui avait DONC dit […] » (Sf 22).

Traduction de jetzt *par* Ø

La plupart des occurrences de *jetzt* ne sont cependant pas traduites, notamment lorsque la phrase comporte d'autres adverbes temporels ou aspectuels :

> (2.7a) *Ich weiß auch nicht wieso, aber* JETZT *hat er das « t » auf einmal wieder gekonnt, vielleicht eine Lockerung durch den Biergenuss* (S14). [36]

Dans la traduction, l'ordre des éléments est changé : pour rendre l'effet de contraste induit par *jetzt*, la phrase française débute avec la locution adverbiale, ce qui entraîne le déplacement du commentaire vers la fin et un léger déplacement de perspective. En effet, dans le texte allemand, la modalisation par le narrateur annonce un fait surprenant, alors que dans le texte français, l'étonnement est rétrospectif et quelque peu dépersonnalisé dans la mesure où la référence au narrateur disparaît.

L'adverbe *jetzt* se trouve également dans des contextes discursifs qui ne sont pas aussi clairement « temporels » mais qui contiennent en revanche une opposition et une focalisation :

> (2.5a) *Und ich muss sagen, volles Verständnis, weil in einer Bubenanstalt musst du natürlich furchtbar aufpassen, dass dir der Lärm nicht über den Kopf wächst, das ist ein Geschrei den ganzen Tag, da könnte es dir als Erzieher leicht passieren, dass du einmal entnervt in so einen Lärmhaufen hineinschießt, und vor lauter Pausengeschrei hörst du dein eigenes Maschinengewehr nicht.* JETZT (1) *haben sie das im Marianum aber gleich im Keim erstickt, da haben sie gesagt, damit fangen wir gar nicht an, die meiste Zeit hat nur geflüstert werden dürfen, und die restliche Zeit überhaupt komplett Silentium. Ist natürlich schon ein bißchen gespenstisch, wenn ein paar Hundert Kinder überhaupt keinen Mucks machen. Und vielleicht war das auch ein bißchen mit der Grund, dass die Gerüche so in den Vordergrund getreten sind.*
> JETZT (2) *interessanter Zusammenhang : Gerade für das Silentium war der Sportpräfekt der wichtigste Mann.* (S10) [37].

---

36 (2.7f) « Tout à coup, il pouvait à nouveau prononcer les "t". Voilà qui était étrange. La bière lui assouplissait peut-être le palais » (Sf 17).

37 (2.5f) « Moi, je dois dire que je comprends parfaitement cela, parce que des garçons, il faut les surveiller comme le lait sur le feu, faute de quoi le royaume du bruit risque fort de l'emporter sur le royaume du silence. On ne sait jamais ce qui peut arriver quand un éducateur est exposé à ce bruit toute la journée, il peut perdre les pédales te tirer dans le tas sans entendre sa propre mitrailleuse dans le vacarme. Comme on voulait éviter ce genre de drame au Marianum (1), on avait mis les choses au point dès le départ, et il était donc interdit de parler autrement qu'en chuchotant. Quant au reste : Silentium absolu. Évidemment, un endroit dans lequel plusieurs centaines d'enfants font tout en silence est un peu lugubre. C'est peut-être en partie pour cela que l'on remarquait autant les odeurs. JUSTEMENT. (2) Le préfet du sport était le spécialiste du silentium » (Sf 14).

(2.6a) *JETZT hat man die Hasenscharte durch den Bart zwar nicht gesehen, aber der Sprachfehler dadurch natürlich umso auffälliger.* (S8) [38]

(2.7a) *Das war aber JETZT schon gegen Ende, wo die Unterhaltung im Regens-Büro dann ein bißchen ausgeufert ist.* (S20) [39].

On remarque que le déictique se laisse peu ou prou paraphraser par « *in diesem Zusammenhang habe ich dir etwas Interessantes zu sagen, nämlich…* » (« dans ce contexte, j'ai quelque chose d'intéressant à te dire, à savoir… »). L'effet obtenu peut être une annonce (2.5-2), la rectification d'une attente (2.6) ou encore l'atténuation d'un jugement négatif sur les capacités de raisonnement des quatre hommes réunis dans le bureau du *Regens* (2.7). (2.5-1) insiste sur le fait que le *Marianum* constitue une exception à la règle. L'énoncé allemand combine souvent le déictique *jetzt* et l'expression d'une opposition, que ce soit à l'aide de connecteurs adversatifs ou concessifs, ou par d'autres moyens (antonymes, superlatifs, etc.). *Jetzt* contribue alors à signaler que le locuteur apporte dans un contexte discursif donné une information, un (contre-) argument ou encore un jugement qu'il juge particulièrement pertinent et sur lequel il attire l'attention. La non-traduction systématique de cet emploi de *jetzt* induit souvent la reconstruction d'une argumentation, afin de rendre compte de la hiérarchie informative, et privilégie une réorganisation locale du texte, au prix parfois d'une certaine dépersonnalisation des commentaires.

Interprétation des données

Le texte allemand construit la fiction d'un discours adressé par le narrateur à un interlocuteur, l'emploi du déictique *jetzt* s'observe aussi bien dans des parties strictement discursives (organisation et commentaire) que dans des parties davantage narratives. Si dans le premier cas, le déictique est employé classiquement, l'emploi dans les contextes narratifs s'apparente à la fois à celui des anaphoriques et des focalisateurs.

Dans tous les cas, l'emploi de *jetzt* facilite le travail de décodage du lecteur en attirant son attention sur un fait nouveau ou sur le fait qu'il doit se reporter à une situation déjà décrite auparavant. Le repère à partir duquel se construisent ces renvois est toujours le discours du narrateur dans son déroulement.

Le texte français distingue entre d'une part l'*histoire* à proprement parler (à savoir la succession des événements et les actions des protagonistes), la toile

---

[38] (2.6f) « Avec la barbe, on voyait à peine le bec-de-lièvre mais le défaut de prononciation n'en était que plus flagrant » (Sf 12).

[39] (2.7f) « Mais ils n'avaient parlé de cela que vers la fin, alors qu'ils n'avaient déjà plus les idées très nettes » (Sf 23).

de fond constitué par diverses appréciations et qualifications, et enfin les commentaires plus personnels du narrateur. Le texte français ne présente donc pas un récit selon les modalités du discours, avec ses renvois aux dimensions de la situation de communication fictive, mais un récit de facture plus classique. Ceci a deux conséquences. D'une part, il n'y a alors pas lieu de traduire toutes les occurrences de *jetzt,* notamment lorsque le déictique sert uniquement à assurer la cohérence de la trame narrative [40]. *Jetzt* ne sera rendu que s'il correspond à une opposition entre une habitude et un fait singulier (2.1, 2.2) ou lorsqu'il peut être interprété comme l'indicateur de reformulation au sens large (2.4).

L'ancrage des énoncés dans la situation d'énonciation est alors plus lâche, ou plutôt change de nature. Au lieu d'un discours adressé à un interlocuteur-lecteur qui partage – fictivement – la même situation d'un bout à l'autre de la narration, le texte français construit une partition entre un récit de facture classique et des interventions très ponctuelles du narrateur.

Conclusion

Le texte de Wolf Haas comporte un certain nombre de signaux qui participent à construire la fiction d'une situation de narration sur un mode discursif, s'adressant à un interlocuteur-lecteur, commentant les événements et les personnages, se livrant à l'occasion à des réflexions de caractère général – comme le font les gens quand ils se racontent des histoires au bistrot, au téléphone, dans le métro. Parmi ces signaux, on nommera non seulement le recours au jeu *ich / du* (je / tu) qui renvoie aux rôles de narrateur et lecteur, mais également le choix du présent de l'accompli comme unique temps du passé, conformément à l'habitude (réelle ou supposée, en tout cas stylistiquement marquée) des locuteurs allemands quand ils parlent dans un registre dit de « proximité ». L'emploi de déictiques temporels participe alors à la fois à la construction de la cohérence du discours narratif, et à la fiction de la situation de communication partagée.

Traduire, c'est choisir. L'analyse du texte français a permis de constater que la traductrice n'a pas opté pour une (re-)construction de la narration à partir de la situation d'énonciation (fictive), mais a opté pour le schéma narratif classique avec ses oppositions temporelles. Les manières de (ne pas) traduire le déictique *jetzt* et de changer certains déictiques en démonstratifs deviennent alors cohérentes. Le recours à des marquages grammaticaux ou à des réorganisations

---

40 À commencer par la première phrase du texte : (0.1a) « JETZT ist schon wieder was passiert. (S5) / (0.1f) Et voilà, c'était reparti » (Sf 9).

locales du texte pour ne pas traduire *jetzt* correspond effectivement à un choix, celui de privilégier le sens « temporel » de ce déictique, et de laisser de côté les fonctions de focalisation, de structuration du discours, de construction d'une situation fictive d'interlocution tout au long de la narration.

Traduire, c'est aussi – dit-on – trahir. Ou plutôt, construire une autre cohérence. Si la posture du narrateur et la fiction d'une situation de communication directe se sont perdues et qu'une distance s'est installée dans laquelle certains déictiques temporels n'ont effectivement plus leur place, c'est là une « perte » qui ne sera ressentie que par un groupe tout à fait restreint de lecteurs ; à savoir celles et ceux qui liront et l'original et la traduction. « *JETZT aber interessant* »[41] : pour ce type de lecteur, cette perte pourrait être compensée par les trouvailles ponctuelles de la traductrice, notamment dans les réorganisations locales. Comme quoi, pertes et profits peuvent parfois s'équilibrer.

Corpus
Haas, Wolf, *Silentium!*, Hamburg, rororo, 2000.
Haas, Wolf, *Silentium!*, traduit de l'allemand (Autriche) par Marie Reygnier, Paris, Rivages/noir, 2004.

---

41 « Mais voilà une chose intéressante » (trad. I. B.).

Malaise dans le « Parc humain » : Freud avec Sloterdijk ?

Michel Kauffmann

La conférence de Peter Sloterdijk sur le « Parc humain » (« *Regeln für den Menschenpark* », 1999) est plus connue pour le scandale qu'elle a provoqué que pour son contenu proprement dit [1]. Elle a en effet suscité une virulente dénonciation de la part du journaliste Thomas Assheuer dans les colonnes de l'hebdomadaire *Die Zeit*, suivie d'une réplique adressée par le philosophe incriminé à celui qu'il considérait à tort ou à raison comme l'instigateur de toute l'affaire, le sociologue Jürgen Habermas, instance morale incontestée de la gauche libérale, « magister Germaniae » et intellectuel dominant dans le champ culturel allemand. Le débat à fini par s'élargir à une discussion de fond sur les normes éthiques constitutives de la « République de Berlin » et sur la détention du magistère moral et intellectuel dans la nouvelle Allemagne réunifiée. La virulence de l'affrontement a conduit, comme il est d'usage dans ce genre de situation, à une polarisation extrême et à une simplification outrancière des thèses en présence, Sloterdijk se voyant notamment accusé de promouvoir l'homme génétiquement modifié sur fond d'eugénisme élitiste, donc cryptofasciste. Les autorités intellectuelles dont il se réclamait (Heidegger, le *Zarathustra* de Nietzsche avec la figure du Surhomme, le *Politique* de Platon avec sa théorie du Roi-Berger) ne faisaient qu'aggraver son cas, apportant la preuve, si besoin était, d'une orientation foncièrement inégalitaire et antihumaniste, en rupture avec tout ce qui fondait le consensus moral de l'Allemagne depuis 1945, consensus dont Habermas, ultime représentant de l'École de Francfort et adversaire déclaré de toute « normalisation » de la République de Berlin, se proclamait au contraire le garant. Une relecture plus attentive devrait pourtant

---

[1] Peter Sloterdijk, « Regeln für den Menschenpark », in *Die Zeit* (Gruner & Jahr, Hamburg), n° 38, 16 septembre 1999, p. 15-21. Trad. fr. : Peter Sloterdijk, *Règles pour le parc humain*, trad. Olivier Mannoni, Paris, Mille et une nuits, 2000[1].

permettre de déceler d'autres sources de la pensée de Sloterdijk dans ce texte : ainsi la théorie de la culture scripturale élaborée par Aleida et Jan Assmann et surtout la trace (peut-être inconsciente) de la pensée anthropologique de Sigmund Freud, telle qu'elle s'exprime dans les écrits de la période métapsychologique, ainsi *Jenseits des Lustprinzips* (1920), *Das Unbehagen in der Kultur* (1930) et surtout *Warum Krieg ?* (1933) [2]. On n'a pas assez tenu compte, peut-être, en France, du versant anthropologique de la pensée freudienne, qui par son pessimisme, son arrière-plan darwinien, et plus précisément lamarckien, son insistance sur les désirs de domination et de soumission inhérents à la collectivité humaine cadre mal avec l'image d'un Freud « progressiste ». C'est cette anthropologie que nous nous efforcerons d'examiner ici, dans un souci scientifique, où la présentation d'une thèse ne se confond pas avec sa diffusion dans un esprit de prosélytisme.

Civilisation contre barbarie

Une première convergence entre Sloterdijk et Freud apparaît ainsi au niveau de l'anthropologie fondamentale : ils constatent l'un et l'autre chez l'homme, même « civilisé » en apparence, la persistance de pulsions agressives, destructrices, « bestiales » dans le vocabulaire de Sloterdijk – on aura évidemment reconnu le *Todestrieb*, la pulsion de mort, qui s'affirme dans la pensée du Freud de la période métapsychologique. Il écrit ainsi dans *Das Unbehagen in der Kultur* :

> Il faut que la culture mette tout en œuvre pour assigner des limites aux pulsions d'agression des hommes [3].
>
> Pour tout ce qui va suivre, j'adopterai donc le point de vue selon lequel le penchant à l'agression est une prédisposition pulsionnelle originelle et autonome de l'homme, et je reviendrai à l'idée que la culture trouve en elle son obstacle le plus fort [4].

La civilisation comporte pour les deux auteurs un travail permanent, jamais achevé, pour discipliner ces pulsions, débestialiser l'homme, et faire triompher

---

[2] Respectivement *Au-delà du principe de plaisir*, *Le malaise dans la civilisation/culture* et *Pourquoi la guerre ?*
[3] « *Die Kultur muß alles aufbieten, um den Aggressionstrieben der Menschen Schranken zu setzen* », Sigmund Freud, *Fragen der Gesellschaft - Ursprünge der Religion* (Studienausgabe Bd. IX), Fischer, Frankfurt am Main, p. 241 ; pour la traduction, Sigmund Freud, *Œuvres complètes – Psychanalyse*, vol. XIX, Paris, PUF, 1995¹, p. 54.
[4] Freud, 1974, *ibid.*, p. 249. « *Für alles Weitere stelle ich mich also auf den Standpunkt, daß die Aggressionsneigung eine ursprüngliche, selbständige Triebanlage des Menschen ist, und komme darauf zurück, daß die Kultur in ihr ihr stärkstes Hindernis findet* » ; pour la traduction, Freud, 1995¹, *ibid.*, p. 64.

des tendances plus sociables, celles de l'éros, dans les termes de Freud, celles de la culture classique policée par la lecture, dans l'interprétation de Sloterdijk.

L'humanité n'est donc pas un acquis, mais un processus d'hominisation menacé à tout moment par une rechute dans la barbarie de la guerre – c'est le sujet de *Warum Krieg?* de Freud – ou dans la bestialité que Sloterdijk voit à l'œuvre dans les médias contemporains, à une époque où, selon lui, les tabous hérités de la culture classique cèdent devant un puissant courant de désinhibition (*Enthemmung*) [5].

Domestikation / Zähmung / Züchtung

Les progrès de la civilisation – celle-ci conçue, en insistant sur l'emploi processuel du déverbal, non comme un état mais comme un travail pour amener l'homme à un stade supérieur – comportent nécessairement une part de répression : les deux auteurs parlent de « domestication », d'« apprivoisement » ou « auto-apprivoisement » (« *Domestikation* », « *Zähmung* » ou « *Selbstzähmung* ») ou même d'élevage / sélection / amélioration de l'espèce (« *Züchtung* » – cette notion éminemment nietzschéenne, sur laquelle nous aurons à revenir, résiste en effet à la traduction) que la société exerce sur elle-même, le sujet humain se définissant alors non plus en termes kantiens comme une « fin en soi », mais comme un faisceau d'instincts à bonifier, et d'abord à pacifier. Sloterdijk affirme ainsi que la *Domestikation* de l'homme constitue le grand impensé de la culture occidentale, et que l'humanisme n'est qu'un euphémisme pour cet effort « d'apprivoiser l'homme » :

> L'étiquette « humanisme » évoque – sous un aspect faussement anodin – la bataille permanente pour l'être humain qui s'accomplit sous la forme d'une lutte entre les tendances qui bestialisent et celles qui apprivoisent [6].

---

5   Sloterdijk, 1999, *op. cit.*, p. 21.
6   « *Das Etikett Humanismus erinnert – in falscher Harmlosigkeit – an die fortwährende Schlacht um den Menschen, die sich als das Ringen zwischen bestialisierenden und zähmenden Tendenzen vollzieht* », Sloterdijk, 1999, *op. cit.*, p. 19, pour la traduction, Sloterdijk, 2000¹, *op. cit.*, p. 17. Freud écrit quant à lui dans *Das Unbehagen in der Kultur*, en termes étonnamment proches : « *Sie (i. e. die Kulturentwicklung) muß uns den Kampf zwischen Eros und Tod, Lebenstrieb und Destruktionstrieb zeigen. wie er sich an der Menschenart vollzieht. Dieser Kampf ist der wesentliche Inhalt des Lebens überhaupt, und darum ist die Kulturentwicklung kurzweg zu bezeichnen als der Lebenskampf der Menschenart* », Freud, 1974, *op. cit.*, p. 249. Trad. fr. : « Ce développement (*i. e.* de la culture) ne peut que nous montrer le combat entre Éros et mort, pulsion de vie et pulsion de destruction, tel qu'il se déroule au niveau de l'espèce humaine. Ce combat est le contenu essentiel de la vie en général et c'est pourquoi le développement de la culture doit être, sans plus de détours, qualifié de combat vital de l'espèce humaine », in Freud, 1995¹, *op. cit.*, p. 64-65.

Or, ce concept de «*Domestikation*» de l'homme, de «*Selbstzähmung*» tant reproché au philosophe allemand, peut se réclamer de l'autorité de Freud, puisque celui-ci écrivait dès 1932, dans *Warum Krieg?*:

> Depuis des temps immémoriaux, le procès de développement culturel se déploie à l'échelle de l'humanité... C'est à ce procès que nous devons le meilleur de ce que nous sommes devenus et une bonne partie de ce dont nous souffrons... Peut-être ce procès est-il comparable à la domestication de certaines espèces animales; il entraîne indubitablement des modifications corporelles; on ne s'est pas encore familiarisé avec la représentation que le développement culturel est un tel procès organique [7].

Sloterdijk poursuit dans cette voie, en affirmant que ce travail pour civiliser l'homme relève, dès l'origine, d'une autoproduction de l'humain, d'un ensemble « d'anthropotechniques », notion scandaleuse aux yeux des commentateurs de la *Zeit*, où l'on retrouve cependant l'écho du concept de biopolitique élaboré par Michel Foucault:

> Mais le discours sur la différence et l'imbrication de l'apprivoisement et de l'élevage, et même, d'une manière générale, l'allusion au crépuscule d'une conscience des productions de l'homme et, plus généralement, des anthropotechniques – ce sont des données dont la pensée actuelle ne peut se détourner [8].

Freud lui-même était déjà, d'une certaine façon, plus explicite, en affirmant que la domestication sous l'emprise de la civilisation ne se contente pas de policer l'homme, mais qu'elle le transforme, moralement et même physiquement (« *körperliche Veränderung* »).

Si la civilisation est un travail, voire un combat, dont la pacification du genre humain est la fin, son caractère répressif et conflictuel exclut un déroulement harmonieux. On sait que l'oppression des pulsions individuelles par la civilisation moderne se situe au centre des analyses de Freud dans *Das Unbehagen in*

---

7 « *Seit unvordenklichen Zeiten zieht sich über die Menschheit der Prozeß der Kulturentwicklung hin [...] Diesem Prozeß verdanken wir das Beste, was wir geworden sind, und ein gut Teil von dem, woran wir leiden [...] Vielleicht ist dieser Prozeß mit der Domestikation gewisser Tierarten vergleichbar; ohne Zweifel bringt er körperliche Veränderungen mit sich; man hat sich noch nicht mit der Vorstellung vertraut gemacht, daß die Kulturentwicklung ein solcher organischer Prozeß sei* », Freud, 1974, *op. cit.*, p. 285. Trad. fr.: Freud, 1995², *op. cit.*, p. 81-82.

8 « *Aber der Diskurs über die Differenz und Verschränkung von Zähmung und Züchtung, ja überhaupt der Hinweis auf die Dämmerung eines Bewußtseins von Menschenproduktionen und allgemeiner gesprochen: von Anthropotechniken – dies sind Vorgaben, von denen das heutige Denken den Blick nicht abwenden kann* », Sloterdijk, 1999, *op. cit.*, p. 20. Trad. fr.: Sloterdijk, 2000¹, *op. cit.*, p. 39.

der Kultur. Sans rejeter totalement l'hypothèse d'un compromis final (*Ausgleich*[9]) entre les aspirations individuelles et les exigences de la société, il y rappelle :

> Troisièmement enfin [...] il est impossible de ne pas voir dans quelle mesure la culture est édifiée sur le renoncement pulsionnel, à quel point elle présuppose précisément la non-satisfaction (répression, refoulement et quoi d'autre encore ?) de puissantes pulsions [10].

Domestication et autorité

La domestication comportant une part de répression, voire de violence, un clivage se fera jour alors entre ceux qui la contrôlent et ceux qui la subissent, entre les pasteurs et les brebis. Pas d'élevage sans éleveurs, ainsi pourrait-on paraphraser la thèse de Sloterdijk :

> De là, il n'y a qu'un pas, même s'il est plus ambitieux, vers la thèse selon laquelle les hommes sont des animaux dont les uns élèvent leurs pareils tandis que les autres sont élevés – une pensée qui, depuis les réflexions de Platon sur l'éducation et sur l'État fait partie du folklore pastoral des Européens [11].

La question de l'élite chargée de superviser la domestication de l'humanité, voire son amélioration par « *Züchtung* », se présente donc naturellement dans l'exposé du philosophe allemand. Il y répond indirectement, en s'abritant – sans grand succès, comme on l'a vu – derrière l'autorité de Platon et Nietzsche. Si le second lui a fourni le terme même de « *Züchtung* » et la mise en lumière du projet de domestication caché au cœur de l'idéal culturel classique, le premier apporte sa caution à un modèle d'autorité sage, ou le Roi-Tisserand crée en artiste la trame sociale, par sélection et combinaison des qualités nécessaires chez ses sujets. L'interprétation selon laquelle Sloterdijk, dans *Regeln für den Menschenpark*, loin de récuser les notions d'élite et d'élevage humain, s'efforce au contraire d'en montrer la présence tout au long du projet d'hominisation culturelle occidentale, n'est donc pas imputable uniquement à la malveillance d'un Assheuer. Cependant, sur un fondement anthropologique très proche, comme on l'a vu – celui

---

9 Freud, 1974, p. 266.
10 « *Drittens endlich [...] ist es unmöglich zu übersehen, in welchem Maß die Kultur auf Triebverzicht aufgebaut ist, wie sehr sie gerade die Nichtbefriedigung (Unterdrückung, Verdrängung oder sonst etwas?) von mächtigen Trieben zur Voraussetzung hat* », Freud, 1974, p. 227. Trad. fr. : Freud, 1995¹, p. 41.
11 « *Von hier aus ist es nur ein Schritt, wenn auch ein anspruchsvoller, zu der These, daß Menschen Tiere sind, von denen die einen ihresgleichen züchten, während die anderen die Gezüchteten sind – ein Gedanke, der seit Platos Erziehungs- und Staatsreflexionen zur pastoralen Folklore der Europäer gehört* », Sloterdijk, 1999, *op. cit.*, p. 20. Trad. fr. : Sloterdijk, 2000¹, *op. cit.*, p. 41.

de la difficulté à contrôler les irréductibles pulsions agressives de l'homme [12] – Freud en était arrivé lui aussi, dans *Warum Krieg?* à cette solution d'un recours à l'élite, à une classe dirigeante d'esprits indépendants encore à créer :

> Une part de l'inégalité des hommes, innée et impossible à éliminer, consiste en ce qu'ils se divisent en meneurs et sujets dépendants… Partant de là, il faudrait consacrer davantage de soins qu'on ne l'a fait jusqu'ici pour éduquer une couche supérieure d'hommes pensant de façon autonome, inaccessibles à l'intimidation et luttant pour la vérité, auxquels reviendrait la direction des masses non autonomes. Que les empiétements des pouvoirs étatiques et l'interdit de pensée venant de l'Église et ne soient pas favorables à ce qu'on <u>élève</u> ainsi des hommes, n'a nul besoin de démonstration [13].

Transformer l'espèce humaine ?

Le terme de « *Aufzucht* » – étymologiquement très proche de « *Züchtung* » – révèle bien chez Freud une conception analogue à celle de la « *Produktion des Menschen* » chez Sloterdijk. Il s'agit bien, même si Freud reconnaît le caractère utopique de cette vision, de créer une humanité supérieure capable de pacifier et d'humaniser la masse encore en proie à ses pulsions anomiques destructrices. Cette voie d'une « dictature de la raison » lui paraît en effet hautement souhaitable, quoique utopique, pour établir le lien social par des voies autres que celles de l'éros spontané. Il poursuit ainsi sa description de la société idéale dominée par une élite d'esprits libres, en précisant :

> L'état idéal serait naturellement une communauté d'hommes ayant soumis leur vie pulsionnelle à la dictature de la raison. rien d'autre ne saurait susciter une union des hommes si parfaite et si résistante, même au risque d'un renoncement aux liaisons de sentiment entre eux [14].

---

12 « *Aus dem Vorstehenden entnehmen wir […] soviel, daß es keine Aussicht hat, die aggressiven Neigungen der Menschen abschaffen zu wollen* », Freud, 1974, *op. cit.*, p. 283. Trad. fr. : « De ce qui précède, nous retiendrons simplement pour nos fins immédiates qu'il ne mène à rien de vouloir abolir les penchants agressifs des hommes », in Freud, 1995², *op. cit.*, p. 78.

13 « *Es ist ein Stück der angeborenen und nicht zu beseitigenden Ungleichheit der Menschen, daß sie in Führer und Abhängige zerfallen […] Hier wäre anzuknüpfen, man müßte mehr Sorge als bisher aufwenden, um eine Oberschicht selbständig Denkender, der Einschüchterung unzugänglicher, nach Wahrheit ringender Menschen zu erziehen, denen die Lenkung der unselbständigen Massen zufallen würde. Daß die Übergriffe der Staatsgewalten und das Denkverbot der Kirche einer solchen <u>Aufzucht</u> nicht günstig sind, bedarf keines Beweises* », Freud, 1974, *op. cit.*, p. 284. Trad. fr. : Freud, 1995², *op. cit.*, p. 79.

14 « *Der ideale Zustand wäre natürlich eine Gemeinschaft von Menschen, die ihr Triebleben der Diktatur der Vernunft unterworfen haben. Nichts anderes könnte eine so vollkommene und*

C'est bien un travail de l'homme sur l'homme, réprimant les pulsions agressives, qui apparaît ici comme la méthode « anthropotechnique » – si l'on recourt au vocabulaire de Sloterdijk – à employer pour faire reculer la barbarie symbolisée par la guerre. Car ce n'est pas seulement une pacification apparente de la société, selon un modèle connu depuis Hobbes, où la crainte de l'autorité produit une paix civile au moins formelle, que prévoit Freud, mais bien une sélection et accentuation des caractéristiques les plus souhaitables de l'homme, préfigurant ainsi ce qui constitue, on le sait, la thèse centrale, la plus scandaleuse, de l'exposé de Sloterdijk sur le « Parc humain ». Que dit Freud, en effet, pour conclure son court texte sur la guerre ? Que l'horreur de la guerre et de la violence physique se présente comme une caractéristique « organique », spontanée, chez des êtres civilisés, tels que son interlocuteur – Albert Einstein, en l'occurrence – et lui-même : « Nous sommes des pacifistes, parce que, pour des raisons organiques, nous ne pouvons pas ne pas l'être »[15]. Le processus culturel transforme l'homme jusque dans son organisme et son psychisme, sélectionnant et renforçant ses dispositions favorables à la vie en société et lui rendant au contraire psychiquement et physiquement insupportable la violence belliqueuse :

> Or la guerre est, de la façon la plus criante, en contradiction avec les positions psychiques que le procès culturel nous impose, c'est pourquoi nous ne pouvons que nous indigner contre elle, tout simplement nous ne la supportons plus, ce n'est pas seulement une récusation intellectuelle et affective, c'est chez nous autres pacifistes une intolérance constitutionnelle, une idiosyncrasie en quelque sorte poussée à l'extrême[16].

Une hypothétique disparition de la guerre dépendrait donc, selon Freud, d'une large diffusion de l'idiosyncrasie pacifiste, en d'autres termes d'une modification des caractéristiques psychiques de l'homme, sous l'influence du processus de la civilisation, faisant d'un animal belliqueux un être au psychisme rationnel, prédisposé à la vie en société.

---

widerstandsfähige Einigung von Menschen hervorrufen, selbst unter Verzicht auf die Gefühlsbindungen zwischen ihnen », Freud, 1974, *op. cit.*, p. 284. Trad. fr. : Freud, 1995², *op. cit.*, p. 79.

15 « *Wir sind Pazifisten, weil wir es aus organischen Gründen sein müssen* », Freud, 1974, *op. cit.*, p. 285. Trad. fr. : Freud, 1995², *op. cit.*, p. 80.

16 « *Den psychischen Einstellungen, die uns der Kulturprozeß aufnötigt, widerspricht nun der Krieg in der grellsten Weise, darum müssen wir uns gegen ihn empören, wir vertragen ihn einfach nicht mehr, es ist nicht bloß eine intellektuelle und affektive Ablehnung, es ist bei uns Pazifisten eine konstitutionelle Intoleranz, eine Idiosynkrasie gleichsam in äußerster Vergrößerung* », Freud, 1974, *op. cit.*, p. 286. Trad. fr. : Freud, 1995², *op. cit.*, p. 81.

La génétique au service de la civilisation ?

Planifier consciemment la sélection et le renforcement, chez l'homme, des caractéristiques favorables à la vie pacifique en collectivité, grâce aux moyens de la science moderne, c'est précisément l'étape que Sloterdijk suggère de franchir, affrontant ainsi un des tabous les plus fondamentaux de nos sociétés. Depuis l'époque de Freud, le débat sur la transformation de l'homme par la culture s'est en effet élargi à la possibilité de recourir aux techniques de la manipulation génétique. Dans le passage le plus fréquemment cité (généralement avec indignation) de « *Regeln für den Menschenpark* », le philosophe allemand propose effectivement de passer « du côté actif et conscient de la sélection » :

> C'est la signature de l'ère technique et anthropotechnique : les êtres humains se retrouvent de plus en plus sur la face active ou subjective de la sélection [...] on en viendra sans doute à l'avenir à entrer dans le jeu de manière active et à formuler un code des anthropotechniques [17].

Il n'exclut pas, même s'il présente cette possibilité sur le mode interrogatif, hypothétique, une « planification des caractéristiques » de l'homme (« *Merkmalsplanung* »), voire une « réforme génétique des qualités de l'espèce » [18]. Sa thèse centrale, indéniablement en contradiction avec le consensus actuellement prédominant, est que la génétique peut et doit prendre le relais du travail d'éducation classique, fondé sur les médias scripturaux, pour pacifier l'homme ; on a relevé moins souvent qu'il propose simultanément d'élaborer un « Codex » de ces technologies, car il n'envisage que leur usage limité et réglementé, et non, comme l'ont dit ses détracteurs, le clonage humain incontrôlé (son exposé s'intitule d'ailleurs « *Regeln für den Menschenpark* »). Il est vrai cependant que même réglementées, les interventions sur le génome humain représenteraient une rupture par rapport à la situation actuelle en Allemagne, où elles sont presque entièrement proscrites.

Cette continuité que Sloterdijk s'efforce d'établir entre l'amélioration culturelle de l'homme par l'éducation et son éventuelle transformation génétique ne laisse évidemment pas de poser quelques problèmes. Habermas argumente dans *Die Zukunft der menschlichen Natur. Auf dem Weg zu einer liberalen Eugenik ?* qu'une hypothétique perfection de l'humain obtenue par manipulation génétique supprimerait la notion de hasard de la naissance, donc le libre

---

17 « *Es ist die Signatur des technischen und anthropotechnischen Zeitalters, daß Menschen mehr und mehr auf die aktive oder subjektive Seite der Selektion geraten [...] wird es in Zukunft wohl darauf ankommen, das Spiel aktiv aufzugreifen und einen Codex der Anthropotechniken zu formulieren* », Sloterdijk, 1999, *op. cit.*, p. 20. Trad. fr. : Sloterdijk, 2000¹, *op. cit.*, p. 41-42.
18 Sloterdijk, 1999, p. 21. En français : Sloterdijk, 2000¹, p. 43.

choix de l'individu face aux aléas du vivant, condition indispensable de son autonomie morale [19]. Sloterdijk, de son côté, explicite et approfondit sa démonstration dans *Domestikation des Seins*, en développant la thèse selon laquelle tout le processus de l'hominisation comportait *ab initio* une dimension génétique, car la création d'environnements artificiels par l'homme a permis, dès l'âge des cavernes, la survie de sujets qui seraient autrement restés non viables, opérant ainsi indirectement, par la transformation du cadre de vie, une sélection des caractéristiques de l'espèce en fonction du mode de vie créé par l'homme et non plus du *struggle for life* dans la nature sauvage :

> Compte tenu de ces liens, il est sensé d'affirmer que toute technique est à l'origine […] une technique de serre […] Perçu dans la perspective de la théorie de l'évolution, la technique de la distanciation du monde utilisée par les préhominiens, et surtout par les hommes des premiers temps, a toujours été une technique génétique indirecte – une technique de création de son propre habitat, avec pour effet secondaire l'hominisation [20].

Si la question de la manipulation génétique directe ne pouvait évidemment pas se poser à l'époque de Freud, il semble bien en revanche que la théorie d'une influence indirecte des progrès de la civilisation sur le génome humain s'annonce déjà chez lui, puisqu'il estime, comme on l'a vu, que l'évolution culturelle doit aussi être considérée comme un processus organique, induisant des transformations physiques (« *körperliche Veränderungen* ») chez l'homme, processus qu'il juge hautement souhaitable, rappelons-le, car propre à favoriser la paix. Ernest Jones rappelle d'ailleurs que Freud a constamment proclamé son attachement au darwinisme, et même à la théorie lamarckienne, déjà dépassée à son époque, de la transmission des caractères acquis [21]. Il n'y a pas pour Freud, contrairement à une interprétation idéaliste, de solution de continuité entre acquis culturel (qui se situerait du côté du « signifiant ») et substrat biologique, puisque aussi bien c'est biologiquement, par hérédité, que se transmettent les caractères acquis dans le processus de civilisation, thèse que selon nous Sloterdijk n'a fait que redécouvrir. Le processus d'éducation et de civilisation

---

19 Jürgen Habermas, *Die Zukunft der menschlichen Natur. Auf dem Weg zu einer liberalen Eugenik ?*, Frankfurt am Main, Suhrkamp, 2001.
20 « *Angesichts dieser Zusammenhänge kann man behaupten, daß alle Technik ursprünglich […] Treibhaustechnik und ipso facto indirekte Gentechnik gewesen ist. Unter Perspektiven der Evolutionstheorie ist die umweltdistanzierende Praxis der Vormenschen und erst recht der beginnenden Menschen immer schon eine spontane Genmanipulation - Selbstbehausungstechnik mit der Nebenwirkung Menschwerdung* », Sloterdijk, 2001, *op. cit.*, p. 197. Trad. fr. : Sloterdijk, 2000², *op. cit.*, p. 61-62. Nous nous séparons cependant de la traduction d'O. Mannoni, en proposant « hominisation » pour « *Menschwerdung* », plutôt que « le devenir humain ».
21 Ernest Jones, *La vie et l'œuvre de Sigmund Freud*, t. 3, Paris, PUF, 1969, p. 353.

peut donc effectivement induire selon Freud des modifications génétiques de l'humanité, pour employer un vocabulaire moderne. Mieux, dans *Der Mann Moses und die monotheistische Religion,* il va jusqu'à émettre l'hypothèse que l'héritage archaïque de l'humanité contient non seulement des dispositions, mais aussi des contenus, « des souvenirs du vécu des générations précédentes »[22]. L'humanité se forme donc, à tous les sens du terme, par influence accumulée du vécu psychique qui se transmet par hérédité biologique. Vouloir nier ce versant darwiniste, et surtout lamarckien, de l'anthropologie freudienne nous paraît procéder d'un individualisme épistémologique réducteur typiquement français, là où Freud lui-même insistait constamment sur les interactions entre psychisme individuel et psychologie de masse.

Bilan

Il nous semble donc, au terme de cet aperçu, que l'on peut constater, entre le court essai de Freud, *Warum Krieg?*, et la conférence de Sloterdijk, « *Regeln für den Menschenpark* », une nette convergence sur un certain nombre de thèses :

- le « conflit dans la civilisation » (pour paraphraser Freud) traverse l'histoire des sociétés, opposant les tendances barbares, bestiales, destructrices de l'homme et le processus de la civilisation, qui tend à promouvoir une vie collective pacifiée,

- la civilisation apparaît comme une domestication, fondée sur la répression d'une partie des pulsions de l'homme et sur la sélection positive de ses caractéristiques favorables à la vie en société,

- cette domestication présuppose une autorité pour l'imposer, soit sous la forme « douce » de la transmission culturelle (Sloterdijk), soit sous la tutelle d'un roi sage (Sloterdijk) ou d'une couche dirigeante (Freud),

- le travail d'élevage / amélioration de l'espèce (*Aufzucht / Züchtung*), malgré sa dimension autoritaire et inégalitaire, a un rôle positif, car il vise à civiliser et pacifier le genre humain,

- ce travail de civilisation a toujours comporté une part de transformation de l'espèce humaine, au niveau organique et psychique (Freud) ou génétique (Sloterdijk),

- l'apport des technologies génétiques permet désormais d'envisager une planification consciente, par l'homme, de son évolution, pour faire reculer les tendances à la barbarie (Sloterdijk).

---

22 Freud, 1974, *op. cit.*, p. 546.

Le chaînon manquant : Nietzsche

Cette comparaison entre les thèses anthropologiques de Freud et de Sloterdijk resterait cependant incomplète si elle négligeait de poser la question d'une éventuelle source commune aux deux penseurs. C'est évidemment la référence à Nietzsche qui s'impose ici : Sloterdijk le cite expressément, et nous savons, grâce au travail de Paul-Laurent Assoun, que l'auteur de *Zarathustra* doit être compté parmi les influences majeures qui se sont exercées sur l'inventeur de la psychanalyse [23].

On constate en effet la présence, chez Freud comme chez Sloterdijk, d'un certain nombre de concepts et de thèmes nietzschéens, que nous passerons rapidement en revue, en renvoyant le lecteur au livre d'Assoun, pour une information plus complète.

Comme le note celui-ci, le conflit pulsion-civilisation (ou instinct-civilisation, dans la terminologie nietzschéenne) se définit en termes assez proches chez Nietzsche et chez Freud. La civilisation [24], chez les deux auteurs, se donne d'abord « comme un obstacle chronique à la satisfaction instinctuelle » [25]. Chez le philosophe allemand déjà, elle apparaît avant tout comme une entreprise de répression des instincts, et d'abord du premier d'entre eux, la volonté de puissance :

> Le désir le plus terrible et le plus fondamental de l'homme, sa pulsion de puissance – on appelle « liberté » cette pulsion – doit être le plus durablement refréné. C'est pourquoi l'éthique, avec ses instincts inconscients d'éducation et d'élevage, s'est efforcée jusqu'ici de refréner ce désir de puissance [26].

Les termes de « *Zähmung* » ou de « *Domestikation* », employés par Freud ou Sloterdijk pour décrire cette répression des instincts chez l'homme « civilisé », peuvent déjà être relevés chez Nietzsche :

---

23 Paul-Laurent Assoun, *Freud et Nietzsche*, Paris, PUF, « Quadrige », 1998.
24 *Zivilisation* ne se confond pas chez Nietzsche avec *Kultur*, mais ce n'est pas l'objet de la présente étude ; Freud pour sa part définit *Kultur* comme tout ce qui distingue la vie de l'homme de celle de l'animal, et il se refuse à faire la distinction *Kultur-Zivilisation* (Freud, 1974, p. 140). *Das Unbehagen in der Kultur* a, comme on sait été d'abord traduit en français par *Malaise dans la civilisation*, puis par *Malaise dans la culture*.
25 Assoun, *op. cit.*, p. 276.
26 « *Das furchtbarste und gründlichste Verlangen des Menschen, sein Trieb nach Macht – man nennt diesen Trieb "Freiheit" – muß am längsten in Schranken gehalten werden. Deshalb ist die Ethik bisher, mit ihren unbewußten Erziehungs- und Züchtung-Instinkten, darauf aus gewesen, das Macht-Gelüst in Schranken zu halten* », Friedrich Nietzsche, *Der Wille zur Macht* (Sämtliche Werke Band IX), Stuttgart, Kröner, 1964, p. 486, trad. Michel Kauffmann.

> [...] et, en retour, les époques de domestication voulue et forcée de l'homme (civilisation) ont été des périodes d'intolérance à l'égard des natures les plus spirituelles et les plus hardies [27].
>
> [...] la domestication (la « culture ») de l'homme ne va pas en profondeur... Là où elle va en profondeur, elle tourne immédiatement à la dégénérescence [28].

Que Nietzsche soit un penseur de l'élite, apologiste des esprits libres et artistes capables de s'élever au-dessus du « troupeau », c'est une évidence qui ne nécessite guère de démonstration [29]. Citant le *Zarathustra*, Sloterdijk s'est immédiatement exposé à l'accusation d'adhérer au culte du Surhomme – mais on pourrait aussi bien discerner dans le projet, chez Freud, d'une « couche supérieure d'esprits indépendants, inaccessibles à l'intimidation, et luttant pour la vérité » [30], une tonalité nettement nietzschéenne.

Le terme de « *Züchtung* », enfin, qui tient une grande place dans le texte de Sloterdijk et apparaît une fois, sous la forme « *Aufzucht* » dans *Warum Krieg?* de Freud, en relation justement avec la notion d'élite, occupe une position centrale dans la pensée de Nietzsche, généralement dans le contexte de la production volontaire d'une humanité (ou surhumanité) nouvelle qu'il s'agit de faire émerger de la décadence moderne. On pourrait ici accumuler les citations presque à l'infini :

> Ô mes frères, je consacre et j'édifie en vous une noblesse nouvelle. Vous serez, je le veux, les pères, les éducateurs et les semeurs de l'avenir [31].
>
> Il nous faut une doctrine assez puissante pour agir dans le sens de la sélection / amélioration [32].

---

27 « [...] *und wiederum waren die Epochen der gewollten und erzwungenen Tierzähmung des Menschen (« Zivilisation »-) Zeiten der Unduldsamkeit für die geistigsten und kühnsten Naturen* », Nietzsche, 1964, *op. cit.*, p. 89. Trad. fr. M. K.
28 « [...] *die Domestikation (die « Kultur ») des Menschen geht nicht tief... Wo sie tief geht, ist sie sofort die Degereszenz* », Nietzsche, 1964, *op. cit.*, p. 461. Trad. fr. : M. K.
29 Nietzsche, 1964, p. 582 : « *Eine Kriegserklärung der höheren Menschen an die Masse ist nötig! Überall geht das Mittelmäßige zusammen, um sich zum Herrn zu machen!* ». Trad. fr. : « Il est nécessaire que les êtres supérieurs déclarent la guerre à la masse ! Partout la médiocrité se rassemble, pour s'arroger la maîtrise ! » (Trad. M. K.).
30 Freud, 1974, *op. cit.*, p. 284. Trad. fr. : Freud, 1995², *op. cit.*, p. 79.
31 « *O meine Brüder, ich weihe und weise euch zu einem neuen Adel : ihr sollt mir Zeuger und Züchter werden und Säemänner der Zukunft* », Friedrich Nietzsche, *Also sprach Zarathustra*, München, Goldmann, s. d., p. 156. Trad. fr. par Geneviève Bianquis : Friedrich Nietzsche, 2003, *Œuvres*, Paris, Flammarion, 2003, p. 591. Il nous semble précisément que la traduction de *Züchter* par « éducateurs » banalise le propos nietzschéen.
32 « *Es bedarf einer Lehre, stark genug, um züchtend zu wirken* », Nietzsche, 1964, *ibid.*, p. 583. Trad. fr. : M. K.

> La réduction progressive de l'homme à un état diminué constitue précisément la force d'impulsion pour songer à l'élevage d'une race plus forte [33].
> […] l'éducation comme sélection / amélioration [34].

Conclusion

Si scandale il y a – et il ne s'agit pas ici de minimiser le pouvoir de perturbation des thèses de Sloterdijk – on peut néanmoins en trouver la préfiguration chez un auteur peu suspect de post-humanisme crypto-fasciste, Freud en l'occurrence. Sloterdijk comme Freud posent la question de la mutation de l'humain sous l'emprise de la civilisation, mais il ressort clairement de la lecture de « *Regeln für den Menschenpark* » comme de celle de *Warum Krieg?* que l'impératif ultime reste pour eux la pacification de l'homme et de la société. C'est sans doute ce qui les sépare de l'ancêtre commun, Nietzsche, chez qui la « *Züchtung* » d'une humanité supérieure peut apparaître comme une fin en soi.

---

[33] « *Die zunehmende Verkleinerung der Menschen ist gerade die treibende Kraft, um an die Züchtung einer stärkeren Rasse zu denken* », Nietzsche, 1964, *op. cit.*, p. 608. Trad. fr. : M. K.
[34] *Erziehung als Züchtung*, Nietzsche, 1964, *op. cit.*, p. 610. Trad. fr. : M. K. On remarque que dans tous ces contextes, la traduction de *Züchtung* par « éducation » serait tautologique ou peu pertinente (car « une doctrine qui vise à éduquer » ne constituerait pas vraiment une nouveauté ; une doctrine qui tend à faire évoluer l'espèce humaine a une tout autre portée). Lorsque Henri Albert traduit *Zucht und Züchtung* par « Discipline et sélection » (dans sa version de la *Volonté de puissance*), il nous paraît plus proche de l'inspiration nietzschénne.

Le temps des managers : stéréotypes et réalités franco-allemands

Dieter Hentschel

Es ist leichter ein Atom zu zerstören als ein Vorurteil

Albert Einstein

Il est vrai que préjugés et stéréotypes influencent souvent notre perception des cultures étrangères. Mais pourquoi vouloir les détruire ? Sont-ils vraiment si dangereux, voire inutiles pour la compréhension de l'autre ? Nous pensons plutôt qu'il vaudrait mieux les identifier, puis essayer de comprendre leur fonction et en percevoir les limites, dans le but de se repositionner par rapport à eux [1]. Une autre question se pose alors : pourquoi les stéréotypes feraient-ils partie des préoccupations du germaniste, ne relèveraient-ils pas plutôt de la compétence de l'ethnologie, de l'ethnopsychologie ou de la sociologie ?

Dans la présente contribution, nous tenterons de répondre à ces interrogations en abordant l'interculturel comme nouveau paradigme de la germanistique. Puis, nous traiterons de la problématique des stéréotypes pour ensuite, à partir de l'exemple de la gestion du temps des managers français et allemands, montrer comment on peut mieux analyser les stéréotypes et quelles implications cette démarche aura pour la communication dans les affaires. Passons d'abord à l'interculturel dans la germanistique.

L'interculturel comme paradigme de recherche

Vers les années quatre-vingt, la germanistique traditionnelle a entrepris une réorientation vers ce que Alois Wierlacher a appelé une « *Philologie der Kultur-*

---

[1] Jean-Claude Usunier, *Commerce entre cultures. Une approche culturelle du marketing international*, t. 2, Paris, PUF, 1992, p. 16.

verständigung »[2] afin de se rapprocher du domaine allemand langue étrangère. Cette nouvelle germanistique, désignée communément par « germanistique interculturelle », devient ainsi une discipline ayant les qualités d'une anthropologie culturelle. Ses objets de recherche font partie intégrante de la culture et ses recherches reflètent les dimensions et les évolutions de ce lien. Pour la germanistique interculturelle, la diversité herméneutique qui en résulte n'est pas un handicap, mais un enrichissement pour son activité scientifique qui, en devenant partie prenante du dialogue interculturel, veut avancer vers des problématiques qui concernent tout un chacun[3]. Les sciences culturelles ont, par exemple, amené la germanistique traditionnelle à remettre en cause un travail trop étriqué sur les textes littéraires, pour placer leur réception dans un contexte culturel et des pratiques sociales plus larges. En partant de l'analyse de certains thèmes ou pratiques culturelles, l'intérêt des recherches se déplace désormais vers une réflexion plus vaste qui dépasse la simple compréhension d'un texte pour aboutir à une compréhension modifiée de la culture[4].

L'interculturel pose également le problème de la perspective selon laquelle on considère les phénomènes culturels. Alors que la germanistique allemande (*Inlandsgermanistik*) aborde les manifestations de la culture allemande, que ce soit la langue, la littérature ou des réalités sociales, par une perspective intérieure, la perspective extérieure considère la culture par rapport à ce qui est étranger. Ce changement de point de vue déplace la vision traditionnelle du centre vers la périphérie et implique une distance par rapport à l'identité disciplinaire, condition nécessaire à une remise en cause et une réorientation de toute discipline[5].

D'une part, cette perspective extérieure peut être apportée par des paradigmes de recherche d'autres sciences, comme l'ethnologie, l'anthropologie culturelle, la sociologie, les sciences économiques, etc. Ces apports peuvent enrichir l'analyse voire l'élargir vers d'autres horizons. La germanistique devient alors une discipline transversale[6]. D'autre part, considérer la culture allemande à partir

---

[2] Alois Wierlacher, « Einführung », in *idem* (éd.), *Perspektiven und Verfahren interkultureller Germanistik*, Akten des 1. Kongresses der Gesellschaft für interkulturelle Germanistik, München, Iudicium, 1987, p. 15.

[3] Alois Wierlacher, « Interkulturelle Germanistik. Zu ihrer Geschichte und Theorie. Mit einer Forschungsbibliographie », in Alois Wierlacher, Andrea Bogner (éd.), *Handbuch interkulturelle Germanistik*, Stuttgart, Metzler / Poeschel, 2003, p. 15.

[4] Doris Bachmann-Medick, « Wie interkulturell ist die Interkulturelle Germanistik ? Plädoyer für eine kulturanthropologische Erweiterung germanistischer Studien im Rahmen wissenschaftlicher Weiterbildung », in *Jahrbuch Deutsch als Fremdsprache*, 22/1996, p. 210.

[5] Ortrud Gutjahr, « Interkulturalität und Interdisziplinarität », in Christine Maillard, Arlette Bothorel-Witz (éd.), *Du dialogue des disciplines,* Strasbourg, Presses universitaires de Strasbourg, 1998, p. 137.

[6] Jean-Marie Valentin, « La germanistique : voies anciennes, voies nouvelles », in Maillard, Bothorel-Witz, *ibid.*, p. 80.

de l'étranger comme le fait toute *Auslandsgermanistik* apporte un autre enrichissement de connaissances non négligeable. Au lieu de se référer à ce qui est habituel voire connu, cette analyse se fait à partir d'un autre référentiel : la culture du pays étranger. Celle-ci apparaît alors sous un autre regard, car avec Ortrud Gutjahr, « la culture naît par l'analyse de ce qui est étranger » [7].

Percevoir l'autre – le rôle des stéréotypes

Lors d'un contact avec un étranger, la découverte de l'altérité se fait par une comparaison à partir de notre propre culture. Cet ensemble de valeurs et de normes, considéré comme normal, voire quasiment naturel, nous sert de cadre de référence inconscient pour gérer notre quotidien. Cet apprentissage de l'altérité, ou comme le dit Dietrich Krusche, cette « appropriation » de l'altérité est donc biaisée par notre propre culture et se fait progressivement en provoquant des tensions considérables. Elles résultent du fait que l'altérité non seulement nous ouvre de nouvelles possibilités culturelles et linguistiques, mais aussi peut être perçue comme une remise en cause, voire une menace pour notre propre expérience culturelle ou linguistique [8].

Interviennent alors les stéréotypes, représentations simplifiées de l'autre. Ils ont une triple fonction ; d'abord, celle d'orientation : ils structurent les éléments culturels apparemment non ordonnés et ils réduisent leur complexité. Puis, par une fonction créatrice de nouvelles réalités, ils peuvent fournir de nouvelles possibilités d'identification [9]. Enfin un stéréotype a une fonction protectrice, une autodéfense par rapport à une différence qui est vécue comme anxiogène. Au regard de ces avantages, les stéréotypes ne devraient poser aucun problème dans la communication interculturelle, d'autant plus qu'ils ont souvent un ancrage dans la réalité. Or, les prendre comme système de référence sans le moindre esprit critique signifierait ignorer que les stéréotypes sont des généralisations que l'on attribue à un peuple (« Les Allemands sont… » ou « Les Français sont… ») qui ne tiennent pas compte du fait qu'à l'intérieur d'une population, il peut y avoir des groupes sociaux ou des classes d'âges qui ont un autre système de valeurs, d'autres normes ou d'autres préférences qui infirment partiellement ou complètement le stéréotype. Cela voudrait dire aussi que l'on ignore l'individualité ; ne serait-ce que pour prendre l'exemple de la

---

7 Ortrud Gutjahr, *op. cit.*, p. 143.
8 Dietrich Krusche, « Das Eigene und das Fremde. Zur Sprach- und Literaturdidaktik im Fache Deutsch als Fremdsprache », in *Neue Sammlung*, 23, 1983, cité par Alois Wierlacher, « Interkulturelle Germanistik », *op. cit.*, p. 21-22.
9 Hermann Bausinger, « Stereotypie und Wirklichkeit », in *Jahrbuch Deutsch als Fremdsprache*, 14/1988, p. 161.

ponctualité des Allemands, stéréotype encore bien répandu en France – car les stéréotypes ont la vie dure ! Or, pour chaque Allemand, il existe tout un éventail d'attitudes possibles en fonction de l'importance que chacun attribue au fait d'être à l'heure ou pas.

Alors, des contacts interculturels sans stéréotypes ? Il serait inutile de les réfuter d'emblée, il faudrait plutôt les considérer comme une base pour une observation et une analyse précise sur l'usage du stéréotype dans différentes situations de communication interculturelle [10]. De cette façon, on passera d'une subjectivité hostile à l'autre vers une objectivité culturelle visant à accepter l'autre tel qu'il est. On relativisera ainsi la généralisation trop poussée, inhérente à tout stéréotype, pour évoluer vers une différenciation indispensable qui favorisera la constitution d'un cadre de référence, utile à une interaction réussie avec un étranger.

La gestion du temps des managers français et allemands

Pour notre analyse, nous avons choisi les managers français et allemands pour qui, contrairement aux touristes, envers lesquels on est plus indulgent, le non-respect des différences interculturelles a un tout autre enjeu. Soumis à une obligation de réussite, les malentendus issus du non-respect de la culture du partenaire peuvent rendre plus difficile la négociation avec leurs clients, et même leur faire perdre un marché ou compliquer la coopération entre le siège social en France et sa filiale allemande. Ceci vaut aussi inversement pour un manager allemand. Tous les deux ont donc besoin d'un système de référence qui leur permettra d'identifier les différences interculturelles avec précision.

En cette période de coopération internationale qui multiplie les contacts, où les restructurations d'entreprises redéfinissent les process et où la réduction du temps de travail conduit à un stress accru, le temps semble développer sa propre dynamique. La gestion de ce temps accéléré devient alors un souci essentiel du manager, ce qui a entraîné un développement spectaculaire de techniques correspondantes, objet de nombreux ouvrages, d'articles de presse ou de stages de formations de part et d'autre du Rhin [11]. Pour gérer son temps

---

10 Ruth Amossy, Anne Herschberg-Pierrot, *Stéréotypes et clichés, langue, discours, société*, Paris, Nathan, 1997, p. 35.

11 L'an dernier, en Allemagne plus de 100 prestataires ont proposé 800 séminaires sur la gestion du temps. Parmi les 200 ouvrages, disponibles sur le marché, on peut citer : Lothar J. Seiwert, *Das neue 1x1 des Zeitmanagements*, München, Gräfe & Unzer, 2003, 95 p. ; Hans-Werner Rückert, *Schluss mit dem ewigen Aufschieben : Wie Sie umsetzen, was Sie sich vornehmen*, Frankfurt am Main, Campus, 1999, 274 p. Pour la France : François Delivre, *Question de temps. Un manuel de gestion du temps avec exercices*, 2ᵉ éd., Paris, InterÉditions-Dunod, 2007, 218 p. ; Kerry Gleeson, *Mieux s'organiser pour gagner du temps*, 4ᵉ éd., Paris, Maxima, 2007,

de travail d'une façon efficace, la fixation hiérarchisée d'objectifs quotidiens et hebdomadaires, l'établissement de règles de communication, de check-lists, la planification, voire la structuration des contacts quotidiens, y sont prônés. En revanche, dans la recherche scientifique sur les activités managériales, ces techniques ont été rarement abordées et considérées d'une façon plutôt critique [12]. Pourtant, analyser la gestion du temps des managers français et allemands présente d'autant plus d'intérêt que c'est un des aspects le plus souvent abordé par la recherche interculturelle ; ses spécialistes ont même relevé des différences dans leur façon de gérer le temps [13].

Les études classiques

Dans ces études, il est étonnant de constater que la gestion du temps du manager allemand est souvent présentée comme le bon exemple, tandis que son collègue français fait figure de mauvais élève. Les auteurs français se réfèrent non seulement aux stéréotypes de l'Allemand organisé, discipliné et ponctuel, mais aussi volontiers au modèle d'Edward T. Hall et Mildred Reed Hall selon lequel les managers français auraient un comportement « polychronique » et leurs collègues allemands seraient « monochronique » ce qui impliquerait, par exemple, que le premier serait capable de faire plusieurs choses en même temps, alors que le manager allemand exécute les tâches les unes après les autres [14].

---

355 p. ; René Moulinier, *Gestion du temps : manager son travail, manager sa vie*, Paris, Chiron, 2007, 317 p.

12 Henry Mintzberg, *Le manager au quotidien*, Paris, Éd. d'organisation, 1984, 220 p. ; Peter Walgenbach, « Kann das Zeitmanagementkonzept halten, was es verspricht ? », in *Die Betriebswirtschaft*, 55/1995, p. 187-197.

13 En France : Maurice Bommensth, *Secrets de réussite de l'entreprise allemande : la synergie possible*, Paris, Éd. d'organisation, 1991, 214 p. ; Jacques Pateau, *Une étrange alchimie. La dimension interculturelle dans la coopération franco-allemande,* Levallois-Perret, CIRAC, 1998, 254 p. ; Mark Grobien, *Améliorer ses relations d'affaires avec les Allemands. Le management interculturel,* Paris, Les Presses du management, 1995, 150 p. Pour l'Allemagne : Klaus W. Herterich, *Das Frankreich-Geschäft – Verkaufspraxis, Personalführung, rechtliche Vorschriften,* 2e éd., Wiesbaden, Gabler, 1989, 332 p., p. 42 ; Katharina von Helmolt, Bernd Müller-Jacquier, *Französisch-deutsche Kommunikation im Management-Alltag. Dokumentation zum Forschungsprojekt,* Bayreuth, Institut für Internationale Kommunikation und Auswärtige Kulturarbeit, 1991, 59 p. ; Jochen Peter Breuer, Pierre de Bartha*, Deutsch-französisches Kooperationsmanagement,* t. 1 : *Grundlagen,* t. 2 : *Anwendung,* Laufen / München, Becker, 1996, 584 p., p. 30 ; Gunter Hildenbrand, *Geschäftspartner Frankreich im Wandel,* Frankfurt am Main, FAZ-Verlag, 1997, 178 p.

14 Edward T. Hall, Mildred Reed-Hall, *Guide du comportement dans les affaires internationales. Allemagne, États-Unis, France,* Paris, Seuil, 1990, p. 69 et 206. Les auteurs suivants se réfèrent au concept monochronisme - polychronisme : Bommensath, *op. cit.*, p. 54 ; Pateau, *op. cit.*, p. 40 et Grobien, *op. cit.*, p. 30-31.

Or, le concept de ces auteurs, fortement imprégné d'ethnologie, ne semble pas pouvoir expliquer d'une façon précise la gestion du temps des managers. La recherche sur les activités managériales révèle qu'en effet des managers suédois ou allemands auxquels Edward T. Hall et Mildred Reed Hall attribueraient un comportement « monochronique » sont plutôt fortement « polychroniques »[15]. Par ailleurs, l'étude de Jean-Claude Usunier sur la perception du temps des affaires dans différentes cultures nationales a révélé qu'il n'y a pas de lien entre la perception du temps des managers, leurs activités et la culture du pays[16]. Dans les pays industrialisés où le temps économique voire linéaire est le schéma dominant de la perception du temps, il s'avère problématique de vouloir réduire la gestion du temps à l'antagonisme monochronique – polychronique.

Une autre méthode pour mettre en exergue les différences dans la gestion du temps des managers français et allemands est de recourir à des interviews semi-directives et de présenter des témoignages pour en déduire des généralités[17]. Exemple d'une citation française à propos d'un manager allemand :

> Quand on déjeune ou quand M… fait une réunion, on sait d'entrée de jeu qu'à 11 h 30 cela doit être fini, et ce sera fini, même si on n'a pas fini de tout débattre, ce sera fini. Il arrêtera[18].

Il s'agit là d'études de cas d'interaction franco-allemandes, lors desquelles des différences de comportement sont accentuées et les propres préjugés biaisent la perception de l'autre au risque même de les amplifier[19]. Alors, les managers allemands sont-ils vraiment plus ponctuels et gèrent-ils leur temps d'une façon plus méthodique que leurs collègues français ?

L'étude comparative de Frank Bournois sur les managers de plusieurs pays européens révèle que les attitudes des managers français et allemands par rapport à la ponctualité se ressemblent[20].

Dans son étude plus récente sur la perception du temps de 200 managers dans six pays européens, Peter Collet a montré que les managers allemands

---

[15] Frank Schirmer, *Arbeitsverhalten von Managern. Bestandsaufnahme, Kritik und Weiterentwicklung der Aktivitätsforschung,* thèse de doctorat, Wiesbaden, Gabler, 1992, 253 p.
[16] Jean-Claude Usunier, « Perceptions du temps des affaires et cultures nationales : une comparaison internationale », in *Économie et Société, Série Sciences de Gestion,* n° 17/1991, p. 81-114.
[17] *Cf.* Helmolt, Müller-Jacquier, *op. cit.* ; Pateau, *op. cit.*
[18] Pateau, *op. cit.*, p. 60.
[19] Éric Davoine, Dieter K. Tscheulin, *Zeitmanagement deutscher und französischer Führungskräfte – Ergebnisse einer empirischen Untersuchung,* Freiburg im Breisgau, Freiburger Betriebswirtschaftliche Diskussionsbeiträge, n° 26/98, 1998, p. 3.
[20] Frank Bournois, « Portraits comparés de managers européens », in *Revue Française de Gestion,* novembre-décembre 1996, p. 115-132.

étaient les plus tolérants par rapport aux personnes qui arrivent en retard à un rendez-vous. En effet, ce n'était qu'à partir de quinze minutes qu'ils considèrent que quelqu'un est en retard. Par ailleurs, contre toute attente, ils se sentaient le moins soumis au diktat du temps, et l'idée de ne pas avoir de montre à leur disposition pour gérer leur travail quotidien ne les stressaient pas du tout. En ce qui concerne les retardataires aux réunions, cette étude n'a pas révélé de différences entre les six échantillons interrogés [21].

Ces résultats montrent que l'influence de la culture nationale sur la gestion du temps des managers français et allemands, exacerbée par le stéréotype de la ponctualité, perd du terrain en raison d'une standardisation de l'activité managériale au niveau international. Il s'avère donc plus fructueux de poursuivre notre idée d'analyser s'il y a des entraves qui empêchent l'organisation « modèle » du travail quotidien des managers. Par ailleurs, la méthode des témoignages n'ayant pas fait ses preuves, nous utiliserons une analyse statistique pour notre démarche.

L'analyse statistique de la gestion du temps et ses entraves

L'étude de Éric Davoine et Dieter K. Tscheulin sur la gestion des managers français et allemands à laquelle nous nous référons a été menée en plusieurs étapes [22]. Une première phase exploratoire comprenait neuf études de cas de managers dans différentes fonctions dans plusieurs entreprises issues de secteurs d'activité distincts. Son objectif était de générer des problématiques et des hypothèses sur la gestion du temps et ses entraves. L'élément central de l'étude, l'enquête par correspondance, analyse la gestion du temps dans un contexte de travail national. Ainsi, des managers français en France (102) et en Allemagne (86) et des managers allemands en Allemagne (120) et en France (84) ont pu être interrogés. Le questionnaire comporte 25 items sur les perturbations lors d'une journée de travail, voire des restrictions concernant la mise en pratique des techniques de gestion du temps. Les résultats montrent que les personnes interrogées ont une attitude très critique par rapport au concept de vulgarisation de la gestion du temps et par rapport à une structuration précise du temps de travail, qui peut même leur paraître contre-productive. Les managers soulignent également l'importance des aspects psychologiques et sociaux de la fonction de direction dont la gestion du temps ne tient pas compte et pour lesquels il s'avère difficile d'attribuer un budget temps. Par ailleurs, il

---

21 Peter Collet, « Punctuality in different countries », *Proceedings of the British Psychological Society*, Londres, 1999, p. 48-59.
22 Davoine, Tscheulin, *op. cit.* La deuxième étape comportait 45 interviews semi-directives. À cause d'un biais culturel, les vingt interviews des managers français n'ont pas pu être exploitées.

ressort de l'enquête que la gestion du temps d'un manager peut être influencée par les impératifs des collègues et par le contexte organisationnel. Alors le manager perd partiellement la maîtrise de son temps, le temps individuel devient collectif. Ainsi le cadre ne peut donc mettre en pratique les techniques recommandées de gestion du temps, au risque de provoquer des dysfonctionnements collectifs très importants. Toutefois, les personnes interrogées ont souvent leur propre « méthode » d'organisation où se retrouvent certains éléments de la gestion du temps classique [23]. Alors pas de différences entre la gestion du temps des managers français et leurs collègues allemands ?

Une gestion du temps qui se ressemble

L'enquête de Éric Davoine et Dieter K. Tscheulin a montré que les mécanismes de la gestion et structuration de l'activité professionnelle des managers français et allemands se ressemblent ; ce qui vaut également pour les opinions par rapport à la gestion du temps [24]. Contrairement à certains ouvrages interculturels, on ne peut donc affirmer qu'il y a en France et en Allemagne deux modèles de gestion du temps différents ; en revanche cela ne signifie pas qu'il n'y aurait pas de différences [25].

Tableau n° 1. Les managers allemands ont une gestion du temps plus systématique que les managers français

	Managers all. en Allemagne (n = 120)	Managers all. en France (n = 84)	Managers fr. en Allemagne (n = 86)	Managers fr. en France (n = 102)
Moyenne	3,24	3,4	3,74	3,59
Écart type	1,30	1,21	1,25	1,26

Échelle de Likert : de 1 « pas du tout d'accord » à 5 « tout à fait d'accord ».
Source : d'après Davoine / Tscheulin, *op. cit.*, tableau n° 5, p. 11.

Cette analyse statistique révèle qu'il y a des différences dans la perception de la méthode de gérer le temps : le manager allemand aurait donc une gestion plus systématique que son collègue français. Toutefois, il faut émettre des réserves. Tout d'abord, le niveau d'approbation à cet item n'est pas très élevé ; ce qui signifie que cette différence n'est pas très marquée. Puis, ce sont surtout les managers français qui ressentent des différences, mais pas non plus d'une

---

23 *Ibid.*, p. 9.
24 *Ibid.*, p. 10-11.
25 *Cf.* Hall, Reed-Hall, *op. cit.* ; Breuer, de Bartha, *op. cit.*

façon très prononcée. Peut-être le stéréotype de l'Allemand mieux organisé apparaît ici encore un peu dans la perception des cadres français. Enfin, les écarts types des évaluations sont relativement élevés, ce qui veut dire que les réponses données s'écartent fortement de la moyenne. Ce large éventail de réponses prouve que l'item ne fait pas l'unanimité chez les personnes interrogées. En effet, l'écart type fournit des informations supplémentaires sur l'item, des différences qu'une moyenne a tendance à gommer.

Pour obtenir plus de précisions, Éric Davoine et Dieter. K. Tscheulin ont testé statistiquement les différences ou les ressemblances dans la perception de la gestion du temps et ses entraves qui étaient apparues lors des études de cas.

Tableau n° 2. Les moyennes de la perception des entraves à la gestion du temps par les managers allemands et français

	Managers all. en Allemagne (n = 120)	Managers fr. en France (n = 102)	Niveau de signification de la différence [26]
1. Vous devez être disponible pour les demandes urgentes de vos collaborateurs	3,01	4,16	0,0000
2. Vous devez être disponible pour les demandes urgentes de vos clients et supérieurs	3,39	4,44	0,0000
3. Certains collaborateurs viennent vous voir sans raison de fond	1,75	2,38	0,0000
4. Vos interlocuteurs ne sont pas joignables	3,29	3,85	0,0001
5. Il n'y a pas suffisamment de communication interne par écrit	2,21	2,74	0,0009
6. Les réunions durent plus longtemps à cause de conflits personnels entre les participants	2,45	3,02	0,0009
7. Les missions prennent plus de temps que prévu	3,19	3,38	0,7774
8. Vous prévoyez plus que ce que vous pouvez faire réellement	2,99	3,00	0,8139

Échelle de Likert de 1 : « pas du tout d'accord » à 5 : « tout à fait d'accord ».
Source : d'après Davoine / Tscheulin, *op. cit.*, tableau n° 7, p. 15.

---

[26] Le niveau de signification nous renseigne sur la validité d'un résultat obtenu à partir d'un échantillon pour l'ensemble (population mère). Une valeur de 0,0001 est excellente, au-dessus de 0,1 on parle d'une validité insuffisante.

Le tableau n° 2 montre certains facteurs qui peuvent, en effet, entraver la gestion du temps optimale des cadres en France et en Allemagne. De part et d'autre, la disponibilité pour les clients et, à l'intérieur de l'entreprise, pour les supérieurs et les collaborateurs connaît la plus forte approbation, car cela fait partie de la fonction d'un manager. Ce qui ressort très nettement, c'est que les cadres français sont apparemment obligés d'être plus disponibles pour les sollicitations « internes » et « externes » que leurs collègues allemands. Toutefois, l'item n° 3 (« Certains collaborateurs viennent vous voir sans raison de fond ») est refusé en Allemagne et ne recueille qu'une faible adhésion chez les managers français. Cette dimension nationale du style de direction que Daniel Bollinger et Geert Hofsteede [27] expliquent par une distance hiérarchique différente d'un pays à l'autre, provoque des interruptions de l'activité managériale qui entravent par conséquent l'avancement d'autres missions.

Les trois items suivant, n°s 4, 5 et 6, concernent la communication dans un sens plus restreint ; ils présentent un niveau de signification également très élevé ; toutefois, les différences d'adhésion des deux groupes sont plus réduites. Le fait que les interlocuteurs ne soient pas joignables est habituel pour les personnes interrogées (3,29 [D] et 3,85 [F] sur une échelle de 5), toutefois avec une approbation un peu plus marquée chez les managers français. Il va sans dire que cette impossibilité de communiquer avec une personne au moment souhaité est un frein à l'activité managériale. L'enquête a été réalisée à une époque où la communication électronique et l'usage des téléphones portables n'étaient pas encore très développés ; il est vrai qu'aujourd'hui les courriels semblent faciliter la communication, mais est-on sûr d'une réponse rapide ? La même interrogation vaut également pour les téléphones portables.

L'insuffisance supposée de la communication par écrit interne et l'effet de prolongation des conflits personnels lors des réunions sont plus fortement rejetés par l'échantillon allemand. Les deux items n°s 7 et 8 concernent l'organisation personnelle du travail du manager, c'est-à-dire le fait bien connu que les tâches projetées prennent souvent plus de temps que prévu et que l'on prévoit toujours de faire plus que ce que l'on arrive réellement à faire. Ici, on constate chez les managers français et allemands pratiquement la même approbation moyenne, mais avec un niveau de signification très faible de la différence entre les deux échantillons.

Par le biais des entraves à un modèle idéal, nous avons donc pu affiner notre analyse sur les différences supposées entre la gestion du temps des managers français et allemands.

---

27 Daniel Bollinger, Geert Hofstede, *Les différences culturelles dans le management. Comment chaque pays gère-t-il ses hommes ?*, Paris, Éd. d'organisation, 1987, 260 p.

À part une plus grande disponibilité des managers français, il ressort que la gestion de leur temps de travail se ressemble en fait fortement.

Conclusion

En prenant l'exemple de la gestion du temps des managers français et allemands, nous avons abordé une problématique interculturelle qui concerne également le germaniste. C'est un sujet central qui est, d'une part, accompagné de plusieurs stéréotypes et qui, d'autre part, a fait l'objet de beaucoup de conseils bien intentionnés. Or, ni les uns ni les autres ne sont d'un grand intérêt pour les managers qui ont besoin d'un système de référence précis.

Par une approche statistique qui permet d'analyser les différences de la gestion du temps plus finement, nous avons pu mettre en évidence qu'en effet, à l'exception de leur disponibilité pour d'autres interlocuteurs, les managers français et allemands gèrent leur temps de travail de façon quasiment identique. Ce qui différencie leur méthode, c'est moins la perception du temps que la gestion de ce qui l'entrave. Les différences sont donc moins dictées par la culture nationale que par les structures formelles et informelles des entreprises, notamment la perception des rôles et de la hiérarchie, voire le style de communication à l'intérieur des organisations respectives.

Il serait sans doute prématuré d'attendre de la mondialisation une harmonisation des pratiques managériales. Toutefois, on peut penser que les nouvelles technologies de l'information vont favoriser leur convergence et contribuer à réduire les différences au moins au niveau de la communication. Mais on est aussi en droit de se demander si la communication numérique, du fait de la prolifération de courriels et de spam ou encore de l'utilisation du « Blackberry », n'est pas en train de devenir une entrave à la gestion efficace du temps.

Etudier les tapis orientaux à Vienne en 1891 : les débuts d'Alois Riegl

Céline Trautmann-Waller

Alois Riegl (1858-1905) est devenu aujourd'hui un classique de l'histoire de l'art. Cette situation est due notamment à une canonisation très efficace et déjà ancienne. Comme dans toute canonisation, la genèse de l'œuvre et son lien avec un certain contexte ont ainsi plus ou moins été perdues de vue. Je voudrais pour ma part évoquer ici un Riegl moins connu et, en étudiant l'un de ses livres qui n'ont pas été traduits en français, revenir à ses débuts : Riegl n'a que trente-trois ans et commence tout juste sa carrière lorsque paraît son étude sur les tapis orientaux anciens (*Altorientalische Teppiche*). Ce point de vue permet de restituer les réflexions de Riegl dans le domaine des arts dits mineurs et des débats qui l'agitent à l'époque, dans la pratique muséologique et dans le contexte autrichien.

Autant il peut paraître légitime de faire des *Questions de style* (1893)[1] et d'un hypothétique adieu aux arts mineurs dans *De l'art populaire, des travaux domestiques et de l'industrie domestique* (1894)[2] le début de l'œuvre « véritable », autant il peut paraître intéressant de faire ressortir dans l'un des premiers livres de Riegl certains traits durables de son œuvre, des tensions, des motivations et des inquiétudes qui s'expriment ici de manière plus spontanée, et plus naïve si l'on peut dire, que par la suite, mais qui ont marqué toute sa production scientifique. Il ne s'agit donc pas simplement, de porter notre regard en arrière et d'interroger les sources qui ancrent très nettement Riegl dans le XIXe siècle, comme on a pu le faire pour renvoyer à ses contradictions un certain mythe de l'originalité ou de l'innovation radicale de son œuvre, mais plutôt de ne pas voir en lui exclusivement un historien de l'art formaliste et de comprendre aussi

---

[1] Alois Riegl, *Stilfragen. Grundlegungen zu einer Geschichte der Ornamentik*, Berlin, 1893.
[2] Alois Riegl, *Über Volkskunst, Hausfleiss und Hausindustrie*, Berlin, 1894, reprint Mittenwald, 1978.

comment son travail s'inscrit dans un projet plus large de science culturelle en cours de « modernisation »[3], en réaction à un contexte non seulement théorique, mais aussi politique et culturel : la question des tapis orientaux relie l'art à l'industrialisation, déjà lue par Riegl comme une forme de « globalisation », elle relie aussi les questions stylistiques au rapport entre Orient et Occident qui, comme Riegl le note expressément, traverse d'une certaine manière l'Empire des Habsbourg.

Riegl et le musée d'Art et d'Industrie de Vienne

En 1891, date de parution du livre sur les tapis orientaux, Riegl est responsable de la section des arts textiles au Musée autrichien d'art et d'industrie (*K. K. Österreichisches Museum für Kunst und Industrie*). Fondé en mars 1863 par l'empereur François Joseph, qui cédait ainsi aux instances de l'historien d'art Rudolf von Eitelberger, et inspiré partiellement du modèle anglais du *South Kensington Museum* (aujourd'hui *Victoria and Albert Museum*) de 1852, à la conception duquel avait participé l'architecte et théoricien allemand Gottfried Semper, le musée devait rassembler des objets destinés notamment à servir de modèles aux artistes, aux industriels et au grand public, être aussi un lieu de formation pour les dessinateurs et les artisans. Avec la création de l'École des arts décoratifs (*Kunstgewerbeschule*) en 1867, la formation théorique et la pratique furent unifiées, et nous verrons quelle importance cette situation eut pour les recherches de Riegl. Les deux lieux, musée et école, se virent attribuer en 1871 un nouveau bâtiment qui constitua le premier des musées de la célèbre *Ringstrasse* viennoise. Dans ce nouveau bâtiment, les objets pouvaient enfin être exposés de manière permanente et regroupés, comme à Londres, d'après leurs matériaux de fabrication : textiles, céramiques, etc.

Rappelons brièvement que la formation universitaire juridique, philosophique et historique de Riegl[4] l'avait amené à suivre les cours de Max Büdinger, directeur du séminaire historique de l'université de Vienne et *polyhistor* spéculatif influencé par Ranke, et ceux de Theodor von Sickel, directeur de l'Institut de recherche d'histoire autrichienne (*Institut für österreichische Geschichtsforschung*), qui défendait une méthode historico-critique impliquant une spécialisation assez stricte et une formation philologique et historique rigoureuse, destinée à

---

3 Voir notamment Georg Vasold, *Alois Riegl und die Kunstgeschichte als Kulturgeschichte. Überlegungen zum Frühwerk des Wiener Gelehrten*, Fribourg-en-Brisgau, 2004. L'ouvrage traite essentiellement du livre *Über Volkskunst, Hausfleiss und Hausindustrie*, 1894.

4 Voir Martin Seiler, « Empiristische Motive im Denken und Forschen der Wiener Schule der Kunstgeschichte », in M. Seiler et F. Stadler (éd.), *Kunst, Kunsttheorie und Kunstforschung im wissenschaftlichen Diskurs. In memoriam Kurt Blaukopf (1914-1999)*, Vienne, 2000, p. 49-86.

former archivistes, bibliothécaires et conservateurs de musée. Riegl suivit parallèlement en philosophie les cours de Robert Zimmermann, disciple de Johann Friedrich Herbart, ainsi que ceux de Franz Brentano et de Alexius Meinong, visant tous deux un empirisme scientifique notamment dans le domaine de la psychologie. Enfin il s'initia à l'histoire de l'art auprès de Moriz Thausing qui fut, comme Eitelberger, un des membres fondateurs de l'École viennoise d'histoire de l'art, célèbre pour sa volonté de combiner pratique et théorie, travail dans les musées et recherche.

Dans les années qui précèdent le livre sur les tapis orientaux ou qui le suivent immédiatement, Riegl publie essentiellement des articles et des recensions consacrés aux arts dits populaires et appliqués. Ces travaux, dont un nombre important paraît dans la revue du musée fondée en 1865, les *Mittheilungen des k.k. Österreichischen Museums für Kunst und Industrie,* vont de l'histoire du meuble au XVIIIe siècle, des ouvrages féminins et de l'industrie textile en Bohême du Nord-Est, aux calendriers en bois du Moyen Âge et de la Renaissance, aux chaises paysannes de la Hesse, de l'ornementation en Nouvelle-Zélande aux tapis et tapisseries en Galicie, où Riegl a passé une partie de son enfance [5].

La question des tapis orientaux était marquée d'une actualité toute particulière en raison de la forte demande européenne en tapis d'Orient qui fit suite à la cinquième Exposition universelle qui s'était tenue à Vienne en 1873 et dont une partie thématique avait été consacrée à l'histoire des arts et des métiers [6]. Riegl évoque dans son introduction le rôle éminent que le tapis joue depuis toujours dans l'art ornemental oriental, y compris lorsque cet art est importé en Europe. Il rappelle ensuite que la réforme des arts décoratifs, en appelant à se détourner du mauvais goût devenu usuel dans la décoration européenne, et à favoriser la simplicité, provoqua un retour vers le système décoratif oriental [7]. Il restait que les origines de cet art étaient toujours aussi méconnues qu'auparavant.

De la classification des tapis orientaux
à l'étude de leur langue formelle

La recherche, pour sa part, ne s'intéressa que tardivement aux tapis et Riegl considère que c'est le mérite de l'historien d'art Julius Lessing [8] d'avoir mis en

---

[5] Voir « Bibliographie der Schriften Alois Riegls », in Alois Riegl, *Gesammelte Aufsätze*, Neuausgabe, mit Elementen der Ausgabe Wien 1928, Berlin, 1995, p. XXXV-XXXIX.
[6] Voir Julius Lessing, *Das Kunstgewerbe auf der Wiener Ausstellung 1873*, Berlin, 1874.
[7] Alois Riegl, *Altorientalische Teppiche*, Leipzig, 1891, p. IV-V.
[8] Julius Lessing, *Altorientalische Teppichmuster nach Bildern und Originalen des XV-XVI Jahrhunderts*, Berlin, 1877.

lumière, le premier, l'importance des éléments techniques pour l'analyse des tapis orientaux. C'est à partir de la question du rapport entre technique et ornementation que Lessing, en utilisant des dessins et quelques rares originaux, parvint à diviser le matériau immense des tapis orientaux en groupes clairement définis et à créer une véritable systématique. Selon Riegl c'est peut-être cette absence de confrontation avec des originaux qui explique toutefois que Lessing soit resté très évasif concernant les origines historiques des tapis orientaux. C'est du côté des orientalistes, de quelqu'un comme Joseph Karabacek [9], qu'on tenta de répondre à cette question en utilisant à la fois les sources offertes par les littératures des pays d'Orient et les observations techniques et stylistiques [10]. Depuis Karabacek il n'y a pas eu de progrès notable dans ces recherches selon Riegl, et ceci pour deux raisons. La première est le manque de sources pour tout ce qui précède le Moyen Âge tardif et qui pourrait servir à la comparaison. Même les trouvailles égyptiennes, que Riegl analysait dans son livre précédent [11], n'y avaient pas changé grand-chose selon lui. La seconde raison est la connaissance très incomplète que l'on avait des débuts de l'art que Riegl appelle « sarrasin », puisque si l'on connaissait l'art occidental des débuts du Moyen Âge, l'activité artistique développée au Proche-Orient à la même époque était presque inconnue.

Si Riegl espérait donc pouvoir tracer un tableau historique des anciens tapis orientaux et de leur fabrication, c'était parce qu'il entendait en même temps lever ce second obstacle. Deux angles d'attaque s'offraient ici selon lui au chercheur. Le premier était que la tendance à développer un système de décoration couvrant la totalité des surfaces (*Flächendekorationssystem*) ne s'était pas imposée seulement avec l'apparition de l'Islam et l'extension de la domination arabe en Orient, mais prévalait déjà à une époque où l'Antiquité tardive possédait encore une « validité universelle » (« *universale Geltung* »). C'est même selon lui cette tendance qui, tout au long de l'Empire romain, repoussa ou défigura

---

9 Joseph Karabacek, *Die persische Nadelmalerei Susandschird. Ein Beitrag zur Entwicklungs-Geschichte der Tapisserie de Haute Lisse. Mit Zugrundelegung eines aufgefundenen Wandteppichs nach morgenländischen Quellen dargestellt*, Leipzig, 1881. « Susandschird » est la transcription d'un mot arabe signifiant « peinture à l'aiguille » (« *Nadelmalerei* ») : les fils ne sont pas noués avec les mains mais au moyen d'une aiguille.
10 Alois Riegl, *Altorientalische Teppiche*, p. VI-VII.
11 Alois Riegl, *Die ägyptischen Textilfunde im K.K. österreichischen Museum. Allgemeine Charakteristik und Katalog*, Vienne, 1889. Il s'agit d'un catalogue et d'un examen critique des pièces textiles égyptiennes dans les collections du Musée viennois. Cet examen critique se termine par une tentative de datation et une conclusion dans laquelle Riegl insiste sur sa thèse principale, attestée selon lui par ces pièces textiles, à savoir que l'art profane du début du Moyen Âge est relié de manière intime à l'Antiquité tardive. Il faut en conclure, que non seulement l'art dit sassanide mais également tout ce qu'on appelle l'art arabe, descend en droite ligne, du moins dans le domaine textile, de l'Antiquité hellénistique et romaine tardive.

progressivement l'héritage artistique hellénistique, dissolvant également l'art romain tardif. Pour prouver cela, il fallait attester de manière détaillée une parenté interne entre les éléments décoratifs de l'Antiquité tardive et les éléments sarrasins et, plus encore, il fallait suivre à la trace le processus par lequel les formes d'origine avaient acquis, suite à leur « adaptation progressive » au schéma d'une décoration de toute la surface (*allmähliche Anbequemung an eine durchgängige Flächenverzierung*), ce caractère transformé qui dans l'art sarrasin nous fait face de manière si étrange et, en apparence, si étrangère. Le second angle d'attaque était fourni par sa longue fréquentation de ce qu'on appelait l'industrie domestique européenne, tout particulièrement celle des pays scandinaves et du Sud-Ouest de l'Europe, dont les analogies économiques, techniques et ornementales avec la production orientale étaient trop visibles selon Riegl pour ne pas inciter à un examen attentif des liens historiques entre ces deux domaines.

Riegl va donc diviser les tapis en deux grandes familles, selon un critère technique. D'un côté, il y a les tapis fabriqués par tissage (ou technique des Gobelins), de l'autre les tapis noués. Un chapitre spécifique est dédié aux tapis persans, désignés à l'époque du nom de « *Susanchird* », déjà évoqués plus haut. Le quatrième chapitre analyse les rapports entre les tapis noués et l'art oriental ancien en général, ainsi que les principales hypothèses concernant l'origine des tapis orientaux. Riegl s'oppose de manière décidée à ce qu'il considère comme une « répartition anglaise » (« *englische Einteilung* ») selon laquelle l'ornement en rinceaux végétaux (*Blütenrankenornament*) serait une « langue formelle aryenne » (« *arische Formensprache* »), tandis que l'ornement géométrique serait d'origine turkmène, c'est-à-dire mongole. Selon Riegl,

> la théorie d'un trésor de formes artistiques aryennes que, suivant en cela la science du langage, l'on croyait devoir attribuer *a priori* à tous les peuples aryens dans leur migration fictive d'Est en Ouest, a soutenu, aussi peu que cette migration elle-même, l'épreuve de l'examen historique [12].

Il n'existe donc pas de style originel commun aux peuples aryens (*gemein-arischer Urstil*) mais il exista bien

> une période où ces pays et ces peuples se sont trouvés sous une seule et même domination artistique et, pour la plus grande partie, également politique : l'Empire romain. C'est dans l'Antiquité tardive et non pas dans un âge aryen

---

12 « *Die Theorie von einem gemein-arischen Kunstformenschatz, den man der Sprachwissenschaft folgend allen arischen Völkern auf ihrer fiktiven Wanderschaft von Osten nach Westen a priori zugestehen müssen glaubte, hat ebensowenig wie diese Wanderung selbst die Probe der historischen Untersuchung bestanden* », in Alois Riegl, *Altorientalische Teppiche*, p. 50.

mythique des tribus que nous trouverons les points d'attache pour les vrilles de l'ornementation sarrasine [13].

À ce qu'il appellera dans les *Questions de style* une combinaison de la « théorie malencontreuse de la genèse technico-matérielle avec l'enthousiasme pour les origines spontanées et autochtones des divers arts nationaux » (« *unselige technisch-materielle Entstehungstheorie mit der Schwärmerei für spontan-autochthone Anfänge der unterschiedlichen nationalen Künste* ») [14], Riegl va donc opposer une Antiquité tardive comme âge des mélanges féconds et moment d'universalité. Notons que c'est à peu près au même moment que le linguiste autrichien Hugo Schuchardt développe la notion de « mélange linguistique » (« *Sprachmischung* »), qu'il appliquera notamment aux phénomènes de créolisation, tout en considérant que « nulle part on ne peut trouver un terrain plus favorable au mélange linguistique que dans notre monarchie » (« *Nirgends findet sich ein günstigerer Boden für Sprachmischung als in unserer Monarchie* ») [15].

Dans l'ouvrage sur les tapis orientaux anciens, Riegl n'a de cesse de souligner le désintérêt relatif qui caractérise les arts mineurs. Dans *Questions de style* il ira plus loin reprochant aux disciples de Semper, dont il tient à souligner que leur radicalisme est loin de la perspective défendue par Semper lui-même, d'avoir introduit, là où les anciennes traditions philologiques examinaient encore l'ornement selon les mêmes méthodes que d'autres productions artistiques en interrogeant les significations ou les emprunts [16], l'exclusivité du critère technique. Il semblerait également que l'herbartisme, loin d'avoir inspiré seulement la célèbre distinction entre « haptique » et « optique », développée ultérieurement par Riegl, ait joué un rôle stratégique dans une tentative de faire de la psychologie un des ressorts d'une histoire des styles qui serait attentive aux processus d'adaptation, aux micro-négociations et aux sédimentations [17]. Cette volonté renvoie à tout un arrière-plan autrichien, à la crise de l'État pluriethnique (*Vielvölkerstaat*), et, sur un plan plus général, à une tentative de fonder historiquement un pluralisme possible.

---

13 « [...] *aber eine Periode wo jene Länder und Völker unter einer und derselben künstlerischen und zum allergrössten Teile auch politischen Herrschaft gestanden sind : die römische Kaiserzeit. In der späten Antike und nicht in einer mythisch-arischen Stammeszeit werden wir die Anknüpfungspunkte für die sarazenische Rankenornamentik suchen müssen* [...] », in Alois Riegl, *Altorientalische Teppiche*, p. 50.
14 Alois Riegl, *Stilfragen*, p. XVI.
15 Hugo Schuchardt, *Dem Herrn Franz von Miklosich zum 30. November 1883. Slawo-Deutsches und Slawo-Italienisches*, Graz, 1884, p. 17.
16 Alois Riegl, *Stilfragen*, p. V.
17 « Todesjahr von Alois Riegl 2005. Der Alterswert und die Konstruktion staatsnationaler Identität in der Habsburg-Monarchie um 1900 », *kunsttexte.de*, n° 1/2006.

Globalisation et nostalgie : quel avenir pour les tapis orientaux ?

L'étude sur les tapis orientaux est portée par une interrogation sous-jacente sur l'origine et sur la nature même de l'Orient qui restera d'ailleurs un trait caractéristique de l'œuvre de Riegl et qui explique, à côté du refus de l'idée de décadence, son intérêt pour l'Antiquité tardive. Nous avons déjà vu dans quelle mesure l'étude des tapis orientaux offrait une possibilité de réfléchir à la naissance de l'Orient, si l'on peut dire, ou en tout cas d'un style ornemental considéré comme proprement oriental, tout comment elle posait aussi la question d'une culture transcendant la coupure entre Orient et Occident. Mais il s'agissait aussi de s'interroger sur les transferts qui avaient pu exister entre les deux aires au fil des siècles.

Ainsi le cinquième chapitre de l'ouvrage s'intéresse-t-il aux orientalismes européens passés, puis à l'importation et à l'imitation actuelles de modèles orientaux en Europe, liés à la question des échanges commerciaux en tant qu'ils peuvent être fondés sur des inégalités de développement technique et industriel tout autant que social. Si Julius Lessing considère qu'il n'y a pas eu de production autochtone de tapis noués en Europe avant le XIXe siècle, les recherches des douze dernières années ont jeté, comme le souligne Riegl, un peu plus de lumière sur ces questions et l'on sait maintenant de source sûre qu'il a bien existé une pratique autochtone du nouage en Europe. Certes, en ce qui concerne les Balkans, on peut penser que le développement du tapis y est lié à la présence des musulmans en Bosnie et les sources sont insuffisantes pour prouver qu'il a existé avant la conquête turque, au XVe siècle, une pratique autochtone, comme elle a pu être démontrée au premier chapitre dans le cas de la fabrication des Kilims chez les Slaves du Sud. Mais en Scandinavie, la fabrication de tapis noués est attestée de manière indubitable. Ce sont notamment les efforts de l'Association pour les travaux domestiques (*Verein für Förderung der Hausarbeit*) en vue d'une réintroduction des tapis noués en Suède, qui expliquent l'excellente qualité des sources pour ce pays et l'étendue des recherches effectuées. Mais c'est précisément parce qu'elle n'est qu'une activité domestique rudimentaire que la production scandinave doit être considérée, selon Riegl, comme sans aucun lien avec les tapis orientaux.

Riegl se demande ensuite si indépendamment de ce développement des tapis dans le domaine domestique, il y eut en Europe une « imitation consciente » des tapis orientaux, et particulièrement des ouvrages de luxe. Il montre que dans tous les pays entrant en ligne de compte (France, Italie, Espagne), la présence de tapis orientaux était liée à des rapports commerciaux étroits avec l'Orient, donc à des importations et non au développement d'un art autochtone comparable à celui de l'Orient. Pour ce qui est de la Pologne, Riegl prouve que la célèbre fabrique de tapis et de ceintures de Słuck utilisait en réalité des artisans perses et turcs, et fonctionnait au moyen d'un métier importé clandestinement de Constantinople. Il développe pour finir les raisons pour lesquelles la production de tapis orientaux n'a jamais vraiment pu prendre pied en Occident.

La réforme moderne des arts décoratifs a cependant agi de différentes manières pour préserver de l'oubli un artisanat traditionnel lié aussi au tapis. En Hongrie et en Bosnie cela a même donné lieu à une mode, mais l'avenir n'est guère assuré, car un gain réel n'est possible dans ces nouveaux tissages qu'en diminuant le soin dans l'exécution et le coût des matériaux, donc en renonçant à la qualité. Riegl conclut qu'on peut déjà pressentir le moment où les conditions économiques qui ont entraîné la disparition de l'artisanat domestique en Europe, s'étendront également au Proche-Orient, scellant ainsi définitivement le destin de l'antique technique des tapis tissés.

Riegl prolongera ces réflexions dans son livre *De l'art populaire, des travaux domestiques et de l'industrie domestique*. Il y revient sur l'engouement des conservateurs de musée et des collectionneurs pour les objets fabriqués dans le monde rural et surtout les textiles. Il veut livrer, en s'appuyant sur les travaux de l'économiste Karl Bücher, une analyse économique de cette industrie domestique. L'autosuffisance existe certes encore dans certaines parties de l'Empire austro-hongrois, mais presque partout où l'artisanat domestique se maintient, on passe à une industrie domestique qui repose sur et renforce de profondes inégalités sociales, tandis que les magasins imposent leurs prix de par le monde. Il lui paraît donc que les tentatives modernes de faire revivre l'« art populaire » (« *Volkskunst* »), et même la situation d'origine qui était la raison d'être de sa qualité spécifique, sont vouées aujourd'hui à un échec. Plus encore, c'est tout le mouvement pour l'art populaire que Riegl critique ici avec une certaine violence, évoquant le « halo mystique » (« *mystischer Hauch* ») [18] qui l'entoure.

Si ce livre est donc parfois présenté comme un adieu aux arts mineurs, alors que Riegl a en réalité continué à publier des articles dans ce domaine, il ne saurait être question d'un mépris de l'objet, puisque cette distanciation s'explique plutôt, comme le montre également l'étude sur les tapis orientaux, par le nationalisme « méthodologique » étroit et la nostalgie romantique dont est empreint ce domaine, où l'on se voue de plus à des efforts de conservation qui dépassent la pratique muséographique et qui reviennent à entretenir artificiellement des pratiques décalées par rapport à toute l'évolution économique et sociale de l'époque. Mais pas question pour Riegl de se laisser aller à une sorte de « darwinisme culturel » pessimiste et de déploration de la décadence. La conclusion est qu'il faut poursuivre le travail de collecte et d'inventaire, mais dans un but

---

[18] Alois Riegl, *Über Volkskunst, Hausfleiss und Hausindustrie*, p. 1.

essentiellement historique. En même temps, faire des recherches sur l'art populaire des populations de l'Europe du Sud-Est signifie pour Riegl faire quelque chose pour la reconnaissance de leurs cultures et, selon une mission qui était le propre de l'Autriche selon lui, assurer, dans le domaine artistique également, une « veille aux portes de l'Orient » (« *Hochwacht an der Pforte des Orients* ») [19].

Ce qui impressionne encore aujourd'hui c'est la manière dont Riegl a su rassembler autour d'une collection et autour de sa pratique muséologique un large faisceau de questions : l'ornementation et ses origines, les rapports Orient/Occident et le statut de l'Antiquité tardive, les rapports entre cultures, leurs liens à des enjeux économiques, la question du pluralisme, la nature de l'art populaire et son avenir dans un monde industrialisé. Comme si ces tapis, « morceaux d'Orient » devenus parties intégrantes des cultures européennes, depuis les intérieurs privés jusqu'aux musées, ne cessaient pourtant de susciter le désir d'interprétation et d'explication historique.

---

[19] *Ibid.*, p. 76.

Le charme discret de la mondialisation
Actualité du *Stechlin*

Marc Thuret

« À la fin, un vieil homme meurt et deux jeunes gens se marient »[1]. C'est ainsi que Fontane résume l'action de son dernier roman, *Le Stechlin*, publié à l'automne 1897, comme tous ses récits précédents en feuilleton dans une de ces revues (*Familienblätter*) destinées à l'instruction, l'édification et la distraction des familles bourgeoises, et si prisées par celles-ci en Allemagne à la fin du XIXe siècle. Révisé et remanié, le roman paraît en librairie en octobre 1898, quelques jours après la mort de l'écrivain, le 20 septembre, le lendemain des fiançailles de sa fille Martha avec un vieil ami de la famille, l'architecte Karl Emil Otto Frisch.

Le Stechlin raconte et annonce une mort prochaine, et les premiers lecteurs ont vu dans ce dernier roman à la fois un autoportrait de l'auteur et ses adieux à la vieille Prusse, au monde des Junkers, de leurs domaines, forêts, parcs et châteaux, un univers minutieusement décrit dans quatre volumes de *Pérégrinations à travers la Marche de Brandebourg* (1861, 1864, 1872 et 1882).

Le Stechlin apparaît d'abord comme une prolongation de ces chroniques brandebourgeoises auxquelles l'auteur devait sa notoriété. Le roman semblait vouloir exprimer, plus nettement encore que les comptes rendus d'histoire et de géographie locales réunis dans les *Pérégrinations,* la nostalgie de ce monde ancien où les fils marchaient infailliblement sur les traces de leurs pères, où les domestiques aimaient et respectaient leurs maîtres, où chacun recevait son dû et personne ne dépassait les limites étroites assignées à l'ambition de chacun. L'œuvre de Fontane apparaissait elle-même comme un vestige de ce monde. Elle exhalait, disait Tucholsky, « un parfum de lavande »[2], tel que celui qui se

---

[1] Lettre de Fontane à Adolf Hoffmann, mai-juin 1897, München, Hanser IV/4, p. 50.
[2] Kurt Tucholsky, « Fontane und seine Zeit », 1919, *Gesammelte Werke*, Bd 2, Reinbek, Rowohlt, 1987, p. 242.

dégage du linge de famille rangé dans les vieilles armoires des maisons bien tenues.

Les romans de Fontane sont tous pauvres en action, mais *Le Stechlin* va plus loin encore dans le dépouillement dans la mesure où l'auteur semble vouloir écarter de son récit – abstraction faite de l'opposition ridicule d'une vieille tante au mariage de son neveu – toute source de conflit. Une tendre affection unit père et fils. Le maître du domaine vit en bonne entente avec les notables du village : maire, pasteur, instituteur, gendarme à pied et gendarme à cheval, et le candidat au mariage ne reçoit que des encouragements. Ce roman dont le principe narratif repose sur le dialogue, ne rapporte, hormis quelques éclats de colère de la vieille tante et les taquineries, vite résolues en bons mots, des camarades Rex et Czako, nulle dispute. La civilité étant toujours de règle, on change de sujet dès que l'opposition des points de vue risque de devenir trop vive. Plaisanteries ou platitudes complaisantes désamorcent, comme le plus souvent dans les échanges quotidiens, tout conflit potentiel. Le consensus, et par conséquent le lieu commun, le propos banal et superficiel dominent les dialogues d'un roman, où non seulement n'arrive presque rien, mais où les personnages, tout en s'exprimant abondamment, ne disent pas grand-chose.

Fontane se rapproche incontestablement avec *Le Stechlin* de l'idéal de Flaubert, qui aurait aimé écrire « un livre sur rien ». Loin d'habiller une idylle nostalgique, l'harmonie qui règne dans *Le Stechlin* fait partie d'un projet d'avant-garde. Fontane entend avec ce roman franchir un pas de plus dans le réalisme tel qu'il l'entend, c'est-à-dire livrer une représentation fidèle du caractère tempéré de la normalité quotidienne – mais aussi de son caractère trompeur.

Les lecteurs de Fontane n'ont pas fini de découvrir à travers les « mille finesses »[3] qui enchantaient Thomas Mann, le contraire de ce que le roman a longtemps semblé être. *Le Stechlin* apparaît aujourd'hui, et plus encore depuis la publication des travaux d'Eda Sagarra[4], comme un roman du monde moderne, de ses conquêtes scientifiques et techniques, des changements imposés à une société qui, par son « idiosyncrasie »[5], était disposée à lui résister. *Le Stechlin* est en

---

3 Lettre à Emil Dominik, 14 juillet 1887, in Theodor Fontane, *Briefe 1879-1889*, München, Hanser, IV/3, p. 551 ; voir aussi Thomas Mann, « Der alte Fontane », in Wolfgang Preisendanz, *Fontane*, Darmstadt, Wissenschaftliche Buchgesellschaft, 1973, p. 14-15.

4 Eda Sagarra, *Theodor Fontane. Der Stechlin*, München, Fink, 1986 ; « Der Stechlin-Roman », in Christian Grawe, Helmuth Nürnberger, *Fontane-Handbuch*, Tübingen, Alfred Kröner, 2000 ; « Kommunikationsrevolution und Bewusstseinsveränderung », in Hanna Delf von Wolzogen, Helmuth Nürnberger, *Theodor Fontane. Am Ende des Jahrhunderts*, Würzburg, Königshausen & Neumann, 2000, vol. III.

5 Theodor Fontane, *Der Stechlin*, Stuttgart, Reclam, 2003, chap. VI, p. 76, éd. citée pour tous les renvois au *Stechlin*, identifiés par le n° du chapitre en chiffres romains suivi du n° de la page en chiffres arabes.

particulier, comme Fontane le signale lui-même d'entrée de jeu, le roman de la mondialisation : une vieille légende affirme que le lac aux eaux d'ordinaire calmes et lisses, réagit aux événements dramatiques du monde – irruptions volcaniques, tremblements de terre ou révolutions – par des mouvements inopinés : tourbillons, geysers, flammes à la surface des eaux interprétées comme l'apparition d'un « coq rouge lançant son cocorico à la cantonade » (I, 3). Certes personne ne croit plus à cette faculté occulte qu'aurait Le Stechlin de « téléphoner avec Java » (Dubslav, V, 62). Le lac aux pouvoirs magiques reste néanmoins l'attraction principale du lieu. Toutes les promenades convergent vers le point de vue duquel on peut le mieux montrer aux visiteurs l'endroit où se forment « ébullitions et tourbillons » (*ibid.*), et chacun l'observe avec la curiosité de celui qui ouvre son journal du matin dans l'attente fébrile des nouvelles du monde. Le lac reste immobile cependant, et personne ne s'attend à le voir s'agiter et tourbillonner pour de bon, comme si chacun savait que les techniques modernes de télécommunication l'avaient définitivement privé de son pouvoir magique.

Le développement de moyens vraiment efficaces de voyager, de communiquer et de s'informer – rotatives, télégraphie, téléphone, union postale, chemin de fer et navigation à vapeur – était cependant en 1895-1896, l'année au cours de laquelle se situe l'action du *Stechlin*, encore relativement récent. Il faut d'ailleurs noter ici la concomitance assez rare, même dans les romans qui se disent « contemporains », entre le temps de la rédaction et celui du récit. Fontane raconte une histoire qui se déroule au moment même où il écrit. Le roman développe sa fiction dans les mêmes conditions presque que le journal rend compte de l'actualité. Le contenu du journal imprègne du reste une grande partie des propos qu'échangent les personnages. On évite certes les discussions politiques. On se garde de commenter l'actualité du jour, source de conflits potentiels. Les dialogues reflètent toutefois la culture du lecteur de journal de la fin du XIXe siècle : il a retenu les faits marquants de son époque, les découvertes scientifiques, techniques et médicales notamment (les noms de Koch, Kneipp et Edison sont des références accessibles à tous) ; il a suivi avec une curiosité dont nous n'avons plus conscience aujourd'hui les comptes rendus des explorateurs, voyageurs et missionnaires partis à la découverte – ou à la conquête – des dernières terres vierges et des derniers peuples « sauvages » ; il a mesuré l'accélération de la vitesse avec laquelle les nouvelles se diffusent dans le monde et sait que rien ne sera plus comme avant. Sciences et techniques ont mis à la disposition quotidienne de l'homme les prodiges des contes et légendes d'autrefois. Elles ont rendu le monde de plus en plus maîtrisable et transparent, mais en le désenchantant. Elles ont rapproché les hommes, mais en abolissant l'attention aux formes, la mesure et la courtoisie, dont Dubslav von Stechlin donne encore l'exemple. « Plus un dogue est laid, plus il est beau ; plus un télégramme est grossier, plus il est élégant. Quiconque trouve le moyen d'économiser cinq sous de plus sur son texte est un génie » (III, 26), note-t-il dans son commentaire de l'événement par lequel, de façon significative, s'ouvre l'action du roman : la remise d'un télégramme envoyé par Woldemar à son père.

Les discussions du *Stechlin* tournent souvent, de manière au moins allusive, autour de la question qui sous-tend une grande partie de l'échange des idées au XIXe siècle : le progrès – promesse de civilisation et de mieux vivre ou malédiction destructrice de coutumes, de croyances et de culture ? Fontane formule à sa manière à travers les remarques de ses personnages des observations rappelant la vision du monde développée par Karl Marx dans un passage stupéfiant d'actualité du *Manifeste du Parti communiste* :

> Par le rapide perfectionnement des instruments de production et l'amélioration infinie des moyens de communication, la bourgeoisie entraîne dans le courant de la civilisation jusqu'aux nations les plus barbares. Le bon marché de ses produits est la grosse artillerie qui bat en brèche toutes les murailles de Chine et contraint à la capitulation les barbares les plus opiniâtrement hostiles aux étrangers. Sous peine de mort, elle force toutes les nations à adopter le mode bourgeois de production : elle les force à introduire chez elles la prétendue civilisation [6]…

Un des personnages du *Stechlin*, le comte Barby, ancien diplomate ayant accompli à Londres une partie de sa carrière, manifeste une conscience semblable à celle de Karl Marx dans les propos qu'il échange avec son ami, le baron de Berchtesgaden, un Bavarois catholique, troublé de voir le Quirinal, l'ancienne résidence d'été des papes, confisqué par le jeune État italien. Au baron de Berchtesgaden, qui croit « Rome éternelle » (XIV, 163), et la cause du pape appelée à triompher sur celle de l'État séculier, le comte Barby oppose une vision globale des nouveaux équilibres mondiaux :

> La vie moderne fait impitoyablement table rase de toute tradition. Va-t-on voir apparaître un royaume du Nil ? Le Japon va-t-il devenir l'Angleterre du Pacifique ? La Chine, avec ses quatre cents millions d'habitants, va-t-elle s'éveiller et, levant le doigt, signifier au monde : « Hé ! je suis là » ? Mais surtout : le quart état va-t-il s'établir et se stabiliser (car c'est sur ce point que, pour l'essentiel, tout va se jouer) – Voilà qui pèse bien plus que la question « Quirinal ou Vatican ». C'est une interrogation dépassée. Et pour tout dire : que les choses continuent à aller de leur train, c'est là le plus grand des miracles, et on ne peut que s'en étonner (XIV, 164).

---

[6] Karl Marx, Friedrich Engels, *Manifeste du Parti communiste,* Paris, Éditions sociales, 1967, p. 36.

La lucidité de ces deux visions de l'avenir est sans doute à mettre sur le compte du fait que les deux auteurs, Marx et Fontane, comme le personnage fictif auquel Fontane prête les propos cités plus haut, ont vécu à Londres, la plus grande et la plus cosmopolite des villes du XIXe siècle [7]. Ils ont connu en Angleterre un état plus avancé de la révolution industrielle et fait l'expérience des conflits et des évolutions que le capitalisme, de gré ou de force, impose aux sociétés du monde. Ils ne pouvaient donc l'un et l'autre que s'étonner que l'Allemagne, avec ses 22 dynasties régnantes, son parlement sans pouvoir et son empereur héréditaire, soumis au diktat des *Junkers* (XXXV, 360-361), reste une sphère où « les choses continuent à aller de leur train » féodal.

Fontane traduit à travers les mots prêtés au comte Barby non seulement le point de vue de celui qui a connu le vaste monde, mais aussi la vision du lecteur avisé et attentif de la presse, de la presse anglaise en particulier, étudiée quotidiennement, non seulement pendant les cinq ans passés à Londres comme correspondant occulte de la presse gouvernementale prussienne, mais encore pendant les dix ans passés à la rédaction de la *Kreuzzeitung* comme auteur de « fausses-correspondances » [8], prétendument écrites à Londres. La dépendance du journal quotidien, gagne-pain indispensable du poète désargenté, puis habitude incorrigible de l'écrivain arrivé, caractérise l'existence de Fontane et laisse sa trace dans *Le Stechlin*, où le romancier fait en quelque sorte la somme de soixante ans de lectures et de production journalistiques. Comme son héros, Dubslav von Stechlin, « il sait – ce que les gens d'ici ne savent pas ou ne veulent pas savoir – que derrière les montagnes vivent encore d'autres hommes, et bien différents quelquefois » (XII, 133).

L'originalité proprement humoristique du *Stechlin* tient au fait que le thème de la mondialisation y est traité dans le cadre d'un roman à caractère régionaliste. L'auteur y exprime la sagesse acquise par l'expérience de toute une vie comme par la lecture quotidienne de la presse non pas du point de vue de l'homme qui connaît le monde (le comte Barby n'est qu'un personnage secondaire du roman), mais de celui d'un gentilhomme campagnard qui n'a presque jamais quitté son château et ses terres. La mondialisation est vue dans *Le Stechlin* par une société provinciale qui voudrait pouvoir persister dans ses habitudes, prolonger le « miracle » de ses traditions inchangées dans un monde en pleine mutation.

---

7 Charlottes Jolles, « "Und an der Themse wächst man sich anders aus als am Stechlin". Das Englandmotiv in Fontanes Erzählwerk », *Fontane-Blätter*, 1967, n° 5.
8 Theodor Fontane, *Von Zwanzig bis Dreißig, Der Tunnel über der Spree,* München, Hanser III, 4, p. 412. Voir aussi « Eine Zeitungsnummer lebt nur 12 Stunden », *Londoner Korrespondenzen aus Berlin*, articles choisis et édités par Heide Streiter-Buscher, Berlin, W. de Gruyter, 1998.

L'histoire du *Stechlin* n'est pas tant celle d'une mort et d'un mariage que celle d'une succession, que de nombreux signes rendent cependant improbable. Que les choses puissent continuer à « aller de leur train », que Woldemar puisse, comme son grand-père avait déjà tenté de le faire, assainir la situation financière du domaine familial grâce à un riche mariage, qu'il puisse, commettant la même erreur que son père, quitter prématurément l'armée et gérer avec succès, quoique sans aucune compétence agronomique, un domaine agricole criblé d'hypothèques, ce serait en effet « le plus grand des miracles ». Que cet héritier timide et bien élevé, qui choisit, par respect pour les convenances plus que par inclination véritable, la plus jeune des deux sœurs, la pâle Armgard, assure à sa maison une descendance pleine de vitalité paraît peu probable. Le retour des jeunes mariés au domaine familial n'est qu'un *happy end* en trompe-l'œil, dénoncé du reste par Melusine, l'omniprésente belle-sœur, quand elle remarque « qu'il n'est pas nécessaire que les Stechlin se perpétuent » (XLVI, 458).

Les personnages du *Stechlin*, tout en enregistrant les changements du monde cherchent à vivre comme avant la révolution industrielle, avant l'émergence de la social-démocratie, avant la pénétration du monde par les techniques et les idées nouvelles, nées des savoirs et des moyens d'information nouveaux. Ils s'ingénient à perpétuer un système et des traditions frappées d'obsolescence, sans faire la preuve de l'énergie vitale nécessaire ne serait-ce qu'à la reproduction de leur espèce [9]. La plupart d'entre eux sont veufs ou célibataires. La recherche d'une partenaire est, comme Dubslav von Stechlin le concède à son fils, une entreprise demandant « de l'héroïsme » (V, 54) ; la progéniture n'est saine et abondante que dans la population paysanne de Stechlin et ouvrière de Globsow. Les déséquilibres démographiques entre les classes et les nations (Fontane a bien noté qu'il y a en 1896 presque dix fois plus de Chinois que d'Allemands) créent des fatalités dont chacun peut deviner, mais dont personne ne veut prévoir les conséquences.

Les protagonistes du roman ont des temps nouveaux une conscience à la fois obsessive et confuse. Ils en ressentent la menace tout en en subissant la fascination. Les grandes villes les attirent et les effraient. Les bouleversements sociaux dont ils pressentent l'imminence sont attendus avec un mélange de crainte et d'impatience. Le plus spectaculaire des signaux lancés par *Le Stechlin*, le cocorico du coq à crête rouge, symbole à la fois d'incendie et de révolution, est naturellement celui dont ils désireraient le plus être les témoins : « Je donnerais cher », dit Czako, « pour que le coq se mette maintenant à chanter » (V, 62). Leur attitude

---

[9] Michael Masanetz, « "Die Frauen bestimmen schließlich doch alles" oder die Vorbildlichkeit des Bienenstaates. Vom (un)heimlichen Niedergang männlicher Macht und der macht der Liebe im Stechlin », in Hanna Delf von Wolzogen, *op. cit.,* n. 4, vol. II.

est semblable déjà à celle du téléspectateur consommant les images de l'actualité mondialisée comme celles d'un film-catastrophe. Il entend certes les avertissements qu'elles lui lancent, mais il ne changera rien à ses habitudes. Il savoure même d'une certaine façon l'effroi qu'elles suscitent en se berçant de l'illusion qu'elles viennent de loin, que le coin de terre depuis lequel il regarde le spectacle du monde le met à l'abri des maux de la mondialisation, qu'il pourra du moins, en clôturant son pré carré, les tenir à distance. Le provincialisme est, dans le petit monde du *Stechlin*, comme aujourd'hui dans les sociétés des pays industrialisés, le corollaire de la globalisation, un réflexe de défense poussant l'individu à tracer des limites et à tenir à distance ce qui lui est étranger. La télégraphie permettrait certes aux hôtes de Dubslav de faire part de leur réunion à l'empereur de Chine « s'ils y tenaient », mais « ils n'y tiennent pas » (III, 26), comme s'empresse le remarquer Dubslav, qui s'avère sur ce point bien plus réactionnaire que ne le croit son entourage, tenant de la « race pure » (V, 53), de l'endogamie et des barrières qu'il juge naturelles entre les classes, les groupes et les individus.

La mondialisation est dépeinte en creux pour ainsi dire, par la façon dont elle est vécue dans un milieu provincial qui voudrait pouvoir éviter les révisions qu'elle risque de lui imposer, maintenir autant que possible ses certitudes de classe, de parti et de confession. Des récits des explorateurs, on ne retient que des anecdotes exotiques, propres à amuser les convives (*La princesse de Siam*, XX, 231), ou à illustrer un point de vue politique et moral (*Le lieutenant Greeley*, XXXVIII, 403). Le succès électoral du candidat social-démocrate, suppôt de l'internationale ouvrière, est enregistré, dans les rangs du Parti conservateur, comme un épisode sans importance, qui ne changera rien bien sûr à la suprématie des *Junkers* dans les institutions du *Reich*. L'expérience de la diversité culturelle et confessionnelle, la confrontation entre dogmes religieux et savoir scientifique ne suscitent que chez quelques-uns scepticisme et modestie intellectuelle. Les plus nombreux restent attachés à la routine d'une foi sans interrogation, cependant qu'une minorité active et influente – la princesse Ermyntrud, soutenue par l'inspecteur ecclésiastique Koseleger – se lance dans l'agitation intégriste.

Fontane note dans *Le Stechlin* l'inertie avec laquelle ses contemporains – comme les nôtres du reste – réagissent aux défis de la mondialisation. Le provincialisme n'y apparaît pas seulement comme un trait propre aux gens de la Marche, que Fontane jugeait, il est vrai, particulièrement prosaïques et chauvins, mais aussi comme une composante de la nature humaine que l'auteur observait chez lui-même : les cinq années passées à Londres, cœur palpitant du monde, n'avaient fait qu'aviver sa nostalgie d'un pays natal où il n'avait pourtant connu que des conditions de vie étriquées et médiocres. Et c'est en visitant l'Écosse qu'il avait conçu le plan des *Pérégrinations*[10]. Le comte Barby aspire de même, comme Ulysse après un long voyage, à rentrer au bercail, et ressent si peu de nostalgie des vingt années passées à Londres qu'il ne sait quelle visite conseiller à Woldemar, appelé à se rendre à son tour dans la capitale anglaise. De cette mission à l'étranger, Woldemar ne rapporte guère que des impressions de touriste, propres à nourrir ses entretiens avec les deux jeunes dames qu'il courtise.

Le séjour à l'étranger ne compte que pour l'exploitation que l'on pourra en faire au retour. On reconnaît entre les lignes du *Stechlin* une discrète satire d'un des apports les plus paradoxaux de la mondialisation : le développement du tourisme qui pousse les foules vers la découverte de ce que tout le monde connaît déjà. Le voyage n'est entrepris que pour les plaisirs qu'il procure au retour : la diffusion de ses souvenirs, mais aussi la reprise de ses habitudes et la satisfaction d'être à nouveau chez soi, dans un univers valorisé par l'expérience de l'étranger. Le comte Barby confesse du reste que les voyages sont « à vrai dire un supplice » et prédit qu'on ne les entreprendra bientôt plus que « pour des raisons professionnelles » (XXXV, 362). Il souligne dans son entretien avec Dubslav von Stechlin l'étrangeté d'un phénomène encore observable aujourd'hui : le développement du voyage touristique au moment même où les techniques de reproduction, l'extension des musées, le déplacement de vestiges toujours plus monumentaux et les expositions universelles permettent de découvrir de plus en plus près de chez soi les arts et la culture des autres nations. Alors qu'autrefois, remarque le comte Barby, « le prophète allait à la montagne, de nos jours s'accomplit le miracle que c'est la montagne qui vient à nous. On peut voir à Londres le meilleur du Parthénon et à Berlin le meilleur de Pergame, et si nous n'étions pas aussi indulgents avec nos amis grecs, qui ne remboursent jamais leurs dettes, on pourrait se promener le matin à Mycènes et l'après-midi à Olympie » (*ibid.*).

Une remarque de Melusine, qui juge que les nombreuses vertus de sa sœur font d'elle une curiosité aussi exotique que les « filles du Dahomey » (XXV, 286), que l'on pouvait alors voir *Unter den Linden*, rappelle au lecteur qu'à l'époque où Fontane écrivait son roman, les expositions « d'indigènes » faisaient partie des attractions que la pénétration des cinq continents par le monde industrialisé rendait possibles. La mondialisation est un spectacle satisfaisant la curiosité sans remettre en cause les particularismes que chacun prend

---

10 Willie van Peer, « "Erst die Fremde lehrt uns, was wir an der Heimat besitzen." Fontanes Schottlandreise und die interkulturellen Unterschiede zwischen Reise-Gründen », in Konrad Ehlich, *Fontane und die Fremde. Fontane und Europa*, Würzburg, Königshausen & Neumann, 2002. Dans le même ouvrage collectif, voir aussi les contributions de Günter Häntzschel, « Die Inszenierung von Heimat und Fremde in Theodor Fontanes Roman *Der Stechlin* » et de Michael Ewert, « Heimat und Welt. Fontanes Wanderungen durch die Mark ».

pour norme idéale et universelle de comportement. Les personnages du *Stechlin* savent goûter le charme de la mondialisation, mais à condition que celui-ci reste discret.

Fontane exprime ainsi à demi-mot dans *Le Stechlin* quelque chose qui ressemble à la critique du consumérisme – un thème qui lui tient à cœur du reste et souvent abordé dans ses lettres. Il note aussi la soumission de l'environnement aux besoins toujours croissants de l'urbanisation et de l'industrie. Les sept scieries du riche entrepreneur Gundermann transforment la forêt de Stechlin en planchers berlinois (III, 34). La forêt fournit aussi la matière première des « fours à goudron » (*Teeröfen*, I, 3) qui alimentent la capitale en gaz d'éclairage, ainsi que le combustible des « verreries » (*Glashütten*) de Globsow, fondées par Frédéric II pour la fabrication de bouteilles, mais produisant à la fin du XIXe siècle les récipients nécessaires à la distillation, à la conservation et au transport des pires poisons de l'industrie chimique, « les acides chlorhydrique, sulfurique et azotique », futurs instruments de « l'embrasement universel » (*Generalweltanbrennung*, VI, 77) pressenti par Dubslav [11].

On trouve dans *Le Stechlin* une critique lucide, et par moments prophétique, des phénomènes qui allaient déterminer l'actualité du XXe siècle : globalisation, déséquilibre des échanges et confrontation des cultures consécutifs à la colonisation comme au développement du tourisme, consommation de masse et dégradation de la nature sous les effets conjugués de l'explosion démographique et de l'industrialisation… Les problèmes non résolus du XXe siècle, thèmes obsessionnels des médias d'aujourd'hui et ordre du jour permanent des réunions internationales, tout récemment encore du G8 de Heiligendamm, apparaissent dans *Le Stechlin* comme dans un long fondu-enchaîné qui s'achèverait sur l'image de Melusine prononçant l'oracle qui clôt le roman et résume son message : « Il n'est pas nécessaire que les Stechlin se perpétuent, mais vive le Stechlin ».

À la lumière des événements de plus d'un siècle comme à celle des lettres que Fontane écrivait au moment de la conception et de la rédaction de son roman, le lecteur d'aujourd'hui interprétera sans peine cette conclusion, qui peut paraître sibylline, comme une injonction à préférer la nature à des modes de vie qui la détruisent, la solidarité internationale aux égoïsmes et aux vanités particularistes. *Le Stechlin* est un adieu sans regrets au monde d'hier, une invitation à déposer le ballast de traditions obsolètes et à se tourner vers l'avenir. « Je n'ai jamais fait partie des adulateurs du passé » (27 mai 1891). « Ma haine envers

---

[11] Pierre-Paul Sagave interprète ce mot du héros de Fontane comme l'annonce de la « révolution sociale », « Krieg und Bürgerkrieg in Frankreich. Erlebnis und Dichtung bei Theodor Fontane », in *Fontane-Blätter*, n° 30, 1979, p. 467.

tout ce qui diffère l'arrivée de temps nouveaux ne cesse de grandir » (6 mai 1895). L'impatience que Fontane exprime dans ses lettres à Friedlaender [12] fait aussi partie du message du *Stechlin* : impatience de voir le monde accéder à un degré de civilisation grâce auquel la vie et la solidarité entre les hommes seront placées au centre des préoccupations des États. Dans son dernier roman, Fontane suggérait à ses contemporains l'idéal qui s'impose avec une urgence grandissante aux citoyens du monde globalisé d'aujourd'hui.

---

[12] Theodor Fontane, *Briefe 1890-1898*, München, Hanser IV, 4, p. 121 et 451 ; Otto Drude (éd.), *Ein Leben in Briefen,* Frankfurt am Main, Insel, 1891, p. 384.

Petit récit du temps où l'Allemagne – l'Europe – accueillait avec émerveillement le frère noir de Parzival [1]

Isabelle Vodoz

> Comme l'inscription sur le Graal l'avait désigné comme tel, on n'eut pas d'autre choix : Parzival fut élevé à la dignité de roi et de souverain du Graal. Et, si je peux me permettre une remarque : jamais on ne vit côte à côte deux seigneurs plus puissants et plus riches que Parzival et Feirefiz, et tous les servants du Graal s'empressèrent auprès de Parzival et de son hôte (16/796 v. 22-25) [2].

Ce passage du dernier livre du *Parzival* de Wolfram von Eschenbach (1170-1220 environ) ne manquera pas de surprendre le lecteur habitué aux diverses versions de la légende du Graal, du *Perceval* de Chrétien de Troyes (seconde moitié du XIIe siècle) à Wagner, en passant par *Le morte d'Arthur* de l'Anglais Thomas Malory (début XVe siècle - 1470). Dans tous ces cas, en effet, le chevalier jugé digne de devenir le gardien du Graal – Perceval chez Chrétien de Troyes, Galaad, fils de Lancelot, chez Malory, ou encore, chez Wagner, Lohengrin ou Parsifal – se présente seul. Wolfram von Eschenbach,

---

[1] C'est dans le cadre d'un travail sur le *Parsifal* de Wagner que j'ai été amenée à lire l'œuvre de Wolfram von Eschenbach, que je considère comme l'un des romans de chevalerie les plus originaux et les plus réjouissants qu'il m'ait été donné de lire. Adolf Muschg, dans son pavé *Der rote Ritter*, paru en 1993, s'est fort bien rendu compte des possibilités qu'offrait ce roman et s'en est très habilement servi. Pour ma part, je pense qu'il n'est pas nécessaire de refaire un « Parzival » à la mode du jour et qu'on retirera bien plus de plaisir à se reporter à l'original. C'est cette envie que je voudrais susciter en extrayant de *Parzival* l'histoire d'un de ces personnages, qu'on est en droit de dire « haut en couleur » !

[2] Ne disposant que de la traduction allemande parue chez Reclam (Wolfram von Eschenbach, *Parzival*, Stuttgart, Reclam, 1981), qui présente une fâcheuse tendance à diluer et donc à affaiblir les vers souvent très lapidaires de Wolfram von Eschenbach, je propose ici ma propre traduction. N'étant pas spécialiste de moyen-haut allemand, je ne peux pas exclure les possibilités d'erreur. Je cite le texte moyen-haut allemand d'après cette édition, en indiquant le numéro du livre, le numéro du passage et le numéro des vers.

en revanche, choisit de nous montrer un Parzival accompagné dans sa quête par Feirefiz, son demi-frère, lequel est reçu avec enthousiasme et respect par la communauté des chevaliers.

C'est ce personnage inattendu et attachant dont j'ai envie de rappeler l'histoire, telle que nous la conte Wolfram von Eschenbach, avec, certes, une certaine naïveté, mais avec une générosité et une ouverture à l'étranger venu d'ailleurs, dont on aimerait retrouver souvent l'exemple aujourd'hui. Car l'histoire de Feirefiz n'est pas une simple péripétie : lui sont consacrés une grande partie des deux premiers et des deux derniers livres, avec une brève ponctuation au milieu du roman, ce qui lui confère en quelque sorte une fonction de cadre par rapport à l'histoire de Parzival, à laquelle elle fournit un triple substrat : religieux – Feirefiz est païen –, racial – Feirefiz est métis –, et merveilleux – Feirefiz représente l'Orient mythique.

Le roman s'ouvre sur les aventures de Gachmuret[3] d'Anjou. Ce fils d'un roi français, plutôt que de partager le pouvoir avec son frère, choisit de partir vers des pays au-delà des mers, afin d'y chercher fortune, et surtout « la faveur des femmes ». Il s'embarque donc pour Bagdad, car, nous dit l'auteur, et on remarquera son respect pour un mode de vie qui n'est pas fondé sur la religion chrétienne :

> De même que les principes de la vie chrétienne auxquels nous contraint le baptême sont fixés à Rome, c'est là que sont fixées les règles de vie des païens (I/13, v. 26-28).

Puis, quittant Bagdad où il a été entouré de tous les honneurs, Gachmuret se rend dans le royaume de Zazamanc. La souveraine, Belakane, y est en proie à de grandes difficultés, et le noble chevalier français prend, comme il se doit, sa défense. Ayant vaincu les ennemis de la reine, il fait une entrée triomphale dans sa capitale, et la reine de s'inquiéter : peut-elle le recevoir en égal, mais surtout : « La couleur de sa peau est différente de la nôtre. Pourvu qu'il n'en prenne point ombrage » (I/22 v. 8-9). Suite à quoi prend naissance une inclination réciproque, empêchée dans un premier temps par la fidélité que la reine voue à son époux défunt. Mais Gachmuret et Belakane cèdent à leur passion et s'adonnent aux joies de l'amour, bien que « leur couleur de peau fût différente ». Ils jouissent un certain temps du plus parfait amour, mais le goût de l'aventure reprend bientôt Gachmuret qui – un peu comme Enée – s'enfuit sans oser revoir la reine, enceinte de trois mois. Prenant congé d'elle dans une

---

[3] On sait que Wolfram von Eschenbach se réclame explicitement de deux devanciers français : Chrétien de Troyes et son *Perceval*, ainsi que Kyot, un troubadour provençal dont on n'a pas retrouvé la trace. J'ai néanmoins choisi de conserver les noms propres sous leur forme allemande (ex. Munsalwäsche pour Montsalvat).

lettre, il lui redit son amour et justifie son départ par le fait qu'elle n'est pas chrétienne. Cependant, dans cette même lettre, il reconnaît d'avance son fils à naître comme son légitime descendant. À noter que la reine se désole à cette lecture : si son époux le lui avait demandé, elle se serait volontiers convertie. Nous verrons plus tard que, dans ce roman, la conversion semble relever plus de l'amour que de la foi.

> Quand le temps fut venu, la reine mit au monde un fils qui était de deux couleurs. Dieu avait fait un miracle : il était blanc et noir. La reine baisa particulièrement les places blanches de sa peau. Elle l'appela Feirefiz d'Anjou. [...] La couleur de sa peau et de ses cheveux ressemblait au plumage d'une pie (I/57, v. 15-22).

De l'enfantelet, dont on nous annonce qu'il sera un vaillant chevalier, plus ne sera question pour un temps, mais c'est néanmoins une partie de son sort qui se joue dans le deuxième livre, lequel s'attache au retour de Gachmuret en Europe.

Se présentant sous le titre de roi de Zazamanc, Gachmuret se trouve immédiatement confronté à combats et duels et se voit même l'objet de la passion de trois reines. Mais, à la différence d'Enée, il reste déchiré par le souvenir de la reine noire qu'il a abandonnée : « Plus d'un ignorant s'imagine que la noirceur de sa peau m'a fait fuir. Que non point, elle était pour moi comme le soleil ! » (II/91 v. 5-6).

À la reine Herzeloyde, sur laquelle se porte son choix, il avoue qu'il a déjà une épouse, épouse qu'il aime plus que sa vie. La sage et bien pensante Herzeloyde s'emploie à le convaincre :

> Vous devez abandonner cette mauresque au nom de mon amour. La bénédiction du baptême est plus puissante. Renoncez à cette païenne et aimez-moi dans notre foi chrétienne (II/94, v. 31-34).

Gachmuret se laisse convaincre mais, toujours à la recherche de nouvelles aventures, il quitte à nouveau l'Europe pour aller apporter son aide à son ami Baruc, souverain de Bagdad. Blessé mortellement au cours d'une bataille, il est enterré à Bagdad et pleuré par chrétiens et sarrasins.

Herzeloyde, restée veuve, met au monde un fils qu'elle va s'efforcer de tenir à l'écart de tous les combats. C'est, nous avertit Wolfram, à partir de ce troisième livre, que commence la véritable histoire, celle de son héros. Les livres qui suivent sont donc consacrés aux diverses aventures de celui qui n'est encore que le « chaste fol » de Chrétien de Troyes, le « *reine Tor* » cher à Wagner, aventures qui le conduisent chez le roi-pêcheur – où Parzival est mis pour la première fois en présence du Graal – puis à la cour du roi Artus où, presque à la fin du livre VI, il est brutalement sorti de sa bienheureuse ignorance.

L'intervention de Cundry, que Wolfram nous présente sous les traits d'une affreuse sorcière, mais en même temps d'une femme d'une science et d'une culture immenses, va en effet amener Parzival à prendre conscience de lui-même, de ses origines et de ses devoirs. Cundry accable le malheureux d'amers reproches pour n'avoir pas sauvé le roi-pêcheur en posant la bonne question, mais, ce faisant, elle lui révèle son nom, celui de son père et surtout l'existence de son demi-frère. Pour mieux l'humilier, elle le compare même à cet autre fils de son père, et la comparaison qu'elle fait entre Parzival et son frère aîné est tout à l'avantage de ce dernier.

> Feirefiz d'Anjou, qui a fait montre de ces qualités chevaleresques auxquelles lui n'a jamais renoncé et qui étaient celles de votre père à tous les deux. Votre frère a quelque chose de merveilleux, fils de la reine de Zazamanc, il est à la fois blanc et noir.

Un peu plus tard, l'éloge de Feirefiz sera développé par « une riche et intelligente païenne s'exprimant dans un français parfait », nous dit Wolfram. Fait significatif, cette « païenne » n'est manifestement pas la seule de son espèce à fréquenter en toute liberté la cour du roi Artus. Vont donc être célébrées la richesse de Feirefiz, sa galanterie, l'estime dont il jouit, l'étendue de ses possessions et son adresse sans pareille au combat. Même si toutes ces informations tiennent en peu de vers, leur fonction est de préparer les acteurs de l'histoire, ainsi que le lecteur, à la venue de cet étranger, à laquelle est consacrée, comme on va le voir, tout le livre XV, ainsi qu'une partie du livre XVI.

Dans la grande tradition du roman de chevalerie, les deux frères commencent par ne pas se reconnaître et un duel s'engage entre deux adversaires d'égale valeur. C'est l'occasion pour Wolfram, qui se déclare « incapable de distinguer le païen du baptisé », de décrire en détail la splendide armure de l'étranger et de célébrer les magnifiques coups portés par les deux héros. Finalement, la fatigue s'empare des combattants et, allongés sur le gazon, ils en viennent à s'interroger l'un l'autre sur leur identité. Parzival admet qu'il a un frère, inconnu de lui, et, sommé de le décrire, il répond (nouvel exemple de l'embarras de Wolfram quant à l'apparence de ce métis) : « Il est comme un parchemin sur lequel on a écrit, avec du blanc et du noir par places » (15/747 v. 26-27). Sur quoi, Feirefiz enlève son heaume et les deux frères tombent dans les bras l'un de l'autre. C'est d'ailleurs l'occasion d'une de ces petites scènes réalistes qui font l'un des grands charmes de l'œuvre de Wolfram. Feirefiz déclare :

> Il ne faut plus que tu me dises « vous », nous avons tous les deux le même père, et très fraternellement il l'engagea à renoncer au vouvoiement et à adopter le tutoiement. Ce discours embarrassa Parzival qui répondit : Frère

> votre richesse vous fait l'égal de Baruc et vous êtes aussi plus âgé que moi,
> en raison de ma jeunesse et de ma pauvreté je me garderai de vous tutoyer,
> ce serait contraire à la bienséance (15/749 v. 18-30).

Emmené à la cour, le noble païen est accueilli à bras ouverts, d'abord par Gawan, puis par le roi Artus, qui le considère sans problème comme son neveu. Honneur suprême, Feirefiz est même admis au nombre des chevaliers de la Table ronde. Le fait qu'il soit d'une autre couleur et d'une autre religion ne gêne manifestement personne, sinon que cela excite la curiosité, en particulier celle des femmes, dont beaucoup souhaiteraient en faire leur chevalier servant. La splendide armée qui l'accompagne et les prodigieuses richesses apportées d'Orient contribuent sans aucun doute à sa popularité. Quoi qu'il en soit, ce ne sont que fêtes et réjouissances en son honneur, lesquelles sont bientôt troublées par la réapparition de Cundry. Celle-ci salue les deux frères et apprend à Parzival qu'il a été désigné comme le souverain du Graal. Parzival s'en réjouit et demande comment se rendre à Munsalwäsche, le château d'Anfortas. La réponse est que Cundry le guidera et qu'il est autorisé à désigner un chevalier, et un seul, pour l'accompagner. Sans hésiter Parzival choisit Feirefiz, et les deux frères, sous la conduite de Cundry, se mettent en route pour le château du Graal.

Le livre XVI nous raconte l'arrivée des deux chevaliers au château et la guérison d'Anfortas. Une fois Parzival proclamé souverain du Graal, il est libéré de ses obligations et peut songer à aller chercher son épouse Condwiramurs et ses deux enfants, Kardeiz et Loherangrin, qu'il n'a pas vus depuis cinq ans. Les retrouvailles se passent dans une atmosphère étonnamment familiale, comme en témoigne la petite scène suivante :

> On souhaita la bienvenue à la reine et à son fils, et on porta Loherangrin
> vers son cousin Feirefiz, mais comme celui-ci était noir et blanc, l'enfant ne
> voulut pas l'embrasser. La peur touche aussi les enfants nobles. Le païen ne
> fit qu'en rire (16/805 v. 26-30 et 806, v. 1-3).

Je voudrais maintenant m'attarder un peu sur le problème religieux, sur lequel, toujours en rapport avec Feirefiz, ce dernier livre achève de jeter un jour assez surprenant. On a pu juger combien l'accueil réservé à celui qu'on appelle le « païen » était libre de tout préjugé. Certes, la question de sa couleur revient comme un leitmotiv, mais c'est sans agressivité ni condescendance, au contraire plutôt avec une sorte de curiosité sympathique. Vu les descriptions fantaisistes que Wolfram donne de ce métissage, on est bien obligé de penser que ce personnage est un personnage imaginaire, car, manifestement, l'auteur n'a jamais eu l'occasion de voir un métis. Feirefiz relève de toute évidence de ce goût pour l'exotisme et le merveilleux, auquel participent ses fabuleuses richesses, sur lesquelles on insiste abondamment. Nul doute que la période des Croisades a révélé aux chevaliers européens un monde d'un raffinement et d'une culture dont ils n'avaient aucune idée et qui fascine la plupart d'entre eux.

En ce qui concerne la religion, le fait que le personnage soit une fiction n'enlève rien à l'intérêt qu'on peut porter à la manière dont Wolfram aborde le problème. Comme on l'a vu, est reconnu le fait que les païens observent comme les chrétiens des règles de vie fixées centralement, en l'occurrence à Bagdad. Mais en même temps, il est clair qu'on ne sait pas très bien de quelle religion il s'agit. Feirefiz est couramment appelé « le païen » et les dieux qu'il invoque sont les dieux antiques, Jupiter et Junon. Il compare lui-même ses armées à celles qui assiégèrent Troie et, à l'occasion de la description de son heaume, Wolfram fait appel à la caution d'Hercule, d'Alexandre et de Pythagore. Tout cela ne semble gêner personne jusqu'au moment où, assistant à la cérémonie de présentation du Graal, Feirefiz avoue qu'il ne le voit pas. Tous les assistants s'étonnent, mais le vieux Titurel explique qu'aucun homme non baptisé ne peut voir le Graal. À ce moment, on croit retrouver l'image du pieux Moyen Âge, qui nous est familière, mais tel n'est pas le cas. D'abord, ce qui fait souffrir Feirefiz (au point qu'on remarque que les places blanches de sa peau en pâlissent) ce n'est pas tant de ne pas voir le Graal, c'est d'être tombé amoureux de la sœur d'Anfortas. Et s'il accueille avec enthousiasme l'idée du baptême, au point qu'il pense même pouvoir le gagner par la force des armes, c'est qu'il en espère un soulagement de ses maux d'amour. Voici, telle que Wolfram nous la conte, la cérémonie du baptême :

> Parzival parla ainsi à son frère : si tu veux épouser ma tante, tu dois renier tous tes dieux et combattre toujours l'ennemi de Dieu le Très-Haut, et observer fidèlement ses commandements.
> Le païen répondit : Tout ce par quoi je peux l'obtenir, je le ferai et je l'observerai fidèlement (16/816 v. 24-30) [...].
> Si cela m'aide dans mon chagrin, je veux bien croire ce que vous m'ordonnez [...] Qu'on me baptise au nom du Dieu de ta tante (16/818 v. 2-3 et v. 12).

On pourrait objecter que la tolérance dont Wolfram fait preuve à l'égard des « païens » s'explique par le fait que la religion qu'il leur prête n'est pas considérée, comme le sera plus tard l'Islam, comme une rivale du christianisme. Mais ce qui me frappe surtout, c'est la légèreté, qui confine à l'irrévérence, avec laquelle est traitée la religion chrétienne, conçue plus comme un moyen (garder ou acquérir la femme qu'on aime) que comme une fin. C'est là une attitude inhabituelle dans les romans de chevalerie.

Mais nous sommes à la fin du roman. En auteur habile, Wolfram consacre ses 300 derniers vers à dessiner pour nous l'avenir qui attend ses personnages,

Parzival, Anfortas, Conwirdamours, et en particulier Loherangrin et le cygne, tel que nous les retrouverons dans Wagner. Feirefiz n'est pas oublié. La règle interdisant qu'un souverain étranger converti demeure dans le pays, il repart pour l'Orient avec la sœur d'Anfortas, sa nouvelle épouse (précisons que sa première épouse, celle qu'il avait laissée au pays, a le bon goût de mourir rapidement). Mais les contacts entre l'Orient et l'Occident ne sont pas interrompus pour autant. Cundry se charge d'être la messagère et c'est par elle qu'Anfortas et le monde chrétien apprendront que, la conversion par amour se révélant finalement être une authentique conversion, le christianisme a pénétré jusqu'en Inde grâce à l'intervention de Feirefiz.

Un Français issu de l'immigration

Hansgerd Schulte, Eva Carstanjen

Bringt doch der Wanderer auch vom Hange des Bergrands
nicht eine Hand voll Erde ins Tal, die Allen unsägliche, sondern
ein erworbenes Wort, reines, den gelben und blaun Enzian.

La gentiane est devenue la fleur fétiche de Gerald Stieg et le *Wanderer* qui nous l'apporte de la montagne pourrait bien être Gerald lui-même. Cette fleur dont parle Rainer Maria Rilke dans la neuvième Élégie de Duino n'est-elle pas le symbole de la métamorphose poétique du monde, de la beauté, de la parole du poète, du « discible » auquel Gerald a consacré toute sa vie et dont il n'a cessé de nous faire passer le message ?

En effet, même si Gerald est né le 25 mai 1941 à Salzbourg, il a passé le plus clair de son enfance dans un petit village de Styrie, à Irdning, entouré de montagnes et de l'affection sans faille d'une mère qui a été pour lui, pendant toute sa vie, une source de bonheur et de sérénité. Alors que le père était absent, en raison de la guerre et de ses conséquences, la mère, toujours gaie et de bonne humeur malgré une grande pauvreté, nourrissait la petite famille dans ce village entouré de montagnes tout en chantant des airs de Mozart au petit Gerald. C'est dans cette première enfance qu'il faut chercher l'origine des trois grandes passions de sa vie : la montagne, Mozart et la littérature.

Après l'école primaire, Gerald dut pendant huit ans se lever très tôt pour rejoindre le lycée d'Admont chez les bénédictins, à environ une heure et demie de son village d'Irdning. À l'issue de brillantes études classiques (latin-grec), il obtint la *Matura* en 1959 avec la mention très bien. C'est au collège des jésuites de l'université d'Innsbruck qu'il commença ses études supérieures en théologie sous l'influence décisive de Karl Rahner. Ce théologien-philosophe devint pendant un certain temps son maître à penser. Mais il n'est pas rare que la religion ait pour des jeunes gens sensibles un double effet contradictoire, à la fois d'attrance et de rejet : attirance pour les valeurs métaphysiques et morales qu'elle proclame, et rejet de la pratique que l'institution religieuse impose. Auprès des bénédictins d'Admont, où il fit ses études secondaires, Gerald fit, de fait, l'expérience du sectarisme et de l'intolérance intellectuelle et morale la plus insupportable. Pour preuve, un article dans le journal de classe ayant déplu, il fut exclu des cours trois mois avant la *Matura*.

Il s'y prépara tout seul sur une tour de guet dans la forêt, avec le succès que l'on sait. Mais ces circonstances particulières expliquent sans doute aussi la « hauteur de vue » avec laquelle il a pris l'habitude de traiter les choses de la vie et de l'esprit. Cet incident montre également l'esprit critique et le courage intellectuel dont il devra faire preuve dans toutes les circonstances de sa vie. En tout cas, il quitte l'école des bénédictins et le collège des jésuites avec un anticléricalisme sans concession, assorti d'un antifascisme sans équivoque, puisqu'il a pu constater la compromission de l'église catholique en Autriche, avant et après l'*Anschluss*, et avec l'extrême droite populiste de Haider plus tard. Ces expériences douloureuses ont contribué à un changement d'orientation dans ses études : il abandonna la théologie pour les langues classiques, l'histoire et la germanistique à l'université d'Innsbruck, où il passa son examen de fin d'études supérieures (*Staatsexamen*) en 1966.

« Ma plus belle histoire d'amour, c'est vous ». Pour Gerald, c'était Martine Mignard qu'il a rencontrée dans un cours d'été de l'université d'Innsbruck. À partir de là, plus rien n'est comme avant et, une fois de plus, se vérifie le fait que les grands événements qui changent le cours d'une vie se font sans bruit, comme par un hasard qui s'avère nécessité. Cette heureuse rencontre a décidé à la fois de sa vie personnelle et de sa carrière professionnelle. Martine est devenue sa femme, elle lui a donné beaucoup de bonheur et deux filles merveilleuses. Ils ont tout fait ensemble pour le meilleur et pour le pire, « et en plus c'est vrai », comme disent leurs filles. Mais c'est aussi Martine qui a décidé son fiancé à venir avec elle en France comme lecteur autrichien. Elle a négocié cette affaire avec Jean-Marie Zemb, qui se trouvait à ce moment avec sa femme autrichienne à Innsbruck. En quittant l'université de Vincennes pour Paris 3, Jean-Marie Zemb a proposé à Gerald le poste de lecteur autrichien à l'Institut d'allemand d'Asnières (1969-1970). C'est ainsi qu'a commencé la brillante carrière de Gerald Stieg à l'Institut d'allemand d'Asnières.

Comme nous tous, il a été profondément marqué par Pierre Bertaux et sa conception de la germanistique qui, à l'époque, était loin d'être incontestée. Il s'agissait d'ouvrir l'enseignement de l'allemand aux études de civilisation à côté de la littérature et de la linguistique. La spécificité d'Asnières consistait en effet dans l'étude comparée de la civilisation contemporaine des pays de langue allemande, en particulier de leurs systèmes politiques, de leurs problèmes sociaux, économiques et culturels, afin de contribuer à une meilleure compréhension réciproque des peuples. Quant aux études littéraires, il s'agissait de montrer l'imbrication étroite entre la littérature et les phénomènes de civilisation, de replacer l'analyse littéraire dans son contexte historique, social et politique. C'est ce chemin – *methodus* – que Bertaux nous a montré et que Gerald Stieg a suivi tout le long de sa carrière d'enseignant et de chercheur. Une autre originalité de notre institut a été l'accueil généreux et l'intégration d'enseignants français et étrangers. C'est ainsi qu'un Autrichien comme Gerald Stieg ou un Allemand, comme l'auteur de ces lignes, ont pu faire leur carrière dans l'Université française, sans doute un bel exemple, encore inhabituel à l'époque, de mobilité universitaire en Europe.

Gerald, n'étant pas romaniste, a dû d'abord apprendre le français qu'il maîtrisa très vite comme tout le monde peut s'en rendre compte (je le cite souvent en exemple à mes étudiants : *wer will, der kann*). En l'absence d'équivalence de diplômes, l'Autriche ne faisant pas encore partie de l'Union européenne, Gerald dut reprendre un cursus complet d'études à Asnières, et je me rappelle avoir signé un certificat de licence pour lui. Il s'est fait naturaliser en 1975 pour pouvoir passer l'agrégation d'allemand en 1976 et le doctorat de 3e cycle sous la direction de Pierre Bertaux, qui lui confia la même année quatre cours d'agrégation, chose sans doute inhabituelle, mais qui montre bien la grande estime dans laquelle il tenait son jeune collègue. À cette époque Gerald avait déjà *Die Fackel*, sinon dans l'oreille tout au moins dans l'esprit, puisque le sujet de sa thèse portait sur une étude comparative entre *Der Brenner* et *Die Fackel*. Karl Kraus, Elias Canetti, et plus tard Rainer Maria Rilke devaient devenir ses auteurs de prédilection, auxquels il a consacré l'essentiel de ses recherches. Il passa le doctorat d'État sous la direction de Jean-Marie Valentin et occupa dès 1988 la chaire de littérature et de civilisation allemandes et autrichiennes à l'Université Sorbonne nouvelle – Paris 3 où il a pris ma succession à la direction de l'Institut d'allemand d'Asnières de 2001 à 2005.

C'est ainsi que Gerald Stieg est devenu cet intellectuel français issu de l'immigration. Si Jean-Marie Zemb a été à l'origine de ce parcours, la dernière pensée de celui-ci, quelques jours avant sa mort, a été pour son ancien lecteur. Il est intervenu personnellement auprès des organisateurs d'un colloque sur l'Autriche pour empêcher Stieg de parler, parce que celui-ci avait pris énergiquement et publiquement position contre Jörg Haider et son populisme d'extrême droite. C'est par une voix d'outre-tombe qu'il a reçu ce dernier message de Jean-Marie Zemb, qui croyait voir dans Haider une synthèse réussie de Michel Rocard, Tony Blair et Jean-Pierre Chevènement. Cette anecdote, à la fois tragique et absurde, montre en tout cas que Gerald Stieg, à côté de son travail de chercheur et d'universitaire, a toujours été en même temps cet intellectuel engagé dans le siècle.

« De tous les genres il n'y a qu'un seul qui soit mauvais : le genre ennuyeux ». Pour rester fidèle à cet adage de Voltaire, nous nous proposons de révéler quelques aspects secrets et drôles, mais pertinents dans la vie de notre héros. Ses années d'apprentissage à l'université d'Innsbruck n'ont pas été que studieuses. Gerald faisait partie d'une bande de joyeux lurons qui aimaient festoyer dans les tavernes, inventer des farces et plaisanteries, mais voyager aussi, de préférence dans le pays *wo die Zitronen blühn*. Ils avaient peu d'argent et il leur arrivait les aventures les plus extravagantes. Ce fut sa période *Sturm und Drang* : *aber da schweigt des Sängers Höflichkeit*.

Gerald n'aimait pas seulement la grande musique et la belle littérature :

> Viens, mon beau chat, sur mon cœur amoureux ;
> Retiens les griffes de ta patte,
> Et laisse-moi plonger dans tes beaux yeux,
> Mêlés de métal et d'agate.

Son premier beau chat était birman et pour cela se nommait Mandalay. Il avait un pedigree irréprochable, ce que l'on ne peut pas dire de Jacob qui a partagé la vie de la famille une vingtaine d'années, entouré de l'affection indéfectible de ses maîtres. Par décence, nous ne parlerons pas de Marco, le chat de la voisine, qui a failli semer la zizanie dans le ménage. Mais ces beaux chats chéris ne retenaient pas toujours leurs griffes et on a vu Gerald venir à ses cours les mains passablement égratignées. Car tout leur était permis à ces chats-tyrans : se promener sur le clavier de l'ordinateur, comme dormir dans le lit de leur maître. Le symbolisme est évident, même si l'on n'a lu ni Freud, ni Baudelaire :

> Lorsque mes doigts caressent à loisir
> Ta tête et ton dos élastiques,
> Et que ma main s'enivre de plaisir
> De palper ton corps électrique
> Je vois ma femme en esprit.

L'amour des chats fait donc partie de sa plus belle histoire d'amour avec Martine. Il l'aime du fond du cœur et lui trouve une ressemblance avec Audrey Hepburn, ce que ceux qui la connaissent ne peuvent que confirmer.

Il est vrai que cet homme de lettres aux goûts raffinés a également des passions peut-être moins nobles, mais tout aussi sympathiques : le cinéma en général, Colombo et Charlot en particulier ; il achète régulièrement *L'Équipe*, *Le Canard enchaîné* et *Le Monde* ; il raffole de polars, surtout la nuit, puisqu'il se couche tard et dort peu. On raconte même qu'il lui arrive de s'endormir dans la baignoire d'où Martine est obligée de l'extirper vers les cinq heures du matin pour le ramener dans le lit conjugal.

Ses deux filles lui font une merveilleuse déclaration d'amour : malgré une activité inlassable et parfois dévorante, il a toujours été pour elles un bon père, présent et disponible quand il le fallait, par exemple en se rendant régulièrement aux réunions de parents d'élèves. Il les a élevées dans une atmosphère d'humanisme et de tolérance, dans l'esprit des Lumières, mais toujours avec pudeur et discrétion, sans jamais céder à un discours grandiloquent ou moralisateur. Cette affection, elles la lui rendent bien.

La carrière universitaire de Gerald Stieg s'est déroulée, comme c'est l'usage, autour de trois axes : l'enseignement, la recherche et l'engagement administratif. Il a la passion d'enseigner, ce qui n'est malheureusement pas toujours le cas chez certains de nos collègues. Au-delà de ses « obligations de service », il a sans cesse cherché le contact personnel avec ses étudiants dont beaucoup sont devenus ses amis et collègues. Il était à leur écoute et toujours disponible. Il les a accompagnés dans leurs études sans dirigisme, leur indiquant des chemins et suggérant des pistes de recherche sans jamais vouloir imposer des solutions toutes faites. Qui ne se souvient de ses séminaires de DEA à l'Institut autrichien qui se prolongeaient tard dans le café d'en face. Il était dans le sens noble du terme un Maître, entouré de ses disciples qui lui étaient attachés avec un affectueux respect.

Gerald Stieg s'est prioritairement engagé dans la recherche pour ses propres travaux, mais aussi au service des autres, notamment en prenant la direction de l'Équipe d'accueil de notre institut (EA 182 - Sociétés et cultures des pays de langue allemande aux XIXe, XXe et XXIe siècles). Son souci y a toujours été de favoriser les initiatives, en particulier celles des jeunes chercheurs. Non seulement, ceux-ci ont toujours été associés aux colloques, mais ils ont pu monter leurs propres manifestations, recevant d'ailleurs à deux reprises de l'université le label « projets innovants ». Il n'est pas étonnant que ce cadre stimulant ait vu l'aboutissement de nombreuses thèses de grande qualité dirigées par Gerald Stieg. Plusieurs d'entre elles ont été distinguées, soit par des prix de la Chancellerie, soit par le titre de meilleure thèse de l'année de l'université de Sorbonne nouvelle. Gerald a ainsi contribué à la réputation nationale et internationale de notre institut, ce qui a également son importance politique dans le contexte d'une baisse dramatique des effectifs en germanistique.

Pour donner une idée de l'éventail et de l'orientation des recherches de ses thésards nous citerons, à titre d'exemple : Karine Winkelvoss sur Rilke ; Kerstin Hausbei sur Thomas Bernhard et Tchékhov ; Andréa Lauterwein sur Paul Celan et Anselm Kiefer ; Jean-François Laplénie sur psychanalyse et littérature ; Stéfane Gödicke sur Musil ; Béatrice Jongy sur Kafka, Rilke et Pessoa ; Gaëlle Vassogne sur Max Brod et Prague ; Edwige Brender sur la poétique de Franz Werfel ; Yannick Malanda sur la religion dans la pensée de Canetti ; Elisabeth Schwagerle sur la réception de Handke ; Marc Lacheny sur la réception de Nestroy par Karl Kraus ; et Elisabeth Kargl sur Elfriede Jelinek. Les thèmes de ces thèses sont l'exact reflet des priorités de recherche de leur directeur : une nette prédominance d'auteurs autrichiens, avec au centre Karl Kraus, Elias Canetti, mais aussi Rainer Maria Rilke, dont il a par ailleurs édité les œuvres dans la « Bibliothèque de la Pléiade ». Il faut y ajouter le théâtre populaire autrichien avec notamment Nestroy et Raimund ainsi que de nombreuses études de civilisation. La bibliographie publiée dans cet ouvrage permet de se faire une image complète de l'abondance et de la diversité des recherches et publications de Gerald Stieg.

L'organisation de colloques fait partie du métier ordinaire de l'enseignant-chercheur. On y invite des spécialistes nationaux et internationaux afin de comparer les différentes approches d'une question et de faire connaître les derniers résultats de la recherche sur le sujet. Sur ce terrain aussi, l'activité de Gerald Stieg a été extrêmement féconde : on peut citer à titre d'exemple les colloques « Psychanalyse et littérature » à Paris IV ; « L'Autriche et l'Europe » à Vienne ; « Le classicisme de Weimar » à Amsterdam ; ou encore « Tradition et modernité en Autriche » à Rouen. Mais, là encore, Kraus et Canetti occupent une place de choix, dont témoignent les deux dernières grandes manifestations, « Les guerres de Karl Kraus » en collaboration avec Jacques Bouveresse au Collège de France, et « Elias Canetti (1905-1994) » à la Bibliothèque nationale de France.

Je me souviens d'un colloque mémorable avec Canetti à Asnières. Pierre Bertaux, le fondateur de notre institut, était alors directeur, et c'est à ce titre que lui revenait le devoir et l'honneur de recevoir et d'introduire Canetti. À tort ou à raison, il pensait que ce qu'il avait à dire était au moins aussi important que ce que Canetti pouvait raconter. Son introduction prenant l'allure d'une conférence préalable, l'illustre écrivain rongeait son frein et une partie du public commençait à quitter la salle. Il a fallu toute la diplomatie de Gerald pour éviter que l'incident ne tournât au désastre que n'en résulte une brouille durable.

Les grands hommes sont parfois difficiles à manier comme le montre cette autre anecdote. Canetti venait d'être élu en Allemagne dans le prestigieux Ordre Pour-le-Mérite. J'assistai à la cérémonie et à la réception qui suivit. Pour m'introduire auprès de l'illustre écrivain, je mentionnai que j'étais le collègue et ami de Gerald Stieg à Paris. Oh malheur ! Que n'avais-je dit ! Mon innocente remarque provoqua une colère épique du grand homme : il ne fallait plus jamais prononcer le nom de Stieg devant lui. Ils avaient été des amis intimes pendant de longues années, mais c'était irrémédiablement fini. La raison en était que Stieg avait osé le proposer pour un doctorat *honoris causa* à la Sorbonne. Cette ultime audace était décidément attentatoire à sa dignité de grand écrivain. *Vanitas vanitatum* ! Mais là encore, Gerald a vite réussi à calmer le jeu avec son talent habituel, la connaissance de l'âme humaine en général et de celle de Canetti en particulier.

Ces talents, il a pu les exercer dans les nombreuses fonctions administratives qu'il a exercées à l'échelon de l'université. Dans ses fonctions d'élu au Conseil scientifique, puis au Conseil des études et de la vie universitaire (CEVU), enfin dans celle de coprésident de la Commission du personnel enseignant, il s'est toujours engagé pour une gestion de qualité de notre établissement, tout en y défendant les intérêts de notre discipline. Il fut aussi à la fois directeur de l'UFR d'allemand et du Centre universitaire d'Asnières de 2001 à 2005, période au cours de laquelle il n'y a jamais eu de conflits majeurs dans notre institut, ce qui est – soit dit en passant – plutôt rare dans l'Université. Car pour les problèmes au quotidien, Gerald a toujours trouvé des solutions en douceur.

Mais le principal intérêt de Gerald dans la gestion administrative l'a porté à nouveau vers la recherche. Il a été président de la Commission de spécialistes de la 12e section (études germaniques), membre du Conseil national des universités de cette même section et, comme nous l'avons dit, responsable de notre Équipe de recherche. Enfin, il a pris la responsabilité d'une des écoles doctorales de Paris 3 (ED 386 : Espace européen contemporain, qui associe l'allemand, une partie de l'anglais et les études européennes), école au service de laquelle il a mis sa rigueur intellectuelle et son exigence indéfectible de qualité scientifique.

Ce Français issu de l'immigration se souvient d'avoir été Autrichien. En effet, le mérite incontestable de Gerald Stieg en matière de politique culturelle consiste dans le rôle essentiel qu'il a joué en tant que médiateur entre l'Autriche et la France. L'instrument privilégié de ce travail de médiation est la revue *Austriaca*, créée à l'université de Haute-Normandie de Rouen par son ami et collègue Félix Kreissler. Il en a été le rédacteur en chef de 1982 à 2004. Il y a collaboré étroitement avec Gilbert Ravy avant d'en céder la direction à Jacques Lajarrige, son collègue d'Asnières. Cette revue continue à informer régulièrement sur les évolutions socioculturelles et politiques ainsi que sur la littérature autrichienne par des études de qualité. Mais Gerald dispose aussi d'autres moyens d'action pour assurer la présence de l'Autriche en France. Il y a d'abord ses propres travaux sur Kraus, Canetti et Rilke, nous l'avons vu. À tel point que son collègue de l'université de Vienne, l'éminent germaniste Wendelin Schmidt-Dengler, qu'il a associé à de nombreux colloques et soutenances de thèses, lui a conféré le titre honorifique de « canettologue ». Il y a aussi les travaux de ses thésards qu'il oriente sur des sujets de littérature et de civilisation autrichiennes, nous l'avons vu également. Enfin, il est un infatigable organisateur de manifestations sur l'Autriche et, en sa qualité de spécialiste reconnu, il est un conseiller précieux et recherché pour tout ce qui a trait à ce pays.

Un bel exemple est son amitié et sa collaboration avec Jacques Bouveresse. Il a fait découvrir l'Autriche à ce professeur du Collège de France avec pour résultat des études sur Kraus, Wittgenstein et Musil. Ce faisant, il a contribué à établir un dialogue fécond entre philosophes et littéraires. Gerald a d'ailleurs écrit un article remarquable sur Jacques Bouveresse dans un numéro spécial de la revue *Critique* qui lui était consacré. Bouveresse dit consulter régulièrement Gerald Stieg sur les questions autrichiennes, tester ses idées auprès de lui et faire une confiance totale à la justesse et à l'objectivité de son jugement. Pour lui, il ne fait aucun doute que, si la littérature autrichienne a trouvé une place importante en France, c'est largement grâce à Stieg, qui a su en faire valoir l'autonomie et la spécificité. Le nom de Gerald Stieg a même été proposé pour une candidature au Collège de France, mais l'intéressé a refusé, animé par une modestie que d'aucuns jugeront excessive. L'Autriche et la culture autrichienne auraient bien mérité d'être représentés par une personne de sa qualité dans l'auguste aréopage des Lettres et des Sciences.

Qu'il me soit permis, pour conclure, d'évoquer quelques aspects plus personnels, qui font du collègue Gerald Stieg l'ami que nous apprécions et que nous aimons. Il y a d'abord sa probité intellectuelle et le courage indéfectible avec lequel il défend ses convictions au risque même de nuire à sa carrière. Il est loin de tout opportunisme intellectuel et politique. Quand il trouve mauvais le travail d'un étudiant ou d'un collègue ou encore la conférence d'un haut fonctionnaire autrichien, il ne se gêne pas pour le dire haut et fort et même au cours d'un dîner officiel (source : W. Schmidt-Dengler).

Mais il est surtout un ennemi irréductible de l'extrême droite et de toute forme de totalitarisme. Ainsi, il n'a cessé de combattre la politique de la coalition ÖVP-FPÖ ou gouvernement de Schüssel, ce qui lui a valu pour un temps d'être déclaré *persona non grata* dans les milieux officiels autrichiens. Il est allé jusqu'à rompre tout lien avec les autorités gouvernementales et refuser les subventions pour la revue *Austriaca*. Alors que le congrès de l'Association internationale des germanistes (IVG) avait lieu en 2000 à Vienne quelques mois après la constitution d'un gouvernement de coalition « noire-bleue », Gerald participe activement à une manifestation parallèle de protestation au titre évocateur (« *Die Germanistik, eine politische Wissenschaft ?* » – « Les études germaniques, une science "politique" ? ») organisée au Musée juif de Vienne sous l'impulsion de Jacques Le Rider avec le concours de germanistes autrichiens, allemands et français. Il s'y est prononcé, sans équivoque, en faveur d'une responsabilité citoyenne des germanistes. Avec le changement de gouvernement, Gerald est rentré en grâce auprès des instances autrichiennes, qui l'ont à nouveau invité à plusieurs manifestations officielles : à cette conférence sur l'Autriche qui lui a valu les foudres d'outre-tombe de Jean-Marie Zemb, à une autre sur Félix

Kreissler devant le Parlement autrichien, et enfin au Palais de justice à une cérémonie commémorative de l'incendie de 1927 avec, bien sûr, une conférence sur *Die Blendung* de Canetti devant un public attentif de procureurs, de juges et d'avocats.

Comme cadeau d'adieu de l'université, Gerald a demandé la faveur de pouvoir choisir librement les thèmes de ses cours pour sa dernière année d'enseignement. La chance a voulu qu'un de ses poètes autrichiens favoris, Georg Trakl, fût au programme des concours. Il a passé ses vacances à préparer avec joie ce cours à la fois pour les étudiants de l'université et pour ceux du téléenseignement (CNED). Jacques Bouveresse avait déjà souligné le mérite de Gerald dans le rapprochement entre la philosophie et la littérature. Aussi n'est-on pas étonné, outre Trakl, de voir figurer dans le menu de sa dernière année un cours sur « Poésie et philosophie : les poèmes de Goethe ». Avec *Die Letzten Tage der Menschheit* de Kraus et *Die Komödie der Eitelkeit* de Canetti qu'il a intégré à son cours sur le *Volkstheater*, il retrouve des auteurs et des œuvres qui lui sont chers. Enfin, constante de sa réflexion critique et de son enseignement tout au long de sa carrière universitaire, on retrouve le thème de la sécularisation, traité à travers un certain nombre d'auteurs allemands du XVIIe au XXe siècle, notamment par l'étude du *Faust* de Goethe, celle des *Élégies de Duino* de Rilke, et celle de la *Flûte enchantée* de Mozart.

Mozart nous rappelle que ces quelques pages sur la trajectoire de Gerald Stieg seraient incomplètes sans une mention particulière de la place que la musique occupe dans sa vie. Le sujet pourrait faire à lui seul l'objet d'une contribution, mais, que Gerald nous pardonne, nous nous contenterons ici de quelques indications significatives. Il y a d'abord la collaboration avec George Zeisel dans le cadre de l'association Pro-Quartet et du Centre européen de musique de chambre à Fontainebleau, deux institutions qui ont pour but de promouvoir le quatuor à cordes en France. Gerald a accompagné ces activités de ses conseils compétents et amicaux. Il y a ensuite ces émissions de *France Culture* auxquelles Gerald a collaboré pour analyser le paysage musical viennois autour de 1900, restituant la musique dans son cadre sociohistorique et dans l'effervescence culturelle de cette fin de siècle, mais allant aussi jusqu'à suivre le parcours des grandes figures de la Nouvelle école de Vienne jusque dans leur exil américain.

Enfin, Gerald a développé toute une philosophie de l'histoire européenne à partir du quatuor à cordes. Par un rapprochement aussi original qu'inattendu, son article « Le cœur secret de l'Europe » (*Le Monde* du 11 octobre 1990[1]), a mis en parallèle Socrate et le quatuor à cordes : la réunion de quatre personnes

---

[1] Article repris en 2000 dans *Europes* dirigé par Yves Hersant et Fabienne Durand-Bogaert et, en version allemande, dans *transversale* 1/2005.

« est par essence la forme musicale du dialogue socratique » et par là même « le cœur secret de la culture européenne ». De même que Socrate a libéré la philosophie antique de la pensée mythique, de même les philosophes du Siècle des Lumières ont affranchi l'homme de la tutelle du pouvoir de droit divin. Ainsi, Socrate peut être considéré comme la préfiguration de la pensée éclairée du XVIIIe siècle, qui va fonder les valeurs essentielles de l'éthique européenne, car c'est par le dialogue, par la maïeutique socratique, c'est-à-dire l'accouchement de la vérité à travers l'élaboration d'un consensus démocratique que ce prodigieux acte de libération de l'homme s'est accompli. Or, le quatuor à cordes repose sur le dialogue, sur le libre consentement de quatre personnes, qui travaillent ensemble à une même œuvre. Dans ce sens, il est le paradigme musical de notre culture européenne, il est bien ce cœur secret de l'Europe.

C'est dire aussi que la musique est le cœur secret de Gerald. Comme pour Marcel Proust, elle est pour lui une conception de l'amour et du bonheur. Elle est ce qui donnera à la fin de nos jours « quelque chose de moins amer, de moins inglorieux, peut-être de moins probable ».

Travaux et publications de Gerald Stieg

Liste établie par Marc Lacheny

Ouvrages

1 *Abriß einer Geschichte der deutschen Arbeiterliteratur*, Stuttgart, Klett, 1973 (avec Bernd Witte).
2 *Der Brenner und die Fackel. Ein Beitrag zur Wirkungsgeschichte von Karl Kraus*, Salzburg, Otto Müller, 1976.
3 *« Fruits du feu ». L'incendie du Palais de Justice de Vienne en 1927 et ses conséquences dans la littérature autrichienne*, Publications des Universités de Rouen et du Havre, « France-Autriche », n° 11, 1989.
4 *Frucht des Feuers. Canetti, Doderer, Kraus und der Justizpalastbrand*, Wien, Edition Falter (ÖBV), 1990.
5 Rainer Maria Rilke, *Œuvres poétiques*, Paris, Gallimard, « Bibliothèque de la Pléiade », 1997. Introduction, p. XI-XXXI ; notices, notes et bibliographie, p. 1319-1826.

Éditions, co-éditions, ouvrages collectifs

6 *Médiations ou le métier de germaniste. Hommage à Pierre Bertaux*, Asnières, PIA, n° 1, 1977 (avec Gilbert Krebs et Hansgerd Schulte).
7 *La République Démocratique Allemande. Textes et documents*, Paris, Armand Colin, 1977 (avec Hans Hörling et Jean-François Tournadre).
8 *Hommage à Elias Canetti à l'occasion de son 75e anniversaire*, revue *Austriaca*, n° 11, 1980.
9 *Elias Canetti. Blendung als Lebensform*, Königstein im Taunus, Athenäum, 1985 (avec Friedbert Aspetsberger).
10 *Festschrift / Mélanges Félix Kreissler*, Wien, Europaverlag, 1985 (avec Rudolf Altmüller, Helmut Konrad, Anton Pelinka et Gilbert Ravy).
11 *Österreichische Literatur des 20. Jahrhunderts. Französische und österreichische Beiträge*, Akten der Jahrestagung 1982 der französischen Universitätsgermanisten in Innsbruck, Innsbruck, Innsbrucker Beiträge zur Kulturwissenschaft (Germanistische Reihe, Band 21), 1986 (avec Sigurd Paul Scheichl).
12 *Karl Kraus*, revue *Austriaca*, n° 22, 1986 (avec Sigurd Paul Scheichl).
13 *Aspects de la littérature autrichienne du XXe siècle*, revue *Austriaca,* n° 23, 1986 (avec Gilbert Ravy).
14 *Le modèle autrichien*, Asnières, PIA, n° 8, 1989 (avec Gilbert Krebs).
15 *Karl Kraus et son temps. Karl Kraus und seine Zeit*, Actes du colloque du Centre Pompidou, 1986, Asnières, PIA, n° 10, 1989, rééd. 2006 (avec Gilbert Krebs).
16 *Recherches sur la culture et la littérature autrichiennes*, revue *Austriaca,* n° 33, 1991 (avec Gilbert Ravy).

17 *Johann Nestroy (1801-1862). Vision du monde et écriture dramatique*, Asnières, PIA, n° 12, 1991 (avec Jean-Marie Valentin).
18 *Présence de Manès Sperber*, Asnières, PIA, n° 15, 1992.
19 *Nouvelles recherches sur l'Autriche*, revue *Austriaca*, n° 36, 1993 (avec Gilbert Ravy).
20 *Frühling der Seele : Pariser Trakl-Symposions*, Innsbruck, Haymon, 1995 (avec Rémy Colombat).
21 *Elias Canetti*, cat. exp. « Elias Canetti, l'ennemi de la mort », 25 octobre 1995 - 22 janvier 1996, Paris, Bibliothèque publique d'information, Centre Pompidou, 1995 (avec Catherine Geoffroy).
22 *« Ein Dichter braucht Ahnen ». Elias Canetti und die europäische Tradition*, Bern, Peter Lang (Zeitschrift für Internationale Germanistik, Reihe A : Kongressberichte), 1997 (avec Jean-Marie Valentin).
23 *Identité et résistance. Mélanges pour Félix Kreissler*, Paris, Annales de l'Institut culturel autrichien, vol. 2, 1998 (avec Georg Jankovic).
24 *Actualité de Karl Kraus*, revue *Austriaca*, n° 49, 1999 (avec Jacques Bouveresse).
25 *Rilke et son amie Lou Andreas-Salomé*, Paris, Presses Sorbonne Nouvelle et Bibliothèque nationale de France, 2001 (avec Stéphane Michaud).
26 *Österreich (1945-2000) : Das Land der Satire*, Bern, Peter Lang, 2002 (avec Jeanne Benay).
27 *Passerelles et passeurs. Hommages à Gilbert Krebs et Hansgerd Schulte*, Asnières, PIA, n° 30, 2002.
28 *L'antisémitisme autrichien du XVIIe au XXe siècle*, revue *Austriaca*, n° 57, 2003 (avec Daniel Tollet).
29 *Elias Canetti à la Bibliothèque nationale de France*, revue *Austriaca*, n° 61, 2005.
30 *Les guerres de Karl Kraus*, Actes du colloque du Collège de France, Agone, n° 35-36, 2006 (avec Jacques Bouveresse et Jean-Jacques Rosat).

Articles

31 « Karl Kraus und Adam Müller-Guttenbrunn », in *Südostdeutsche Semesterblätter*, 22. Heft, 1968, p. 1-9 (réimp. dans *Vergleichende Literaturforschung. Internationale Lenau-Gesellschaft 1964 bis 1984*, Antal Mádl, Anton Schwob (dir.), Wien, Bundesverlag, 1984, p. 456-463).
32 « Tradition und Innovation in der avantgardistischen Dichtung », in *Germanistische Studien*, Johannes Erben, Eugen Thurnher (dir.), Innsbruck, Innsbrucker Beiträge zur Kulturwissenschaft (Band 15), 1969, p. 295-310.
33 « Thesen zur Arbeiterlyrik von 1863 bis 1933 », in *Arbeiterdichtung. Analysen – Bekenntnisse – Dokumentationen*, hg. von der Österreichischen Gesellschaft für Kulturpolitik, Wuppertal, Hammer, 1973, p. 26-36.
34 « Karl Kraus et Georg Trakl », in *Karl Kraus*, Éliane Kaufholz (dir.), Paris, Les Cahiers de l'Herne, 1975, p. 250-253.
35 « Bibliographie » (avec Sigurd Paul Scheichl et Caroline Cohn, mais rédigée par Gerald Stieg), in *Karl Kraus*, Éliane Kaufholz (dir.), Paris, Les Cahiers de l'Herne, 1975, p. 375-387.
36 « Die Beziehungen Kraus-Trakl », in *Das Fenster. Tiroler Kulturzeitschrift*, Heft 18, 1976, p. 1872-1875.
37 « Theorie und Praxis der Kraus'schen Satire », in *Actes du Congrès de Bordeaux : 1976 / Association des Germanistes de l'Enseignement Supérieur*, Bordeaux, 1976, p. 90-99.
38 « Canetti und Brecht oder "Es wird kein rechter Chor daraus…" », in *Austriaca*, Le théâtre depuis 1945, études réunies par Jean-Marie Valentin, n° 2, 1976, p. 77-92 (réimp. dans *Zu Elias Canetti*, Manfred Durzak (dir.), Stuttgart, Klett, 1983, p. 138-150).
39 « Das Prinzip der Doppelinterpretation. Zur Integration von Literaturvermittlung und Landeskunde », in *Jahrbuch Deutsch als Fremdsprache*, n° 3, 1977, p. 209-216.
40 « Zwei ehrliche Deutsche und Paris », in *Médiations ou le métier de germaniste. Hommage à Pierre Bertaux*, Gilbert Krebs, Hansgerd Schulte et Gerald Stieg (dir.), Asnières, PIA, n° 1, 1977, p. 127-137.

41 « Karl Kraus im "Brenner" 1946-1954 », in *Kraus-Heft,* n° 3, 1977, p. 11-14.

42 « Oswald Wiener, *Die Verbesserung von Mitteleuropa, Roman.* Roman eschatologique ? », in *Austriaca,* L'avant-garde littéraire, études réunies par Erika Tunner, n° 7, 1978, p. 141-151.

43 « Georg Trakl und Karl Kraus », in *Salzburger Trakl-Symposion,* Walter Weiss, Hans Weichselbaum (dir.), Salzburg, Otto Müller (Trakl-Studien, 9), 1978, p. 52-65.

44 « Konkrete Poesie », in *Literatur nach 1945 II. Themen und Genres,* Jost Hermand (dir.), Wiesbaden, Akademische Verlagsgesellschaft Athenaion, 1979, p. 43-68.

45 « Versuch einer Philosophie des Hanswurst », in *Austriaca,* n° spécial « Deux fois l'Autriche après 1918 et après 1945 », 2ᵉ vol., Félix Kreissler (dir.), 1979, p. 79-108.

46 « Dialektische Vermittlung. Zur Rolle der Literatur im Landeskunde-Unterricht », in *Fremdsprache Deutsch,* Alois Wierlacher (dir.), Band II, München, Fink, 1980, p. 459-468.

47 « Un cas d'homonymie et ses conséquences », in *Austriaca,* Structures et idéologies politiques II, études réunies par Félix Kreissler et Michel Cullin, n° 10, 1980, p. 181-183.

48 « Questions à Elias Canetti », in *Austriaca,* Hommage à Elias Canetti à l'occasion de son 75ᵉ anniversaire, études réunies par Gerald Stieg, n° 11, 1980, p. 17-30 (éd. orig. en allemand publiée sous le titre « Gespräch mit Gerald Stieg », dans Elias Canetti, *Aufsätze, Reden, Gespräche,* München-Wien, Hanser, 2005, p. 318-329).

49 « Elias Canetti en France, un dossier », in *Austriaca,* Hommage à Elias Canetti à l'occasion de son 75ᵉ anniversaire, études réunies par Gerald Stieg, n° 11, 1980, p. 121-164 (avec Jutta Périsson-Waldmüller).

50 « Un "poème sociologique" ? Introduction au dossier sur *Masse et puissance* », in *Austriaca,* Hommage à Elias Canetti à l'occasion de son 75ᵉ anniversaire, études réunies par Gerald Stieg, n° 11, 1980, p. 135-141.

51 « Das verlorene Paradies und der Dichter », in *Untersuchungen zum « Brenner ». Festschrift für Ignaz Zangerle zum 75. Geburtstag,* Walter Methlagl (dir.), Eberhard Sauermann und Sigurd Paul Scheichl, Salzburg, Otto Müller, 1981, p. 503-509.

52 « Canetti et Brecht ou : "Ils n'arrivent pas à chanter en chœur…" », in *Austriaca,* L'architecture autrichienne, études réunies par Guy Ballangé, n° 12, 1981, p. 183-208.

53 « Canetti en France (suite de la bibliographie du n° 11) », in *Austriaca,* L'architecture autrichienne, études réunies par Guy Ballangé, n° 12, 1981, p. 209-210.

54 « Staberl ou la personnalisation de l'information », in *Austriaca,* Les *mass media* en Autriche, études réunies par Hans-Heinz Fabris, Félix Kreissler et Benno Signitzer, n° 13, 1981, p. 181-183.

55 « Hanswurst und der Tod. Tod und Komik in Mozarts Leben und Werk », in *Austriaca,* Aspects du comique dans le théâtre (populaire) autrichien – XVIIIᵉ - XXᵉ siècle, études réunies par Jean-Marie Valentin en collaboration avec Jeanne Benay, n° 14, 1982, p. 49-57.

56 « Elias Canetti, Prix Nobel dans la presse », in *Austriaca,* Aspects du comique dans le théâtre (populaire) autrichien – XVIIIᵉ - XXᵉ siècle, études réunies par Jean-Marie Valentin en collaboration avec Jeanne Benay, n° 14, 1982, p. 201-204 (avec Sylvie Oger).

57 « Le mythe et le temps. Quelques remarques sur les rapports entre littérature et civilisation à propos de deux romans de l'ère Adenauer », in *L'Allemagne de Konrad Adenauer,* études réunies et publiées par Gilbert Krebs, Asnières, PIA, n° 2, 1982, p. 253-258.

58 « Betrachtungen zu Elias Canettis Autobiographie », in *Zu Elias Canetti,* Manfred Durzak (dir.), Stuttgart, Klett, 1983, p. 158-170.

59 « Kommentierte Auswahlbibliographie », in *Zu Elias Canetti,* Manfred Durzak (dir.), Stuttgart, Klett, 1983, p. 171-180.

60 « Habeas Corpus » (introduction à « Drei Referate der Feier für Elias Canetti am Österreichischen Kulturinstitut Paris », Uwe Dick, Youssef Ishaghpour et Raúl Ruiz), in *Literatur und Kritik,* n° 177-178, 1983, p. 382.

61 « Elias Canetti und Karl Kraus. Ein Versuch », in *Modern Austrian Literature,* n° 16, 1983, p. 197-210.

62 « Wer ist Kafkas Bote Barnabas ? », in *Austriaca,* La résistance autrichienne, études réunies par Gertrude Stolwitzer, n° 17, 1983, p. 151-156.

63 « Canetti en France (suite de la bibliographie du n° 14, mai 1982) », in *Austriaca*, La résistance autrichienne, études réunies par Gertrude Stolwitzer, n° 17, 1983, p. 161-164 (avec Sylvie Oger).
64 « *Auto-da-fé* d'Elias Canetti : un roman sur l'inflation ? », in *Roman et société*, Actes du colloque international de Valenciennes (mai 1983), in *Lez Valenciennes,* n° 8, 1983, p. 205-213.
65 « Die Masse als dramatische Person. Überlegungen zu Elias Canettis Drama *Komödie der Eitelkeit* », in *Die Lesbarkeit der Welt. Elias Canettis Anthropologie und Poetik*, Stefan Kaszyński (dir.), Poznań, UAM, 1984, p. 87-115.
66 « Das versunkene Land Galizien in der Literatur », in *Pannonia* n° 12, 1984 (n° 4), p. 28-30.
67 « Erarisches Urteil Franz Kafkas », in *Kraus-Heft*, n° 31, 1984, p. 2-3.
68 « Otto Weiningers *Blendung*. Weininger, Karl Kraus und der Brenner-Kreis », in *Otto Weininger. Werk und Wirkung*, Jacques Le Rider, Norbert Leser (dir.), Wien, Bundesverlag, 1984, p. 59-68.
69 « Ferdinand Ebners Kulturkritik. Am Beispiel der Salzburger Festspiele », in *Gegen den Traum vom Geist. Ferdinand Ebner*, Beiträge zum Symposion Gablitz 1981, Walter Methlagl (dir.), Peter Kampits, Christoph König und Franz Josef Brandfellner, Salzburg, Otto Müller, 1985, p. 237-245.
70 « La forêt et le chaos. Bernardus Silvestris et Thomas Bernhard », in *Festschrift / Mélanges Félix Kreissler*, Rudolf Altmüller, Helmut Konrad, Anton Pelinka, Gilbert Ravy, Gerald Stieg (dir.), Wien, Europaverlag, 1985, p. 195-200.
71 « Langue maternelle, langue marâtre ; Karl Kraus, Franz Kafka », in *Revue d'esthétique*, nouvelle série, n° 9 (*Vienne 1880-1938*), Toulouse, Privat, 1985, p. 71-77.
72 « Früchte des Feuers. Der 15. Juli 1927, in der *Blendung* und in den *Dämonen* », in *Elias Canetti. Blendung als Lebensform*, Friedbert Aspetsberger, Gerald Stieg (dir.), Königstein im Taunus, Athenäum, 1985, p. 143-175.
73 « Elias Canetti als Zeitzeuge », in *Experte der Macht. Elias Canetti*, Kurt Bartsch, Gerhard Melzer (dir.), Graz, Droschl, 1985, p. 28-37.
74 « Postface » à Karl Kraus, *Les derniers jours de l'humanité. Version scénique établie par l'auteur*, trad. Jean-Louis Besson et Heinz Schwarzinger, Rouen, Publications des Universités de Rouen et du Havre, « France-Autriche », n° 6, 1986, p. 171-178 (réed. en 2000 chez Agone, Marseille).
75 « "Deux oiseaux qui souillent leur propre nid". Quelques remarques sur la parenté entre la *Fackel* et *Le Canard enchaîné* », in *Austriaca*, Karl Kraus, études réunies par Sigurd Paul Scheichl et Gerald Stieg, n° 22, 1986, p. 69-72.
76 « Beethoven et Schiller », in *Austriaca*, Aspects de la littérature autrichienne du XXe siècle, études réunies par Gilbert Ravy et Gerald Stieg, n° 23, 1986, p. 11-17 (avec Pierre Bertaux).
77 « Karl Kraus et *Les derniers jours de l'humanité* », in *Vienne 1880-1938 : L'Apocalypse joyeuse*, Jean Clair (dir.), Paris, Éditions du Centre Pompidou, 1986, p. 514-519.
78 « Überlegungen zur Rezeption der österreichischen Gegenwartsliteratur in Frankreich. Am Beispiel Thomas Bernhards und Elias Canettis », in *Österreichische Literatur des 20. Jahrhunderts*, Sigurd Paul Scheichl, Gerald Stieg (dir.), Innsbruck, Innsbrucker Beiträge zur Kulturwissenschaft (Band 21), 1986, p. 231-248.
79 « Kafka als Spiegel der Kraus'schen Literaturpolemik », in *Kontroversen, alte und neue*, Akten des VII. Internationalen Germanisten-Kongresses Göttingen 1985, Bd. 2 : *Formen und Formgeschichte des Streitens. Der Literaturstreit*, Tübingen, Niemeyer, 1986, p. 98-106.
80 « Entwurzelung und Assimilation », in *Galizien, eine literarische Heimat*, Stefan Kaszyński (dir.), UAM, Poznań, 1987, p. 185-196.
81 « Rechtfertigungen des Lebens oder des Todes. Überlegungen zu den Autobiographien von Rudolf Henz, Elias Canetti, Manès Sperber, Thomas Bernhard, Bernward Vesper, Fritz Zorn », in *Biographie et autobiographie au XXe siècle*, Actes du 20e congrès de l'AGES (mai 1987), *Cahiers de l'Institut d'Études Germaniques*, n° 5, Université Paul-Valéry, Montpellier III, 1988, p. 43-56.
82 « Canetti versus Freud », in *Les Écoles de Vienne*, Yves Pelicier (dir.), Paris, Economica, 1988, p. 205-216.

83 « "Masse und Macht" – Das Werk eines "verwilderten Gelehrten"? », in *Canettis Masse und Macht oder Die Aufgabe des gegenwärtigen Denkens*, John Pattillo-Hess (dir.), Wien, Bundesverlag, 1988, p. 95-102.

84 « Goethe als Maßstab der Ästhetik und Polemik von Karl Kraus », in *Karl Kraus – Ästhetik und Kritik*, Stefan Kaszyński, Sigurd Paul Scheichl (dir.), München, Edition Text + Kritik (Sonderband der *Kraus-Hefte*), 1989, p. 71-81.

85 « "Die letzten Tage der Menschheit" auf französisch », in *Kraus-Heft,* n° 50, 1989, p. 19-20.

86 « *Die letzten Tage der Menschheit* : Eine negative Operette ? », in *Österreich und der Große Krieg 1914-1918. Die andere Seite der Geschichte*, Klaus Amann, Hubert Lengauer (dir.), Wien, Brandstätter, 1989, p. 180-185.

87 « La civilisation autrichienne contemporaine », in *Revue d'Allemagne*, t. XXI, n° 1, 1989, p. 83-87.

88 « Thomas Bernhard », in *Universalia*, Encyclopaedia Universalis, 1990, p. 564-565.

89 « Der Dirigent », in *Tod und Verwandlung in Canettis « Masse und Macht »*, John Pattillo-Hess (dir.), Wien, Kunstverein, 1990, p. 41-51.

90 « Ist Nestroy ein Wiener Dialektdichter ? », in *Johann Nepomuk Nestroy 1801-1862. Vision du monde et écriture dramatique*, Gerald Stieg et Jean-Marie Valentin (dir.), Asnières, PIA, n° 12, 1991, p. 157-164.

91 « Canetti und die Psychoanalyse. *Das Unbehagen in der Kultur* und *Die Blendung* », in *Elias Canetti. Londoner Symposium*, Adrian Stevens, Fred Wagner (dir.), Stuttgart, Heinz, 1991, p. 59-73.

92 « Johann Nestroy. Le philosophe sur le théâtre », in *Documents,* n° 46, 1991, n° 2, p. 114-119.

93 « Georg Trakl : le Rimbaud autrichien », in *Documents,* n° 46, 1991, n° 5, p. 119-121.

94 « Günther Anders als Deuter der *Duineser Elegien* », in *Austriaca*, Günther Anders, études réunies par Jacques Le Rider et Andreas Pfersmann, n° 35, 1992, p. 159-163.

95 « Manès Sperber et l'Autriche », in *Présence de Manès Sperber*, Gerald Stieg (dir.), Asnières, PIA, n° 15, 1992, p. 163-176.

96 « Les langues-patries », in *Le Magazine littéraire,* n° 308, 1993, p. 56-58.

97 « Le Handke Nouveau est arrivé », in *Neue Bärte für die Dichter ? Studien zur österreichischen Gegenwartsliteratur*, Friedbert Aspetsberger (dir.), Wien, Bundesverlag, 1993, p. 85-97.

98 « Karl Kraus et Elias Canetti à Berlin ou la bousculade des noms », in *Cahiers d'Études Germaniques*, Wien-Berlin. Deux sites de la modernité – Zwei Metropolen der Moderne (1900-1930), Maurice Godé, Ingrid Haag et Jacques Le Rider (dir.), n° 24, 1993, p. 85-93.

99 « Hinnahme und Ächtung. Rilkes und Canettis Haltung zum Tod », in *INN. Zeitschrift für Literatur,* n° 31, 1993 (Jg. 10), p. 20-24.

100 « Hämischer Positivismus », in *INN. Zeitschrift für Literatur,* n° 31, 1993 (Jg. 10), p. 53-61.

101 « Hofmannsthal und die Salzburger Festspiele », in *Austriaca*, Modernité de Hofmannsthal, études réunies par Jacques Le Rider, n° 37, 1993, p. 287-298.

102 « Heidegger und Kraus », in *Wespennest,* n° 90, 1993, p. 29-40.

103 « Laudatio für Uwe Dick anläßlich des Münchner Buchpreises am 8.12.1992 », in *Wespennest,* n° 90, 1993, p. 41-42.

104 « Karl Kraus gegen Martin Heidegger », in *Brücken über dem Abgrund. Auseinandersetzungen mit jüdischer Leidenserfahrung, Antisemitismus und Exil. Festschrift für Harry Zohn*, Amy Colin, Elisabeth Strenger (dir.), München, Wilhelm Fink, 1994, p. 159-183.

105 « Im Namen Bernhards und Waldheims. Das Österreichbild der französischen Kulturjournalistik von 1986-1992 », in *Frankreich-Österreich. Wechselseitige Wahrnehmung und wechselseitiger Einfluß seit 1918*, Friedrich Koja, Otto Pfersmann (dir.), Wien-Köln-Graz, Böhlau, 1994, p. 221-245 ; éd. franç. sous le titre « Au nom de Bernhard et Waldheim. L'image de l'Autriche dans le journalisme culturel français de 1986 à 1992 », in *Identité et résistance. Mélanges pour Félix Kreissler*, textes réunis par Georg Jankovic et Gerald Stieg, Paris, Annales de l'Institut culturel autrichien, 1998, p. 212-242, trad. Jean-François Tournadre.

106 « Broch und Canetti oder : Ist Canettis Rede auf Hermann Broch eine Kontrafaktur von Thomas Manns *Freud und die Zukunft* ? », in *Hermann Broch. Modernismus, Kulturkrise*

und Hitlerzeit. Londoner Symposion 1991, Adrian Stevens, Fred Wagner, Sigurd Paul Scheichl (dir.), Innsbruck, Innsbrucker Beiträge zur Kulturwissenschaft (Germanistische Reihe, Band 50), 1994, p. 149-162 (avec Françoise Kenk).

107 « Présentation » de Rainer Maria Rilke, *Élégies de Duino, Sonnets à Orphée et autres poèmes*, trad. Jean-Pierre Lefebvre et Maurice Regnaut, Paris, Gallimard, « Poésie/Gallimard » 283, 1994, p. 7-23.

108 « La Vienne de Jacques Bouveresse », in *Critique,* n° 567-568, 1994, p. 700-708.

109 « Elias Canetti », in *Elias Canetti*, cat. exp. « Elias Canetti, l'ennemi de la mort », Catherine Geoffroy et Gerald Stieg (dir.), Paris, Bibliothèque publique d'information, Centre Pompidou, 1995, p. 15-32.

110 « La correspondance entre Paul Celan et Ludwig von Ficker », in *Études Germaniques,* n° 50, 1995, p. 283-288.

111 « "Ein Geschlecht" ? : Trakl und Weininger », in Frühling der Seele : *Pariser Trakl-Symposion*, Rémy Colombat, Gerald Stieg (dir.), Innsbruck, Haymon, 1995, p. 123-134.

112 « Frühling der Seele », in Frühling der Seele : *Pariser Trakl-Symposion*, Rémy Colombat, Gerald Stieg (dir.), Innsbruck, Haymon, 1995, p. 163-169.

113 « Kafka and Weininger », in *Jews & Gender. Responses to Otto Weininger*, Nancy A. Harrowitz et Barbara Hyams (dir.), Philadelphia, Temple University Press, 1995, p. 195-206.

114 « La fonction des citations bibliques dans *Malte* », in *Le roman du poète*, Nantes, Éditions Opéra, Cahiers de littérature générale, Recherche et concours, 5, 1996, p. 25-33.

115 « Nestroys Wagner-Parodien », in *Komik in der österreichischen Literatur*, Wendelin Schmidt-Dengler, Johann Sonnleitner, Klaus Zeyringer (dir.), Berlin, Erich Schmidt, 1996, p. 135-144.

116 « Canetti und Nietzsche », in *Von Franzos zu Canetti. Jüdische Autoren aus Österreich. Neue Studien*, Mark H. Gelber, Hans Otto Horch, Sigurd Paul Scheichl (dir.), Tübingen, Niemeyer (Conditio Judaica 14), 1996, p. 345-355.

117 « Thron und Altar in den *Letzten Tagen der Menschheit* », in *Religion(s) et littérature en Autriche au XXe siècle*, Actes du colloque d'Orléans (octobre 1995), textes réunis par Arlette Camion et Jacques Lajarrige, Bern, Peter Lang, 1997, p. 65-78 ; éd. franç. sous le titre « Trône et autel dans *Les Derniers jours de l'Humanité* de Karl Kraus », in *Gustav Mahler et l'ironie dans la culture viennoise au tournant du siècle*, Actes du colloque Gustav Mahler de Montpellier (juillet 1996) réunis et publiés par André Castagné, Michel Chalon et Patrick Florençon, Montpellier, Climats, 2001, p. 269-280.

118 « Die Fackel und die Sonne. Karl Kraus in Elias Canettis Autobiographie », in *« Ein Dichter braucht Ahnen ». Elias Canetti und die europäische Tradition*, Gerald Stieg, Jean-Marie Valentin (dir.), Bern, Peter Lang, 1997, p. 267-281.

119 « Karl Kraus als Emblem in Elias Canettis Autobiographie », in *Autobiographie zwischen Fiktion und Wirklichkeit. Internationales Symposium Russe, Oktober 1992*, Penka Angelova, Emilia Staitscheva (dir.), Sankt Ingbert, Röhrig (Schriftenreihe der Elias-Canetti-Gesellschaft, Band I), 1997, p. 169-186.

120 « Bernardus Silvestris und Thomas Bernhard », in *Thomas Bernhard. Beiträge zur Fiktion der Postmoderne. Londoner Symposion*, Wendelin Schmidt-Dengler, Adrian Stevens, Fred Wagner (dir.), Frankfurt am Main, Peter Lang, 1997, p. 145-154.

121 « *Kafka pro und contra*. Über den Erkenntniswert von Günther Anders' Kafka-Essay », in *Franz Kafka. Der Verschollene. Le Disparu / L'Amérique – Écritures d'un nouveau monde ?*, textes réunis par Philippe Wellnitz, Strasbourg, Presses Universitaires de Strasbourg, 1997, p. 285-305.

122 « Le philosophe comme héros : le *Socrate* de Manes Sperber », in *Austriaca*, Aspects de la philosophie en Autriche, études réunies par Christiane Chauviré, n° 44, 1997, p. 125-137.

123 « Rilke l'Européen », in *L'Autriche et l'idée d'Europe*, Actes du 29e Congrès de l'AGES – Dijon 1996, Michel Reffet (éd.), Dijon, Éditions universitaires, 1997, p. 139-148.

124 « Austriazistik in der französischen Germanistik », in *Jura Soyfer. Internationale Zeitschrift für Kulturwissenschaften*, n° 7, 1998, Heft 2, p. 3-5.

125 « Rilke in Frankreich », in *Mitteilungen aus dem Brenner-Archiv,* n° 17, 1998, p. 9-20.
126 « Canetti und Stendhal », in *Hier spricht der Dichterin. Wer ? Wo ? Zur Konstitution des dichtenden Subjekts in der neueren österreichischen Literatur*, Friedbert Aspetsberger (dir.), Innsbruck-Wien, Studien-Verlag, 1998, p. 113-128 (avec Christine Meyer).
127 « Von der Hommage zum Verriss. Der Austriophobe Arno Schmidt über Adalbert Stifter », in *Austriaca*, Adalbert Stifter, études réunies par Jacques Le Rider, n° 48, 1999, p. 93-106.
128 « Die Macht des Zitates. Freuds Umgang mit den literarischen Quellen in "Das Unbehagen in der Kultur" », in *Austriaca*, Adalbert Stifter, études réunies par Jacques Le Rider, n° 48, 1999, p. 111-123.
129 *Faust II* in der *Dritten Walpurgisnacht* von Karl Kraus », in *Écritures et langages satiriques en Autriche (1914-1938)*, Jeanne Benay, Gilbert Ravy (dir.), Bern, Peter Lang, 1999, p. 419-436.
130 « Häuptling Abendwind. Selbstzerstörung durch Selbstzensur », in *Satire – Parodie – Pamphlet – Caricature en Autriche à l'époque de François-Joseph (1848-1914)*, Gilbert Ravy et Jeanne Benay (dir.), Rouen, Publications des Universités de Rouen et du Havre, « Études autrichiennes » 7, 1999, p. 245-253.
131 « Karl Kraus, Nestroy und die Nachwelt », in *La littérature populaire dans les pays germaniques*, textes réunis par Eva Philippoff, Villeneuve d'Ascq, UL3 Travaux et Recherches, 1999, p. 45-55.
132 « Der Übersetzungsfehler als kulturhistorische Fehlleistung. Eine "Causerie" zwischen *Pfarrer-Symphonie* und *Löwenwurst* », in *Sprache – Kultur – Geschichte. Sprachhistorische Studien zum Deutschen. Hans Moser zum 60. Geburtstag*, Maria Pümpel-Mader, Beatrix Schönherr (dir.), Innsbruck, Innsbrucker Beiträge zur Kulturwissenschaft (Germanistische Reihe, Band 59), 1999, p. 275-284.
133 « "Wie hast du's mit der Zivilisation ?" : Wege und Irrwege der französischen Germanistik seit 1968 », in *Germanistik im Spannungsfeld zwischen Philologie und Kulturwissenschaft*, Beiträge der Tagung der Österreichischen Gesellschaft für Germanistik, in Wien 1998, Wendelin Schmidt-Dengler, Anton Schwob (dir.), Wien, Ed. Praesens, 1999, p. 89-101.
134 « Canetti und Musil. Vorläufige Bemerkungen », in *Literatur im Kontext Robert Musil / Littérature dans le contexte de Robert Musil*, Marie-Louise Roth, Pierre Béhar, en coll. avec Annette Daigger (dir.) (= *Musiliana* 6), Bern, Peter Lang, 1999, p. 241-254.
135 « Kain und Eva : eine Replik auf Anna Mitgutschs Beitrag zu Veza Canetti », in *Literatur und Kritik,* n° 339-340, 1999, p. 36-40.
136 « Goethe et Spinoza », in *Revue germanique internationale,* n° 12, 1999, n° spécial : *Goethe cosmopolite*, p. 63-75.
137 « Die Mythisierung des Eros », in *Rilke und die Moderne*, Adrian Stevens, Fred Wagner (dir.), München, Iudicium, 2000, p. 38-48.
138 « Rilkes posthume Zyklen. Eine Miszelle », in *Vom Gedicht zum Zyklus. Vom Zyklus zum Werk. Strategien der Kontinuität in der modernen und zeitgenössischen Lyrik*, Jacques Lajarrige (dir.), Innsbruck, Studien-Verlag, 2000, p. 9-17.
139 « Canetti und Nestroy », in *Nestroyana,* n° 20, 2000, Heft 1-2, p. 51-64.
140 « Cryptoprotestantisme dans la culture politique autrichienne ? Un essai », in *Austriaca*, Les mutations de la culture politique autrichienne depuis 1945, études réunies par Alois Schumacher, n° 51, 2000, p. 111-122.
141 « Fünf Abendwinde », in *Nestroyana*, n° 21, 2001, Heft 3-4, p. 153-163.
142 « "Wir wollen weniger zitiert und mehr gelesen sein". Karl Kraus in Frankreich », in *Karl Kraus und Die Fackel. Aufsätze zur Rezeptionsgeschichte. Reading Karl Kraus. Essays on the reception of Die Fackel*, Gilbert J. Carr, Edward Timms (dir.), München, Iudicium, 2001, p. 206-218.
143 « Manès Sperber im Kalten Krieg der französischen Intellektuellen », in *Wortverbunden – zeitbedingt*, Wolfgang Hackl (dir.), Innsbruck-Wien u. a., Studien-Verlag, 2001, p. 207-218.
144 « Erich Fried et Rilke », in *Austriaca*, Erich Fried, études réunies par Jürgen Doll, n° 52, 2001, p. 141-149.

145 « Replik », in *Austriaca*, Le théâtre autrichien des années 1990, études réunies par Jeanne Benay et Alfred Pfabigan, n° 53, 2001, p. 329-330.
146 « Rivalité entre mère et monde... : Les *Trois lettres à un jeune garçon* de Lou Andreas-Salomé et les *Élégies de Duino* de Rilke », in *Rilke et son amie Lou Andreas-Salomé à Paris*, Stéphane Michaud et Gerald Stieg (dir.), Paris, Bibliothèque nationale de France / Presses Sorbonne Nouvelle, 2001, p. 111-126.
147 « Elias Canetti au Burgtheater », in *Europe,* n° 866-867, « Littérature d'Autriche », 2001, p. 35-42.
148 « Die totale Satire. Von Johann Nestroy über K. Kraus zu Th. Bernhard », in *Österreich (1945-2000) : Das Land der Satire*, Jeanne Benay, Gerald Stieg (dir.), Bern, Peter Lang, 2002, p. 3-10.
149 « Der "Tschusch" Rezzori oder Name und Identitätssuche », in *Austriaca*, Gregor von Rezzori, études réunies par Jacques Lajarrige, n° 54, 2002, p. 185-199.
150 « La satire absolue : Nestroy, Kraus, Bernhard », in *Thomas Bernhard*, Pierre Chabert et Barbara Hutt (dir.), Clamecy, Minerve, 2002, p. 103-106.
151 « "Trotzbuben" et "Johannes der Täuscher" ou : le dernier texte de Karl Kraus est-il vraiment écrit en "langue compréhensible" ? », in *Passerelles et passeurs. Hommages à Gilbert Krebs et Hansgerd Schulte*, Asnières, PIA, n° 30, 2002, p. 331-344.
152 « Les langues de l'exil ou pourquoi Elias Canetti n'est pas devenu sioniste », in *L'exterritorialité de la littérature allemande*, Nicole Fernandez-Bravo, Peter Henninger, René-Marc Pille et Claudine Raboin (éd.), Paris, L'Harmattan, 2002, p. 107-116 ; éd. ital. sous le titre « Perché Elias Canetti non divenne sionista », dans 173 *Nuova corrente* XLIX, 2002, p. 173-188.
153 Dick, Uwe, *Des Blickes Tagnacht. Gedichte 1969-2001*, mit einem Essay von Gerald Stieg (« Mythos und Satire fürs irdische Paradies »), Salzburg-Wien, Residenz-Verlag, 2002.
154 « Hermann Brochs Satiretheorie oder : Ist Karl Kraus ein "ethischer Künstler kat'exochen" ? », in *Hermann Broch. Neue Studien. Festschrift für Paul Michael Lützeler zum 60. Geburtstag*, Michael Kessler, avec la coll. de Marianne Gruber, Barbara Mahlmann-Bauer, Christine Mondon und Friedrich Vollhardt (dir.), Tübingen, Stauffenburg, 2003.
155 « Übersetzen als Prozeß der Ent- und Aufwertung », in *Nestroyana*, n° 23, 2003, Heft 3-4, p. 140-146.
156 « *Delirium austriacum* oder Die Geburt des Adolf Hitler aus dem Geist des Schnadahüpfls », in *À la recherche de l'austriacité. Mélanges Gilbert Ravy*, Christine Mondon et Paul Pasteur (dir.), Rouen, Publications des Universités de Rouen et du Havre, 2003, p. 15-29.
157 « Ein verfrühter Nachruf auf Karl Kraus und seine Folgen », in *Österreichische Satire (1933-2000). Exil – Remigration – Assimilation*, Jeanne Benay, Alfred Pfabigan, Anne Saint-Sauveur (dir.), Bern, Peter Lang, 2003, p. 3-12.
158 « *Gluck* et *gelehrt* ou : peut-on tirer des leçons de l'orthographe de W. A. Mozart ? », in *Recherches sur le monde germanique. Regards, approches, objets*, Michel Grimberg (dir.) *et alii*, Paris, Presses de l'Université de Paris-Sorbonne, 2003, p. 495-503.
159 « Le rôle de la germanistique dans la constitution de l'identité autrichienne », in *Culture et identité autrichiennes au XXe et au début du XXIe siècle*, Gérard Grelle (dir.), Limoges, Pulim, 2003, p. 169-176.
160 « Guerre symbolique et dogmatisme "monothéiste" », in *Intellectuels et polémiques dans l'espace germanophone*, Valérie Robert (dir.), Asnières, PIA, n° 34, 2003, p. 325-327.
161 « Les histoires de la littérature : vecteurs de l'antisémitisme », in *Austriaca*, Antijudaïsme et antisémitisme en Autriche du XVIIe au XXe siècle, études réunies par Daniel Tollet et Gerald Stieg, n° 57, 2003, p. 145-151.
162 « "Die Erinnerung sie sollen lassen stân." – Elias Canetti entre haine de l'histoire et religion du souvenir », in *La mémoire*, Actes du 35e congrès de l'AGES (Lyon 2002), Jean-Charles Margotton et Marie-Hélène Pérennec (dir.), Lyon, Presses Universitaires de Lyon, 2003, p. 95-102.
163 « La diversité des langues : mal nécessaire ou réel bonheur ? », in *Documents*, n° 58, 2003, n° 2, p. 14.

164 « Karl Kraus als Landschaftslyriker », in *Funktion von Natur und Landschaft in der österreichischen Literatur. Nature et paysages : un enjeu autrichien*, Régine Battiston-Zuliani (dir.), Bern, Peter Lang, 2004, p. 83-91.

165 « Karl Kraus in der aktuellen französischen Medienkritik », in *Karl Kraus. jičínský rodák a světoobčan in Jičín geboren, in der Welt zu Hause, Z Ceskeko Raje a Podkrkonosi, Suppementum 9* (= Archives de l'État tchèque), Semily, 2004, p. 113-125.

166 « Alkohol auf dem Theater und im Lied von Mozart bis Qualtinger », in *Nestroyana,* n° 24, 2004, Heft 3-4, p. 134-142.

167 « Die Legende vom "geschlechtslosen" Dichter Rainer Maria Rilke », in *Œuvres poétiques / Gedichte de Rainer Maria Rilke*, Marie-Hélène Quéval (dir.), Nantes, Éditions du Temps, 2004, p. 28-38.

168 « Le roman *Die Rotte Korahs* de Hermann Bahr ou comment "l'homme du surlendemain" est devenu un homme d'avant-hier », in *Les « Jeunes Viennois » ont pris de l'âge*, études réunies par Rolf Wintermeyer et Karl Zieger, Valenciennes, Presses Universitaires de Valenciennes, 2004, p. 29-39.

169 « Mon hommage à Félix Kreissler », in *Austriaca*, L'Église catholique en Autriche, études réunies par Paul Pasteur, n° 58, 2004, p. 9-12.

170 « In memoriam Félix Kreissler, 1917-2004 », in *Documents*, n° 59, 2004, n° 3, p. 6-7.

171 « Kulturelles Fundament der österreichischen Identität », in *Verfreundete Nachbarn. Deutschland-Österreich*, hg. von der Stiftung « Haus der Geschichte der Bundesrepublik Deutschland », Bielefeld, Kerber, 2005, p. 106-115.

172 « "Eine Sprache so luzide wie die Lichtenbergs". Sprache und Erkenntnis in Elias Canettis Essays », in *Elias Canetti*, Text + Kritik n° 28 (4. Auflage : Neufassung), 2005, p. 67-75.

173 « Karl Kraus und Elias Canetti in Paris », in *Literatur und Kritik,* n° 397-398, 2005, p. 64-70.

174 « Das Geheimherz Europas », in *Transversale*, n° 1, 2005 ; éd. allemande légèrement modifiée d'un texte publié dans *Le Monde* du 11 octobre 1990 et repris dans Yves Hersant et Fabienne Durand-Bogaert (éd.), *Europes. De l'Antiquité au XXe siècle. Anthologie critique et commentée*, Paris, Robert Laffont, 2000.

175 « Existe-t-il une différence culturelle entre l'Allemagne et l'Autriche ? », in *Frontières, transferts, échanges transfrontaliers et interculturels*, Actes du 36e congrès de l'AGES (Metz-Sarrebruck 2003), Pierre Béhar et Michel Grunewald (dir.), Bern, Peter Lang, 2005.

176 « *Wolkenkuckucksheim* de Karl Kraus ou : Aristophane au service de la Première République d'Autriche », in *La satire au théâtre. Satire und Theater*, Actes du colloque international de Montpellier 2003, études réunies par Sabine Kremser-Dubois et Philippe Wellnitz, Montpellier, Bibliothèque d'études germaniques et centre-européennes, Université Paul-Valéry, Montpellier III, 2005, p. 171-183.

177 « Karl Kraus contre l'École de Freud ou comment délégitimer l'interprétation psychanalytique de la littérature », in *Savoirs et clinique. Revue de psychanalyse*, n° 6, 2005, p. 53-58 (avec Jean-François Laplénie).

178 « In memoriam Felix Kreissler », in *Nestroyana,* n° 25, 2005, Heft 1-2, p. 86-87.

179 « Zu Leben und Werk Felix Kreisslers », in *Österreichische Nation - Kultur - Exil und Widerstand. In memoriam Felix Kreissler*, Helmut Kramer, Karin Liebhart, Friedrich Stadler (dir.), Wien-Berlin, LIT-Verlag, 2006, p. 23-34.

180 « L'alphabet cyrillique dans la correspondance entre Rilke et Lou Andreas-Salomé. Une microanalyse », in *Affinités électives. Les littératures de langue russe et allemande. 1880-1940*, Stéphane Gödicke et Kerstin Hausbei (dir.), Paris, Presses Sorbonne Nouvelle, 2006, p. 27-36.

181 « La présence de Karl Kraus dans la critique des médias de Pierre Bourdieu et Jacques Bouveresse », in *L'opinion publique dans les pays de langue allemande*, 37e congrès de l'AGES (Toulouse, 2004), textes réunis par André Combes et Françoise Knopper, Paris, L'Harmattan, 2006, p. 311-318.

182 « "La loi ardente". Elias Canetti auditeur et lecteur de Karl Kraus (avec l'édition d'une lettre inédite de Georges Canetti à Karl Kraus) », in *Agone*, n° 35-36, 2006, p. 41-56.

183 « Quelles conclusions peut-on tirer du Bottin de Vienne ? Une causerie onomato-politique », in *Chroniques allemandes*, Penser le pluriculturel en Europe centrale, textes réunis par Herta Luise Ott et Marc Beghin, n° 11, 2006-2007, p. 257-260.

184 « Erinnerungen an Elias Canetti », in *Der Zukunftsfette. Neue Beiträge zum Werk Elias Canettis*, Sven Hanuschek (dir.), Dresden, Neisse Verlag, 2007, p. 13-28.

185 « Ein seltsames Evangel. Überlegungen zum Status des Romans "Das Grimmingtor" von Paula Grogger », in *Traditionen und Modernen. Historische und ästhetische Analysen zur österreichischen Kultur*, Anne-Marie Corbin, Friedbert Aspetsberger (dir.), Innsbruck u. a., Studien-Verlag, 2007.

(sous presse :)

186 « "Die Blendung" 1935-2005 heute », colloque « The Worlds of Elias Canetti » à l'université du Kent, Canterbury.

187 « Zwei historisch-kritische Ausgaben für Hanswurst », congrès de l'AGES à Aix-la-Chapelle.

188 « Les poèmes français de Rilke », conférence Oxford.

189 « Canetti und *Das Unbehagen in der Kultur* », colloque Roma III (trad. ital. sous presse).

Comptes rendus

190 « Anklage und Botschaft », compte rendu sur *Die lyrische Aussage der Arbeiter seit 1900*, hg. und eingeleitet von Friedrich G. Kürbisch, Hannover, Dietz, 1969, in *Études Germaniques*, n° 26, 1971, p. 244-246.

191 *Vergleichen und verändern. Festschrift für Helmut Motekat*, Albrecht Goetze, Günther Pflaum (dir.), München, Hueber, 1970, in *Études Germaniques*, n° 26, 1971, p. 263-265.

192 « Notices bibliographiques », in *Austriaca*, Autriche – Bilan, 75, n° 1, 1975, p. 123-130 (comptes rendus sur : *Österreich. Die Zweite Republik*, Erika Weinzierl, Kurt Skalnik (dir.), Graz, Styria, 1972 [p. 123-124] ; Pelinka, Anton und Welan, Manfried : *Demokratie und Verfassung in Österreich*, Wien-Frankfurt am Main, Europa-Verlag, 1971 [p. 125] ; *Das politische System Österreichs*, Heinz Fischer (dir.), Wien-Frankfurt am Main, Europa-Verlag, 1974 [p. 125-126] ; *Die österreichische Gesellschaft. Entwicklung – Struktur – Probleme*, Erich Bodzenta (dir.), Wien-New York, Springer, 1972 [p. 126-127] ; Vodopivec, Alexander : *Die Quadratur des Kreisky. Österreich zwischen parlamentarischer Demokratie und Gewerkschaftsstaat*, Wien-München-Zürich, Molden, 1973 [p. 127-129]).

193 Canetti, Elias, *Das Gewissen der Worte*, München-Wien, Hanser, 1975 ; *Canetti lesen. Erfahrungen mit seinen Büchern*, Herbert G. Göpfert (dir.), München-Wien, Hanser, 1975 ; Roberts, David : *Kopf und Welt. Elias Canettis Roman « Die Blendung »*, München-Wien, Hanser, 1975, in *Austriaca*, Le théâtre depuis 1945, études réunies par Jean-Marie Valentin, n° 2, 1976, p. 183-184.

194 *Kraus-Hefte*, n° 1, janvier 1977, München, Edition Text + Kritik, in *Austriaca*, Le roman au XXe siècle, études réunies par Richard Thieberger, n° 4, 1977, p. 126-127.

195 *Handbuch zur deutschen Arbeiterliteratur*, Heinz Ludwig Arnold, Bosch Manfred (dir.) : *Bibliographie*, München, Edition Text + Kritik, 1977, in *Germanistik* n° 19, 1978, p. 847-848.

196 « Littérature et société en Autriche. Quatre comptes rendus », in *Austriaca*, Recherches récentes sur la littérature autrichienne, études réunies par Jean-Marie Valentin, n° 9, 1979, p. 154-161 (comptes rendus sur : Janik, Allan et Toulmin, Stephan : *Wittgenstein. Vienne et la modernité*, Paris, PUF, 1978 [p. 154-156] ; Széll, Zsuzsa : *Ichverlust und Scheingemeinschaft. Gesellschaftsbild in den Romanen von Franz Kafka, Robert Musil, Hermann Broch, Elias Canetti und George Saiko*, Budapest, Adádémia Kiadó, 1979 [p. 156-157] ; Methlagl, Walter : *Franz Michael Felder und Kaspar Moosbrugger im Kampf der politischen Parteien Vorarlbergs 1864-1868*, Bregenz, Fink, 1978 [p. 158-159] ; Betz, Albrecht : *Hanns Eisler. Musik einer Zeit, die sich eben bildet*, München, Edition Text + Kritik, 1976 [p. 159-161]).

197 Fritsch, Gerhard : *Gesammelte Gedichte*, Reinhard Urbach (dir.), Salzburg, Otto Müller, 1978, in *Austriaca*, Structures et idéologies politiques II, études réunies par Félix Kreissler et Michel Cullin, n° 10, 1980, p. 183-185.

198 Fischbach, Fred, *Lukács, Broch, Eisler. Contribution à l'histoire d'une controverse*, Paris (Europe) et Lille (Presses de l'Université de Lille), 1979, in *Austriaca*, Structures et idéologies politiques II, études réunies par Félix Kreissler et Michel Cullin, n° 10, 1980, p. 185-186.

199 « Un Canetti abstrait », compte rendu sur Barnouw, Dagmar : *Elias Canetti*, Stuttgart, Metzler, 1979, in *Austriaca*, Hommage à Elias Canetti à l'occasion de son 75e anniversaire, études réunies par Gerald Stieg, n° 11, 1980, p. 187-191.

200 Aspetsberger, Friedbert, *Literarisches Leben im Austrofaschismus*, Meisenheim, Hain, 1980, in *Austriaca*, Hommage à Elias Canetti à l'occasion de son 75e anniversaire, études réunies par Gerald Stieg, n° 11, 1980, p. 201-204.

201 *Die österreichische Verfassung von 1918 bis 1938*, Wien, Verlag für Geschichte und Politik, 1980, in *Austriaca*, L'architecture autrichienne, études réunies par Guy Ballangé, n° 12, 1981, p. 215-216.

202 *Dichter und Gelehrter. Hermann Bahr und Josef Redlich in ihren Briefen 1896-1934*, Fritz Fellner (dir.), Salzburg, Neugebauer, 1980, in *Austriaca*, L'architecture autrichienne, études réunies par Guy Ballangé, n° 12, 1981, p. 220-221.

203 Langewiesche, Dieter, *Zur Freizeit der Arbeiter. Bildungsbestrebungen und Freizeitgestaltung österreichischer Arbeiter im Kaiserreich und in der Ersten Republik*, Stuttgart, Klett-Cotta, 1979 ; Pfoser, Alfred, *Literatur und Austromarxismus*, Wien, Löcker, 1980 ; *Dieses Land schläft einen unruhigen Schlaf. Sozialreportagen 1918-1945. Ein Lesebuch*, Friedrich G. Kürbisch (dir.), Berlin-Bonn, Dietz, 1981, in *Austriaca*, Les *mass media* en Autriche, études réunies par Hans-Heinz Fabris, Félix Kreissler et Benno Signitzer, n° 13, 1981, p. 193-195.

204 Autorinnengruppe der Universität Wien, *Das ewige Klischee. Zum Rollenbild und Selbstverständnis bei Männern und Frauen*, Wien-Graz-Köln, Böhlau, 1981, in *Austriaca*, Les *mass media* en Autriche, études réunies par Hans-Heinz Fabris, Félix Kreissler et Benno Signitzer, n° 13, 1981, p. 195-197.

205 *Antisemitismus Tirol, 1980. Eine Dokumentation*, Benedikt Erhard, Hans Haider, Sigurd Paul Scheichl (dir.), Wien, Frischfleisch & Löwenmaul, 1981, in *Austriaca*, Les *mass media* en Autriche, études réunies par Hans-Heinz Fabris, Félix Kreissler et Benno Signitzer, n° 13, 1981, p. 197-198.

206 *Österreichische Gegenwart. Die moderne Literatur und ihr Verhältnis zur Tradition*, Wolfgang Paulsen (dir.), Bern-München, Francke, 1980, in *Études Germaniques*, n° 36, 1981, p. 357-358.

207 *Untersuchungen zum « Brenner ». Festschrift für Ignaz Zangerle zum 75. Geburtstag*, Walter Methlagl, Eberhard Sauermann, Sigurd Paul Scheichl (dir.), Salzburg, Otto Müller, 1981, in *Austriaca*, L'austromarxisme – nostalgie et/ou renaissance ?, Félix Kreissler (éd.), n° 15, 1982, p. 205.

208 Chargaff, Erwin : *Das Feuer des Heraklit. Skizzen zu einem Leben vor der Natur*, Stuttgart, Klett-Cotta, 1979, et *Unbegreifliches Geheimnis. Wissenschaft als Kampf für und gegen die Natur*, Stuttgart, Klett-Cotta, 1981, in *Austriaca*, L'austromarxisme – nostalgie et/ou renaissance ?, Félix Kreissler (éd.), n° 15, 1982, p. 206.

209 Bilke, Martina : *Zeitgenossen der « Fackel »*, Wien-München, Löcker, 1981, in *Austriaca*, L'austromarxisme – nostalgie et/ou renaissance ?, Félix Kreissler (éd.), n° 15, 1982, p. 207-208.

210 Wagner, Nike : *Geist und Geschlecht. Karl Kraus und die Erotik der Wiener Moderne*, Frankfurt am Main, Suhrkamp, 1982, in *Austriaca*, L'austromarxisme – nostalgie et/ou renaissance ?, Félix Kreissler (éd.), n° 15, 1982, p. 209-210.

211 Dachs, Herbert : *Schule und Politik. Die politische Erziehung an den österreichischen Schulen 1918-1938*, Wien-München, Jugend & Volk, 1982, in *Austriaca*, L'austromarxisme – nostalgie et/ou renaissance ?, Félix Kreissler (éd.), n° 15, 1982, p. 210-211.

212 *Jugend zu Beginn der achtziger Jahre, Österreichischer Jugendbericht 1*, Wien-München, Jugend & Volk, 1981, in *Austriaca*, L'austromarxisme – nostalgie et/ou renaissance ?, Félix Kreissler (éd.), n° 15, 1982, p. 211-212.

213 Spira, Leopold, *Feindbild «Jüd'». 100 Jahre politischer Antisemitismus in Österreich*, Wien-München, Löcker, 1981, in *Austriaca*, L'austromarxisme – nostalgie et/ou renaissance ?, Félix Kreissler (éd.), n° 15, 1982, p. 212.
214 Stremmel, Jochen, *«Dritte Walpurgisnacht». Über einen Text von Karl Kraus*, Bonn, Bouvier, 1982, in *Études Germaniques,* n° 38, 1983, p. 511-512.
215 Stremmel, Jochen, *«Dritte Walpurgisnacht». Über einen Text von Karl Kraus*, Bonn, Bouvier, 1982, in *Austriaca*, La résistance autrichienne, études réunies par Gertrude Stolwitzer, n° 17, 1983, p. 146-148.
216 Piel, Edgar, *Elias Canetti*, München, Beck und edition text und kritik (Autorenbücher 38), 1984, in *Études Germaniques,* n° 39, 1984, p. 478-479.
217 Schimpl, Karl, *Weiterführung und Problematisierung. Untersuchungen zur künstlerischen Entwicklung von Gerhard Fritsch*, Heinz, Stuttgart, 1982, in *Études Germaniques,* n° 39, 1984, p. 479.
218 Palm, Kurt, *Vom Boykott zur Anerkennung. Brecht und Österreich*, Wien-München, Löcker, 1983, in *Austriaca*, Les historiens des pays successeurs sur l'Autriche-Hongrie, études réunies par Jacques Droz, n° 18, 1984, p. 149-150.
219 *Die österreichische Literatur. Ihr Profil im 19. Jahrhundert (1830-1880)*, Herbert Zeman (dir.), Graz, Akademische Verlagsanstalt, 1982, in *Austriaca*, Vienne et la psychanalyse : Freud, études réunies par Jacques Le Rider, n° 21, 1985, p. 137-139.
220 Knepler, Georg, *Karl Kraus liest Offenbach. Erinnerungen – Kommentare – Dokumentationen*, Wien, Löcker, 1984, in *Austriaca*, Karl Kraus, études réunies par Sigurd Paul Scheichl et Gerald Stieg, n° 22, 1986, p. 120-121.
221 Janik, Allan, *How not to interpret a culture : Essays on the problem of method in the Geisteswissenschaften*, Bergen, 1986, in *Austriaca*, Karl Kraus, études réunies par Sigurd Paul Scheichl et Gerald Stieg, n° 22, 1986, p. 122-123.
222 Szasz, Thomas, *Karl Kraus et les docteurs de l'âme*, Paris, Hachette, 1985, in *Austriaca*, Karl Kraus, études réunies par Sigurd Paul Scheichl et Gerald Stieg, n° 22, 1986, p. 123-124.
223 Vollhardt, Friedrich, *Hermann Brochs geschichtliche Stellung. Studien zum philosophischen Frühwerk und zur Romantrilogie «Die Schlafwandler» (1914-1932)*, Tübingen, Niemeyer, 1986, in *Études Germaniques,* n° 42, 1987, p. 502-503.
224 *Mitteilungen aus dem Brenner-Archiv*, Walter Methlagl, Eberhard Sauermann (dir.), Innsbruck, Brenner-Archiv, in *Austriaca*, Georg Trakl, études réunies par Jacques Legrand et Walter Methlagl, n° 25, 1987, p. 173-174.
225 Hanisch, Ernst und Fleischer, Ulrike, *Im Schatten berühmter Zeiten, Salzburg in den Jahren Georg Trakls (1887-1914)*, Salzburg, Otto Müller, 1986, in *Austriaca*, Georg Trakl, études réunies par Jacques Legrand et Walter Methlagl, n° 25, 1987, p. 174-175.
226 « Une lettre de Heidegger à Jean-Michel Palmier (de 1972) justifie-t-elle la nouvelle édition de *Situation de Georg Trakl* (en 1987) ? », in *Austriaca*, Georg Trakl, études réunies par Jacques Legrand et Walter Methlagl, n° 25, 1987, p. 175-177.
227 Dick, Uwe, *Sauwaldprosa*, München, Piper Verlag, 1987, in *Documents*, n° 42, 1987, n° 4, p. 128.
228 *Hofmannsthal und Frankreich*, Wolfram Mauser (dir.), Freiburg im Breisgau (Hofmannsthal-Forschungen 9), 1987, in *Austriaca*, La littérature fantastique, études réunies par Christiane Ravy, n° 27, 1988, p. 185-186.
229 Aspetsberger, Friedbert, *Der Historismus und die Folgen. Studien zur Literatur in unserem Jahrhundert*, Frankfurt am Main, Athenäum, 1987, in *Austriaca*, La littérature fantastique, études réunies par Christiane Ravy, n° 27, 1988, p. 186.
230 *Leopold von Sacher-Masoch. Materialien zu Leben und Werk*, Michael Farin (dir.), Bonn, Bouvier, 1987, in *Études Germaniques,* n° 43, 1988, p. 468-469.
231 « L'anti-Brecht », compte rendu sur Horváth, Ödön von : *Théâtre I*, présentation de Heinz Schwarzinger, Paris, Bourgois, 1988, in *La Quinzaine littéraire*, n° 524, 1989, p. 8.
232 Ficker, Ludwig von, *Briefwechsel 1914-1925*, Ignaz Zangerle, Walter Methlagl, Franz Seyr, Anton Unterkircher (dir.), Innsbruck, Haymon, 1988, in *Austriaca*, Aspects de la philosophie autrichienne, études réunies par Peter Kampits, n° 28, 1989, p. 167-168.

233 Kaser, Norbert C., *Gedichte*, Sigurd Paul Scheichl (dir.), Innsbruck, Haymon, 1988, in *Austriaca*, Aspects de la philosophie autrichienne, études réunies par Peter Kampits, n° 28, 1989, p. 169.

234 Mae, Michiko, *Motivation und Liebe. Zum Strukturprinzip der Vereinigung bei Robert Musil*, München, Fink (Musil-Studien, Band 16), 1988, in *Études Germaniques,* n° 44, 1989, p. 462-463.

235 Scimonello, Giovanni, *Per Canetti*, Naples, Pironti, 1987, in *Études Germaniques,* n° 44, 1989, p. 469.

236 Ficker, Ludwig von, *Briefwechsel 1914-1925*, Ignaz Zangerle, Walter Methlagl, Franz Seyr, Anton Unterkircher (dir.), Innsbruck, Haymon, 1988, in *Études Germaniques,* n° 44, 1989, p. 469.

237 « Der Grundriss zu einem potemkinschen Dorf oder Der Zeman setzt den Hobel an und hobelt alles gleich », compte rendu sur *Die österreichische Literatur. Ihr Profil von der Jahrhundertwende bis zur Gegenwart*, Herbert Zeman (dir.), Graz, Akademische Druck- und Verlagsanstalt, 2 Teile, 1989, in *Austriaca*, Judaïsme – antijudaïsme – antisémitisme, études réunies par Rita Thalmann, n° 31, 1990, p. 164-170.

238 Koch, Roland, *Die Verbildlichung des Glücks. Untersuchungen zum Werk Heimito von Doderers*, Tübingen, Stauffenburg, 1989, in *Études Germaniques,* n° 46, 1991, p. 378-379.

239 Nienhaus, Stefan, *Das Prosagedicht im Wien der Jahrhundertwende. Altenberg-Hofmannsthal-Polgar*, Berlin-New York, de Gruyter, 1986, in *Études Germaniques,* n° 46, 1991, p. 379.

240 *Die österreichische Literatur. Ihr Profil von der Jahrhundertwende bis zur Gegenwart*, Herbert Zeman (dir.), Graz, Akademische Druck- und Verlagsanstalt, 1989, in *Études Germaniques,* n° 46, 1991, p. 391-392.

241 Ishaghpour, Youssef, *Elias Canetti. Métamorphose et identité*, Paris, La Différence, 1990, in *Austriaca*, Stefan Zweig, études réunies par Erika Tunner, n° 34, 1992, p. 158-159 ; également dans *Études Germaniques,* n° 46, 1991, p. 389.

242 *Handbuch des politischen Systems Österreichs*, Herbert Dachs *et alii* (dir.), Wien, Manz, 1991, in *Austriaca*, Günther Anders, études réunies par Jacques Le Rider et Andreas Pfersmann, n° 35, 1992, p. 184-186.

243 Paul, Markus, *Sprachartisten – Weltverbesserer. Bruchlinien in der österreichischen Literatur nach 1960*, Innsbruck, Innsbrucker Beiträge zur Kulturwissenschaft (Germanistische Reihe, Band 44), 1991, in *Austriaca*, Günther Anders, études réunies par Jacques Le Rider et Andreas Pfersmann, n° 35, 1992, p. 186.

244 Wagner, Karl, *Die literarische Öffentlichkeit der Provinzliteratur. Der Volksschriftsteller Peter Rosegger*, Tübingen, Niemeyer, 1991, in *Austriaca*, Günther Anders, études réunies par Jacques Le Rider et Andreas Pfersmann, n° 35, 1992, p. 186-187.

245 *Thomas Bernhard*, Text und Kritik, n° 43, 3ᵉ éd., München, Boorberg, 1991, in *Austriaca*, Günther Anders, études réunies par Jacques Le Rider et Andreas Pfersmann, n° 35, 1992, p. 187.

246 Amann, Klaus, *Die Dichter und die Politik. Essays zur österreichischen Literatur nach 1918*, Wien, Ed. Falter / Deuticke, 1992, in *Études Germaniques,* n° 49, 1994, p. 353-354.

247 Sternberg, Claudia, *Ein treuer Ketzer : Studien zu Manès Sperbers Romantrilogie « Wie eine Träne im Ozean »*, Stockholm, Almqvist & Wiksell, 1991, in *Études Germaniques,* n° 49, 1994, p. 361-362.

248 *Der Stachel des Befehls*, John Pattillo-Hess (dir.), Wien, Löcker, 1992, in *Études Germaniques,* n° 49, 1994, p. 363.

249 « Literaturwissenschaft (?) als Rufmord » (réaction à l'article de Joseph P. Strelka « Elias Canettis Roman *Die Blendung* », in *Ist Wahrheit ein Meer von Grashalmen ?*, Joseph P. Strelka, Zsuzsa Széll (dir.), Bern, Peter Lang, 1993), in *Austriaca*, Arthur Schnitzler, études réunies par Jacques Le Rider, Gilbert Ravy et Sigurd Paul Scheichl, n° 39, 1994, p. 201-202.

250 Hänsel, Ludwig, Wittgenstein, Ludwig, *Eine Freundschaft. Briefe, Aufsätze, Kommentare*, Ilse Somavilla *et alii* (dir.), Innsbruck, Haymon, 1994, in *Austriaca*, Bruno Kreisky, études réunies par Oliver Rathkolb, n° 40, 1995, p. 166-167.

251 Kraus, Karl, Stoessl, Otto, *Briefwechsel 1902-1925*, Gilbert J. Carr (dir.), Wien, Deuticke, 1996, in *Études Germaniques,* n° 52, 1997, p. 461.
252 *Einladung zur Verwandlung. Essays zu Elias Canettis* Masse und Macht, Michael Krüger (dir.), München, Hanser, 1995, in *Études Germaniques,* n° 52, 1997, p. 465-466.
253 Karl Kraus, *Literatur oder man wird doch da sehn. Genetische Ausgabe und Kommentar*, Martin Leubner (dir.), Göttingen, Wallstein, 1996, in *Études Germaniques,* n° 52, 1997, p. 466.
254 *Suchbild Europa – künstlerische Konzepte der Moderne*, Jürgen Wertheimer (dir.), Amsterdam, Atlanta, Rodopi, 1995, in *Études Germaniques,* n° 52, 1997, p. 467-468.
255 « Du malaise dans la recherche sur Wittgenstein », compte rendu sur Cornish, Kimberley : *Wittgenstein contre Hitler. Le Juif de Linz*, Paris, PUF, 1998, in *Austriaca*, Théories et théoriciens, études réunies par Otto Pfersmann, n° 47, 1998, p. 209-212.
256 Janik, Allan and Veigl, Hans, *Wittgenstein in Vienna*, Wien-New York, Springer, 1998, in *Austriaca*, Théories et théoriciens, études réunies par Otto Pfersmann, n° 47, 1998, p. 212-213.
257 Celan, Paul, *Choix de poèmes réunis par l'auteur*, trad. et prés. Jean-Pierre Lefebvre, Paris, Gallimard, « Poésie/Gallimard », 1998, in *Austriaca*, Théories et théoriciens, études réunies par Otto Pfersmann, n° 47, 1998, p. 213-214.
258 Lang, Alexander, *« Ursprung ist das Ziel ». Karl Kraus und sein « Zion des Wortes »*, Frankfurt am Main, Peter Lang, 1998, in *Études Germaniques,* n° 55, 2000, p. 126.
259 Meidl, Eva, *Veza Canettis Sozialkritik in der revolutionären Nachkriegszeit. Sozialkritische, feministische und postkoloniale Aspekte in ihrem Werk. Im Anhang : Drei wiedergefundene Kurzgeschichten von Veza Canetti*, Frankfurt am Main, Peter Lang, 1998, in *Études Germaniques,* n° 55, 2000, p. 134-135.
260 *Canetti als Leser*, Gerhard Neumann (dir.), Freiburg im Breisgau, Rombach, 1996, in *Études Germaniques,* n° 55, 2000, p. 135.
261 Goltschnigg, Dietmar, *Die Fackel ins wunde Herz. Kraus über Heine. Eine « Erledigung » ? Texte, Analysen, Kommentar*, Wien, Passagen, 2000, in *Austriaca*, Vienne 1900. Réalité et/ou mythe, études réunies par Félix Kreissler et Jean-Marie Winkler, n° 50, 2000, p. 245-247.
262 Le Rider, Jacques, *Journaux intimes viennois*, Paris, PUF, 2000, in *Austriaca*, Vienne 1900. Réalité et/ou mythe, études réunies par Félix Kreissler et Jean-Marie Winkler, n° 50, 2000, p. 248-249.
263 *Paul Engelmann (1891-1965). Architektur, Judentum, Wiener Moderne*, Ursula Schneider (dir.), Wien-Bozen, « Folio », 1999, in *Austriaca*, Vienne 1900. Réalité et/ou mythe, études réunies par Félix Kreissler et Jean-Marie Winkler, n° 50, 2000, p. 250-251.
264 « Ein Monument für Kraus », compte rendu sur *Wörterbuch der Redensarten zu der von Karl Kraus 1899 bis 1936 herausgegebenen Zeitschrift « Die Fackel »*, Werner Welzig (dir.), Verlag der Österreichischen Akademie der Wissenschaften, 1999, in *Literatur und Kritik*, n° 355-356, 2001, p. 105-108.
265 Rothe, Friedrich, *Karl Kraus. Die Biographie*, München-Zürich, Piper, 2003, in *Austriaca*, Antijudaïsme et antisémitisme en Autriche du XVIIe au XXe siècle, études réunies par Daniel Tollet et Gerald Stieg, n° 57, 2003, p. 255-259.
266 *Wienerlieder. Von Raimund bis Georg Kreisler*, Jürgen Hein (dir.), Stuttgart, Reclam, 2002, in *Nestroyana* n° 24, 2004, Heft 1-2, p. 98-99.
267 « Anstelle einer Rezension », in *Literatur und Kritik*, n° 397, 2005, p. 58-63.

Collaboration (comme rédacteur)
à des ouvrages collectifs

268 *Dictionnaire des littératures françaises et étrangères*, Jacques Demougin (dir.), Paris, Larousse, 1986.
269 *Dictionnaire mondial des littératures*, Pascal Mougin et Karen Haddad-Wotling (dir.), Paris, Larousse, 2002.

270 *Dictionnaire du monde germanique*, Élisabeth Décultot, Michel Espagne et Jacques Le Rider (dir.), Paris, Bayard, 2007 (articles sur Elias Canetti p. 160-161, Franz Grillparzer p. 425-426, Andreas Hofer p. 506-507, Karl Kraus p. 600-601, Johann Nepomuk Nestroy p. 786-787, Rainer Maria Rilke p. 979-980 et Adalbert Stifter p. 1082-1083).

À paraître

271 « Der 15. Juli 1927 im kulturellen Gedächtnis », conférence à Vienne (2007).
272 Actes du colloque Georg Trakl, décembre 2007 (avec Rémy Colombat).
273 Actes du Congrès de la *Rilke-Gesellschaft*, septembre 2008.

Résumés des articles et notices biographiques des auteurs

Chapitre I. L'individu entre égotisme et destruction / réinvention du moi

Sissi, impératrice de la solitude ou de la modernité ?
Cécile Leblanc

Le succès remporté par la figure de l'impératrice d'Autriche Élisabeth doit beaucoup à sa prétendue modernité. De quelle modernité parle-t-on ? Maurice Barrès fait du personnage de Sissi une excellente illustration du *Culte du Moi* et un personnage d'une fiction très barrésienne. Associée à Louis II et à Wagner, ces deux figures crépusculaires de la décadence européenne, l'impératrice est une personnalité oxymorique, qui se situe au confluent des courants de pensée les plus modernes de l'époque, et devient par là même une allégorie et un prétexte aux audaces stylistiques de la décadence.

En parachevant l'esthétique des années 1880-1900, le portrait de l'impératrice par Barrès est une contribution aux tentatives artistiques destinées à promouvoir la nécessité du renouvellement des formes d'écriture. Quatre ans avant *L'Impératrice de la solitude*, en 1896, Barrès commence à rédiger *Mes Cahiers* pour prolonger une écriture de soi inaugurée avec *Le Culte du moi*. On peut voir dans le personnage de la souveraine un truchement, une perpétuation de cette écriture de soi, signe de contestation et de modernité.

Cécile Leblanc, maître de conférences à l'Université Sorbonne nouvelle – Paris 3, a publié *Wagnérisme et création*, Paris, Honoré Champion, 2005 ; « Proust et Gustave Charpentier », in *RHLF*, PUF, 2006 ; elle a participé aux *Réflexions sur la socialité de la musique* (Paris, L'Harmattan, 2007) et au *Dictionnaire du wagnérisme* (Arles, Actes Sud, 2008).

Les exclamatives dans le théâtre de Thomas Bernhard
Anne Larrory

Bien que dépourvus de ponctuation, les textes dramatiques de Thomas Bernhard comportent, de manière plus ou moins fréquente, des séquences énonciatives que l'on peut identifier comme exclamatives, sur la base de critères syntaxiques et sémantiques. Nous montrons que ces énoncés, commentaires du locuteur sur du déjà-donné, sont révélateurs de la forme de discours de certains personnages et de leur position discursive : en situation d'infériorité, cherchant à gagner l'empathie de l'interlocuteur, leur parole n'est ni véritablement monologique ni dialogique. Il s'agit plutôt d'une sorte de soliloque, d'une logorrhée reprenant indéfiniment les mêmes motifs. L'exclamation est une des formes que prennent l'appel à l'interlocuteur et la variation formelle autour d'un même contenu.

Anne Larrory, née en 1975, est ancienne élève de l'École normale supérieure (Ulm), agrégée d'allemand. Elle est maître de conférences à l'Institut d'allemand de l'Université Sorbonne nouvelle – Paris 3. Sa thèse portait sur les énoncés exclamatifs en allemand contemporain. Elle consacre ses recherches actuelles à l'énonciation.

Un blues est-allemand
Gilbert Guillard

Schultze gets the Blues, tout en reprenant certains thèmes favoris du cinéma allemand actuel, s'en démarque. Le film évolue à la frontière de différents genres qu'il détourne, comme le *Heimatfilm*, le *road-movie*, la comédie de mœurs, la satire sociale. La narrativité est faible, l'essentiel étant l'analyse des situations, prétexte à une réflexion critique sur l'Allemagne contemporaine. Schorr s'attache à décrire un lieu de l'Est qui n'a aucune dimension esthétique ni éthique, un *non-lieu*. Il s'agit d'une re-présentation, placée sous le signe de l'uniformité, qui régit, avec la tradition, les rapports sociaux locaux, entraînant l'aliénation de l'individu. Le délitement économique s'accompagne d'une dépression morale, séquelle de la réunification et de la mondialisation. Mais Schorr offre aussi une vision optimiste sur la capacité de l'homme à se régénérer, alors que la disqualification morale et esthétique des lieux filmés par le cinéma allemand contemporain n'est compensée par aucune ouverture sur un futur : au-delà de la question posée de façon récurrente, est-ce le film qui fait le lieu ou le lieu qui fait le film, Schorr franchit en permanence la frontière entre réalité et fiction afin d'offrir une réflexion sur l'appréhension de cette réalité par l'individu et sa façon de l'affronter et d'affirmer sa liberté.

Gilbert Guillard, directeur de l'UFR LEA de l'Université Sorbonne nouvelle – Paris 3, est germaniste civilisationniste, avec le cinéma allemand comme spécialité de recherche et d'enseignement.

Lenka Reinerova : exil et retour d'exil entre traumatisme et résilience
Anne Saint-Sauveur

En croisant des approches méthodologiques et des notions variées, alliant l'histoire, la sociologie, la littérature, la psychologie, nous tenterons d'appliquer le concept de résilience aux traumatismes de l'exil et du retour d'exil. En partant de l'exemple de la dernière écrivaine de langue allemande résidant à Prague, Lenka Reinerova, née en 1916, et de deux de ses œuvres autobiographiques parues en 2000 et 2003 *Zu Hause in Prag, manchmal auch anderswo* et *Alle Farben der Sonne und der Nacht*, nous analyserons la portée des blessures traumatiques et les facteurs de résilience.

Anne Saint-Sauveur est germaniste et professeur à l'Institut d'allemand d'Asnières. Elle enseigne essentiellement la civilisation. Ses domaines de recherche concernent la civilisation contemporaine, les mouvements migratoires, et plus particulièrement l'exil sous le national-socialisme. Parmi ses publications : *Un siècle d'émigration allemande vers l'Argentine*, Köln-Wien-Weimar, Böhlau, 1995, 834 p. ; (éd.), *Fluchtziel Paris. Die deutschsprachige Emigration 1933-1940*, Berlin, Metropol, 2002, 336 p.

Vers un nouveau théâtre politique allemand ?
Kerstin Hausbei

Après une phase en apparence plus apolitique, on remarque, depuis le tournant du millénaire, un certain retour au politique dans le théâtre allemand, marqué entre autres par l'engouement des auteurs pour le thème de la mondialisation. À l'exemple de trois pièces, *Push up 1-3* de Roland Schimmelpfennig, *Elite I.1* de John von Düffel et *Sous la glace* de Falk Richter, l'article montre que la nouvelle génération de dramaturges opte pour différentes techniques de la critique implicite – parodie, citation sans commentaire, critique du langage, monologue intérieur –

pour exhiber les « conséquences humaines de la flexibilité » (Richard Sennett), et notamment la destruction de l'identité individuelle, dans leur lien avec le « système » (Richter) de la mondialisation.

Kerstin Hausbei est germaniste et maître de conférences à l'Institut d'allemand de l'Université Sorbonne nouvelle – Paris 3. Elle a soutenu sa thèse sous la direction de Gerald Stieg sur Thomas Bernhard et Anton Tchekhov. Ses recherches portent sur le drame moderne et contemporain et sur l'intertextualité. Elle est co-fondatrice de la revue annuelle européenne *Arts et sciences en recherche transversale* (*Erkundungen in kunst und wissenschaft*).

Chapitre II. Identités collectives en émergence

Simone Veil, la déportation et la Shoah
Henri Ménudier

Dans son autobiographie, Simone Veil livre un témoignage saisissant sur la déportation et la Shoah, car elle a vécu très jeune l'enfer d'Auschwitz et de Bergen-Belsen et la moitié de sa famille a été exterminée. Elle porte un jugement sévère, mais nuancé sur l'antisémitisme français, regrettant que le rôle des Justes ne soit pas mieux apprécié. Par sa critique d'Hannah Arendt (*La banalité du mal*) et de Marcel Ophüls (*Le chagrin et la pitié*), elle pose des questions pertinentes sur la pédagogie du travail de mémoire.

Henri Ménudier, spécialiste de l'Allemagne après 1945 et des relations franco-allemandes, est professeur à l'Université Sorbonne nouvelle – Paris 3 et directeur du Centre universitaire d'Asnières. Il a enseigné à Sciences Po. Paris et à l'ENA et a été professeur invité dans plusieurs universités allemandes. Il assume des responsabilités associatives au niveau franco-allemand, franco-allemand-polonais et européen.

Il était une fois l'Orchestre des Étudiants de Paris (1943-1950)
Monique Travers

L'occupation allemande à Paris a été une période d'activité musicale intense. La création, en 1943, de l'*Orchestre des Étudiants de Paris* est un exemple significatif de cette vitalité. Sous l'impulsion de son jeune chef, Jean Mac Nab, cet orchestre, ouvert à des musiciens non-professionnels, a su rapidement se faire apprécier grâce à la qualité de ses exécutions et la présence à l'affiche de solistes de renom. En sept années d'existence, l'orchestre aura donné environ 70 concerts dont beaucoup salle Gaveau ou au Palais de Chaillot et fait découvrir au public de l'époque des œuvres oubliées de musiciens comme Vivaldi, Haendel ou Corelli. Nombre d'orchestres d'étudiants actuels pourraient se considérer comme les héritiers de la formule originale inaugurée par l'OEP.

Monique Travers est maître de conférences à l'Institut d'allemand de l'Université Sorbonne nouvelle – Paris 3. Germaniste linguiste de formation, elle assure des enseignements de grammaire, phonologie et didactique. Ses activités de recherche l'ont conduit dès les années 1980 à s'intéresser aux nouvelles technologies et à leur utilisation à des fins pédagogiques, en particulier dans le cadre de l'aide à la réussite. Elle est l'auteur de plusieurs logiciels d'apprentissage. Passionnée par l'art et la musique, elle a travaillé sur le *Blaue Reiter* et intervient actuellement dans une formation à l'art du récital pour des musiciens professionnels. Parmi ses publications : « De Mitsi à Hyperlab, 30 ans de technologies toujours nouvelles », in *Passerelles et Passeurs. Hommages à Gilbert Krebs et Hansgerd Schulte*, Asnières, PIA, 2002, p. 369-384 ; édition commentée en collaboration avec Bernard Viselthier de Jean Janitza, *Babel en éducation*, Asnières, PIA, 2003.

Les débuts du *Anfang* (1908-1911)
Gilbert Krebs

Alors que pour les années 1913-1914, la revue *Der Anfang* est assez bien connue, il n'en est pas de même des années 1908-1911 lorsque, sous le même nom et en partie avec les mêmes collaborateurs, cette revue avait été créée et publiée avec des moyens de fortune par un groupe de jeunes lycéens berlinois parmi lesquels on trouve notamment Walter Benjamin. À la veille de la Première Guerre mondiale, le *Anfang* fit scandale par la liberté de ton avec laquelle les jeunes lycéens y critiquaient sans ménagement l'éducation et les valeurs morales qu'on leur imposait et revendiquaient le droit à la parole au nom d'un avenir dont ils se sentaient porteurs et responsables. L'étude des numéros de la première série du *Anfang*, dont le sous-titre initial était *Zeitschrift für kommende Kunst und Literatur* – rendue possible par la découverte d'une collection presque complète dans des archives privées – montre à travers les premiers balbutiements de ces jeunes poètes et artistes la lente émergence d'une identité générationnelle et d'un nouveau discours de la jeunesse.

Gilbert Krebs est germaniste. Il a jusqu'en 2002 été professeur à l'Institut d'allemand de l'Université Sorbonne nouvelle – Paris 3, institut qu'il a dirigé de 1980 à 1988. Il a été vice-président du Conseil scientifique de l'université. Il a créé les Presses de l'Institut d'allemand (PIA) d'Asnières, qui comptent plus de 40 volumes. Il a dirigé un grand nombre de publications collectives. Ses recherches portent entre autres sur les mouvements de jeunesse allemands.

Aux origines de la sacralisation du *Beruf*
Alain Lattard

La formation professionnelle dans les pays germaniques puise une part de sa légitimité dans la sacralisation du métier. Pour expliquer cette sacralisation, il ne suffit pas d'invoquer l'éthique du travail luthérienne. Il faut aussi prendre en compte la captation de cette éthique par l'artisanat au cours du XIXe siècle et l'attribution à celui-ci par les autorités politiques du monopole de la formation professionnelle initiale des jeunes à la fin de ce même siècle. C'est seulement la conjonction de ces deux facteurs, donc de données socioculturelles et politico-institutionnelles, qui donne au *Beruf* son sens particulier tout en lui conférant légitimité et légalité. Dès lors, ce n'est plus le travail en général, mais uniquement le travail qualifié au sens artisanal du terme qui peut revendiquer l'onction morale et la reconnaissance sociale ; et c'est l'apprentissage de ce travail qualifié qui, à travers les corps de métier (*Innungen*), (re)devenus à cette époque seul cadre de formation institutionnellement reconnu, fonde et perpétue la nouvelle identité professionnelle.

Alain Lattard est professeur de civilisation allemande à l'Université Sorbonne nouvelle – Paris 3. Ses recherches portent sur la société allemande contemporaine, en particulier sur les relations du travail et la formation professionnelle.

Chapitre III. Identité collective et exclusion

Du silence comme coup de pied dans la fourmilière : Karl Kraus face au champ intellectuel en exil (1933-1934)
Valérie Robert

Rompant avec la représentation d'une union sacrée des intellectuels allemands et plus largement germanophones contre l'ennemi commun, Karl Kraus n'a pas été tendre avec les intellectuels exilés, les traitant entre autres de « racaille intellectuelle ». Les rapports entre les exilés et

Kraus sont marqués par une hostilité réciproque de plus en plus explicite, suite à un « silence » puis des textes de Kraus qui mettent au jour, par la provocation, les règles tacites de ce que l'on peut appeler le champ intellectuel en exil.

Valérie Robert est germaniste, maître de conférences à l'Université Sorbonne nouvelle – Paris 3. Ses recherches portent sur trois axes : l'histoire des intellectuels (intellectuels germanophones exilés 1933-1939 ; structures de domination dans le champ intellectuel) ; la linguistique textuelle et l'analyse du discours (genres de discours et argumentation ; lettres ouvertes ; modes d'intervention des intellectuels dans la vie publique : « Discours aux Allemands ») ; les médias et la critique des médias en France et en Allemagne. Principales publications : *Partir ou rester ? Les intellectuels allemands devant l'exil 1933-1939*, Paris, Presses Sorbonne Nouvelle, 2001 ; (éd.), *Intellectuels et polémiques dans l'espace germanophone*, Asnières, PIA, 2003.

Omniprésence et impuissance de la *Stasi*
Gunhild Samson

Une police politique tentaculaire et toute puissante peut-elle maîtriser la vie et les pensées de chaque citoyen d'une dictature ? L'exemple de la *Stasi* en RDA, qui tisse sa toile autour d'un très ordinaire candidat au départ, montre que non. C'est le dossier concernant l'observation d'un jeune libraire de Berlin à partir de 1975 dès sa demande de sortie du territoire, qui fournit la matière de cet article. Sont présentées ici les étapes de l'action de la *Stasi* basée sur la « collaboration politique opérationnelle » et parallèlement les requêtes (*Eingaben*) du libraire auprès des autorités. Résultat ? L'homme, pourtant surveillé en permanence, a disparu en 1976 pour reparaître à l'Ouest. Désemparée, la *Stasi* a continué de nourrir son dossier jusqu'en 1988, espérant, sans succès, découvrir la voie suivie par le fugitif ; un de ces fugitifs qui, en 1989, vont être si nombreux que le système sombrera corps et biens.

Gunhild Samson a été maître de conférences à l'Institut d'allemand d'Asnières de l'Université Sorbonne nouvelle – Paris 3 jusqu'en 2006. Ses recherches portent sur la linguistique allemande, en particulier la linguistique textuelle et l'analyse du discours de la RDA. Actuellement, elle étudie les requêtes de citoyens (*Eingaben*) comme révélateurs du système de surveillance policier de la RDA.

Le populisme autrichien et son bleuet
Catherine Fabre-Renault

Stigmatisée au niveau européen par les « sanctions » prises contre elle en 2000, l'Autriche est certes un cas d'école en matière de populisme, mais on peut aussi dire qu'elle a fait école en Europe. Depuis 2000, l'année où le FPÖ de Jörg Haider participe à la coalition gouvernementale, l'Italie a connu deux gouvernements Berlusconi, les scores électoraux des divers partis des droites extrêmes dans le reste de l'Europe de l'Ouest et de l'Est sont parfois considérables, les mesures prises en Autriche en 2000 et qui paraissaient alors scandaleusement injustes, font florès auprès de gouvernements considérés comme simplement conservateurs. Néanmoins, l'Autriche a une histoire sous-jacente de son extrême droite qui tient à sa situation particulière pendant et après la Seconde Guerre mondiale et qui traverse tout l'échiquier des partis politiques pendant la IIe République. C'est à ce non-dit de l'Histoire que l'Autriche est aujourd'hui confrontée.

Catherine Fabre-Renault, maître de conférences à l'université du Littoral, puis à l'Institut d'allemand de l'Université Sorbonne nouvelle – Paris 3 depuis 2001, a, comme domaines de recherche les rapports entre littérature et politique depuis 1945, la littérature des femmes de RDA, les évolutions des extrêmes droites en Allemagne et en Autriche.

L'exposition « *Deuschlandbilder* » et l'héritage artistique de la division
Elisa Goudin-Steinmann

Dans la mémoire de la RDA, l'héritage culturel occupe une place d'autant plus importante qu'elle est paradoxale. Car si cet héritage participe de l'identité est-allemande dont il s'agit de gérer le souvenir, il a aussi contribué à la saper : l'effondrement de la RDA et l'unification ne peuvent en effet s'expliquer sans la persistance d'une appartenance culturelle commune aux deux Allemagnes malgré les différences de régime politique. L'exposition « Images de l'Allemagne, art d'un pays divisé » (« Deutschlandbilder, Kunst aus einem geteilten Land »), montrée à Berlin à partir de 1997 et qui confronte l'expression d'artistes est- et ouest-allemands face à la question de l'unité nationale, illustre bien ce paradoxe. Nous le voyons à l'œuvre en décryptant l'exposition à partir de trois notions centrales : la dénonciation, qui renvoie à la problématique du rapport au passé national-socialiste, la désorientation, thème emblématique d'un pays divisé, la révolution enfin, à la fois mythe fondateur de la RDA et une des clés de sa politique culturelle.

Elisa Goudin-Steinmann est maître de conférences de civilisation allemande contemporaine à l'Université Sorbonne nouvelle – Paris 3. Ancienne élève de l'ENS, agrégée d'allemand, elle est également diplômée de l'IEP de Paris. Ses recherches portent sur les mécanismes de transition dans l'ex-RDA.

Chapitre IV. Le « choc des cultures » ?

Silentium ! : un déictique passé sous silence
Irmtraud Behr

Traduire la prose de Wolf Haas, surtout celle de ses romans policiers, n'est pas aisé. Les difficultés sont de plusieurs ordres : lexicales, syntaxiques, discursifs ou stylistiques. En effet, les romans policiers sont écrits dans une gamme temporelle restreinte, mélangeant discours adressé au lecteur et récit, le tout dans une syntaxe apparemment emprunté à l'oralité la plus spontanée. Ici, on a voulu analyser les raisons qui ont pu pousser, lors de la traduction en français, à un jeu temporel plus varié, plus classique, incluant l'emploi du passé simple. C'est alors qu'on découvre une combinaison de plusieurs raisons, à la croisée de partis pris stylistiques et de contraintes linguistiques.

Irmtraud Behr, professeure de linguistique allemande, Rhénane de naissance et amatrice de bons policiers, a rencontré les romans de l'Autrichien Wolf Haas dans les années 1990 et a suivi l'histoire de Brenner jusqu'au bout. Il est évidemment trop tôt pour dire si cet article sera le dernier sur cet auteur.

Malaise dans le « Parc humain » : Freud avec Sloterdijk ?
Michel Kauffmann

Le fameux exposé de Peter Sloterdijk sur le « parc humain » (« *Rede über den Menschenpark* », 1999), qui lui a valu l'accusation d'antihumanisme eugéniste, présente en fait des concordances étonnantes avec certains textes de Freud, ceux de la période dite « métapsychologique », notamment *Warum Krieg ?* (*Pourquoi la guerre ?*). Chez les deux auteurs, la culture-civilisation est présentée comme un effort antinaturel pour domestiquer les pulsions de l'homme et contrôler son agressivité, un « élevage » en vue de l'amélioration de l'espèce. Freud évoque déjà le thème, jugé scandaleux chez Sloterdijk, d'une élite de sages chargés de superviser l'hominisation de l'humanité, processus qui pourrait comporter jusqu'à une dimension biologique. Les deux auteurs partagent d'ailleurs une même inspiration nietzschéenne. Si le texte de Sloterdijk est scandaleux, s'il plaide pour une post- ou surhumanité, obtenue le cas échéant par manipulation génétique, il prolonge pourtant l'anthropologie freudienne.

Michel Kauffmann est agrégé d'allemand et assistant à l'Institut d'allemand de l'Université Sorbonne nouvelle – Paris 3. Ses domaines de spécialité sont l'analyse du discours, notamment politique et économique, l'informatique appliquée à la linguistique, et les thèmes de l'identité et des représentations.

Le temps des managers : stéréotypes et réalités franco-allemands
Dieter Hentschel

En appliquant l'approche interculturelle, qui tend à faire de la germanistique une discipline transversale, ce texte propose une réflexion sur le rôle des stéréotypes à l'exemple de la gestion du temps par les managers français et allemands. Les études faites à ce sujet conduisent à remettre en cause l'idée qu'il y aurait une gestion du temps spécifiquement allemande, posée en modèle, caractérisée en particulier par la ponctualité. Contrairement à ce stéréotype, il semble en réalité que l'influence de la culture nationale sur la gestion du temps des managers tant français qu'allemands perd du terrain en raison d'une standardisation de l'activité managériale au niveau international. Une analyse statistique de la gestion du temps et de ses entraves révèle qu'à l'exception d'une plus grande disponibilité des Français pour des interlocuteurs non prévus, il y a en fait peu de différences entre la pratique des managers des deux pays.

Dieter Hentschel est maître de conférences à l'Institut d'allemand de l'Université Sorbonne nouvelle – Paris 3. Ses domaines de recherches sont le marketing franco-allemand et l'interculturel.

Étudier les tapis orientaux à Vienne en 1891 : les débuts d'Alois Riegl
Céline Trautmann-Waller

Cet article étudie l'un des premiers travaux de recherche de l'historien de l'art autrichien Alois Riegl qui portait sur les tapis orientaux anciens. Exhumer ce texte, peu connu en France, doit permettre de resituer le travail de Riegl dans la pratique muséographique et dans le contexte des débats de l'époque autour des arts appliqués. On comprend mieux alors combien il s'inscrit dans un projet plus large de science culturelle en cours de « modernisation », en réaction à un contexte non seulement théorique mais aussi politique et culturel : la question des tapis orientaux relie l'art à l'industrialisation, déjà lue par Riegl comme une forme de « globalisation », elle relie aussi les questions stylistiques au rapport entre Orient et Occident qui, comme Riegl le note expressément, traverse d'une certaine manière l'Empire des Habsbourg.

Céline Trautmann-Waller est professeur à l'Institut d'allemand de l'Université Sorbonne nouvelle – Paris 3. Ses travaux portent sur l'histoire de la philologie, de l'anthropologie et des sciences de la culture en Allemagne. Voir notamment : *Philologie allemande et tradition juive. Le parcours intellectuel de Leopold Zunz*, Paris, Le Cerf, 1998 ; (dir.), *Quand Berlin pensait les peuples. Anthropologie, technologie, psychologie 1850-1890*, Paris, CNRS, 2004 ; *Aux origines d'une science allemande de la culture. Linguistique et psychologie des peuples chez Heymann Steinthal*, Paris, CNRS, 2006.

Le charme discret de la mondialisation. Actualité du *Stechlin*
Marc Thuret

Le lecteur d'aujourd'hui découvre dans le dernier roman de Theodor Fontane, longtemps perçu comme un adieu nostalgique à la vieille Prusse, une œuvre étrangement contemporaine, aussi bien par sa conception que par les sujets qu'elle aborde : roman sans action, situé à l'époque même de sa rédaction et retentissant de l'écho des questions qui mobilisaient alors l'attention de la presse, *Le Stechlin* annonce dans des termes rappelant parfois les prédictions les plus lucides de Marx et Engels, le processus actuel de globalisation : rapprochement des continents et des hommes par le développement de la production industrielle, du commerce et des techniques de communication, mais aussi durcissement des réflexes identitaires, claniques et conservateurs, dénoncés dans *Le Stechlin* avec d'autant plus de malice que la mondialisation y est vue à travers le prisme du provincialisme et décrite dans le cadre d'une œuvre qui pourrait passer pour un exemple de littérature régionaliste.

Marc Thuret, né en 1943, a été de 1979 à 2007 assistant, puis maître de conférences à l'Institut d'allemand de l'Université Sorbonne nouvelle – Paris 3. Il a publié aux Presses Sorbonne Nouvelle et dans différents ouvrages collectifs, catalogues et revues des articles sur la Prusse, Berlin, les relations franco-allemandes, Fontane et son temps, la RDA, le tournant de 1989 et la réunification.

Petit récit du temps où l'Allemagne – l'Europe – accueillait avec émerveillement le frère noir de Parzival
Isabelle Vodoz

Dans son *Parzival* (XIIIe siècle) Wolfram von Eschenbach introduit un personnage tout à fait étranger à la tradition médiévale dont il s'inspire. Pendant les croisades, en effet, le père de Parzival a eu un fils d'une reine noire. On retrace rapidement l'histoire de ce curieux demi-frère métis, accueilli comme un égal par la chevalerie européenne, qui accompagnera Parzival dans sa quête du Graal.

Isabelle Vodoz, aujourd'hui à la retraite, a enseigné d'abord à l'université de Lille III puis à l'Institut d'allemand de l'Université Sorbonne nouvelle – Paris 3. Ses domaines d'enseignement ont été la linguistique et la traduction. À partir de sa thèse et par la suite dans sa recherche, elle s'est intéressée principalement aux liens entre linguistique et littérature. Voir notamment « Vacillements de l'identité : jeux de la première personne dans quelques versions d'*Amphitryon* », in *Cahiers de praxématique* 26/96, ou « Une entreprise franco-allemande : la traduction des classiques français par les classiques allemands », in *Passerelles et passeurs*, Asnières, PIA, 2002.

Un français issu de l'immigration
Hansgerd Schulte, Eva Carstanjen

Hansgerd Schulte, romaniste et germaniste de formation, a été de 1972 à 1987 président de l'Office allemand d'échanges universitaires (DAAD) après avoir été le directeur de son bureau parisien. Il a été professeur à l'Institut d'allemand de l'Université Sorbonne nouvelle – Paris 3, institut qu'il a dirigé de 1991 à 2001. Il a enseigné la littérature et la civilisation comparée et a publié sur des sujets de politique culturelle et littéraire.

Eva Carstanjen a été maître de conférences à l'Institut d'allemand de l'Université Sorbonne nouvelle – Paris 3 jusqu'en 2005. Ses recherches portent sur la psychologie, la psycho-pédagogie et le féminisme. Elle a notamment participé à la traduction des œuvres complètes de Freud publiée aux Presses Universitaires de France sous la direction de Jean Laplanche. Elle est actuellement contrôleur judiciaire au Palais de Justice de Paris.

Travaux et publications de Gerald Stieg
Marc Lacheny

Marc Lacheny est agrégé d'allemand (2003), docteur en études germaniques (2006), avec une thèse dirigée par Gerald Stieg sur *La réception de l'œuvre de Johann Nestroy par Karl Kraus : mécanismes et enjeux*. Depuis la rentrée 2008, il est maître de conférences à l'université de Valenciennes et du Hainaut-Cambrésis.